KB206114

올바른 정신 회복하기

올바른 정신 회복하기

마이클 호튼 지음 | 조계광 옮김

지평서원

"나는 이 책이 무척 마음에 든다. 저자와 나는 친구이다. 지금 우리에게 더 필요한 것이 있다면, 바로 우정이다. 이 메시지야말로 두려움에 사로잡힌 중요한 순간에 우리에게 절실히 필요한 것이 아닐 수 없다. 하나님을 향한 경건한 두려움이 없으면, 온갖 종류의 두려움이 물밀듯 밀려든다. 그러나 하나님의 관점으로 다른 사람들을 바라보면, 그들이 위협이 아니라 선물로 다가온다. 이 책은 참으로 적절한 때에 출간되었다."

_존 퍼킨스(John M. Perkins)

*Let Justice Roll Down*과 *One Blood*의 저자

"우리는 대중 매체가 우리의 두려움을 사정없이 자극하고, 소셜미디어를 통해 강력하게 주장되는 견해들이 끊임없이 우리를 난타하는 시대에 살고 있다. 그것들로 인해 많은 혼란과 분열이 나타난다. 저자는 이 책에서 우리 시대에 가장 양극화된 문제들을 바라보는 우리의 사고를 발전시키고 변화시키는 데 필요한 성경적이고도 역사적인 근거를 제시한다. 우리에게는 객관적이지 못한 짧은 논평 이상의 것, 곧 성경에 근거한 논리적인 증언과 그리스도를 중심으로 하는 복음의 희망이 필요하다. 이 책은 바로 그런 것을 우리에게 제공한다."

_낸시 거스리(Nancy Guthrie)

저술가이자 성경 교사

"이 책은 미국 전체, 아니 전 세계의 그리스도인이 읽어야 할 책이다. 믿음과 경외심으로 하나님을 굳게 붙잡아야만 모든 사람과 모든 것에 대한 우리의 두려움을 물리칠 수 있다. 올바른 정신의 회복은 교회에서부터 시작되어야 한다. 저자의 메시지는 매우 중요하고 시의적절할 뿐 아니라 큰 위로를 준다."

_벤 새스(Ben Sasse)
미국 네브래스카주 전 상원의원이자
*Them: Why We Hate Each Other – and How to Heal*의 저자

"저자는 늘 그렇듯이 특별히 균형 있는 성경적, 신학적, 역사적 지혜를 토대로, 오늘날 두려움에 사로잡힌 문화적 상황을 예리하게 분석한다. 또한 초월적이면서도 시의적절한 해결책을 제시한다. 그는 하나님께서 자신을 위해 우리를 창조하셨다는 사실을 새롭게 상기시킨다. 우리는 오직 그런 현실을 인식함으로써 두려움을 물리치고, 참된 안식과 평화를 얻을 수 있다. 폭풍우가 몰아치는 삶의 바다를 항해하는 데 필요한 도움과 격려를 원하는가? 그렇다면 서둘러 이 중요한 책을 펼쳐 읽으라."

_줄리어스 킴(Julius J. Kim)
'복음 연합(Gospel Coalition)' 대표

"사람은 누구나 질병과 죽음, 사랑하는 사람들과의 사별, 실직, 권리 상실, 지위 상실 등을 두려워한다. 그에 더해 그리스도인인 우리에게는 박해, 압제적인 정부와 부패한 문화도 두려움을 일으키는 요인이 된다. 대중 매체와 정치가들은 물론, 심지어 목회자들과 사역의 지도자들까지도 우리의 두려움을 수단으로 삼아 자신들의 웹사이트와 소셜미디어를 클릭하는 숫자를 늘리고 책 판매를 촉진하며, 콘퍼런스 참여를 독려하고, 기금을 모으며, 선거일에 투표를 장려한다. 그로 인해 국가와 교회가 분열되었다. 저자는 이 책을 통해 비이성적인 두려움을 극복하도록 도움으로써 그런 분열을 없애려고 노력한다. 그는 '하나님을 향한 두려움이 다른 모든 두려움을 몰아낸다'고 주장한다. 따라서 교회 지도자든 평신도든 모두 이 책을 읽어야 한다. 소그룹으로 모여 함께 논의하고, 이 책을 무료로 나눠 주라. 이제 우리를 분열시키는 광기를 멈추고, 주님을 두려워하는 데서 비롯되는 올바른 정신을 회복해야 할 때가 되었다."

_후한 산체스(Juan R. Sanchez)

하이 포인트 침례교회(High Pointe Baptist Church, 텍사스주) 담임목사

_러셀 무어(Russell Moore)

미국의 코미디언 제리 사인펠드(Jerry Seinfeld)는 자신의 원맨쇼에서, '사람들이 가장 두려워하는 것은 대중연설이고, 그다음으로 두려워하는 것은 죽음'이라는 통계를 인용하여 (두 공포증의 순서를 소재로) "맞지 않나요? 보통 사람은 장례식장에서 추도 연설을 하는 것보다 관 속에 누워 있는 편을 더 낫게 여긴다는 뜻이죠"라는 농담을 건네곤 했던 것으로 유명하다. 그의 농담은 사람들의 웃음을 자아냈다. 왜냐하면 그 통계가 거짓이 아니기 때문이다. 거의 모든 사람이 이 둘 중 하나를 두려워하고, 두 가지를 모두 두려워하는 사람들도 수두룩하다.

적어도 사람들이 죽음을 두려워하는 이유는 자연적인 차원에서 분명하게 이해할 수 있다. 그런데 대중연설은 대체 왜 두려워하는 것일까? 사람들이 연설을 준비하는 일이나 마이크에 대고 말하는 행위 자체를 두려워하는 것은 아니다. 그들은 말을 뒤죽박죽으로 하거나 입도 떼지 못하고 머뭇거리다가 창피나 무시를 당하게 될까 봐 두려워한다. 두려움의 원인은 연설이 아니라 청중이다. 좀 더 구체적으로 말하면, 사람들은 다른 사람들, 특히 자기가 알고 있는 사람들의 판단과 괄시를 두려워한다. 어떤 사람들은 단지 다른 사람들 앞에서 말하는 것을 생각하기만 해도, 재능을 겨루는 리얼리티 쇼에 출연해 심사위원들 앞에서 서투르게 노래하는 사람을 보았을 때처럼 속으로 움찔하며 놀란다.

사람들 앞에서 말하는 것을 직업으로 삼아 세상에 널리 알려진 유명인이 대중연설에 관한 광범위한 두려움을 조롱거리로 삼는 것은 오만하고도 몰인정한 태도가 아닐 수 없다. 그것은 마이클 조던(Michael Jordan)이 농구를 잘하지 못하는 사람을 비웃거나, 제프 베조스(Jeff Bezos)가 다음 달 월세를 걱정하는 사람을 우습게 여기는 것과 비슷하다. 그러나 아마도 그런 의도는 아닌 듯하다. 왜냐하면 대중 앞에서 말하는 직업을 가진 사람들 가운데 많은 이들이 대중연설에 대한 두려움이 무엇인지를 정확히 알 뿐 아니라, 무대에 오를 때마다 긴장하기 때문이다. 설령 그런 긴장감을 느끼지 않거나 제아무리 논리정연한 전문가라고 하더라도, 사람은 누구나 다른 사람들의 판단을 두려워하기 마련이다.

두려움은 인간의 보편적인 경험이다. 모든 사람, 심지어 삶을 의미 없고 부조리한 것으로 생각하는 사람조차도 죽음의 공포가 무엇인지 알고 있다. 그것도 마찬가지로 보편적인 경험이다. 진화심리학자들은 이것이 죽음을 두려워하지 않았던 초기 인류의 유전자가 후대까지 전해지지 않은 까닭에 나타나는 현상이라고 말할 것이다. 그러나 성경은 '죽음의 공포'가

'한평생 매여 종노릇하는' 상태를 나타내는 징후 중 하나라고 말씀한다(히 2:14-17 참고. 예수님은 우리를 그런 상태에서 구원하기 위해 세상에 오셨다).

그러나 사실 이 두 가지 두려움은 서로 연관되어 있다. 우리가 다른 사람들의 '판단'을 두려워하는 까닭은, 인류의 역사 대대로 한결같이 유지되어 온 삶의 방식 가운데서 개인이 속한 종족이나 이웃에게서 지지받지 못한 채 홀로 지내는 것이 실상 사형 선고나 다름없음이 나타나기 때문이다. 더욱이 대다수의 인간은 블레즈 파스칼(Blaise Pascal)이 오래전에 말한 바 죽음의 공포를 잊기 위해 '오락과 유희'를 즐기는 일을 정확하게 시도하고 있다.

성경은 죽음의 공포가 신경 체계의 생명 보존 기능이라는 차원을 초월하는 문제라고 가르친다. 다시 말해, 이것은 존재의 소멸이 아니라 심판에 대한 두려움이다. 우리는 양심이 아는 바(우리가 장차 살아 계신 하나님 앞에서 심판을 받는다는 것)를 억누른다(롬 2:15,16 참고). 우리가 주위에 있는 온갖 종류의 작은 심판대(우리가 알고 있는 사람들의 판단이나 익명의 대중이 소셜미디어를 통해 제시하는 판단)에 예민하게 반응하는 것은, 하나님의 심판대를 두려워하는 심리를 지니고 있기 때문이다.

엘리엇(T. S. Eliot)은 20세기 중엽에 '이스트 코커(East Coker)'라는 시에서 "나에게 노인들의 지혜가 아니라 그들의 어리석음, 공포와 광란에 대한 두려움, 다른 사람의 소유가 되는 것에 대한 두려움, 서로에게나 다른 사람들에게나 하나님께 속하는 것에 대한 두려움을 들려주오"라고 노래했다.[1] 비록 세계 대전이 일어났던 엘리엇 시대의 삶이 어떠했는지를 상상하기란 매우 어렵겠지만, 광란이나 상실이나 다른 사람의 소유가 되는 것이나 다른 사람들과 하나님과 공포 자체를 두려워하는 사람들 틈에서 살아간다는 것이 어떤 의미인지는 분명하게 이해할 수 있다.

저자는 이 책에서 두려움을 없애는 방법이 아니라 그것을 다른 두려움으로 대체하는 방법을 알려 준다. 우리는 하나님을 향한 두려움으로 다른 사람이나 미래나 죽음에 대한 두려움을 몰아내야 한다. 이 책에서 설명하는 대로, 이러한 두려움은 귀신들이 자기를 단죄하시는 분 앞에서 겁을 내며 떠는 두려움과는 질적으로 다르다. 이것은 전혀 다른 두려움, 곧 우리를 사랑하사 우리와 우주를 본래대로 회복하기 위해 자기 아들을 '해골'이라는 곳에 보내신 거룩한 하나님을 향한 경외심과 공경심을 가리킨다. 바꾸어 말해, 우리는 죄를 심판하고 죄인들을 의롭다 하시는 하나님을 보여 주는 십자가를 중심으로 우리의 삶을 재정비해야 한다(롬 3:26 참고). 이 두려움은 불안과 수치가 아니라 복음을 듣는 데서 비롯되는 자유에 근거한다.

저자는 이를 설명하면서 우주적인 대격변에서부터 은밀한 개인사와 사회적·문화적·정치적인 혼란에 이르기까지, 두려움의 다양한 측면을 하나씩 상세하게 파헤친다. 물론 두려움을 다양한 측면으로 분석하는 저자의 관점에 모두 동의해야만 두려움의 원인을 찾아 물리치는 방법(겁을 집어먹고 떠는 것을 자유로워진 마음에서 우러나오는 숭앙심으로 대체하는 방법)

---

1) T. S. Eliot, "East Coker," in *T. S. Eliot: The Complete Poems and Plays, 1909-1950* (Orlando, FL: Harcourt Brace & Company, 1980), 125-126.

을 배울 수 있는 것은 아니다.

이 책은 두려움을 분류해 퇴치하는 방법이 아니라, 우리를 위해 사망의 음침한 골짜기를 걸어가신 분을 보여 주는 데 초점을 맞춘다. 그분은 지금도 우리와 함께 그 골짜기를 걷고 계신다. 이 책은 언젠가 우리가 마주하게 될 하나님의 영광과 위엄을 보여 줌으로써, 궁극적으로 우리를 조금도 해칠 수 없는 사람들이나 사물을 두려워하는 마음을 떨쳐 버릴 수 있도록 도와준다. 우리는 이 책을 통해, 우리 스스로 어둠 속에 아무것도 없다고 위로함으로써가 아니라, 어둠을 비추고 정복하는 빛이신 주님 앞에 나옴으로써 두려움을 극복하는 방법을 배울 수 있다(요 1:5 참고).

생명이신 하나님은 죽음을 두려워하지 않으신다. 우리에게 말씀을 계시하신 하나님은 대중연설도 겁내지 않으신다. 이 책을 읽는 동안, 성경에 자주 등장하는 "하나님을 두려워하라"와 "두려워하지 말라"라는 두 문구들을 발견하게 되기를 기도한다. 아무쪼록 이 두 문구가 서로 모순되지 않으며, 하나로 통하는 메시지를 전한다는 사실을 깨닫게 되기를 바란다. 광란의 시대에 건강한 정신을 회복하고 공포의 시대에 용기를 되찾으려면, 이 메시지에 다시금 귀를 기울여야 할 것이다.

*

"그 기한이 차매 나 느부갓네살이 하늘을 우러러보았더니

내 총명이 다시 내게로 돌아온지라

이에 내가 지극히 높으신 이에게 감사하며

영생하시는 이를 찬양하고 경배하였나니

그 권세는 영원한 권세요 그 나라는 대대에 이르리로다

땅의 모든 사람들을 없는 것같이 여기시며

하늘의 군대에게든지 땅의 사람에게든지 그는 자기 뜻대로 행하시나니

그의 손을 금하든지 혹시 이르기를 네가 무엇을 하느냐고 할 자가

아무도 없도다."

_다니엘서 4장 34,35절

1

서론: 두려움, 세계적인 유행병

어느 날 밤 늦게 자동차를 몰고 집으로 돌아오다가 길을 건너고 있는 사슴 한 마리와 갑작스레 마주쳤다. 자동차의 헤드라이트 불빛에 깜짝 놀란 사슴은 눈망울을 반짝이면서 그 자리에 그대로 얼어붙었다. 다행히도 나는 제때에 핸들을 꺾어 사슴을 피할 수 있었다. 말 그대로 '너무 놀라 몸이 마비될 만큼 당황스러운 순간'이었다.

그런데 사슴들이 정신 이상을 일으켜, 자극이 주어질 때마다 그것을 앞에서 달려오는 자동차처럼 여겨 반응한다면 어떻게 될지 한 번 상상해 보라. 사슴들은 본래 즐겁게 떼를 이루어 수풀 사이를 뛰어다니면서 잔잔한 개울에서 물을 홀짝이고, 나무 열매와 잎사귀를 따 먹는 습성이 있다. 그러나 정신 이상을 일으킨 녀석들은 갈라진 덤불이나 서로를 볼 때마다 마치 자동차가 자기를 향해 마주 달려오는 것처럼 느낄 것이 분명하다.

만일 하나님의 형상으로 창조된 인간이 삶을 곧 닥쳐올 거대한 재난처럼 여긴다면, 틀림없이 상황은 훨씬 더 심각할 것이다. 만일 우리가 정신 이상을 일으킨 사슴처럼 반응한다면, 우리의 눈에 다른 사람이 자동차로, 즉 피해야 할 위협으로 보일 것이다. 어쩌면 우리는 함께 뭉쳐 자경단을 조직하고 교통 상황을 예측하면서, 주차장에서 자동차의 배터리 전선들을 모조리 잘라 버릴지도 모른다. 이런 비유적 상황이 그렇게 터무니없어 보이지는 않는다. 사실 우리 가운데 많은 이들이 매일 끊임없이 두려움에 시달리면서 살아간다. 우리의 스마트폰은 우리를 마비시켜 꼼짝달싹도 하지 못하게 만드는 헤드라이트와 같다.

내 말을 오해하지 말고 잘 듣기를 바란다. 아드레날린은 일종의 복이다. 두려움은 우리의 생명을 구할 수 있다. 하나님은 달려오는 자동차나 쓰나미를 피해 달아날 수 있는 놀라운 본능을 우리에게 주셨다.

하와이에서 스쿠버다이빙을 했던 때가 생생하게 기억난다. 모든 것은 그저 아름답고 고요하기만 했다. 적어도 창의력 넘치는 친구가 작살로 꼬치삼치를 잡아 그것을 해안으로 가져가려 하기 전까지는 말이다. 그 순간 굶주린 상어 몇 마리가 우리를 추격하기 시작했다. 나는 상어에게 먹히지 않기 위해 바다 위로 솟아 있는 화산암으로 신속하게 몸을 피했다. 이것은 우리가 생존에 필요한 본능을 지니고 있다는 증거이다. 하나님은 그런 상황에서 놀라울 정도로 현명하게 반응하는 능력을 우리에게 허락하셨다. 신중히 궁리하거나 조용히 대화를 나누거나 전문가의 책을 읽을 필요가 전혀 없다. 단지 본능에 따르면 된다.

하나님은 우리에게 엔도르핀을 허락해 '싸우거나 도피하는 반응'으로 두려움에 대처하게 만드셨다. 그렇다고 해서 그분이 우리를 항상 위급한 상태로 살아가도록 설계하신 것은 결코 아니다. 그런데도 오늘날 너무나 많은 사람들이 그런 식으로 살고 있다. 그들은 항상 다음번의 강풍, 다음번의 재난에 대비하면서 살아간다. 어떤 사람들은 마치 토네이도 추격자처럼 일부러 다음번 위기를 찾아다니기까지 한다.

그러나 그런 태도는 개인이나 우리가 속한 공동체에 이롭지 못하다. 헤드라이트 불빛에 얼어붙은 사슴처럼 살면, 사실들을 수집해 점검하는 능력이 싸우거나 도피하는 본능에 잠식당해, 신중히 사고하고 논리적으로 생각하고 다른 사람들에게 공감하는 능력이 현저히 떨어지고 만다.

그런데 참으로 안타깝게도, 그런 놀라운 본능에 따르는 것이 우리가 일상을 살아가는 방식이 되고 말았다.

다른 사람들처럼 나에게도 몇 가지 두려움이 있다. 나는 낙관적인 성격이지만, 언제나 대응해야 할 무엇인가가 존재한다. 나의 자녀들은 내가 어렸을 때 알았던 세상과는 너무나도 다른 세상에서 자라고 있으며, 나는 그들이 걱정스럽다. 인터넷과 스마트폰과 소셜미디어가 등장한 이후로 세대 차가 엄청나게 커졌다. 우리의 세대에 들어와서는 나의 부모들이 상상조차 할 수 없었던 것들이 새롭게 실험되었다. 오늘날에는 그런 것들에 상응하는 태도, 행동, 생활방식이 정상으로 간주될 뿐 아니라 찬사를 받기까지 한다.

신기술이 우리의 사고와 관계에 어떤 영향을 미치게 될지 매우 걱정스럽다. 밀레니엄 세대를 비롯해 그 이후의 세대들은 소셜미디어가 없는 세상을 경험해 본 적이 없다. 이것은 거대한 실험이고, 우리의 자녀들은 기니피그이다. 이런 혁신에는 긍정적인 면이 있지만, 부정적인 면도 많다.[1]

한 설문 조사에 따르면, 미국인들이 가장 두려워하는 것은 정부의 부패였다(74%). 그다음으로는 환경 오염, 소득 저하, 사랑하는 사람이 심각한 질병에 걸리거나 죽는 것, 의료비에 대한 두려움이 차례로 뒤를 이었다.[2] 우리는 건강하지 못한 것, 곧 죽음과 질병에 대한 두려움에 시달린다. 우리는 안전함과 위로를 갈망하고, 미래에 대한 불확실성(예를 들면, 실직이나 지구 환경의 변화)을 두려워한다. 또한 오늘날 우리가 느끼는 두려움 중에는 알려지지 않은 세계에 대한 두려움, 곧 문화적·정치적으로 우리와는 다른 사람들에 대한 두려움에서 비롯되는 것들이 많다.

이 세 가지 유형의 두려움을 좀 더 자세히 살펴보자.

두려움의 세 유형 _ ① 생명에 대한 갈망

베이비 붐 세대는 늙는 것을 두려워하고, 밀레니엄 세대는 자신이 특별하지 않은 것을 걱정하며, 제트 세대는 모든 것을 염려한다. 불법 약물 사용과 알코올 중독이 증가하는 추세이며, 자살이 어린아이와 청소년, 청년

---

1) Jean M. Twenge, *iGen: Why Today's Super-Connected Kids Are Growing Up Less Rebellious, More Tolerant, Less Happy—and Completely Unprepared for Adulthood—and What That Means for the Rest of Us* (New York: Atria, 2017).

2) "America's Top Fears 2018," Chapman University, October 16, 2018, https://blogs.chapman.edu/wilkinson/2018/10/16/americas-top-fears-2018/.

들의 사망 원인 중 2위를 차지한다.[3] 2020년 한 해 동안, 미국에서 약물 과다로 사망한 사람이 약 9만 3천 명에 이른다.[4]

이런 상황을 초래하는 원인은 매우 다양하지만, 두려움과 불안이 그 주된 원인 중 하나이다. 매년 미국의 성인 다섯 중 한 명꼴로 정신질환이라 진단할 수 있는 증상을 앓는 것으로 나타났다.[5] 심혈관질환과 호흡기질환 및 오랫동안 이어져 온 만성 질환에 대한 보험 지급액에 비해 정신질환에 대한 보험 지급액이 급증했다.[6] 물론 오직 두려움만이 정신질환의 원인인 것은 아니다. 뇌의 유전적·화학적 성질도 그 원인의 상당한 비중을 차지한다. 그러나 두려움은 항상 불에 기름을 끼얹는 역할을 한다.

미국 질병통제예방센터에 따르면, 2020년 3월 11일에 '코로나19(COVID-19, 코로나바이러스감염증-19)'가 '발발 단계'에서 벗어나 '세계적 대유행(팬데믹) 단계'로 격상되었다.[7] 사망자가 놀라울 정도로 급속히 증가했

3) "Suicide in Children and Teens," American Academy of Child and Adolescent Psychology, No. 10 (June 2018), https://aacap.org/AACAP/Families_and_Youth/Facts_for_Families/FFF-Guide/Teen-Suicide-010.aspx.

4) F. B. Ahmad, L. M. Rossen, and P. Sutton, "Provisional Drug Overdose Death Counts," National Center for Health Statistics, 2021, https://www.cdc.gov/nchs/nvss/vsrr/drug-overdose-data.htm.

5) "Results from the 2017 National Survey on Drug Use and Health: Detailed Tables," Substance Abuse and Mental Health Services Administration, September 7, 2018, https://samhsa.gov/data/sites/default/files/cbhsq-reports/NSDUHDetailedTabs2017/NSDUHDetailedTabs2017.pdf.

6) Edmund S. Higgins, "Is Mental Health Declining in the U.S.?", *Scientific American* (January 1, 2017), https://scientificamerican.com/article/is-mental-health-declining-in-the-u-s/.

7) Madison Czopek, "No, the CDC Hasn't Stopped Calling COVID-19 a Pandemic," Politifact, September 10, 2020, https://politifact.com/factchecks/2020/sep/10/facebook-posts/no-

고, 그중 미국인들이 가장 큰 비중을 차지했다. 대다수 미국인이 세계적 유행병이 자신의 정신 건강에 심각한 영향을 미쳤다고 말했다. 나에게는 정부의 규정을 둘러싸고 벌어지는 고도의 정치적 논쟁에 관해 의견을 제시할 만한 전문 지식이 없을 뿐 아니라, 이 신종 바이러스에 관해 의학적으로 논할 능력도 없다. 그러나 코로나19가 국제적인 위급 사태인 것은 분명했다. 온 세계가 하루속히 백신이 개발되어 보급되기를 고대했다.

안타깝게도 이 바이러스로 인한 비극은 각자의 정치적 이념을 드러내는 또 다른 기회를 제공했다. 마스크를 착용하느냐 착용하지 않느냐 하는 선택의 배후에는 이웃 사랑을 고려하지 않는 이데올로기가 도사리고 있었다. 코로나바이러스는 많은 사람들에게 어떤 사람이 '그들'에게 속하는지, 아니면 '우리'에게 속하는지를 판단할 기회를 부여했다.

두려움은 많은 사람들을 과학과 정부를 숭배하도록 이끌었다. 우리는 의학과 기술의 발전이 주는 안전과 위로를 기대하도록 길들었다. 과거의 군왕들은 자동차라는 경이로운 발명품은 고사하고, 일반적인 사람이 집 안의 온도를 재량껏 설정할 수 있는 세상이 오리라고는 상상조차 하지 못했다. 한편, 어떤 사람들에게 두려움은 과학과 정부가 세계적인 음모의 한 축을 담당하고 있다는 의심을 불러일으키기도 한다.

cdc-hasnt-stopped-calling-covid-19-pandemic/.

두려움의 세 유형 _ ② 일용할 양식

2019년에 『디 애틀랜틱』(The Atlantic)에 "기후 변화에 대한 공포가 전례 없이 폭증하다"라는 기사가 실렸다. 예일 대학교와 조지메이슨 대학교의 공동 연구 조사에 따르면, 미국인 열 명 중 일곱 명이 기후 변화를 '개인적으로 중요하게 생각'하는 것으로 드러났다. 이것은 전년도와 비교하면 9%P나 상승한 수치이다. 개인적으로 기후 변화를 의식하는 사람들이 그만큼 많아졌다는 증거이다. 그러나 기후 변화가 자신의 삶에 영향을 미칠 것이라고 생각하는 사람들이 많은데도, 매달 그 변화를 늦추는 데 사용할 기부금 10달러를 내지 않겠다고 말한 사람은 무려 70%에 달했다.[8] 불안과 개인적인 책임 사이에 상당한 괴리가 존재함을 보여 주는 결과가 아닐 수 없다.

또한 우리는 환경과 노동이라는 두 가지 불확실성 사이에서 헤매고 있다. 헤드라이트 불빛을 받은 사슴처럼, 우리는 '지구를 구해야 한다'는 긴급한 상황 앞에서 옴짝달싹도 하지 못한다. 전문가들, 대중 매체, 정치인들이 더 자주 목소리를 높일수록, 우리는 더욱 망연자실한 느낌을 받는다. 과연 내가 무엇을 바꿀 수 있단 말인가?

그런 통계를 보면, 단지 진보주의자들만 기후를 걱정하는 것이 아님을 알 수 있다. 그러나 우리는 종종 파벌 정치라는 봉인된 은신처에 웅크리고

---

8) Robinson Meyer, "The Unprecedented Surge in Fear about Climate Change," The Atlantic, January 23, 2019, https://theatlantic.com/science/archive/2019/01/do-most-americans-believe-climate-change-polls-say-yes/580957/.

앉아, 우리의 생각과 반응, 우리의 집단적인 분노와 죄책감과 행동을 대리인들이 대신 감당하도록 넘겨 버린다. 그리하여 환경 재앙에 대한 두려움도 우리가 느끼는 다른 모든 두려움과 마찬가지로 고도로 정치화된다.

그리스도인들도 흔히 그들의 이웃들처럼 문제 제기와 해결책에 관해 파벌적인 태도를 보인다. 나는 이러쿵저러쿵 의견을 제시할 자격이 없으므로, 다른 사람들과 마찬가지로 단지 파벌적인 입장을 최소화하면서 사실을 알려 줄 가장 신뢰할 만한 자료를 찾으려고 노력할 뿐이다. 이 분야의 전문가들이 보면, 수정할 점이나 좀 더 자세히 풀어 설명할 점이 분명 있겠지만, 내 나름대로 발견한 사실들을 몇 가지 나열해 보고자 한다.

남서부 지역의 심한 가뭄과 산불, 남동부 지역의 더욱 강해진 허리케인, 모든 해안 지역의 수면 상승 등, 기후 상황이 크게 달라지면서 정치 성향과 상관없이 많은 미국인의 불안감이 고조되고 있다. 세계 곳곳에서 온 1,300명의 과학자로 구성된 '기후변화에 관한 정부간 협의체(IPCC)'에 따르면, 다음 한 세기 동안 기온이 화씨 2.5도 내지 10도 상승할 것으로 예측된다.[9]

미국 항공우주국(NASA)에 따르면, 기온이 상승하면 식물의 성장 기간이 길어지며, 강수량이 변해 비가 어느 지역에는 평균 강수량보다 더 많이 내리고, 어느 지역에는 더 적게 내릴 것이라고 한다. 또한 극심한 가뭄과 무더위가 더 심해지고, 더 강력한 허리케인이 발생하며, 해수면이 상승(30

---

9) IPCC, 2013, "Summary for Policymakers," in T. F. Stockeret al., eds., *Climate Change 2013: The Physical Science Basis. Contribution of Working Group I to the Fifth Assessment Report of the Intergovernmental Panel on Climate Change* (Cambridge, UK and New York, NY: Cambridge University Press), https://www.ipcc.ch/report/ar5/wg1/.

센티미터 내지 240센티미터)하고, 금세기 중반이 되기 전에 북극의 여름철에는 얼음이 사라질 것으로 예측된다.

미래만이 아니라 현재도 위기이다. 1880년 이후로 이산화탄소의 수치가 416ppm 상승했고, 지구의 기온은 화씨 2.1도 높아졌다. 북극의 빙하 최소량이 10년마다 13%씩 줄어들고, 해마다 북극 빙상(氷床)이 4,270톤씩 사라지고 있다. 결과적으로 지구의 평균 해수면은 해마다 3,4밀리미터씩 높아지고 있는 셈이다.[10]

문제는 인간의 활동이 이런 심각한 위기에 얼마나 큰 책임이 있고, 인간이 어떤 조치를 취할 수 있느냐 하는 것이다. 전문가들에 따르면, 삼림 벌채와 더불어 극도로 높은 이산화탄소 수치가 매우 큰 영향을 미치는 것으로 드러났다. 주요 화산이 폭발할 때면 막대한 양의 이산화탄소가 대기 중으로 방출되지만, 매일 사용하는 화석 연료에서 배출되는 이산화탄소의 양에 비하면, 화산 폭발에서의 방출량은 지극히 미미하다.[11]

하나님은 모든 생태계가 서로 맞물리도록 세상을 설계하고 창조하셨다. 따라서 인간이 어느 한 부분을 서투르게 다루면 생태계 전체가 영향을 받는다. 그러므로 이런 문제들에 관해서는 파벌을 형성해 거센 불길처럼 다투지 말고, 차분하게 대화하면서 풀어 나가야 한다.

거센 불길이라는 말이 나왔으니 하는 말이지만, 미국의 서부 지역에서는

---

10) NASA, October 14, 2021, https://climate.nasa.gov/evidence. 날마다 구체적인 수치가 해당 홈페이지에 업데이트된다.

11) R. J. H. Dunn et al., eds., "Global Climate" in "State of the Climate in 2019," *Bulletin of American Meteorology* 101, no. 8: S86-S98.

요즘 '초대형 산불'이 발생하곤 한다. 그로 인해 황폐해진 지역이 해마다 더 늘고 있다. 2003년에 샌디에이고에서 발생한 '시더 산불(Cedar Fire)'은 당시 캘리포니아 역사상 가장 큰 산불이었다. 무려 27만 3,000에이커가 잿더미로 변했다(특히 이 산불은 모두가 대피해야 했고, 우리 집도 불에 탈 수밖에 없어 보였기 때문에 기억에 남는다). 그런데 그로부터 14년 뒤에 그보다 더 큰 '토머스 산불(Thomas Fire)'이 발생해 28만 2,000에이커가 불탔다.

2020년에는 캘리포니아에서만 400만 에이커가 넘는 지역이 소실되었다. 겨우 한 달 남짓 만에 그 지역의 대부분이 그렇게 되고 말았다. '오거스트 콤플렉스 산불(August Complex Fire)'이라는 초대형 산불 하나가 100만 에이커를 황폐화시켰다. 2021년 현재까지 캘리포니아에서 250만 에이커가 불에 타 사라졌다.[12]

단지 산불만 걱정이 아니다. 극심한 무더위에 관한 기록이 해마다 경신되고 있으며, 수온이 상승하면서 허리케인이 멕시코만 연안 지역을 강타하고 있다.

그러므로 "화재나 태풍이 자주 일어나는 지역의 삼림 관리와 인구 및 자산의 밀집 상태가 실제로 그런 위험을 얼마나 증대시켰는가? 단지 대중 매체가 온 세계에 발빠르고도 지속적으로 보도한 까닭에 그런 사건들이 좀 더 잘 알려진 것뿐일까?"라는 질문을 생각해 보는 것이 합리적일 듯하다.

아무튼 예전에는 환경을 부차적인 문제로 생각하거나 전혀 문제 없는

---

12) 통계 수치를 알려면 다음의 웹사이트를 참고하라. https://fire.ca.gov/stats-events/.

것으로 생각했던 사람들 중 많은 이들이 이제 우려를 나타내고 있다. 그런 문제는 엄연한 현실이다. 또한 그것은 양극화된 수사학적 주장이 시사하는 것보다 훨씬 더 복잡한 양상을 띤다. 프란시스 쉐퍼(Francis Schaeffer)가 1970년에 펴낸 『환경 오염과 인간의 죽음』(*Pollution and the Death of Man*)이라는 책에서 주장한 대로, 그리스도인은 아직 태어나지 않은 자들이나 병든 자들, 노쇠한 자들을 염려해야 하는 것과 마찬가지로 성경적인 이유로 지구상의 생명에 관심을 기울여야 마땅하다.[13]

불확실한 미래 외에 당면한 실업이라는 것도 사람들에게 문제로 다가온다. 코로나19로 인해 2020년 가을에 실업자의 수는 최악에 달했다. 상황이 심각해지자 미국 연방준비제도이사회 의장 제롬 파월(Jerome Powell)은 미국 경제가 "걱정스러운 속도로" 나빠지고 있다고 말했다.[14]

우리는 바이러스 하나가 국가 경제를 얼마나 신속히 무너뜨릴 수 있는지를 직접 보았다. 세계 곳곳에서 유명 브랜드 회사가 매장의 문을 닫고, 수많은 소규모 사업체들이 파산을 신청하는 바람에 수백만 명이 직장을 잃었다.[15] 항공사들은 운항을 축소하고, 직원들을 줄였다. 미국의 적자가

---

13) Francis Schaeffer, *Pollution and the Death of Man* (Wheaton, IL: Crossway, 2011).

14) Heather Long and Andrew Van Dam, "America Is in a Depression. The Challenge Now Is to Make It Short-Lived," *Washington Post*, April 9, 2020, https://washingtonpost.com/business/2020/04/09/66-million-americans-filed-unemployed-last-week-bringing-pandemic-total-over-17-million/.

15) Emily Pandise, "One Year into Pandemic, Main Street Bankruptcies Continue," NBC News, May 15, 2020, https://nbcnews.com/business/consumer/which-major-retail-companies-have-filed-bankruptcy-coronavirus-pandemic-hit-n1207866.

수조 달러씩 급증하기 시작했다.

팬데믹 이전에도 초당파적인 의회 예산국은, 당시의 상황이 계속된다면 2019년에 국내총생산(GDP)의 74%에 달했던 납세자의 부채가 2049년에는 144%로 증가할 것이라고 예측했다.[16] 그러나 연방 정부는 2020년과 2021년 초에 수조 달러의 구호금을 지원했다. 개인의 채무가 25만 달러나 된다면 기분이 어떻겠는가? 오늘날 근로 납세자 한 사람이 부담해야 할 부채가 그 정도이다. 이 짐을 우리의 자녀들과 손주들이 어떻게 감당할 수 있을지 모르겠다.

국가 경제가 아무리 걱정스럽다고 해도, 우리가 실제로 고통을 느끼는 곳은 우리의 일상생활이다. 해고를 당하는 것과 동시에 의료비가 증가하고, 인플레이션이 나타나는 것을 두려워하게 된다. 그런데 더 크고, 더 오래된 문제가 있다. 나의 부모 세대만 해도, 근로자는 일반적으로 한 사람의 고용주와 끝까지 함께하면서 같은 일을 하다가 은퇴하여 적절한 연금을 받았다. 그러나 요즘에는 그런 근로 유형이 사라지고 있다. 이제 다양한 직업을 가지고, 여러 고용주를 위해 일할 준비를 해야 한다.[17]

우리 자신이 지금 당장 그런 상황에 직면하지는 않았더라도, 분명 우리의 자녀 세대에는 직업을 바꾸는 것이 실질적이고도 잠재적인 불안을 초

---

16) "The 2019 Long-Term Budget Outlook," Congressional Budget Office, June 25, 2019, https://cbo.gov/publication/55331.

17) 다음 자료들에서 벤 새스(Ben Sasse)는 통계적 증거와 빈틈없는 해석적 통찰력으로 이 분야를 다룬다. *The Vanishing American Adult: Our Coming-of-Age Crisis—and How to Rebuild a Culture of Self-Reliance* (New York: St. Martin's Press, 2017); *Them: Why We Hate Each Other—and How We Can Heal* (New York: St. Martin's Press, 2018), 46-74, 219-238.

래하는 요인으로 작용할 것이다. 물론 기계가 인간의 노동을 대신 하게 되는 직업 분야에서 일하는 사람들이 가장 큰 영향을 받게 될 테지만, 그것을 뛰어넘어 더 광범위한 분야에서 그런 현상이 나타나리라 예상된다. 예를 들어, 바이든 행정부는 녹색 기술 분야에서 고용 시장이 활성화될 것이라고 약속하지만, 그로 인해 다른 많은 일자리들이 사라질 것이다. 누가 백악관의 주인이 되든 노동 시장이 급속하게 변할 것이기 때문에 그럴 수밖에 없다.

우리를 괴롭히는 다른 두려움들과 마찬가지로, 나는 이 요인들에 관해서도 적절하게 설명할 능력이 없으므로 애써 해결책을 제시하는 척할 생각이 조금도 없다. 다만 나는 이런 두려움들이 우리를 불안하게 만든다는 것과, 하나님의 지혜로 그것을 해결할 수 있다는 것을 말하고 싶을 따름이다.

우리 모두는 이런 변화로 인해 충격을 받고 있다. 다른 사람들보다 충격이 더 큰 사람들도 있다. 지금도 많은 사람들은 "이제 이곳에서 더 일할 필요가 없습니다"라는 말을 듣거나 몸이 아파 일하기가 어려워질까 봐 두려워한다. 설령 다시 직장에 복귀하더라도, 모두가 빠르게 달리는 출퇴근 시간의 고속도로에 다시 진입할 수 있을지 몰라 망설이게 된다.

하나님은 우리의 정체성과 삶의 의미와 목적을 의식하는 일환으로 우리에게 직업을 허락하셨다. 직업을 잃거나 해고를 당할까 봐 걱정하는 것은 단순히 생계유지라는 측면에만 영향을 미치지 않고, 우리의 육체적·감정적·영적 건강에 광범위하게 영향을 미친다.

두려움의 세 유형 _ ③ 서로에 대한 두려움

우리가 가장 소중하게 여기는 것이 삶의 원동력이 될 때, 우리는 희망을 느낀다. 반면 그것이 불안의 원인이 될 때, 우리는 두려움을 느낀다. 그것이 없으면 더는 살아갈 수 없을 만큼 절실히 필요한 것이나 필요하다고 생각하는 것이 있다면 무엇인가? 그것이 주어지지 않으면 완전한 환멸을 느끼게 되리라고 여겨질 만큼, 철석같이 믿고 있는 것이 있다면 무엇인가?

예를 들어, '말씀의 기근'(암 8:11 참고)과 여성의 낙태 권리를 인정하는 판결을 거부하는 것 중 하나를 선택해야 한다면, 어느 것을 선택하겠는가? 또한 주님의 백성과 함께 모이는 것과 집 밖에 나가지 않음으로써 마스크 착용에 항의하는 의사를 표명하는 것 중 하나를 선택해야 한다면, 무엇을 선택하겠는가? 만일 사회적으로 안전을 보장받고 문화적으로 인정받기 위해 동성애자의 결혼에 찬성해야 한다면 어떻게 하겠는가? 사회적·정치적 안전을 확보하기 위해 대통령의 뜻에 철저히 따르기로 한다면 어떻게 되겠는가?

그리스도인들은 항상 이런 식으로 다양한 형태의 파우스트적 거래를 해야 할 상황을 맞닥뜨린다. 초기 그리스도인들은 카이사르에게 분향하든지, 아니면 사자 밥이 되든지 둘 중 하나를 선택해야 했다. 물론 내가 상상해 낸 선택의 상황을 순교자들이 실제로 겪은 것과 같다고 말할 생각은 조금도 없다. 다만 우리가 소중히 여기는 것이나 가장 두려워하는 것이 무엇인지를 생각해 보라고 촉구할 따름이다.

두려움은 쉽게 이용할 수 있는 매우 강력한 약물과 같다. 장사꾼들은 물론, 의료 회사, 제약 회사, 보험 회사, 투자 마케팅 담당자, 공공 과학자까지도 두려움을 활용한다. CNN(미국 케이블 뉴스 채널)과 FOX사(미국 지상파 텔레비전 방송망)는 그렇게 하지 않으면 생존하기가 어렵다. 정치 지도자든 고용주든, 독재자들은 두려움의 문화를 조장해 권력을 잡고, 반대 의견을 억압한다.[18] 최근의 '큐어넌(QAnon)'과 관련된 음모설은 좌파와 우파가 똑같이 두려움을 이용했던 하나의 극단적인 사례에 지나지 않는다.

우리는 매분, 매초, '뉴스 속보'라는 말을 들으면서 살아가는 데 익숙해졌다. 모든 것이 우리가 즉각적으로 대응해야 할 긴급 상황인 셈이다. 우리는 우리가 주체적으로 살아간다고 생각하지만, 실제로 우리는 신뢰하는 사람이면 누가 되었든 그가 말하는 대로 따르고 있다. 우리는 다른 의견에 관심을 기울이지 않고, 무작정 우리의 편견을 고집할 때가 많다.

다양한 연구 조사에 따르면, 보수적인 사람들은 부정 편향이 있는 것으로 드러났다.[19] 어떤 면에서 우리는 예전보다 정보가 더 많고, 더 다양한 견해에 접근할 수 있지만, 실상 소셜미디어라는 공간에만 머무는 탓에 오히려 정보가 더 부족하다. 우리는 우리 편 사람들이 특히 다른 편 사람들을 어떻게 생각하는지는 많이 알고 있지만, 우리의 말만 메아리쳐 들리는 공간에 머물 뿐, 거기에서 벗어난 주제나 견해나 사건들에 관해서는 많이

---

18) 다음을 보라. Frank Furedi, *Politics of Fear: Beyond Left and Right* (New York: Continuum, 2005); Corey Robin, *Fear: The History of a Political Idea* (Oxford, UK: Oxford University Press, 2006).

19) Bobby Azarian, "Fear and Anxiety Drive Conservatives' Political Attitudes," *Psychology Today*, December 31, 2016, https://psychologytoday.com/us/blog/mind-in-the-machine/201612/fear-and-anxiety-drive-conservatives-political-attitudes.

알지 못한다.[20]

양측 모두가 '각성(WOKE)', 사회 정의의 사도(Social Justice Warrior), 동성애 공포증(Homophobic), 교차성(Intersectionality), 반(反)여성(Anti-Women), 비판적 인종 이론(Critical Race Theory), 성소수자(LGBTQ+)와 같은 각양각색의 선전 문구를 장대에 매단다. 양측 모두는 그런 문구들을 내세우며, 의심스러운 주장들이나 연구 결과를 활용하여 문화 전쟁을 벌인다. 그들은 단순히 서로 그런 것들을 말하기만 하면 상대의 의견을 제압할 수 있으리라 생각한다. 분노는 이웃과 그들의 특정한 경험 및 신념들을 식별해 '우리'와 '그들'을 나누는 수단이 된다. 그 결과, 우리는 듣고 이해하고 참여하는 것이 아니라, 단지 환호하거나 조롱하는 것으로 만족한다.

우리는 우리 입장에서 '그들'에게 반대 의사를 표명할 뿐 아니라, '그들'을 두려워한다. 수많은 좌파 및 우파 정치 전문가들은 날마다 우리의 두려움과 분노를 이용해 그런 일을 한다. 우파 지도자의 견해에 동의하지 않으면 애국자나 그리스도인으로 인정받지 못하고, 좌파 지도자의 견해에 동의하지 않으면 "삭제당한다(무례한 취급을 받는다는 뜻이다)."

이런 현상을 가장 적절하게 표현하는 용어는 바로 '정신발생학적 오류(Bulverism)'이다. 이것은 상대방의 생각이 틀렸다고 전제하고서, 그들의 동기를 근거로 왜 오류를 저질렀는지를 따지려 드는 태도를 가리킨다. 정당이나 특정 이익 단체들의 광고용 우편물을 읽어 보라. 그리하면 '이 사

---

20) 다음을 보라. Sasse, *Them*, 75-105.

람들은 우리가 두려움을 느끼지 않으면 아무런 결정도 내릴 수 없을 만큼 어리석다고 생각하는 것이 틀림없어'라는 생각이 들기 시작할 것이다. 우리가 느끼는 두려움의 궁극적인 수혜자는 시청률과 광고비 확보에만 열을 올리는 미디어 제국들이다.

그러나 사실 두려움은 가장 미약한 수단이다. 그 효과는 일시적이다. 매일 세계 곳곳에서 일어나는 재난의 소식을 싫증을 느끼지 않고 과연 몇 번이나 들을 수 있을까? 좌파와 우파를 막론하고 모든 사람이 두려움의 약발에 내성이 생기기 때문에, 시간이 지나면서 두려움의 효과는 미약해지게 마련이다. 심지어 사슴도 충격이 지속되는 동안 계속 아드레날린을 뿜어낼 수는 없다. 따라서 우리가 싫증을 느끼게 되는 것, 젊은 세대들이 듣기에 거슬리는 정치적 문구와 해시태그를 뛰어넘어 궁극적인 진리가 존재한다는 데 냉소적으로 반응하는 것은 너무나 당연하다.

행복을 원하고, 불행을 두려워하는 우리

우리가 느끼는 모든 불안을 '불행에 대한 두려움'으로 간단하게 압축할 수 있다. 우리는 '삶의 질'을 잃게 될까 봐 두려워한다. 미국인들은 노인들을 잘 대우하지 못하면서도 수명을 연장하기 위해 많은 돈을 소비한다. 그러면서도 태어나지 않은 아이는 예외이다. 그런 아이는 행복을 방해하는 장애물로 간주된다. 지극히 작은 불편이 우리를 뒤흔들어 정상 궤도에서 벗어나게 하고, 장기적인 행복을 걱정하게 만들 때가 많다.

지금까지 오랫동안 많은 설교자들이 하나님을 물건처럼 팔곤 했다. 달리 표현하면, "제품이 온전히 만족스럽지 않거든 사용하지 않은 것은 반품하세요. 그러면 환불됩니다"라는 식이었다. 하나님께서 우리의 행복을 위해 존재하신다거나 우리가 지금 이 세상에서 가장 행복하게 살 수 있다는 약속이 주어졌다고 생각하는가? 투자한 것이 모조리 헛것이 되고, 병들거나 이혼하거나 해고된다면 어떤 일이 벌어질까? 하나님이 나의 행복을 위해 존재하신다고 믿는 자아 중심적 세계관은, 적어도 나의 상황에서만큼은 낙태를 쉽게 정당화한다. 다시 말해, '하나님께서 나의 행복을 방해하실 리가 없지 않은가?'라고 생각하기 쉽다.

만일 인간 중심적인 삶의 철학을 신봉한다면, 공화당이든 민주당이든 어느 쪽에 투표해도 상관없다. 노인이든 병자든 나의 '번영'에 도움을 줄 수 없는 자들, 내가 행복을 향해 걸어가는 것을 방해하는 배우자, 아직 태어나지 않은 아이, 노숙자들과 정신 질환자들, 알코올 중독자나 약물 중독자들은, 내가 그런 부류에 속하기 전까지는 모두 다 문제로 취급된다. 그런 측면에서 그들에게서 벗어날 수 있어야만 행복하거나 최소한 더 나은 삶을 살 수 있다. 우리가 경찰 편인지 시위자 편인지는 중요하지 않다. 나 자신과 동맹자들을 우상시하는 한, 우리는 상대를 악마화하고, 비인간화할 수밖에 없다.

심지어 우리는 사회가 무너지는 것을 개탄스러워하면서, 퇴폐적인 사회 속에서의 자녀 양육과 우리의 결혼 생활을 걱정한다. 앞서 말한 대로, 나도 마찬가지이다. 나도 그런 것을 걱정한다. 그러나 우리는 충격으로 얼어붙은 사슴처럼, 우리의 행복과 안전감을 위협하는 사람들을 두려워하여 옴짝달싹 못 한다. 우리의 개인적인 나르시시즘은 우리를 불길한 사회적 종족주의로 끌어들인다.

강단에서 터져 나오는 문화적 질타에서 이런 두려움이 촉발될 때도 많다. 아마도 현재의 사회가 역사상 가장 불경하다고 생각될 것이다. 역사적 관점과 좀 더 견실한 성경적인 죄의 교리를 고려하면 그런 우려가 줄어들 수도 있을 테지만, 많은 사람들은 그것을 오히려 틀림없이 우리가 아마겟돈이 임박한 시대를 살아가고 있는 가장 중요한 세대라는 생각을 방해하는 허튼소리로 여길 것이다.

퇴폐적인 문화에 이렇게 반응하는 것은 고대 교회의 반응과 극명하게 대조된다. 로마 제국이 성공적으로 복음화된 이유 중 하나는, 당시의 신자들이 혁신적인 윤리를 말로만 전하지 않고, 행동으로 실천한 것이었다. 초기 그리스도인들은 현실을 개탄하거나 이방인의 이교주의에 항의하지 않았다. 그들은 죄를 영광스럽게 여기고 의를 조롱하는 시대가 저물고, 이방인들이 머지않아 그리스도의 왕국에 속하게 될 것을 알았다. 그들은 자신의 가치관을 선전하지 않고 묵묵히 실천했으며, 죄인들을 위해 '십자가에 못 박히신 그리스도'의 복음을 전하는 데 전념했다.

로마 가톨릭이든 개신교든 겉만 번지르르한 오늘날의 교회와 교회 지도자들의 상태를 고려하면, 보수주의 개신교인들(복음주의자들)조차 죄에 안주해 버리고 만 것이 조금도 이상해 보이지 않는다. 우리 자신은 인간 중심의 행위와 설교로 자율성과 자아도취적 성향을 더욱 강화하면서 불신자들에게는 그것들을 포기하기를 기대하는 것은, 그야말로 공공연한 위선이 아닐 수 없다.

인간의 생명이 지니는 가치는 법안이 통과되거나 법원의 판결이 나오기 오래전에 이미 결정되었다. 잘 알다시피, 1973년에 여성의 낙태 권리를 인정하는 판결이 나왔다. 그 운명적인 결정이 내려지고 나서 처음에는 낙태가 급증했지만, 이후부터는 꾸준히 감소해 왔다. 그리고 2017년에 이르러, 낙태율은 1973년의 판결이 내려지기 이전보다 더 낮아졌다.[21] 이것은 언뜻 이상해 보이지만, 정치가 문화에 후행한다는 것을 입증한다. 문화는 정치가 아니라 실제 인간들이 사는 신학적·도덕적 세계를 통해 형성된다. 물론 경제적·사회적 요인들도 문화 형성에 영향을 미친다. 그러나 인간은 근본적으로 종교적인 피조물이다. 하나님께서 자신을 위해 인간을 창조하셨으므로, 인간은 의미, 정체성, 구원을 갈망하지 않을 수 없다.

법률, 법정, 헌법, 집단 정체성, 가상 커뮤니티 따위가 우리의 정체성을 결정하지 않는다. 하나님께서 우리에게 다른 모든 것을 압도하는 가치와 정체성을 부여하셨다. 그런데 인간은 타락한 이후에 우상 숭배로 그것을 왜곡시켰다. 우리는 우리 자신을 신으로 만들었고, 그래서 우리의 통치를 위협한다고 생각되는 모든 것을 두려워한다. 하나님을 향한 두려움을 잃어버리면, 사람이나 사물에 대한 두려움이 커질 수밖에 없다.

인간의 주된 목적이 개인의 평화와 번영과 안전이라고 말하는 세계관

---

21) David French, "Do Pro-Lifers Who Reject Trump Have 'Blood on Their Hands'?", *The French Press* (blog), *The Dispatch*, August 23, 2020, https://frenchpress.thedispatch.com/p/do-pro-lifers-who-reject-trump-have.

을 채택하면, 즉각적인 필요와 욕구를 만족시키라는 요구가 강해지고, 따라서 낙태나 이혼이나 학대나 인종 차별 같은 것에 대한 도덕관념이 사라지기 마련이다. 적어도 세속주의자들은 자신의 허무주의적 신념을 일관되게 유지하며 살아간다.

그런데 나의 경험을 돌아보면, 미국의 복음주의자들이 전하는 메시지 중에는 인간 중심적인 것들이 너무나 많다. 나는 나의 행복을 위협하는 것을 두려워한다. 그래서 나와 똑같은 것을 두려워하는 사람들을 찾게 되고, 채팅방에서 우리가 좋아하는 지식인들이 장황하게 늘어놓는 말을 빌려 우리의 집단적인 나르시시즘을 표현하기에 이르며, 마침내 공공의 선에는 아무런 관심도 기울이지 않은 채 '정체성 정치(identity politics)'에만 몰두하게 된다.

그러나 하나님께서 내가 정한 행복이 피상적이고 근시안적이며 자신의 계획을 거스른다는 이유로 그것을 거부하신다면 어떻게 될까? 타락한 상태에 처한 우리는 혼란에 사로잡혀 있는 까닭에, 우리나 서로를 행복하게 만드는 것이 무엇인지를 알지 못한다. 하나님께서 나의 행복을 위해 존재하시는 것이 아니라, 내가 그분의 영광을 위해 존재한다. 하나님을 영화롭게 한다는 것은 곧 그분을 즐거워한다는 뜻이기도 하다. 하나님을 예배하면 우리 자신은 물론 주변 사람들까지 행복을 누린다. 하나님과 교제함으로써만 불행한 상황을 능히 뚫고 나아갈 수 있는 참된 만족을 얻을 수 있다. 그러나 나는 죄인이기에, 이런 사실을 본성적으로 알지 못한다.

거룩하고 엄위로우신 하나님 앞에 나아가 내가 문제 덩어리라는 사실을 인정하고, 그분의 아들 안에서 긍휼을 구해야 한다. 그리하면 그분은 우리를 하나로 연합시켜 자기 몸의 지체로 삼고, 위협이 아니라 복을 허락하신다. 바로 이것이 그리스도인이 전해야 할 메시지이다. 어쩌면 우리가 사는 세상은 섬처럼 작을 수 있는데도 우리는 이 메시지를 충분히 듣지 못하고 있다.

우리를 불안하게 만드는 감정적인 심기증

우리는 두려움으로 아드레날린이 방출되는 데 익숙해졌다(어쩌면 중독된 상태일지도 모른다). 그래서 비교적 평온할 때조차도 일부러 위기를 만들어야 할 지경이 되고 말았다. 물론 정당하고 현실적인 두려움도 존재한다. 그러나 우리 사회는 과장된 수사(修辭)를 양산하는 일종의 감정적인 심기증(건강염려증)을 앓고 있다.

희생자가 되는 것을 피하려는 감정적인 심기증은, 오히려 갖가지 인간관계와 위험한 사람들로 인해 실제로 피해를 받는 개인을 경시할 뿐 아니라, 정작 해결해야 할 심각한 문제들을 이해하지 못하게끔 방해한다. 왜냐하면 우리가 다른 사람들을 도저히 구원받을 수 없는 사악한 악마로 간주하기 때문이다.

정치적 견해가 나와는 다른 사람은 단지 자신과 정치적 견해가 다른 사람들이 아니라, 음험한 음모에 속아 넘어가는 머저리나 얼간이로 간주된다. 그런 사람들은 자신들의 존재와 번영을 위협하므로 '삭제'되어야 한다('삭제'한다는 말은 예전에는 '무례하게 대해야 한다'라는 의미를 담고 있었다). 또한 그들은 나쁜 사람들이기 때문에, 자기 생각을 말하도록 허용해서는 안 된다.

사람을 무시하는 것은 일종의 진정한 억압이다. 그런데 아이러니하게도 그런 태도는, 그저 다른 견해를 피력할 뿐인 누군가로 인해 피해를 받았다고 말하는 불만 섞인 주장을 통해 종종 정당화되곤 한다. 언뜻 생각하면 그것은 확신에 찬 자신감을 드러내는 태도인 듯 보인다. 그러나 그 배후에는 자신의 신념을 옹호할 능력이 없고, 단지 집단적 사고에서 비롯되는 감정이 잔뜩 고조된 집단의 밈(meme)[22]과 관습적인 주장을 되풀이할 뿐인 연약한 자아가 감추어져 있다. 마치 모두가 희생자가 되고 싶어 하는 것처럼 보인다.

그와 같은 심기증은 누군가가 실제로 경험하고 있는 진짜 학대와 억압과 유해 요인을 격하시키는 결과를 초래한다. 그로 인해 결국 우리 모두가 병들고, 정신 이상이 된다. 두려움에 사로잡혀 이성을 잃으면, 비이성적으로 생각하고 다른 사람들을 비방할 수밖에 없다.

무신론자 빌 마허(Bill Maher)와 같은 지식인들은 음모적 사고를 종교와 연관시키는 것을 좋아한다. 그가 한 텔레비전 방송에서 말한 대로, 자기가 진정으로 믿는 것을 강하게 확신한다면, 유대인들이 고의로 우주 레이저를 작동시켜 2018년의 캘리포니아 화재를 일으켰을 가능성도 생각

---

22) 역자주 - 인터넷이나 SNS 등에서 여러 문화적 행동이나 특정 메시지를 전하는 짧은 영상, 그림이나 텍스트 같은 것들이 복제되어 사람 사이에 전달되는 것을 가리킨다. 우리말로는 대부분 '짤방' 혹은 '패러디물'로 번역된다.

해 볼 수 있지 않을까?[23] 논증과 자료가 없더라도 신념에 대한 강렬한 감정만 있으면 그만이지 않을까?

내가 참여한 어느 패널 토의에서 빌 나이(Bill Nye, '빌 아저씨의 과학이야기'라는 미국의 과학 교육 프로그램을 창안한 인물)도 마허처럼, 종교의 모든 것을 곰 인형이나 편안한 이불처럼 "솜털 덮인(불분명한) 것들의 영역"으로 축소시켰다. 그는 죽음을 두려워하는 것이 종교에 불을 지피는 연료라고 주장함으로써, 무신론을 옹호하는 자들의 견해를 그대로 따랐다. 그는, 어쩌면 종교란 우리를 놀라게 해 맹목적으로 뛰게 만드는 거짓 헤드라이트와 같은 것일지도 모른다고 말했다. 그리고 기본적으로 모든 사람이 별을 보며 소원을 빈다고 말하면서 특정한 신앙을 받아들일 필요가 없다고 주장함으로써, 종교 전체를 간단히 한 방에 날려 버렸다.

나는 "빌 나이 씨가 방금 한 말에 대체로 동의합니다"라고 첫마디를 꺼냈고, 대부분 비신앙인이었던 청중을 놀라게 하기에 충분했다. 그렇게 말하고 나서 나는 곧바로 "예수 그리스도의 부활에 관해 이야기해도 되겠습니까?"라고 물었다. 그러고는 약 30분 동안 그 역사적 사건을 진술했다. 빌은 학식이 풍부했으나 한 마디도 대답하지 못했다. 그는 당황하는 기색이 역력했다. 그는 종교가 "인민의 아편"이라는 선동적인 주장을 제기했지만, 과학적으로는 고사하고 역사적으로도 논증할 수 없었다.

---

23) Jeremy Stahl, "How Many House Republicans Believe the Jews Attacked California with a Space Laser?", *Slate*, January 29, 2021, https://slate.com/news-and-politics/2021/01/marjorie-taylor-greene-kevin-mcarthy-jewish-space-lasers.html.

그리스도인이라면 누구나 내가 그날 말한 바를 말할 수 있을 것이다. 사실 많은 그리스도인이 날마다 그런 내용을 전하고 있다. 내가 특별한 것은 아무것도 없었다. 그러나 종교에 관한 한 세속적인 근본주의자들은 종교적인 근본주의자들만큼이나 아무런 준비가 되어 있지 않다. 전자나 후자 모두가 세상을 매우 단순하게 인식한다. 그들은 "우리는 똑똑하고, 저들은 어리석다"라고 믿는다. 그래서 신중한 숙고나 표현의 차이나 이성적 추론 따위는 필요 없다고 생각한다.

기독교는 좌파나 우파의 문화 전사(戰士)들이 임의로 왜곡하지 않는 한, 감정적인 공갈 협박이 아니라 합리적인 논증을 제시하는 속성이 있다. 기독교는 우리 편이 정권을 유지하리라고 확신하는 웅대한 정치적 비전이나 진부한 도덕이나 감정에 근거하지 않는다. 기독교의 상징은 역사의 한복판에 서 있는 십자가이며, 예수님은 죽은 지 사흘 만에 부활하심으로써 새 창조의 시작을 알렸다. 이것은 사실이거나 거짓일 수는 있어도, 절대 헛된 공상은 아니다. 그리스도인은 약자처럼 보인다. 그러나 사람들이 우리를 완벽하게 제압했다고 생각하는 순간, 우리는 가장 강하다. 사실 그들은 우리를 제압하지 못한다. 우리가 더 낫거나 똑똑해서가 아니라, 사실들이 예수 그리스도의 편이기 때문이다.

그러나 오늘날 이러한 논증을 열띤 감정으로 대체하려는 그리스도인들이 적지 않다. 신선하면서도 주목할 만한 예외가 더러 있기는 하지만, 대개 공적 토론이나 대화에서 감정의 대립각을 세우고 본능적으로 이성과 논증을 회피하려는 태도가 지배적이다. 워싱턴의 내부자들이나 밖에서 들어온 외부자들의 방식대로 세력을 장악하려고 애쓰면, 많은 사람들의 마음과 생각을 사로잡기가 어렵다. 그런 태도는 이런저런 부류의 극단주의자들이 벽에 비추는 '헤드라이트(또는 뉴스 표제)'에 반사적으로 반응하려고 안간힘을 쓰는 것밖에 되지 않는다.

위를 보고, 밖을 보라

물론 정당한 불안도 있다. 정당한 불안 몇 가지를 살펴보고, 심각한 시련을 만난 사람들을 잠시 위로하고 싶다. 나도 그런 불안을 대부분 경험하고 있다. 그러나 나는 하나님을 두려워하면 다른 모든 두려움을 극복할 수 있다고 확신한다. 먼저, 우리는 하나님의 말씀을 통해 지혜를 얻어야 한다. 하나님은 우리의 상처를 외면한 채 서두르라고 재촉만 하는 엄한 아버지가 아니시다. 그분은 암세포를 잘라 내는 의사처럼, 자신이 허락한 상처를 포함한 우리의 모든 상처를 싸매고 우리를 구원하신다.

문화적·정치적 논쟁에 참여해 어느 한쪽 편을 들고자 이 책을 쓰는 것이 아니다. 나는 느부갓네살이 다니엘서 4장에서 경험했던 것처럼, 눈을 들어 하늘을 바라봄으로써 올바른 정신을 되찾게 하는 데 목적을 두고 있다.

창세기 3장에는 인류의 첫 조상이 타락한 이야기가 기록되어 있다. 이 이야기는 다양한 방식으로 계속 되풀이해 언급된다. 아담과 하와는 하나님의 말씀에 귀를 기울이지 않고, 당장 보고 가질 수 있는 것을 얻고 싶어 했다. "너희가 하나님처럼 될 것이다"라는 말은 사탄의 거짓말에 지나지 않았다. 사실 그들은 하나님을 닮았다. 그들은 하나님의 형상과 모양대로 창조되었다. 그러나 그들은 하나님의 영광을 반영하는 것으로 만족하지 않고, 자신들이 직접 자율적인 영광의 근원이 되려고 했다.

복된 삶을 위한 그들의 안전과 목적은 본래 모두 하나님에게서 비롯되었다. 주권과 선함과 사랑과 충실함을 지니신 하나님께서 풍요롭고 건강한 환경을 다양하고도 풍성하게 제공하셨다. 그분은 언약을 지키면 영생을 허락하겠노라고 약속하셨으며, 자신의 왕국에서 그들과 의미 있는 동반자 관계를 유지하셨다. 아담과 하와는 하나님과 친밀히 교제함으로써 서로 신뢰하는 친구가 되었다. 그러나 그들이 하나님을 두려워하는 마음을 상실하자 온갖 종류의 그릇된 두려움이 마구 몰려들었다.

타락은 이 모든 복에 저주를 가져왔다. 아담과 하와는 죽음을 경험하게 되었고, 땅은 저주를 받아 그들의 수고에 보답할 수 없게 되었으며, 출산의 고통이 일상의 현상으로 자리 잡았다. 심지어 그들은 저주를 받게 된 것에 대해 서로를 탓하며 분노하기까지 했다. 일찍이 가인과 아벨의 때부터 박해를 일삼은 '사탄의 후손'과 '여인의 후손' 사이에서 벌어질 항구적인 싸움이 시작되었다.

그러나 하나님은 반역을 일으킨 인류를 멸망하게 놔두지 않으셨다. 그분은 그런 저주의 와중에서도 자연과 역사를 관장하겠다고 약속하셨다. 그분은 심판의 날을 미루어, 인류에게 믿음을 통해 의롭게 될 기회를 제공하셨다. 노동은 더 이상 하나님의 거룩한 왕국을 확장하는 데 이바지할 수 있는 신성한 의무는 아니었지만, 여전히 하나님의 복된 일반 은총 아래 머물렀다. 결혼에도 여전히 복이 뒤따랐다. 아담과 하와는 함께 지내면서 가정을 이루었다. 또한 하나님은 인류에게 땀을 흘려 그분의 창조물을 통해 양식을 얻도록 허락하셨다. 마지막으로, 하나님은 여인의 산고를, 인류를 저주에서 구원할 메시아를 낳는 수단으로 삼으셨다.

나는, 안전과 즉각적인 만족을 주리라는 거짓된 약속을 붙들고서 스스로를 구원하려고 노력하는 인간 중심적인 태도를 버리고, "오직 시온의 자녀들만이 알고 있는 견고한 기쁨과 영원한 보화"를 바라보도록 돕고 싶다.[24] 그것을 바라보면 불행할 때도 기뻐할 수 있고, 과장된 속임수가 판을 칠 때도 희망을 품을 수 있으며, 무서운 시련을 만날 때도 인내하며 성장할 수 있다.

---

24) John Newton, "Glorious Things of Thee Are Spoken," *Trinity Psalter Hymnal* (OPC/URCNA, 2017), #403.

1부

모든 두려움을 내쫓는 두려움

하나님을 두려워하는 것은 우리의 모든 두려움을 물리치는 특효약이다. 하나님을 향한 올바른 두려움은 우리를 유일한 중보자이신 그리스도께로 인도할 뿐 아니라, 그릇된 두려움(즉, 하나님이 무서운 재판관일까, 아니면 자애로운 아버지일까 하는 불안감)을 말끔히 없애 준다. 하나님을 향한 올바른 두려움은, 은밀히 영역을 넓혀 가다가 우리의 삶을 완전히 장악해 버리는 것처럼 보이는 거짓 우상들에 대한 두려움을 정복한다.

2

하나님을 두려워한다는 것은
무슨 의미인가?

왜 하나님을 두려워해야 할까? 보수주의 교회에서 성장한 사람들 중에는 하나님을 우리의 행위를 평가하는 재판관으로 생각하는 사람들이 많다. 많은 교회들이 그런 음울한 진혼곡 같은 내용에 반발해 좀 더 편안한 음악과도 같은 내용을 듣는 쪽으로 방향을 틀었다. 지난 몇 세대를 거치면서 '하나님을 두려워하는 것'을 긍정적인 것이 아니라 부적절하거나 괴로운 신경증 같은 것으로 생각하는 경향이 짙어졌다. 우리는 지옥의 불과 유황을 전하는 설교자들의 소리를 몹시 두려워한다. 그래서 우리 자신이나, 특히 구도자들은 가능한 한 하나님에 대한 두려움을 경험하지 않기를 바란다.

나는 다른 곳에서, 인간 중심적인 사회가 어떻게 하나님의 역할을 우리의 삶을 돕는 것으로 바꾸어 놓았는지를 상세히 설명한 바 있다. 개인 치료사, 인생 상담사, 연예인, 관리자, 문화 전쟁의 마스코트 등 직업에 상관없이, 많은 사람들이 하나님이 우리를 위해 존재하신다고 믿는다. 우리는 '웨스트민스터 소요리문답'의 첫 번째 문답과는 정반대로, 인간의 주된 목적이 하나님을 이용하고 우리 자신을 영원히 즐거워하는 것이라고 말한다.

하나님을 "소멸하는 불"(히 12:29)로 묘사하는 것은 교회에서조차 낯선 개념으로 취급된다. 우리는 교회 안에서 하나님을 향한 두려움을 제외한 다른 모든 두려움만을 거론한다. 우리의 행복을 위해 존재하는 신에 관해 말할 때, 두려움은 올바른 감정처럼 느껴지지 않는다. 어떻게 하나님을 두려워하는 것이 우리의 행복과 번영에 도움이 될 수 있겠는가?

심지어 보수주의 진영에서도 '하나님을 두려워하는 것'을 언급하는 성경 구절이 나오면 곧바로 온갖 수정을 더하여 설명하느라 흐지부지되어 버리기 일쑤이다. 그 결과, '두려움'은 전혀 두려움이 아닌 것으로 바뀐다. 우리는 하나님을 두려워하는 것을 그런 식으로 처리함으로써, 그분이 마땅히 받으셔야 할 것을 드리지 못할 뿐 아니라, 우리를 괴롭히는 온갖 두려움을 없애 줄 유일한 방책을 스스로 포기하고 만다.

잘못된 두려움을 극복할 수 있는 유일한 방법은 올바른 두려움을 가지는 것이다. 물론 '하나님을 두려워하는 것'이 우리에게 필요한 전부는 아니지만, 성경은 "여호와를 경외하는 것이 지혜의 근본이요 거룩하신 자를 아는 것이 명철이니라"(잠 9:10)라고 말씀한다. 예수 그리스도는 인격으로 나타난 하나님의 지혜이시다(고전 1:30 참고). 하나님을 두려워하는 것은 믿음으로 이어지고, 믿음은 성령의 열매를 맺게 해 우리와 다른 사람들에게 풍성한 복을 안겨 준다. 두려움은 예배로 이어진다. 우리는 궁극적인 것이라 믿는 것, 곧 우리의 삶에 결정적인 영향을 미친다고 생각하는 것을 두려워한다.

문제는 우리가 하나님이 아니라 '우상들'을 두려워한다는 것이다. 우리는 우상들을 우러러 섬기기도 하고, 그것들로부터 오직 삼위일체 하나님만이 주실 수 있는 만족을 얻지 못할 때는 화를 내며 그것을 버리거나 깨부수기도 한다. 어떤 경우가 되었든, 그것은 잘못된 두려움에 해당한다. 왜냐하면 두 경우 다 자유를 줄 수 없는 우상들에게 우리의 꿈과 희망을 걸기 때문이다. 우리는 우리가 절대적으로 의지하는 것을 숭배한다. 이것은 아이러니한 일이 아닐 수 없다.

아담이 타락한 이후, 우리는 자율성(우리 스스로 신이 되는 것)을 추구하지만 뜻대로 되지 않는다는 것을 깨닫는다. 그러고는 원점으로 되돌아가 유일하신 참 하나님께 우리 자신을 의탁하기보다는, 다른 우상들을 좇으려는 성향을 따라간다. 우리는 배우자를 우리의 외로움을 달래거나 안전을 보장해 줄 대상으로 숭배하다가, 그들이 신성을 충족시킬 수 없다는 사실을 알고서 환멸을 느낀다. 또한 우리는 자녀들이 우리를 실망시키지 않고 기쁨을 줄 동안에는 그들을 숭배하기도 한다.

때로는 좌천되거나 해고되거나 궁극적인 의미와 만족을 얻을 수 없어서 일을 그만두어야 할 것 같은 압박감을 강하게 느끼기 전까지는, 우리에게 정체성과 의미와 존엄성을 제공하는 직업을 숭배하기도 한다. 인간은 위로 없이는 살 수 없다. 사람은 누구나 이런저런 우상을 좋아하며, 자신을 구원하리라 믿는 대상을 두려워한다.

창세기에서부터 요한계시록을 관통하는 하나님을 향한 두려움이 다시금 우리의 생각과 상상력과 마음과 삶을 가득 채워야 한다. 그리하면 우리의 마음속에 있는 우상들을 찾아내 물리칠 수 있다. 이사야 선지자는 이렇게 증언했다.

"이스라엘의 왕인 여호와, 이스라엘의 구원자인 만군의 여호와가 이같이 말하노라 나는 처음이요 나는 마지막이라 나 외에 다른 신이 없느니라. 내가 영원한 백성을 세운 이후로 나처럼 외치며 알리며 나에게 설명할 자가 누구냐 있거든 될 일과 장차 올 일을 그들에게 알릴지어다. 너희는 두려워하지 말며 겁내지 말라 내가 예로부터 너희에게 듣게 하지 아니하였느냐 알리지 아니하였느냐 너희는 나의 증인이라 나 외에 신이 있겠느냐 과연 반석은 없나니 다른 신이 있음을 내가 알지 못하노라"(사 44:6-8).

그렇다면 오늘날 하나님을 두려워하는 것이 왜 그토록 낯설게 느껴지는 것인지를 잠시 생각해 보자.

평평해진 세상

존 레논(John Lennon)의 '이매진(Imagine)'에서 알 수 있는 대로, 현대 사회는 하나님도 없고, 하늘 위의 천국이나 땅 아래의 지옥도 없고, 오직 우리 위에 하늘만 있다고 생각하는 세속적인 사회가 되고 말았다. 하나님을 경험한다는 개념이 우리의 뇌리에서 완전히 사라지지는 않았지만, 매우 멀어진 것만은 분명하다. 이렇게 되기까지는 수많은 요인이 작용했다.

모빌 장난감을 생각해 보라. 다양한 조각들이 위로 올라갈수록 점점 더 작은 동심원을 이루는 고리들에 매달려 있고, 이 고리들은 맨 위에 있는 하나의 중심점에 매달려 있다. 모빌에서 제일 위에 있는 중심 고리를 제거하면, 구조물 전체가 평평하게 무너져 내린다. 그런 일이 현대 사회에서 오랫동안 진행되어 왔다.

현대 이전의 그리스도인들은 "여호와의 말씀으로 하늘이 지음이 되었으며 그 만상을 그의 입 기운으로 이루었도다"(시 33:6)라는 말씀대로, 모든 현실, 곧 우리를 비롯해 우리가 보고 듣고 냄새 맡고 만질 수 있는 모든 것들이 하나님의 말씀을 통해 공중에 매달려 있는 형태로 만들어졌다고 생각했다. "하늘이 하나님의 영광을 선포하고 궁창이 그의 손으로 하신 일을 나타내는도다"(시 19:1)라는 말씀대로, 하나님의 말씀으로 창조된 자연은 그에 합당하게 반응한다. 가장 하찮은 피조물조차도 우리의 눈을 하나님께로 향하게 만든다. 예를 들어, 개미도 우리에게 지혜를 가르친다(잠 6:6 참고).

하나님을 증언하지 않고 자신을 자율적인 존재로 생각하는 피조물은 인간밖에 없다. 나는 이것이 전도서의 "해 아래에서 사는" 삶이 가리키는 바라고 생각한다. 우리는 '에덴의 동쪽'에 살면서 각각의 동심원 안에서 의미를 찾으려고 애쓰지만, 헛수고만 되풀이할 뿐이다. 세상이라는 모빌이 본래의 '닻(고리)'에 매달려 있을 때만 우리의 삶이 깊고 풍성하며 일관되고 아름다울 수 있다. 그것이 진정한 해이신 삼위일체 하나님 아래에서 사는 삶이다.

과거 서구 사회에서 사는 사람들은 "내가 어떻게 거룩하신 하나님 앞에서 의로울 수 있을까?"라고 묻곤 했다. 이 질문은 모빌이 공중에 매달려 있을 때만 의미가 있다. 그러나 오늘날 우리는 "어떻게 하면 가장 멋진 삶을 살 수 있을까?"라고 묻는다. 세상 안에 '초월적인 것,' 곧 더 고차원적인 경험과 장소와 실재가 존재할 수도 있지만, 사실 '내재적인 것,' 곧 그저 연이어 일어나는 자연적인 사건에 불과한 것에서 삶의 의미를 찾는다. 종종 우리는 우리 자신 안에서 초월적 차원을 찾으려고 시도하기도 한다. 바로 이런 의미로 사람들은 여론조사자에게 "나는 영적이지만 종교적이지는 않습니다"라고 대답한다.

심지어 교회 안에서도 하나님과의 평화보다는 마음의 평화나 우리 자신이나 다른 사람들과의 평화를 더 중요한 문제로 간주하는 것처럼 보인다. 평평한 세상에 산다는 것은 하나님 앞에서 가지는 객관적인 죄책이 아니라 주관적인 부끄러움을, 또는 영원한 생명이 아니라 장수를 위협하는 것을 가장 두려워한다는 의미이다.

다른 사람들과 함께 국가를 부르면 단결심과 뜨거운 충성심이 솟구친다. 야구 경기, 입맞춤, 발레 같은 것들은 신성한 무언가를 보여 주는 요소들로 가득하다. 반짝이는 화강암 봉우리 정상에 올라서면, 압도적인 장엄함을 느끼게 된다. 행진에 참여하면, 마치 정의를 향해 나아가는 역사에 가담한 것처럼, 우리 자신보다 더 큰 어떤 것의 일부가 된 듯한 활력이 마음속에서 솟아난다.

그러나 신비로운 듯한 이 모든 순간은 시간 속으로 뚫고 들어오신 영원한 하나님과는 아무런 상관이 없다. 그런 것들은 우리를 초월하는 존재나 사물을 경험하는 것이 아니라, 우리의 내적 정신이 드러난 것에 지나지 않는다. 우리의 감정은 핀볼처럼 여기저기 부딪쳐 소리를 내면서 점수를 올리지만, 항상 핀볼 기계의 유리벽 안에 머물러 있을 뿐이다.

종종 언급되는 대로, 우리는 다른 사람들과 함께 있는 순간에도 외로움을 느낀다.[1] 우리가 자신을 표현하지만, 다른 사람들도 그들 자신을 표현하느라 여념이 없어서 서로를 돌아보지 못한다. 교회 안에 함께 모여 다른 사람들과 개인의 경험을 나눌 때도 얼마든지 그런 일이 일어날 수 있다. 우리의 경험을 다른 사람들과 공유할 수도 있지만, 대개 혼자 있는 것처럼 전적으로 개인적인 차원에 머물 뿐이다. 언제 어디에서나 일어나는 자연의 '기적들'을 새롭게 의식할 수 있지만, 역사 속에 개입해 새로운 일을 이루고자 우리 앞에 나타나시는 인격적인 하나님을 경험하기는 어렵다.

영국 교회는 1348-1350년에 흑사병이 유행하자, 함께 모여 금식하며 기도했다. 그러나 1980년대에 에이즈 위기가 닥치자, 기도와 금식보다는 의학 연구를 위해 공공 기금을 모금하고자 더 많이 노력했다.[2] 좌파와 우파를 막론하고 많은 교회들이 공공 정책이라는 처방을 내리는 것을 자신들이 해야 할 가장 적절한 일로 간주했다. 그러나 세상에 교회가 필요한

---

1) Sherry Turkle, *Alone Together; Why We Expect More from Technology and Less from Each Other* (New York: Basic Books, 2012); Robert D. Putnam, *Bowling Alone: The Collapse and Revival of American Community* (New York: Simon and Schuster, 2020).

2) 이 사례는 다음 자료에서 발췌했다. Steve Bruce, *Secularization: In Defence of an Unfashionable Theory* (Oxford, UK: Oxford University Press, 2011), 44.

것은 그런 이유에서가 아니다. 어디에선가는 연구를 지원할 기금에 관해 말해야 하겠지만, 만물의 왕이신 그리스도는 교회에 매우 독특한 사명을 부여하셨다.

그리스도는 말씀과 성령을 통해, 교회를 하나님을 향한 두려움을 경험하고 전하고 알리는 공동체로 만들어 가신다. 만일 교회가 세상의 문제와 해결책을 다루는 것을 가장 중요하게 여긴다는 인상을 심어 준다면, 차라리 신뢰하는 정치 당파나 제약 회사나 기술 회사에 모든 자산을 넘기고 문을 닫는 편이 더 낫다.

하나님은 피조물과는 본질적으로 다른, 진정으로 초월적인 존재이시다. 우리는 그분 안에서 살며, 기동하며, 존재한다. 그런데 오늘날과 같이 인간 욕구의 범위가 스마트폰으로 수행할 수 있는 것으로 축소된 시대에 접어들면서, 하나님에 관한 인식이 아예 없어지지는 않았더라도 갈수록 희미해지고 있는 것은 분명하다.

그 어떤 정치적 변화도 이러한 새로운 세계의 경험을 적절하게 정의할 수 없다. 문화 전쟁은 더 깊은 곳에서 일어나는 지각판의 변화에서 오는 여파일 뿐이다. 물론 우리가 그런 지각판 중 한 곳에 서서 또다른 지각판에 서 있는 세속적인 이웃들로부터 점점 더 멀리 떨어져 나가고 있는 것은 결코 아니다. 문화적으로 말하면, 우리는 모두 같은 지각판 위에 서 있다. 우리는 "오늘날 우리에게 일용할 양식을 주옵소서"라고 기도하지만, 빵은 마트에서 나온다고 생각한다. 신자인 우리는 하나님께서 모든 좋은 선물을 주시는 분으로 믿는다. 그렇다면 우리는 이 진리를 어떻게 경험할 수 있을까? 그 대답은 하나님을 두려워하는 것과 함께 시작한다.

하나님을 향한 두려움이란 정확히 무엇을 말하는 것일까? 그것이 감정인 것은 틀림없지만, 우리 안에서 저절로 솟구치지는 않는다. 그것은 우리가 내적 정신 밖에 존재하시는 하나님과 마주할 때 일어난다. 하나님을 두려워하는 것을 간단히 '올바른 정신'으로 정의할 수 있다.

사슴들이 정신 이상을 일으켜 서로를 마주 달려오는 자동차의 헤드라이트 불빛으로 착각하면 비정상적으로 행동하기 마련이다. 밖에 굶주린 맹수가 기다린다고 생각하여 방에서 나가지 않으려 하는 것은 현실을 외면하는 것이다. "그 어떤 권위나 책임이나 구원도 필요 없다. 나의 주인은 나다. 내가 누구이고 어떤 사람인지는 나만이 결정할 수 있다"라는 생각은 비현실적이다.

나는 조직신학과 변증학을 가르친다. 나는 첫 강의 시간이 되면 내 일을 수월하게 할 생각으로 신학생들에게 "모든 사람은 아무런 논증이 없이도 이미 하나님을 알고 있습니다"라고 말한다. 그리고 나서 곧바로 그들이 논증으로 무장하도록 돕는 데 모든 시간을 할애한다. 왜 그렇게 할까? 인간이 '불의로 진리를 막기' 때문이다(롬 1:18 참고). 계시는 아무런 문제가 없다. 정보가 충분하지 않아서 사람들이 하나님을 믿지 않는 것이 아니다. 하나님은 우리에게 자신을 숨기지 않으신다(행 17:26,27 참고).

"창세로부터 그의 보이지 아니하는 것들……이 그가 만드신 만물에 분명히 보여 알려졌나니 그러므로 그들이 핑계하지 못할지니라"(롬 1:20).

우리가 사람들에게 논증과 증거를 제시하는 것은 그들이 이미 알고 있는 지식을 잘못 해석하고 있다는 점을 일깨워 주고, 본성으로는 알 수 없는 좋은 소식을 전해 주기 위해서이다.

사람들이 하나님을 몰라서 예배하지 않는 것이 아니다.

"하나님을 알되 하나님을 영화롭게도 아니하며 감사하지도 아니하고 오히려 그 생각이 허망하여지며 미련한 마음이 어두워졌나니, 스스로 지혜 있다 하나 어리석게 되어, 썩어지지 아니하는 하나님의 영광을 썩어질 사람과 새와 짐승과 기어다니는 동물 모양의 우상으로 바꾸었느니라"(롬 1:21-23).

우리는, 우리를 창조하고 심판하고 자기를 믿는 모든 사람을 구원하시는 하나님 앞에서 우리 자신을 옹호하기 위해 진리를 왜곡하고, 잘못을 합리화한다. 우리의 부패한 마음이 이성과 감각적 관찰을 통해 절반의 진리를 만들어 내고, 진리를 왜곡하고, 비진리를 조장한다. 우리는 무지에서 출발해 진리에 이르는 것이 아니라, 진리에서 시작해 (칼빈이 말한 대로) "의도적으로 우리 자신을 혼란에 빠뜨린다."[3] 우리는 예배하는 피조물로 창조되었다. 하나님을 두려워하는 마음과 지식이 존재하지 않으면, 우상 숭배나 거짓 종교도 존재하지 않을 것이다.

우리는 상식과 이성과 관찰이 당연하게 증언하는 바를 과연 어디까지 부인할 수 있을까? 바울은 우리가 하나님께 드려야 할 예배를 사람과 "동물 모양의 우상"(롬 1:23)을 향한 예배로 바꾸었다고 말한다. 우리는 자연스러운 관계를 기본적인 인간 해부학조차 인정하지 않는 부자연스러운

---

3) John Calvin, *Institutes of the Christian Religion*, ed. John T. McNeill, trans. Ford Lewis Battles (Philadelphia: Westminster Press, 1960),1.4.2.

관계로 바꾸었다. 우리는 자연은 물론 과학을 통해 진리로 알려진 것(즉, 자연 계시)마저 거스른다. 타락의 본질은 우상 숭배, 특히 자율성에 대한 뱀의 거짓 약속("너희가 하나님처럼 될 것이다")과 관련된다. 타락한 이후 아담과 하와는 세상에서의 경험과 이성을 더 이상 하나님께로 인도하는 그분의 선물로 활용하지 않았다. 그들은 외부적인 권위를 의지하지 않고, 스스로 '선과 악'을 구축했다.

하나님을 두려워한다는 것은 현실을 인정하고 사는 것을 의미한다. 앞으로 살펴보겠지만, 그것이 올바른 정신으로 사는 것이다. 나무의 결을 거슬러 톱질을 하면 잔 조각들로 부서질 것이다. 중력을 무시하면 물리 법칙이 깨지는 것이 아니라 우리 자신이 결딴날 것이다. 우리는 스스로 자신을 만들지 않았다. 따라서 우리의 본질과 정체를 스스로 선택할 수 있는 양 사는 것은 미친 짓이다. 우리는 자신이 아니라 하나님께 속해 있다. 신자인 우리는 하나님께서 창조와 섭리, 특히 선택과 구원의 권한을 통해 우리를 소유하신다는 사실을 잘 알고 있다. 예수님은 이렇게 말씀하신다.

"너희가 나를 택한 것이 아니요 내가 너희를 택하여 세웠나니 이는 너희로 가서 열매를 맺게 하고 또 너희 열매가 항상 있게 하여"(요 15:16).

우리가 우리를 입양한 것이 아니다. 하나님께서 은혜로 우리를 자신의 가족으로 입양하셨다. 이것이 삶의 참된 현실이다.

현실을 인정하고 산다는 것은 진리로부터 도망치고 숨고 그것을 왜곡하고 묻어 두려고 애쓰지 않으며, 진리를 있는 그대로 받아들이는 것을 의미한다. 그것은 하나님이 두려운 위엄을 갖춘 우리의 창조주요 심판자이시라는 사실을 인정하는 것을 뜻한다.

우리는 첫 조상 이후로 우리가 주도권을 잡고서 우리의 이야기를 고쳐 쓸 수 있다고 생각하면서, 줄곧 자율성, 즉 자치권을 추구해 왔다. 하나님 께서 보조적인 역할이라도 하고자 하신다면, 단지 우리를 행복하게 하는 역할만을 하셔야 한다. 다시 말해, 그분은 우리의 인생을 설계하기 위한 격려와 위로와 영감과 능력을 제공할 뿐, 우리를 소유하지는 않으신다. 우 리를 심판하거나 구원할 존재가 있다면, 바로 우리 자신이다. 나의 육체나 돈이나 신념이나 삶의 방식에 이래라저래라 지시할 수 있는 존재는 아무 도 없다. 나의 인생은 나의 자동차이고, 그 운전석에는 내가 앉아 있다.

이런 식으로 우리는 하나님이 되고 싶어 하지만, 그럴 능력이 없다. 우 리는 이내 그것이 우리의 능력을 넘어서는 일임을 깨닫는다. 우리는 하나 님의 자리를 차지할 수 있는 척하지만, 심한 압박감을 느끼고 좌절할 수밖 에 없다.

지성적인 차원에서 제정신을 되찾는 것과 그런 정신으로 일상을 사는 것은 별개의 문제이다. 주일에는 "여호와가 우리 하나님이신 줄 너희는 알지어다. 그는 우리를 지으신 이요 우리는 그의 것이니 그의 백성이요 그 의 기르시는 양이로다"(시 100:3)라고 노래하지만, 월요일이 되면 익숙한 방식에 쉽게 빠져들어 스스로 정체성을 확립하고, '좋아요'와 '팔로우(또 는 친구)'로 우리를 정당화한다. 우리의 모든 두려움은 자율성을 잃을까 봐 두려워하는 것과 모종의 관계를 맺고 있다. 우리가 서로를 두려워하는 것도 자신의 정체성이 위협을 받는다고 생각하기 때문이다.

지식의 근본

지혜란 올바른 정신이다. 하나님을 알고 예배하고 경험하고 신뢰하는 것이 올바른 정신을 되찾는 길이다.

"여호와를 경외하는 것이 지식의 근본이거늘 미련한 자는 지혜와 훈계를 멸시하느니라"(잠 1:7).

가장 먼저 올바른 두려움의 대상을 찾아내야 한다. 어떤 우상을 숭배하는 경향이 있는지를 파악하는 일은 그리 어렵지 않다. 내가 가장 두려워하는 것은 우리가 지금 살고 있는 현실, 곧 살바도르 달리(Salvador Dali)의 그림에 묘사된 아이들이다. "그들이 과연 하나님을 알 수 있을까?" 이것이 두려운 나머지, 나는 때때로 비이성적으로 행동한다.

아내 리사와 내가 그들에게 요리문답을 가르치고, 주일에 두 차례 교회에 데려가고, 저녁에는 한결같이 가정 예배를 드리고, 그 외에 다른 몇 가지 사항을 열심히 점검하면 과연 효과가 있을까? 마치 1달러 지폐를 넣고 버튼을 누르면 초코바가 나오는 것처럼 말이다. 나는 하나님께서 약속을 신실하게 지키시리라 믿는다 말하겠지만, 여전히 진실을 거스르면서 살고 있다.

만일 부모들이 "저희 아이들이 주님과 동행하는 삶을 사는 일을 저희가 책임져야 할까요?"라고 묻는다면, 하나님의 말씀을 가르치는 교사로서 나는 즉각 "그렇지 않습니다. 모든 것은 하나님께 달려 있습니다. 우리는 그분이 복 주겠다고 약속하신 수단들을 활용해 그분이 명령하신 일을 할 뿐, 마음을 변화시킬 수는 없습니다"라고 대답할 것이다. 나도 실제로 그렇게 믿고 있다. 그러나 나의 마음 한구석에서는 그렇게 느끼지 않을 때가 많다. 나는 모든 것이 하나님께 달려 있다고 믿고 기도하면서도 마치 모든 것이 내게 달려 있는 것처럼 자녀들을 대한다.

이 매혹적인 우상의 이름은 바로 '통제'이다. 나는 특히 나의 자녀들과 주님과의 관계를 통제하려 한다. 이것은 하나님을 거스르는 죄일 뿐 아니라, 언제나 모든 관계에 내가 원하는 바와는 정반대로 영향을 미친다. 내가 편안해지고 모든 사람이 은혜를 누리려면, 하나님을 진정으로 두려워해야 한다. 그 두려움을 깊이 느껴야만 한다. 내가 주도권을 내려놓고 하나님께서 역사하시는 것을 지켜보는 일은 참으로 즐겁다.

무엇을 가장 두려워하는가? 병에 걸리거나 죽는 것인가? 불안정한 삶인가? 여호와보다는 몰록을 더 많이 닮은 신을 숭배하려는 경향이 있을 수도 있다. 몰록은 복수의 욕구를 채우기 위해 끊임없이 희생 제물을 요구하며, 심지어 어린아이까지도 마다하지 않는 전형적인 지하 세계의 신이다.[4] 그러나 이 신은 잘 달래 주면 안전을 보장해 줄 것이다.

이스라엘 백성 가운데는 이방신의 특징을 따라 '여호와 하나님'을 예배하려고 하는 위험이 항상 존재했다. 그것은 우리의 문제이기도 하다. 혹시 박해가 두려운가? 박해를 두려워하는 사람은 박해를 피하도록 도와줄 구원자라면 누구든지 상관없이, 설령 충성의 대상을 바꾸라고 요구하더라

---

4) 다음을 보라. G. C. Heider, "Moloch" in Karel van der Toorn, Bob Becking, and Pieter W. van der Horst, eds., *Dictionary of Deities and Demons in the Bible*, 2nd ed. (Leiden: Brill, 1999), 581-585.

도 분명 쉽게 선택해 버릴 것이다. 그 구원자를 여전히 '예수님'이라 부르더라도 실상은 귀신에 지나지 않는다. 환경 파괴를 가장 두려워한다면, 초국가적인 공동 대응과 정부에 희망을 걸지 않겠는가? 우리가 무엇을 두려워하든, 그 두려움을 달래려면 의지할 우상을 만들 수밖에 없다. 금송아지를 숭배했던 이스라엘 백성처럼, 우리도 참된 하나님을 그릇된 방식으로 숭배하는 일에 능숙하다.

어떤 사람들은, 내가 신자들을 우상 숭배자라 말하고, 우리의 두려움을 우리의 교회가 우상들을 의지한다는 것을 보여 주는 증거라 말한다고 생각할지도 모른다. 그러나 내 말은 그런 의미가 아니다. "너희 중에 이와 같은 자들이 있더니"(고전 6:11)라는 바울의 말은, 고린도 신자들 가운데 참된 변화가 일어났음을 암시한다. 그리스도인인 나는 더 이상 우상 숭배자가 아니다. 나는 내가 통제권을 지닌 양 생각했던 것을 뉘우친다.

'회개'를 뜻하는 헬라어는 마음의 변화를 의미하며, 그 결과는 '유턴'이다. 우리를 인도해 줄 내비게이션이 있는데도 우리에게 너무나 익숙한 것만을 따르려는 데서 돌아서야 한다. 우리는 종종 유턴을 실행하지만, 결정적인 유턴을 통해 주님께 무릎을 꿇어야 한다. "내가 원하는 것을 믿거나 내가 원하는 대로 살 권리가 내게는 없다. 나의 주인은 내가 아니다. 나는 하나님께 속해 있다. 그분이 나를 만드셨고, 구원하셨다"라고 말해야 한다. 참된 그리스도인은 누구나 이미 그런 유턴을 실행했다. 참된 신자들 중 "예수님을 주님으로 영접했지만, 멸망에 이르는 길을 끝까지 걷기로 결심했어"라고 말할 사람은 아무도 없다. 그것은 모순이다.

우리는 결정적인 유턴을 실행했지만, 존 번연(John Bunyan)의 '순례자'처럼 여전히 때때로 길을 잃는다. 영생의 길을 가면서도 우리는 도랑에 빠지기도 하고, 교통 신호를 무시하기도 한다. 우리는 다양한 종류의 우상들을 물리치려고 노력할 뿐 아니라, 성령의 능력과 그리스도 안에 나타난 하나님의 은혜로운 구원에 근거해 그것들에 대항한다.

지금 극복하려고 애쓰는 우상 숭배가 무엇이든, 거기에서 벗어나려면 그것이 잘못된 것인 줄 깨닫고 회개해야 한다. 우리는 항상 우상 숭배의 유혹에 시달리며, 종종 그런 잘못을 저지른다. 왜냐하면 누군가 또는 다른 무언가가 우리에게 필요한 것을 하나님보다 더 잘 채워 주고, 우리의 욕구를 더 잘 충족시키리라는 생각이 우리 안에 도사리고 있기 때문이다. 우리는 말씀하시는 하나님을 주님으로 여겨 두려워하기보다 눈앞에 펼쳐진 상황을 두려워하며, 우리 자신과 우상들을 의지하려 한다.

하나님을 두려워하지 않는 것

오늘날 세상에서 가장 악하다고 생각되는 죄 열 가지를 생각해 보라. 무슨 죄들이 머릿속에 떠오르는가? 아마 다른 사람들도 틀림없이 나처럼 질병의 근본적인 원인이 아니라 증상만을 나열할 것이다. 성경은 '하나님을 두려워하지 않는 것'이 사람들의 가장 큰 죄라고 말씀한다(신 25:18 참고). 하나님을 적극적으로 거스르는 죄는 뿌리가 아니라 그분을 공경하지 않는 태도에서 비롯되는 열매이다.

"악인의 죄가 그의 마음속으로 이르기를 그의 눈에는 하나님을 두려워하는 빛이 없다 하니"(시 36:1).

"하나님을 두려워하는 빛이 없다"라는 말씀이 핵심이다. 바울도 인간의 상태를 진단하면서 똑같은 말을 되풀이한다.

"그들의 눈앞에 하나님을 두려워함이 없느니라 함과 같으니라"(롬 3:18).

하나님을 진정으로 두려워하는 마음 없이도 얼마든지 불경하고도 속된 사람들과 같지 않은 것을 감사하면서 겉으로만 경건한 척 살아갈 수 있다.

구글(Google)에서 "하나님을 향한 두려움"이라고 검색해 보았더니, 전면이나 후면에 "하나님을 두려워하라"라는 문구가 부착되거나 인쇄되어 있는 옷을 광고하는 내용이 가장 먼저 눈에 띄었다. 그야말로 신성한 것은 아무것도 없다는 점을 생생히 보여 주는 사례였다. 거룩한 것들이 패션 액세서리와 마케팅 수단으로 전락했다. 오늘날 하나님의 이름은 코미디나 통속성을 드러내는 표현에 사용된다.

그런데 통속성의 극치는 길거리에서 듣는 말이나 온라인에서 보는 영화를 통해 드러나는 것이 아니다. 그것은 하나님을 하찮아 보이게 만들거나 잘못 나타내는 교회의 통속성을 통해 드러난다. 코미디언 빌 마허가 기지를 발휘해 노골적인 조롱을 퍼붓는 것보다는, 방송 전도자 폴라 화이트(Paula White)가 시청자들에게 자신의 사역을 위해 돈을 많이 기부하지 않으면 복을 받지 못하리라고 말하는 것이 훨씬 더 끔찍한 신성모독이다.

거짓 선지자들은 참으로 어처구니없게도, 자신이 지시하는 대로 따르면 번영할 것이라고 약속하며, 하나님의 이름을 이기심과 탐욕의 종교를 정당화하는 수단으로 사용한다. 그런 사람들을 향해 하나님의 진노가 활활 타오른다.

"내 이름으로 거짓을 예언하는 선지자들의 말에 내가 꿈을 꾸었다 꿈을 꾸었다고 말하는 것을 내가 들었노라……여호와의 말씀이니라 꿈을 꾼 선지자는 꿈을 말할 것이요 내 말을 받은 자는 성실함으로 내 말을 말할 것이라……여호와의 말씀이니라 보라 거짓 꿈을 예언하여 이르며 거짓과 헛된 자만으로 내 백성을 미혹하게 하는 자를 내가 치리라 내가 그들을 보내지 아니하였으며 명령하지 아니하였나니 그들은 이 백성에게 아무 유익이 없느니라 여호와의 말씀이니라"(렘 23:25,28,32).

신성모독이 가득한 말을 하는 사람보다 바울이 언급한 바 교회에서 "교활한 말과 아첨하는 말"(롬 16:18)을 하는 인기 있는 거짓 교사들이 훨씬 더 교묘하다. 우리는 겉으로 하나님이나 예수님으로 불리면서 평강이 없을 때 "평강하다 평강하다"(렘 6:14)라고 외치는 우상을 언제든 마주칠 수 있다. 거짓 선지자들은 정치적 영역에서 인간의 번영에 가장 크게 이바지할 수 있다고 생각하는 당파나 후보자나 정책을 뒷받침하는 수단으로 하나님의 이름을 사용한다. 하나님을 내세워 인간의 목적을 이루려고 한다는 점에서 모든 것이 인간 중심적이다.

하나님을 두려워하는 것은 목적을 이루는 수단이 아니라 목적 자체라는 사실을 잊어서는 안 된다. '하나님을 향한 두려움'을 국가의 부흥이나 개인의 행복이나 도덕적인 캠페인이나 사회 정의를 이루기 위한 표어로 사용해서는 안 된다. 하나님을 이용해 목적을 이루려고 해서는 안 된다. 하나님이 곧 목적이시다.

물론 하나님이나 그분을 향한 두려움을 인간의 목적을 이루기 위한 수단으로 사용하는 것은 새로운 일이 아니다. 과거에도 하나님을 향한 두려움을 사람들을 조종하는 수단으로 사용했다. 설교자들은 생생한 상상력을 발휘해 성경에 없는 세세한 내용을 채워 넣고 극단적인 표현을 구사하면서 지옥의 공포를 묘사했다. 사람들이 하나님이나 지옥을 진지하게 생각했기 때문에, 지옥에 가지 않는 방법을 논의하는 것은 중요했다. 그런 식으로 지옥을 위협의 수단으로 삼을 위험은 늘 존재한다. 그러나 지옥을 두려워하는 것과 하나님을 두려워하는 것은 똑같지 않다. 지옥은 중보자가 없는 한 우리가 마땅히 받아야 할 형벌이고, 하나님을 두려워하는 것은 지혜의 시작이다. 후자는 제정신을 회복해 우리의 참된 실상과 그리스도의 필요성을 알게 해 준다.

과거에는 누군가를 "하나님을 두려워하는(경외하는) 사람"이라고 일컫곤 했다. 그러나 오늘날 사람들에게 두려움은 하나님과 결부시켜 생각하기를 가장 싫어하는 감정이 되고 말았다. 문제의 핵심은 하나님을 진지하게 생각하지 않는다는 것이다. 지난 세대가 그러했듯이 하나님을 잔인한 독재자처럼 생각하든, 친절한 산타클로스처럼 생각하든, 우리는 그분을 진지하게 생각하지 않고 오히려 경시하는 경향이 매우 강하다.

하나님께 느끼는 감정은 '꾸짖는 사람'에 대한 반발심을 반영하는 경우가 많다. 하나님께서 인간을 귀찮게 여겨 짜증을 내신다고 생각할 수도 있다. 그것은 마치 십 대 청소년들이 느끼는 부모들의 잔소리와 비슷하다. 그런 식으로 생각하면, 하나님은 우리에게 화를 내시는 것이 아니라 죄로

야기된 고통에 화를 내시는 셈이다. 따라서 조금만 분발해 하나님의 뜻을 따르면 삶이 더 행복해지고, 결혼 생활이 더 나아지며, 사회가 더 낫게 발전하리라 생각한다. 도덕성이 인간을 유익하게 한다는 논리를 근거로 전통적인 윤리를 옹호하는 인기 있는 설교자들도 그런 식으로 말한다.

한편 공리적이고 인간 중심적인 전제에서 시작하면, "그러나 그런 식의 처방은 나를 만족시킬 수 없어. 나는 전혀 해방감을 느끼지 못해. 오히려 내가 지금 듣고 있는 이 '커뮤니티'의 말이, 무엇이 나를 자유롭게 하고 행복하게 만들어 줄 수 있는지 확실하고도 깊이 깨닫게 해 줘"라고 말하기 쉽다.

그러나 하나님의 도덕적인 뜻은 실제로 만족을 가져다준다. 그것은 우리를 진정으로 만족시키고, 충족시킨다. 그것은 우리에게 의미와 목적을 부여한다. 왜냐하면 하나님께서 우리를 그렇게 만드셨기 때문이다. 하나님은 자기를 위해 우리를 만드셨다. 따라서 우리를 행복하게 만드는 것을 우리 스스로 결정하면 참된 행복을 얻을 수 없다. 올바른 정신은 건강을 회복시킨다. 하나님을 두려워하는 것은 영적 건강을 되찾게 한다. 단지 하나님이 우리에게 궁극적인 행복과 다른 모든 행복을 약속하시기 때문이 아니라 그분이 참된 하나님이시기 때문에 우리는 그분을 두려워한다.

때때로 우리는 하나님을 두려워하라는 말 대신에 우리의 죄(또는 실수)가 그분을 실망시켰다는 말을 듣곤 한다. 하나님께서 슬퍼하시며, 우리가 그분을 슬프게 만들어서는 안 된다는 식의 생각은 하나님을 '위대한 인간'으로 묘사하는 것과 같다.

하나님께서 마치 인간처럼, 우리와 같은 식으로 불쾌한 행위들에 영향을 받으신다고 가정해 보자. 그러하다면, 누군가가 하나님과 사람들에 대해 죄를 지을 때마다 하나님은 심하게 흔들려 더는 아무것도 할 수 없을 만큼 크게 슬퍼하고 분노하실 것이다. 그분은 누군가가 어딘가에서 좋은 일이나 나쁜 일을 저지를 때마다 마치 색깔이 변하는 '무드 반지'처럼 행하시거나, 그런 일을 더는 참지 못하고 우리를 모조리 쓸어버리실 것이다. 이스라엘 백성은 우상 숭배와 영적 간음을 반복하며 불순종함으로써 그런 재앙을 계속 자초했다. 그러나 하나님은 이렇게 말씀하신다.

"나 여호와는 변하지 아니하나니 그러므로 야곱의 자손들아 너희가 소멸되지 아니하느니라"(말 3:6).

하나님은 자신이 모든 것을 통제할 것이며, 약속을 반드시 지킬 것이라는 사실을 분명하게 보여 주셨다. 하나님은 변하지 않을 뿐 아니라, 우리가 그분을 두려워하지 않거나 잘못을 저질러도 감정적으로 아무런 영향을 받지 않으신다. 이 사실은 참으로 좋은 소식이 아닐 수 없다. 그분은 자기 백성을 구원하겠다는 영원한 결의를 끝까지 바꾸지 않으신다. 우리는 어느 날에는 은혜의 상태에 있다가, 또 어느 날에는 그 상태에서 벗어나 있다가 하지 않는다. 우리는 하나님을 실망시키지 않는다.

사실 우리의 잘못은 그보다 더 중대하다. 다시 말해, 우리 모두는 하나님께 심판을 받아야 마땅하다.

"우리 하나님은 소멸하는 불이심이니라"(히 12:29).

"하나님을 슬프게 만들지 말라"라는 접근 방식은 비록 잘못되었으나 적어도 그 나름대로 하나님을 진지하게 생각하는 편이다. 그보다 더 잘못된 접근 방식은, "하나님은 우리가 스스로 실망하지 않기를 원하신다. 하나님은 우리가 슬퍼하지 않기를 바라신다. 그분은 우리가 원하는 만큼 마음껏 잘되기를 바라신다"라는 것이다.

공중에 매달린 모빌을 다시 생각해 보라. 이런 접근 방식의 경우, 모빌은 하나님께 매달려 있지 않고, 동심원을 그리며 바닥에 평평하게 놓여 있거나 거꾸로 뒤집혀 있는 상태이다. 나 자신이나 이웃이나 다른 피조물에 대해 죄를 지을 수 있지만, 성경에 따르면 그런 죄들은 궁극적으로 그보다 더 큰 죄, 곧 하나님께 죄를 짓는 데서 파생할 따름이다. 우리가 여기 아래에서 발견하는 선도 모두 위에 있는 더 큰 선에 근거한다.

우리가 저지르는 죄들이 영원한 닻(하나님)으로부터 우리를 분리하려는 또 다른 시도라는 사실을 알게 되면, 그것이 얼마나 심각한 것인지를 더 깊이 깨달을 수 있다. 다윗은 밧세바에게 죄를 지었는데도 하나님께 죄를 지었다고 고백했다.

"내가 주께만 범죄하여 주의 목전에 악을 행하였사오니 주께서 말씀하실 때에 의로우시다 하고 주께서 심판하실 때에 순전하시다 하리이다. 내가 죄악 중에서 출생하였음이여 어머니가 죄 중에서 나를 잉태하였나이다"(시 51:4,5).

밧세바에게 지은 다윗의 죄는 수직적인 차원에서 하나님의 선하심과 위엄과 정의와 거룩함을 대적하는 것이기에 훨씬 더 심각했다.

우리는 단지 그릇된 행위만 하는 것이 아니라, 겉으로 선해 보이는 행위(올바른 두려움에 미치지 못하는 행위)까지 포함하여 온갖 종류의 행위를 한다. 우리는 다른 사람들에게 주목을 받거나 하나님의 눈에 띄고 싶어서 선하게 행한다. 우리는 그저 주목을 받지 못하거나 좋은 평판을 얻지 못할까 봐 두려워한다. 또는 소셜미디어에서 '좋아요'라는 호응을 받지 못하거나 원하는 집단에 참여하지 못할까 봐 두려워한다. 때로는 지옥에 가거나 상급을 받지 못할까 봐 두려워하기도 한다.

그러나 하나님 앞에서 "우리의 의는 다 더러운 옷"(사 64:6)과 같다. 하나님을 진정으로 두려워하면, 생각과 감정의 상태가 완전히 달라진다. 가장 먼저, 큰 공포를 느끼게 된다. 하나님과 우리 자신에게 미안해하면서 "더 잘하겠다"라고 자위하는 것이 아니라, 우리의 힘으로 하나님을 달랠 수 있으리라는 희망을 모두 잃고 만다.

이 경건한 두려움은 우리를 그리스도께로 달려가도록 이끌고, 그리하여 그분 안에서 완전한 구원자요 중보자를 발견하게 한다. 그리스도 안에서만 알 수 있는 영광과 은혜의 하나님을 두려워하면, 거짓 하나님에 대한 두려움이 모두 사라진다. 다른 문이 모두 닫혔고 긍휼을 얻을 수 있는 안전한 대안이 어디에도 없다는 사실을 깨달으면, 유일한 문이신 구원자 예수 그리스도의 영광을 볼 수 있다.

두려움은 단순한 존경심의 차원을 넘어선다

오늘날의 교회에서 어떤 사람들은 하나님을 두려워하라고 말하는 설교를 듣고서 깜짝 놀랄지도 모른다. 성경을 지속적으로 읽거나 성경에 근거한 설교를 듣다 보면, 그런 말을 듣게 되기 마련이다. 그런 설교에서는 이따금 '두려움'이 실제로 '두려움'이 아니라 '존경심'과 같은 것을 의미한다는 식으로 말하기도 한다. 물론 두려움에는 존경과 경외라는 의미가 내포되어 있지만, 히브리어 '파하드(pa-had)'는 '극심한 공포'를 의미한다. '포보스(phobos)'라는 헬라어도 그와 같은 의미이다. 여기에서 '공포증'을 뜻하는 영어 단어 '포비아(phobia)'가 유래했다. 하나님을 두려워하는 것은 일종의 외국인 혐오증, 곧 낯선 자를 두려워하는 것과 같다. 다시 말해, 그것은 전적으로 다르고 낯선 존재에 대한 두려움이다.

하나님을 향한 두려움은 비인격체(예를 들면, 심판)가 아니라 인격체에 대한 두려움이다. 우리의 공포감을 불러일으키는 존재는 바로 하나님이시다. 그분은 피조물이자 죄인인 우리와는 다른 존재이다.

이것은 때로 장엄한 존재에 대한 경이로움으로 일컬어진다. 우리는 자연에서 장엄한 존재를 암시하는 작은 단서들을 발견한다. 토네이도를 조사하는 사람들이 폭풍과 태풍을 묘사하는 것을 보면, 그 막강한 힘에 극심한 공포를 느끼기도 하고, 그 웅장함에 경이로움을 느끼기도 하는 것을 알 수 있다. 대형 산불이나 지진, 배를 낙엽처럼 흔들어 버리는 풍랑도 그런 감정을 불러일으킨다. 생존자들은 '존경심'이라 말하지만, 항상 단순한 존경심을 뛰어넘는 감정을 느낀다. 그들은 가까이 다가가고 싶기도 하고 멀리 도망치고 싶기도 한 감정을 동시에 느끼게 만드는 깊은 경이감에 사로잡힌다.

성경에서 보는 것처럼, 사람들은 하나님께서 그들에게 자기를 계시하실 때마다 두려워했다. 환상과 같은 것을 기록한 성경 구절을 보면 일상적인 대화가 오간 듯 들리지만, 사실은 전혀 그렇지 않았다. 사람들은 두려움에 사로잡혀 거룩하신 하나님의 영광을 보지 않으려고 얼굴을 숨겼고, 그래서 하나님과 그분의 사자는 "두려워하지 말라"라고 말해야 했다.

그 두려움은 넋을 잃게 만드는 경험, 곧 그들 자신이 주관자가 아니라는 것을 의식함으로써 도달하게 되는 인식이었다. 그것은 마치 아무 일도 없었다는 듯 말이 있는 곳으로 돌아가 평온한 마음으로 자신 있게 안장에 올라타고 다시 길을 갈 수 있는 종류의 경험이 아니었다. 아브라함, 모세, 여호수아, 다윗을 비롯한 성경의 인물들은 납작 엎드려 예배하는 자세를 취해야 했다. 하나님의 위엄 앞에서는 하늘의 가장 강력한 천사들도 얼굴을 가려야 했다. 이사야는 그런 환상을 보고서 이렇게 말했다.

"서로 불러 이르되 거룩하다 거룩하다 거룩하다 만군의 여호와여 그의 영광이 온 땅에 충만하도다 하더라. 이같이 화답하는 자의 소리로 말미암아 문지방의 터가 요동하며 성전에 연기가 충만한지라. 그때에 내가 말하되 화로다 나여 망하게 되었도다 나는 입술이 부정한 사람이요 나는 입술이 부정한 백성 중에 거주하면서 만군의 여호와이신 왕을 뵈었음이로다 하였더라"(사 6:3-5).

다시 말하지만, 이 두려움은 일종의 외국인 혐오증과 비슷하다. 왜냐하면 하나님처럼 생긴 사람이 아무도 없기 때문이다. 이것은 단지 하나님의 독특하심을 인정하자는 말이 아니다. 그분은 실제로 유일무이한 존재이시다. 하나님은 위계의 사다리 꼭대기에 있는 가장 높은 존재가 아니다. 그분은 자신이 창조한 위계의 사다리를 초월하시는 분이다.

나는 모든 부류의 사람들을 존경하지만, 그들 중 나로 하여금 할 말을 잃게 만드는 존재는 아무도 없다. 그러나 이 낯선 하나님의 절대적인 타자성 앞에서는 넋을 잃을 수밖에 없다. 그분이 우리를 두렵게 하기 위해서 자기를 계시하는 것이 아니다. 천사들도 모습을 드러낼 때면, 좋은 소식을 가지고 왔으니 안심하라고 말했다. 두려움이 천사들에 대한 자연스러운 반응이었다. 하물며 하나님의 위엄은 모든 피조물을 압도한다. 더욱이 이사야는 눈을 멀게 만드는 하나님의 영광을 직접 본 것이 아니라, 단지 환상을 통해 보았을 뿐이다. 어쩌면 그는 하나님을 보기 전까지만 해도 자신이 그 누구에게도 뒤지지 않을 만큼 의롭다고 생각했을지 모른다.

마태복음 8장 23-27절에도 이와 비슷한 일화가 기록되어 있다. 하나님께서 눈을 멀게 만드는 영광을 감추고 인성을 취하셨는데도, 그분의 장엄함은 두려움을 불러일으켰다. 예수님과 제자들이 배에 있을 때 갑자기 큰 폭풍우가 몰아닥쳤다. 제자들은 위험이 임박했음을 알고 두려워하며, 이상하게도 그런 상황에서 잠만 주무시는 예수님을 황급히 깨웠다.

"주여 구원하소서 우리가 죽겠나이다. 예수께서 이르시되 어찌하여 무서워하느냐 믿음이 작은 자들아 하시고 곧 일어나사 바람과 바다를 꾸짖으시니 아주 잔잔하게 되거늘, 그 사람들이 '놀랍게 여겨' 이르되 이이가 어떠한 사람이기에 바람과 바다도 순종하는가 하더라"(마 8:25-27).

이때 영어 성경에서 대부분 '놀라다(Marveled)'로 번역되는 표현은 원어인 헬라어의 의미를 제대로 전달하지 못한다. 원어인 '에다우마산(ethau-masan)'이라는 헬라어는 '넋이 나갈 만큼 깜짝 놀라다'라는 뜻의 헬라어 '다마조(thamazō)'에서 유래했다. 마가복음 4장 41절에서도 그와 같은 식으로 '놀라다(Marveled)'라는 표현이 사용되는데, 헬라어로 하면 "그들이 '큰 두려움으로(megan phobon, 메간 포본)' '두려워했다(ephobethesan, 에 포베데산)'"라고 할 수 있다.[5]

자연의 힘이 맹렬함을 드러내자, 제자들은 예수님께 구원해 달라고 요청해야 했다(자연의 힘도 장엄함을 느끼게 할 정도로 두려운 측면을 지니고 있다). 그들도 우리처럼 임박한 자연의 위협 앞에서 두려워 떨었다. 폭풍우 안에 장엄한 무언가가 있다고 느껴졌을 테지만, 그것은 대부분 단순한 공포에 지나지 않는다.

그러나 예수님께서 한마디 말씀으로 무서운 폭풍우를 잠재우시자, 그들은 폭풍우보다 그분이 더욱 두렵게 느껴졌다. 장엄한 존재가 그들 가까이에 온전히 모습을 드러내는 순간이었다. 제자들은 예수님이 자기들과 함께 배에 계신다는 데 찰나의 안도감을 느꼈겠지만, 곧바로 넋을 잃게 만드는 경이감이 휩싸이고 말았다. 그들은 폭풍우가 몰아닥칠 때 예수님께서 자기들을 치명적인 위험에서 구원하실 것을 알았고, 실제로 그분은 그렇게 하셨다. 그런데 그 후 그들에게는 예수님이 폭풍우보다 더욱 위압적으로 느껴졌다.

배와 관련된 일화가 하나 더 있다. 예수님은 밤새도록 물고기를 한 마리도 잡지 못한 제자들에게 그물을 던지라고 명령하셨다. 그것은 베드로의 배였다. 예수님이 뭍에서는 지혜로운 랍비로 존중받으셨을지 모르지만,

---

5) 역자주 - 한글 개역개정 성경에서는 이 부분을 "그들이 '심히 두려워하여'"라고 번역한다.

물에서는 노련한 어부였던 그에게 지시를 내릴 만한 입장이 아니신 듯 보였다. 그런데도 예수님은 그렇게 명령하셨다. 그리고 그들이 그물을 끌어 올리니 물고기가 배에 실을 수 없을 만큼 많이 잡혔다.

"시몬 베드로가 이를 보고 예수의 무릎 아래에 엎드려 이르되 주여 나를 떠나소서 나는 죄인이로소이다 하니"(눅 5:8).

이사야서 6장과 마태복음 8장에서처럼, 여기에서 베드로도 장엄함, 곧 가까이 다가가고 싶기도 하고 멀리 도망치고 싶기도 한 감정을 동시에 느끼게 만드는 경이로운 아름다움을 의식했다. 이 이야기에서 주목할 만한 사실은, 예수님께서 눈을 멀게 만드는 위엄을 인간의 육신 속에 감추고 계셨는데도 그분의 말씀과 행위로 두려움이 야기되었다는 것이다.

하나님은 우리의 친구나 너그러운 할아버지나 인생 상담사나 골프 동료가 아니다. 그분은 하늘과 땅을 창조한 주권자요, 우리의 죄에 대해 책임을 묻는 재판관이시다(그분은 자기에 대한 죄를 가장 먼저 묻고, 그다음에 우리의 이웃과 피조 세계를 향해 지은 죄를 물으신다).

이것이 우리가 직면한 참된 위험이다. 우리는 이 위험을 두려워해야 한다. "하나님의 진노가 불의로 진리를 막는 사람들의 모든 경건하지 않음과 불의에 대하여 하늘로부터 나타나나니"(롬 1:18)라는 말씀을 기억해야 한다. 그래야만 '죄인들의 친구'라는 은혜로운 칭호의 의미를 진정으로 깨달을 수 있다.

3

하늘을 우러러보라

왜 하나님을 두려워해야 할까? 바로 그분이 하나님이시기 때문이다. 이 세상에 있는 선한 것, 참된 것, 아름다운 것은 모두 하나님을 반영할 뿐이다. 모든 선한 선물의 원천이신 하나님보다 못한 사람이나 사물을 사랑하거나 의지하는 행위는 그분을 모욕하는 죄이자 현실을 외면하는 불합리한 태도이다(롬 1:25 참고). 우상들을 두려워하거나 사랑하는 것은 우리의 가장 큰 유익과 상충한다. 우상들은 진선미의 외관(거짓된 장엄함)으로 서서히 우리를 유혹하고 난 다음 가차 없이 씹어 뱉어 버린다.

장차 주님께서 다시 오셔서 산 자와 죽은 자들을 심판하실 것이다. 우상들을 통해 의로움과 평화와 안전함과 인정을 받으려 했던 사람들은, 오직 하나님이요 인간이신 그리스도만이 죄인을 회복해 성부 하나님께로 인도하실 수 있다는 사실을 깨닫고는 매우 혼란스러워할 것이다. 우리가 하나님을 두려워하는 이유는 그분이 장차 땅 위에 보좌를 베풀고 산 자와 죽은 자들을 심판하실 것이기 때문이다. 선지자들은 그날을 '주의 날'로 일컬었다.

그리스도께서 오시기 800년 전으로 거슬러 올라가 보자. 당시는 많은 민족들이 변화를 겪는 중요한 시기였다. 776년에 최초의 올림픽 대회가 개최되었다. 그 시기에 호메로스(Homeros)가 『일리아드』(Iliad)와 『오디세이』(Odyssey)를 저술했고, 신앗수르 제국이 급속도로 확장되었다. 이스라엘은 곧 앗수르 제국에 정복당할 처지였다.

그 운명적인 사건이 일어나기 직전에 웃시야는 남유다를, 여로보암 2세는 북이스라엘을 각각 통치하고 있었다. 당시 유다와 이스라엘은 평화 관계를 유지했다. 그것은 당시에는 매우 보기 드문 현상이었다. 그러나 그들은 둘 다 스스로 속고 말았다. 그들은 거짓된 안전 의식에 사로잡혀 하나님을 찾지 않고 자기만족을 추구했다. 하나님은 그들에게 재난이 닥치기 전에, 베들레헴으로부터 8킬로미터 떨어진 드고아에서 이름 없는 목자 하나를 선지자로 세워 자기 백성에게 회개를 촉구하게 하셨다.

하나님은 먼저 열방들에 대한 심판을 선언하고 나서 이스라엘과 유다에 대한 심판을 경고하셨다. 아모스 선지자는 세 차례나 "화 있을진저"라고 외쳤다. 이 세 번의 저주는 언약을 파기한 이스라엘 백성의 세 가지 죄에 초점을 맞추었다. 그들은 ❶ 약한 자들을 압제하며 이교도적인 예배를 무분별하게 남발했고(암 5:18-27 참고), ❷ 안일함에 빠져 자기만족을 추구했으며(암 6:1-3 참고), ❸ 사치를 일삼으며 스스로를 의롭게 여겼다(암

6:4-7 참고). 저주를 선언하고 나서 곧바로 파멸이 임박했다는 말이 이어졌다(암 6:8-14 참고).

하나님은 사회적 불의를 자행하는 이스라엘에게 심판을 선언하셨다(암 4:1-3 참고). 그런 사회적인 범죄나 개인적인 죄는 모두 궁극적으로 거짓 종교와 예배의 결과물이었다. 십계명의 첫 번째 돌판(하나님을 사랑하라는 율법)은 두 번째 돌판(이웃을 사랑하라는 율법)의 토대였다.

이스라엘의 거짓 종교를 묘사한 내용은 훗날 바울이 거짓 예배를 묘사한 내용과 놀라울 정도로 흡사하다. 바울은 디모데후서 3장 5절에서 "경건의 모양은 있으나 경건의 능력은 부인하니"라고 말했다.

더욱이 이스라엘은 행위에 대해 뉘우치기를 거부했다. 하나님께서 거듭 경고하시는데도 그들은 귀를 기울이지도, 행위를 고치지도 않았다. 하나님은 결국 애가를 지어 이렇게 말씀하셨다.

"처녀 이스라엘이 엎드러졌음이여 다시 일어나지 못하리로다 자기 땅에 던지움이여 일으킬 자 없으리로다 주 여호와께서 이와 같이 말씀하시되 이스라엘 중에서 천 명이 행군해 나가던 성읍에는 백 명만 남고 백 명이 행군해 나가던 성읍에는 열 명만 남으리라 하셨느니라"(암 5:2,3).

심지어 이스라엘은 자기 땅에서조차 이방인처럼 살게 될 운명이었다.

재판관이신 하나님은 엄한 질책에서 간곡한 권고로 어조를 바꾸어, "나를 찾으라 그리하면 살리라"(암 5:4)라고 말씀하셨다(4-15절 참고). 그것은 은혜로운 초청이었다. 심지어 포로가 된 상태에서도 하나님은 자기 이름을 부르는 자들을 구원할 생각이셨다.

"만군의 하나님 여호와께서 혹시 요셉의 남은 자를 불쌍히 여기시리라"(암 5:15).

선지자들의 글에서는 '혹시'라는 표현이 자주 등장한다. 하나님은 누군가를 구원할 의무가 없으시다. 다만 그분은 자유로운 주권으로 은혜를 베푸신다. 하나님은 "요셉의 남은 자"에게 은혜를 베풀 계획이셨다. 민족 전체가 하나님을 저버리더라도, 그분은 은혜로 선택한 남은 자들을 끝까지 보존하고자 하셨다(롬 11:2-5 참고).

재판관이신 하나님은 회개의 기회를 주기 위해 심판을 한동안 연기하다가 마침내 최종 판결을 선언하셨다(암 5:16-6:14 참고). 성경에서는 이 마지막 심판을 종종 '주의 날'로 일컫는다. 이스라엘 백성은 마치 '주의 날'이 간절히 고대해야 할 날인 것처럼 그날에 관해 말하고 다녔다. 궁극적으로 이스라엘의 원수들이 패망하고, 이스라엘 민족은 해방되어 평화와 번영을 누리게 될 것이다. 그러나 문제가 있었다. 하나님께서 이스라엘의 사악한 원수들만 눈여겨보신 것이 아니었다. 하나님의 백성도 그분을 진지하게 바라보지 않았다. 한마디로, 그들의 눈앞에 하나님을 두려워함이 없었다(롬 3:18 참고).

그렇다면 그들은 왜 하나님이 강림해 심판하실 날을 좋은 날로 생각했을까? 하나님의 백성은 하나님이 자기들 편이라고 생각했다. 그들은 하나님의 말씀, 곧 그분의 율법을 소유하고 있었으며, 정기적으로 그것을 들었다. 그런데 그들은 과연 정말로 율법을 경청했을까? 그들은 율법을 듣고 나서 하루 만에 다시 옛 생활로 돌아가, 마치 하나님이 존재하지 않고, 그분이 자신들의 부도덕하고 불의하며 우상 숭배적인 행위를 눈여겨보지 않으시는 것처럼 살았다. 그들은 자신들이 선택받은 백성이라는 이유로 도덕적인 우월성을 주장했고, 그리하여 자신들을 향한 심판을 더욱 크게 만들었다. 그들은 하나님을 경홀히 대했고, 그분의 말씀을 듣지 않았으며, 위선적인 행위로 그분의 이름을 모욕했다. 바울은 로마서 2장에서 그런 죄를 정확하게 지적한다.

"이런 일을 행하는 자를 판단하고도 같은 일을 행하는 사람아, 네가 하나님의 심판을 피할 줄로 생각하느냐……그러면 다른 사람을 가르치는 네가 네 자신은 가르치지 아니하느냐 도둑질하지 말라 선포하는 네가 도둑질하느냐. 간음하지 말라 말하는 네가 간음하느냐 우상을 가증히 여기는 네가 신전 물건을 도둑질하느냐. 율법을 자랑하는 네가 율법을 범함으로 하나님을 욕되게 하느냐. 기록된 바와 같이 하나님의 이름이 너희 때문에 이방인 중에서 모독을 받는도다"(3,21-24절).

이스라엘과 유다는 성전 예배를 저버리지 않았다. 그들은 의식과 희생 제사와 찬양을 좋아했다. 이스라엘 민족은 그런 것들을 애국적인 일로 생각했고, 하나님이 자신들을 눈동자처럼 소중히 여기신다고 믿었다. 그러나 그들의 눈앞에 하나님을 두려워함이 없었다. "내가 너희를 다메섹 밖으로 사로잡혀 가게 하리라"(암 5:27)라는 말씀대로, 에덴에서 쫓겨난 아담처럼 이스라엘도 머지않아 하나님의 땅에서 쫓겨날 예정이었다. 그런데 하나님께서 아모스를 통해 그렇게 경고하셨을 때 아무도 그 말씀을 믿지 않았다. 당시만 해도 앗수르가 그리 위협적이지 못했기 때문이다. 그러나 열왕기하 17장을 보면, 이 말씀이 그대로 이루어진 것을 알 수 있다.

그로부터 몇 세기가 흐른 뒤, 재판관이신 주님이 와서 심판하실 때를 준비하기 위해 세례 요한이 나타났다(마 3:1-12 참고). 메시아의 결정적인 역사적 개입은 구원과 심판이라는 두 가지의 중요한 행위로 구성된다. 구원은 그분의 초림을 통해, 심판은 그분의 재림을 통해 각각 이루어진다. 이 마지막 '주의 날'은 과거 모든 '주의 날'의 정점으로, 성탄과 함께 시작되어 마지막 심판으로 절정에 이른다.

예수님은 "내가 세상에 온 것은 세상을 심판하려 함이 아니라 구원하려 함이다"(요 3:17 참고)라고 말씀하셨다. 반면 세례 요한의 준비 사역은 구원이 아니라 알곡과 껍데기를 분리하는 심판을 선언하는 것이었다. 만일 그의 청중들이 회개하지 않는다면, 주의 날에 모두 불에 타 없어질 것이다. 그는 "회개하라 천국이 가까이 왔느니라"(마 3:2)라고 외쳤다.

이스라엘 백성이 왕을 요구하고 나서 오랜 세월이 지난 뒤, 마침내 하나님께서 다시 그들의 왕이 되셨다. 세례 요한은 "천국이 가까이 왔다"라고 말했지만, 예수님은 "하나님의 나라는 여기에 있다"(눅 17:20,21 참고)라고 말씀하셨다. 세상이 거의 의식하지 못하는 사이에 은혜의 왕국이 한동안 지속되다가, 마침내 영광의 왕국이 나타날 것이다. 성육신하신 하나님의 아들의 손을 통해 결정적인 심판이 이루어져, 그분을 믿는 자들은 구원을 받고, 거부한 자들은 멸망할 것이다.

성경은 '주의 날' 이전에 '구원의 날'이 있을 것이라고 말씀한다. 우리는 한동안 그 시기를 살아가야 한다. 예수님은 "때가 아직 낮이매 나를 보내신 이의 일을 우리가 하여야 하리라 밤이 오리니, 그때는 아무도 일할 수 없느니라. 내가 세상에 있는 동안에는 세상의 빛이로다"(요 9:4,5)라고 말씀하셨다. 예수님께서 승천하고 나서 성령을 보내 우리를 자기 백성으로 만드셨으므로 우리 역시 세상의 빛이다. 아모스서에 언급된 심판의 동심원(열방들, 모압, 유다, 이스라엘)이 구원의 과정에서는 거꾸로 뒤바뀐다(예루살렘, 유다, 사마리아, 땅 끝).

오늘날 우리는 대낮의 빛을 받으면서 살고 있다. 이런 이유로, 아모스 당시의 이스라엘과 예수님 당시의 예루살렘처럼 그릇된 안전감을 느낄 가능성이 크다. 노아의 시대처럼, "여호와의 크고 두려운 날"(욜 2:31)이 갑작스레 임할 것이다(벧전 3:20; 마 24:37-39; 눅 17:26 참고). 하나님의 은혜와 인내를 그분이 심판할 수 없거나 심판할 의도가 없으시다는 의미로 착각하지 않도록 주의하라.

지금 이 글을 읽는 사람들 중에도 일평생 노아의 방주 주위만을 맴돌면서 살았던 사람들처럼 사는 이들이 있다. 그들은 구원의 방주가 만들어지는 동안, 근처에 천막을 치고 그늘 밑에서 뛰어놀거나 비계 위를 걸어 다니기만 할 뿐, 그 안으로는 절대 들어가지 않는다. 그들은 종교를 마치 옛날 동전처럼 주머니에 넣고 다니는 셈이다. 설령 거기에 그리스도의 형상이 새겨져 있더라도, 이미 마모되고 퇴색되어 버린 상태이다. 그 동전이 너무나 익숙한 나머지, '주의 날'이 공상에 지나지 않는 것으로 느껴진다.

베드로는 "먼저 이것을 알지니 말세에 조롱하는 자들이 와서 자기의 정욕을 따라 행하며 조롱하여, 이르되 주께서 강림하신다는 약속이 어디 있느냐……하니"(벧후 3:3,4)라고 말했다. 댐으로 막은 호수에 비가 내리는 것처럼 위험이 전혀 임박하게 느껴지지 않지만, 재판관이신 주님이 나타나시고 댐이 무너지는 날, 그리스도의 방주에 안전하게 피하지 않은 사람들은 모두 영원히 연기를 내면서 타오를 불못에 던져질 것이다.

바울 사도는 아덴의 철학자들 앞에서 "알지 못하던 시대에는 하나님이 간과하셨거니와 이제는 어디든지 사람에게 다 명하사 회개하라 하셨으니, 이는 정하신 사람으로 하여금 천하를 공의로 심판할 날을 작정하시고 이에 그를 죽은 자 가운데서 다시 살리신 것으로 모든 사람에게 믿을 만한 증거를 주셨음이니라"(행 17:30,31)라고 담대하게 선언했다. 그러므로 우리는 바울의 경고를 명심해야 한다.

"주의 날이 밤에 도둑같이 이를 줄을 너희 자신이 자세히 알기 때문이라 그들이 평안하다, 안전하다 할 그때에 임신한 여자에게 해산의 고통이 이름과 같이 멸망이 갑자기 그들에게 이르리니 결코 피하지 못하리라"(살전 5:2,3).

하나님을 향한 두려움을 일깨워 그분의 긍휼을 받아들이라고 촉구하는 이 경고의 말씀에 주의를 기울이면 즉각 위로가 임할 것이다. 엄위롭고도 거룩한 하나님은 자기를 은혜의 하나님으로 계시하신다.

"형제들아 너희는 어둠에 있지 아니하매 그날이 도둑같이 너희에게 임하지 못하리니, 너희는 다 빛의 아들이요 낮의 아들이라 우리가 밤이나 어둠에 속하지 아니하나니, 그러므로 우리는 다른 이들과 같이 자지 말고 오직 깨어 정신을 차릴지라. 자는 자들은 밤에 자고 취하는 자들은 밤에 취하되, 우리는 낮에 속하였으니 정신을 차리고 믿음과 사랑의 호심경을 붙이고 구원의 소망의 투구를 쓰자. 하나님이 우리를 세우심은 노하심에 이르게 하심이 아니요 오직 우리 주 예수 그리스도로 말미암아 구원을 받게 하심이라. 예수께서 우리를 위하여 죽으사 우리로 하여금 깨어 있든지 자든지 자기와 함께 살게 하려 하셨느니라. 그러므로 피차 권면하고 서로 덕을 세우기를 너희가 하는 것같이 하라"(살전 5:4-11).

주님의 은혜로 심판이 무한정 미루어지리라고 생각하지 말라. 우리는 자지 말고 깨어 정신을 차리고, 다가올 심판과 은혜로운 구원을 염두에 두고서 서로 권면해야 한다.

제정신을 되찾자

나는 다니엘서 4장에 기록된 느부갓네살의 회심에 오랫동안 매료되었다. 그 일은 기원전 570년대에 오늘날의 이라크 지역에서 일어났다. 느부갓네살 2세는 몇 차례 큰 승리를 거두며 애굽과 예루살렘을 정복했고, 두로를 침략해 재물을 약탈했다. 바벨론은 도시의 차원을 넘어, 애굽과 앗수르가 한때 장악했던 지역을 모조리 차지한 초강대국으로 발돋움했다. 바벨론도 아담과 유다처럼 반항적인 면모를 드러내면서, 하나님의 종이 되기보다는 스스로 주권자가 되기를 원했다.

그러나 하나님의 편에서 보면, 그는 그분의 명령을 수행하는 종일 뿐이었다. 하나님께서 그를 '자신의 종'으로 세우셨다(렘 25:9, 27:6 참고). 그에게는 자율적인 권한도 없었고, 하나님께 도전하거나 그분의 목적을 바꿀 능력도 없었다. 느부갓네살은 하나님과 그분의 백성을 대적하는 원수였지만, 하나님은 여전히 그를 통해 자신의 계획을 이루고 계셨다.

하나님은 유다를 포로로 사로잡아 그들의 범죄에 상응하는 심판을 베푸는 도구로 바벨론을 사용하셨다. 그런데 바벨론은 제멋대로 그 한계를 넘어섰고, 성도들은 자신들이 느부갓네살에게 당했던 것처럼 장래에 바벨론도 몰락할 것을 알고 기뻐 노래했다(렘 50:2 참고). 이사야는 루시퍼를 상기시키는 표현을 사용해 바벨론을 의인화함으로써 우주적인 통치권을 주장하는 그들의 자만심을 여실히 드러냈다.

"네가 네 마음에 이르기를 내가 하늘에 올라 하나님의 뭇 별 위에 내 자리를 높이리라 내가 북극 집회의 산 위에 앉으리라. 가장 높은 구름에 올라가 지극히 높은 이와 같아지리라 하는도다"(사 14:13,14).

그러나 주권자는 하나님이시다. 그분은 "그러나 이제 네가 스올 곧 구덩이 맨 밑에 떨어짐을 당하리로다"(사 14:15)라고 말씀하셨다.

느부갓네살은 자기도취에 빠져 금으로 거대한 신상을 만들고, 모든 사람에게 찬양 소리에 맞춰 땅에 엎드려 신상에 절하라고 명령했다(단 3장 참고). 그리고 사드락, 메삭, 아벳느고는 그렇게 하기를 거부한 죄로 풀무불에 던져졌다. 그러나 하나님께서 그들과 함께하신 덕분에 아무도 불에 타 죽지 않았다. 그 순간, 느부갓네살은 이스라엘 하나님의 능력을 인정하는 듯 보였지만, 주제넘게도 여전히 전제 군주의 통치권을 휘둘렀다.

"그러므로 내가 이제 조서를 내리노니 각 백성과 각 나라와 각 언어를 말하는 자가 모두 사드락과 메삭과 아벳느고의 하나님께 경솔히 말하거든 그 몸을 쪼개고 그 집을 거름터로 삼을지니 이는 이같이 사람을 구원할 다른 신이 없음이니라 하더라"(단 3:29).

풀무불을 통해 증명된 대로 하나님께서 자연을 다스리신다면, 틀림없이 '온 세상이 그분의 손안에 있을 것'이다. 아이러니하게도 하나님의 백성은 그분이 오래전에 자기들을 위해 행하신 기적과 표적을 잊어버린 탓에 바벨론에 포로로 잡혀 온 신세가 되었지만, 바벨론의 왕은 그분의 강력한 역사를 직접 목격하고 인정했다.

하나님은 자기 이름을 부르는 사람들을 구원하신다. 따라서 그분의 이름을 부르는 사람들 중에 속하는 것이 무엇보다 중요하다. 느부갓네살이 바벨론을 다시 위대하게 만들기 위해 섬기는 신을 바꾸려고 했다거나(그가 보기에 바벨론은 이미 위대했다), 마음의 평화나 도덕성을 고양할 부가적인 요소를 찾으려 했다는 암시는 어디에도 없다. 하나님께서 자신을 나타내 누구도 견줄 수 없는 위엄을 보여 주셨으나, 느부갓네살은 여전히 자신을 '모든 것을 관장하는 위대한 주권자'로 간주했다.

그러고 나서 느부갓네살은 두 번째 꿈을 꾸었고, 다니엘을 불러 해석하게 했다. 그는 꿈속에서 높이가 하늘에 닿아 온 세상이 볼 수 있는, 강하고 거대한 나무와, 하늘에서 내려온 "거룩한 순찰자"를 보았다. 그 순찰자는 "그 나무를 베어 없애라 그러나 그 뿌리의 그루터기는 땅에 남겨 두고 쇠와 놋줄로 동이고 그것을 들풀 가운데에 두라 그것이 하늘 이슬에 젖고 또 들짐승들과 더불어 제 몫을 얻으며 일곱 때를 지내리라"(단 4:23)라고 말했다.

다니엘은 이 꿈의 의미를 왕에게 설명하면서 분명히 목숨의 위협을 느껐을 것이다. 그는 이렇게 말했다.

"왕이여 그 해석은 이러하니이다 곧 지극히 높으신 이가 명령하신 것이 내 주 왕에게 미칠 것이라. 왕이 사람에게서 쫓겨나서 들짐승과 함께 살며 소처럼 풀을 먹으며 하늘 이슬에 젖을 것이요 이와 같이 일곱 때를 지낼 것이라 그때에 지극히 높으신 이가 사람의 나라를 다스리시며 자기의 뜻대로 그것을 누구에게든지 주시는 줄을 아시리이다. 또 그들이 그 나무뿌리의 그루터기를 남겨 두라 하였은즉 하나님이 다스리시는 줄을 왕이 깨달은 후에야 왕의 나라가 견고하리이다. 그런즉 왕이여 내가 아뢰는 것을 받으시고 공의를 행함으로 죄를 사하고 가난한 자를 긍휼히 여김으로 죄악을 사하소서 그리하시면 왕의 평안함이 혹시 장구하리이다 하니라"(단 4:24-27).

느부갓네살은 이 예언이 완전히 실현되는 것을 경험했다. 하나님께서 정하신 바로 그날, 그는 바벨론 왕궁의 지붕 위를 거닐고 있었다. 그는 "나의 막강한 힘으로 세워 나의 도성으로 삼은 이 위대한 성 바벨론은 나의 영광스런 위엄을 나타내는 것이 아닌가?"라고 소리쳤다.

"이 모든 일이 다 나 느부갓네살 왕에게 임하였느니라. 열두 달이 지난 후에 내가 바벨론 왕궁 지붕에서 거닐새, 나 왕이 말하여 이르되 이 큰 바벨론은 내가 능력과 권세로 건설하여 나의 도성으로 삼고 이것으로 내 위엄의 영광을 나타낸 것이 아니냐 하였더니, 이 말이 아직도 나 왕의 입에 있을 때에 하늘에서 소리가 내려 이르되 느부갓네살 왕아 네게 말하노니 나라의 왕위가 네게서 떠났느니라. 네가 사람에게서 쫓겨나서 들짐승과 함께 살면서 소처럼 풀을 먹을 것이요 이와 같이 일곱 때를 지내서 지극히 높으신 이가 사람의 나라를 다스리시며 자기의 뜻대로 그것을 누구에게든지 주시는 줄을 알기까지 이르리라 하더라. 바로 그때에 이 일이 나 느부갓네살에게 응하므로 내가 사람에게 쫓겨나서 소처럼 풀을 먹으며 몸이 하늘 이슬에 젖고 머리털이 독수리 털과 같이 자랐고 손톱은 새 발톱과 같이 되었더라"(단 4:28-33).

어떤 사람들은 이 말씀을 읽고서 할리우드의 거물이자 항공 산업의 선두 주자였던 하워드 휴즈(Howard Hughes)를 떠올릴지도 모른다. 그는 힘 있는 부자였지만, 스트레스가 너무 지나쳐 제정신을 잃고, 세균이 두려워 플라스틱으로 가린 은밀한 호텔 방에서 남은 인생을 살았다. 그는 머리카락과 손톱을 깎지도 않고 사회와 완전히 단절된 채, 그의 후광을 입었던 유명 배우들과 사업 동반자들과도 관계를 끊고는 홀로 살다가 생을 마감했다.

물론 그 밖에도 느부갓네살과 유사한 경험을 한 사례들을 발견할 수 있을 것이다. 내가 말하려는 요점은 우리 모두가 그렇다는 것이다. 제정신을 잃는다는 것은 현실을 외면한 채 사는 것을 의미한다. 우리가 제정신을 잃는 이유는 현실을 인정하지 않기 때문이다. 상황이 어떻든, 하나님이 보시기에 우리는 여기저기를 허둥지둥 기어다니는 개미와 같을 뿐이다. 우리는 짧은 인생이 온통 자신을 위한 것이라고 생각하면서 이따금 앞장서서 기어갈 때도 있지만, 대부분 뒤를 따라 기어간다.

앞서 말한 대로, 이것은 회심에 관한 이야기이다. 느부갓네살의 이야기는 좋게 끝난다.

"그 기한이 차매 나 느부갓네살이 하늘을 우러러보았더니 내 총명이 다시 내게로 돌아온지라 이에 내가 지극히 높으신 이에게 감사하며 영생하시는 이를 찬양하고 경배하였나니 그 권세는 영원한 권세요 그 나라는 대대에 이르리로다. 땅의 모든 사람들을 없는 것같이 여기시며 하늘의 군대에게든지 땅의 사람에게든지 그는 자기 뜻대로 행하시나니 그의 손을 금하든지 혹시 이르기를 네가 무엇을 하느냐고 할 자가 아무도 없도다. 그때에 내 총명이 내게로 돌아왔고 또 내 나라의 영광에 대하여도 내 위엄과 광명이 내게로 돌아왔고 또 나의 모사들과 관원들이 내게 찾아오니 내가 내 나라에서 다시 세움을 받고 또 지극한 위세가 내게 더하였느니라. 그러므로 지금 나 느부갓네살은 하늘의 왕을 찬양하며 칭송하며 경배하노니 그의 일이 다 진실하고 그의 행하심이 의로우시므로 교만하게 행하는 자를 그가 능히 낮추심이라"(단 4:34-37).

느부갓네살이 자기도취에 사로잡혀 자기 자신에게 초점을 맞추고, 다른 모든 사람에게도 그렇게 하라고 요구했을 때는 제정신을 잃었다. 그것은 하나님의 직접적인 심판이었다. 우리가 현실을 외면하려고 애쓸 때마다 우리에게도 그런 일이 똑같이 일어난다.

미국인들은 단호한 개인주의로 위대한 국가를 건설한 것으로 유명하다. 그러나 그런 개인주의는 각 사람을 작은 느부갓네살로 만드는 어두운 측면이 있다. 월트 휘트먼(Walt Whitman)은 '나의 노래(Song of Myself)'라는 시에서 그런 정신을 적나라하게 묘사한다.

1.
나는 나를 찬양하고, 나를 노래한다.

내가 취하는 것을 그대도 취할 것이다.

왜냐하면 내게 속한 모든 원자들이 그대에게도 속하기 때문이다.

신념이나 학파는 접어 두고,

현재의 상태에 만족하며 잠시 물러나되 결코 잊지는 않고,

선이든 악이든 받아들이고, 어떤 위험을 무릅쓰고서라도

나의 천성을 억누르지 않고 본래의 힘 그대로 나타내리라.

24.

나의 안팎은 신성하다. 나는 내가 만지는 것이나 닿는 것을

거룩하게 만든다.

이 양쪽 겨드랑이 냄새가 기도보다 더 향기롭고,

이 머리가 교회와 성경과 모든 신조보다 더 낫다.

내가 다른 것보다 더 숭배하는 것이 있다면,

그것은 바로 내 몸이 확장된 것이거나 그 일부일 것이고,

나의 반투명 형상이 있다면, 그것은 바로 그대이리라.

나는 나를 열렬히 사랑한다. 나는 그토록 대단하고,

모든 것이 참으로 감미롭구나.

무슨 일이 일어나든 나는 매 순간 기쁨으로 전율한다.

내 발목이 어떻게 굽혀지는지, 나의 가장 희미한 소원이 어떻게 생겨나
는지

내가 어떻게 우정을 주고, 어떻게 다시 우정을 맺게 되는지 알 수 없다.

나는 나를 낮추고 걷는다는 것이 진정으로 무엇을 의미하는지 잠시 생
각한다.

창가에 있는 나팔꽃이 책들에 적힌 형이상학보다 내게 더 큰 만족을 준다.

42.

나는 나의 자아 중심적 성향을 너무나 잘 알고 있다.

나는 나의 관심 분야가 다양하다는 것을 알기에 글을 조금이라도 적게
쓰면 안 된다.

그리고, 그대가 누구이든 간에 나의 활기로 그대를 매료시킬 것이다.

설교, 신조, 신학, 그러나 깊이를 알 수 없는 인간의 두뇌.

이성은 무엇일까? 사랑은 무엇일까? 삶은 무엇일까?

49.

나는 달에서부터 하늘로 오르고, 어둠으로부터 하늘로 오른다.

나는 아스라한 반짝임이 정오의 햇빛이 반사된 것임을 알고,

위대하든 하찮든 인류의 후예로서 견고한 중심을 향해 나아간다.[1]

휘트먼은 제정신을 잃은 느부갓네살의 자기중심적인 성향(인류의 본질적인 성향인 나르시시즘)을 매우 잘 포착했다. 그러나 느부갓네살은 회개했고, 자기에게서 눈을 돌려 하나님을 올려다보았다. 그가 현실을 인정하자 제정신이 회복되었다. 가장 중요한 것은 그의 권력이나 부가 아니었다(그것들은 항상 유혹의 덫이 될 수 있다). 진정으로 중요한 것은 그의 마음이었다.

그는 자신의 융성함을, 백성들을 대신해 지혜롭게 잘 관리해야 할 복이 아니라 개인적인 업적과 자산(즉, 느부갓네살의 제국)으로 간주했다. 그는 믿음으로 하나님을 올려다보지 않았고, 사랑으로 이웃을 바라보지 않았다. 그의 시선은 자기 자신에게로 향했다. 그가 당했던 굴욕이 조금 극단적인 처방인 듯 보일 수도 있지만, 확실한 효과를 나타냈다. 하나님께서 은혜를 베풀어 그가 우주의 중심이 아니라는 사실을 깨닫도록 도와주신 덕분에 그는 제정신을 되찾을 수 있었다.

그는 이전에 자기 것으로 여겼던 영원하고도 보편적이며 주권적인 통치권을 하나님께 돌리고, 그분을 찬양했다. 또한 하나님의 통치가 은혜롭다는 점을 덧붙여 찬양했다(단 4:37 참고). 하나님을 두려워하는 것이 현실을 인정하고 제정신을 되찾게 만드는 획기적인 변화를 일으켰다.

그런 변화를 겪은 느부갓네살의 태도가 다음 날부터 어떻게 달라졌을지 궁금하다. 그는 분명히 한쪽 구석에서 몸을 굽히고 서 있는 종들 앞에

---

1) Walt Whitman, "Song of Myself," in *Walt Whitman: Complete Poetry and Collected Prose*, ed. Justin Kaplan (New York: Library of America, 1982), 188, 211-212, 236, 246.

서 보란 듯이 거만하게 행동하지 않고, 하나님 앞에서 자신도 그들과 똑같다고 생각했을 것이다. 우리 자신에게서 눈을 돌려 믿음으로 하나님을 올려다보고 사랑으로 이웃을 바라볼 때, 바로 이런 일이 일어난다. 다시 말해, 처음에는 하나님과 화해하게 되고, 그다음에는 이웃과 화해하게 된다. 이것이 바로 올바른 정신이다.

다니엘서는 세상의 위대한 문명들이 하나씩 차례로 교체되어 가다가 장차 영원히 흔들리지 않을 왕국이 마지막 제국인 로마 제국을 정복할 것이라고 예언했다. 이 왕국은 정치적 선전이나 무기가 아니라 메시아이신 그리스도를 통해 건설될 것이다. 그분은 자신의 말씀과 성령으로 나라를 다스리실 것이다. 다니엘서도 에스겔서와 마찬가지로, 많은 점에서 요한계시록과 같이 묵시적 특성을 띠고 있다.

하나님은 이방의 민족들을 사용해 교만한 이스라엘과 유다를 몰락시켰고, 그러고 나서는 한껏 교만해진 이방 민족들을 철저히 낮추셨다. 그런데 놀랍게도 징벌하는 와중에도 여전히 은혜가 존재했다. 사악한 자들에게조차 회심과 회개와 구원의 기회가 주어졌다. 장차 나타날 메시아의 왕국에서는 그런 일이 세계적인 차원에서 이루어지고, 이스라엘과 애굽과 앗수르가 하나 되어, 그 세 민족이 함께 "하나님의 백성"으로 일컬어지며(사 19:24,25 참고), 하나님의 백성이 아니었던 자들이 그분의 백성이 될 것이다(호 2:23 참고).

얼마 지나지 않아 고레스가 통치하는 바사 제국이 바벨론을 정복하고, 포로로 잡혀 온 유대인들 가운데 남은 자들을 예루살렘으로 돌려보내 폐허가 된 것들을 복구하게 했다. 그는 황금을 비롯해 많은 물자를 제공하면서 성전을 재건하게 했다. 하나님의 백성인 이스라엘은 불충실했지만, 멀리 창세기 3장 15절까지 거슬러 올라가는 하나님의 약속은 역사 속에서 면면히 이어져 갔다. 장차 고레스는 물론 다윗보다 더 위대한 왕이 나타나 손으로 짓지 않은 마지막 성전을 건축할 것이다. 그는 교만한 자들을 겸손하게 만들고, 포로 생활을 하면서 슬퍼하는 자들을 위로할 것이다.

마태는 아브라함부터 바벨론 포로기를 거쳐 그리스도에게까지 이르는 족보를 상세히 전하면서, "그런즉 모든 대 수가 아브라함부터 다윗까지 열네 대요 다윗부터 바벨론으로 사로잡혀 갈 때까지 열네 대요 바벨론으로 사로잡혀 간 후부터 그리스도까지 열네 대더라"(마 1:17)라고 말했다. 하나님의 웅대한 계획이 그분의 목적을 이루기 위해 계속 추진된 것을 알 수 있다.

나사렛에서 한 여인에게 성육신하실 하나님을 잉태할 것이라는 놀라운 소식이 전해졌을 때, 참된 왕의 은혜롭고도 영원한 우주적인 통치가 이루어졌다. 그녀는 기억하고 있던 여러 성경 구절들을 하나로 엮어 이렇게 노래했다.

"내 영혼이 주를 찬양하며, 내 마음이 하나님 내 구주를 기뻐하였음은, 그의 여종의 비천함을 돌보셨음이라 보라 이제 후로는 만세에 나를 복이 있다 일컬으리로다. 능하신 이가 큰 일을 내게 행하셨으니 그 이름이 거룩하시며, 긍휼하심이 두려워하는 자에게 대대로 이르는도다. 그의 팔로 힘을 보이사 마음의 생각이 교만한 자들을 흩으셨고, 권세 있는 자를 그 위에서 내리치셨으

며 비천한 자를 높이셨고, 주리는 자를 좋은 것으로 배불리셨으며 부자는 빈
손으로 보내셨도다. 그 종 이스라엘을 도우사 긍휼히 여기시고 기억하시되, 우
리 조상에게 말씀하신 것과 같이 아브라함과 그 자손에게 영원히 하시리로다"
(눅 1:46-55).

휘트먼의 '나의 노래'와는 달리 '마리아의 찬가'는 약속을 지키신 하나
님을 찬양하는 노래였다.

느부갓네살이 어렵게 깨달은 대로, 올바른 정신이란 바로 하나님을 두
려워하는 것(곧 그분을 진지하게 받아들이는 것)을 의미한다. 오늘날에도
고대 바벨론의 왕처럼 현실 세계가 하나님과 무관하다고 생각하는 이웃
들이 많다. 그들은 자신이 자신을 위해 쓰는 이야기 외에는 그 어떤 이야
기도 존재하지 않는다고 생각한다. 자신이 자신의 이야기를 쓰는 저자가
되어 자신을 주연으로 삼는다.

그들에게 종교는 대중을 통제하거나 내적 평화를 제공할 목적으로 고
대에 창안된 환상의 세계에 불과하다. 살아 역사하며 이 세상에 개입하시
는 하나님, 곧 자연의 주인이자 자기 영광을 위해 모든 것을 다스려 자신
의 목적을 이루시는 하나님이 현실 세계 안에 존재하신다는 사실만 부인
하면, 내적인 환상의 세계에 관해 무엇이든 각자가 원하는 대로 믿을 수
있다.

그러나 느부갓네살의 이야기는 우리가 현실을 완전히 뒤집어 이해하고
있다는 사실을 분명히 깨닫게 한다. 삼위일체 하나님께서 역사와 자연을
다스리는 주권자로서 존재하시는 세계가 현실 세계이고, 우리가 주인공

이 되는 세계가 환상의 세계이다. 자율성이란 신화일 뿐이다. 하늘을 우러러보는 것이 빠를수록, 그만큼 우리의 정신이 올바로 회복되는 시간도 빨라진다.

4

하나님을 경외하는 것이 곧 지혜이다

하나님과 연관된 '두려움'이 어떤 의미인지를 적절히 보여 주는 용어들이 제법 많다. 앞서 언급한 '장엄함'이라는 단어도 그중 하나이다. 거대한 폭포 위를 가로지르는 다리 위에 서서, 아래로 뛰어내려 물에 휩쓸려 가면 어떻게 될지 궁금해해 본 적이 있는가? 나는 아프리카 마사이 마라(Masai Mara) 국립공원의 평원에서 지프를 타고, 몇 야드 떨어진 곳에서 암사자 여덟 마리가 엄청난 힘으로 얼룩말을 쓰러뜨리는 모습을 지켜보고, 듣고, 냄새까지 맡으면서 두려움과 경이로움에 휩싸인 적이 있다.

현대 기술이 발전하기 이전에 사람들은 장엄한 번개와 천둥을 동반한 폭풍우 같은 것들을 보면서, 보통 지금보다 훨씬 더 깊은 숭고함을 느꼈다. 모든 것이 평범하며 인간의 능력으로 이해하고 관리할 수 있으면, 우리는 무엇을 할지 선택할 수 있다. 우리가 대부분을 통제할 수 있기 때문에 어떤 것도 두려워할 필요가 없다. 우리는 무언가를 가까이 둘지, 또는 멀리 둘지를 선택할 수 있다. 또한 두려움의 자연적 원인을 설명함으로써 두려움을 떨쳐 버릴 수 있다. 그러나 숭고함을 경험할 때, 우리는 자신이 연약하고 작고 하찮다는 것을 깨닫게 된다. 우리는 공동의 경험에서, 서로가 동반자가 될 수도 있지만, 쉽게 먹잇감이 될 수도 있다는 것을 느낀다.

루이스(C. S. Lewis)의 『은 의자』(*The Silver Chair*, 나니아 연대기 시리즈 6)에는 장엄함이 어떤 느낌인지를 생생하게 보여 주는 장면이 등장한다. 어린 질(Jill)은 몇 시간 동안 열심히 물을 찾아다니다가 마침내 시냇물을 발견한다. 그러나 그곳을 지키는 사자 아슬란을 보는 순간, 질은 깜짝 놀랄 수밖에 없었다.

"목이 마르지 않느냐?"라고 사자가 물었다.

질은 "목이 말라 죽을 지경이에요"라고 대답했다.

사자는 "그렇다면 마시려무나"라고 말했다.

"제가 물을 마시는 동안 자리를 좀 비켜 주시면 안 될까요?"라고 질이 물었다. 그러자 사자는 아주 낮게 으르렁거리는 소리와 눈빛으로만 그 말에 대답했다. 질은 미동조차 없는 사자의 몸집을 바라보면서 차라리 온 산을 향해 자신을 위해 자리를 좀 비켜 달라고 말하는 편이 더 낫겠다 싶은 생각이 들었다.

질은 시냇물이 졸졸 흐르는 감미로운 소리에 거의 미칠 것만 같았다.

"제가 가까이 가더라도 저에게 아무 짓도 하지 않겠다고 약속할 수 있나요?"라고 질이 물었다.

사자는 "나는 약속은 하지 않는다"라고 대답했다. 질은 참을 수 없을 만큼 갈증이 커지자 어느 틈에 한 발자국 가까이 다가갔다.

그녀는 "소녀들을 잡아먹나요?"라고 물었다.

사자는 "나는 소녀들과 소년들, 여자들과 남자들, 왕들과 황제들, 도시들과 왕국들을 집어삼켜 왔다"라고 대답했다. 그 소리는 자랑하거나 유감을 표하거나 분노가 실린 것처럼 들리지 않았다. 사자는 단지 그렇게 말했을 뿐이다.

질은 "다가가서 물을 마실 용기가 나지 않아요"라고 말했다.

"그러면 너는 목말라 죽을 것이다."

사자가 말했다.

질은 한 발자국 더 가까이 다가가면서, "이런! 그렇다면 다른 시냇물을 찾아봐야겠군요"라고 말했다.

그러자 사자는 "다른 시냇물은 없다"라고 말했다.[1]

장엄한 것을 마주하는 것은 우리가 계획할 수 있는 일이 아니다. 왜냐하면 우리가 상황을 통제하는 주권자가 아니기 때문이다. 설교자들은 하나님을 두려워하라고 말하고, 성경도 그것을 적절한 반응으로 요구한다. 그러나 하나님을 직접 경험해야만 그분을 두려워할 수 있다. 하나님께서 성

---

1) C. S. Lewis, *The Silver Chair* (New York: HarperCollins, 2002), 20-21.

경의 이야기나 교리적인 설명과 지혜와 기도와 찬양을 통해 자신의 성품을 드러내실 때, 비로소 우리는 우리가 주권자라는 생각을 버리고, 위대한 신비를 보여 주는 현실 앞에 무릎을 꿇게 된다. 두려움은 우리가 스스로 만들어 내는 것이 아니라 하나님의 초자연적인 임재 앞에 나타나는 자연스러운 반응이다. 하나님은 말씀과 성례를 통해 은혜 가운데 우리에게 임하신다.

위에서 소개한 『은 의자』의 장면에서 질은 오도 가도 못하는 상황에 처했다. 도망치는 것이 당연한 반응이겠지만, 그녀는 자신이 사자보다 더 빨리 달릴 수 없다는 것을 알았다. 게다가 그녀는 물을 마셔야 했다. 그와 비슷하게, 우리도 하나님의 두려운 위엄과 우리가 느끼는 구원의 필요성 사이에서 이러지도 저러지도 못하는 상황에 처한다. 그런데 루이스는 사자가 자신의 위용을 드러내면서 한 말에 대해 "자랑하거나 유감을 표하거나 분노가 실린 것처럼 들리지 않았다. 사자는 단지 그렇게 말했을 뿐이다"라고 말했다.

하나님은, 모든 사람을 놀라게 해 복종하게 만들려고 휘장 뒤에서 연기와 거울을 조종하는 노인으로 밝혀진 오즈의 마법사와는 다르다. 나는 이따금 자녀들 앞에서 펄쩍 뛰어 녀석들을 놀라게 하기를 좋아하지만, 하나님은 그렇지 않으시다. 그분은 우리를 놀라게 하지 않으신다. 그분은 단지 자신의 참모습을 드러내실 뿐이다. 그분의 참모습은 지극히 아름답고 선하며, 강력하고 엄위로우며 독특할 뿐 아니라, 헤아릴 수 없는 영광으로 감싸여 있다. 그래서 그분이 자기를 낮춰 우리의 인성과 언어로 다가오지 않으신다면, 단지 그 빛줄기 하나만으로도 능히 우리 눈이 멀고 말 것이다.

성경에는 장엄한 것을 통해 하나님을 경험하는 이야기가 여러 번 나온다. 그 장엄함은 역설적인 특징을 띤다. 많은 것들이 악하거나 위협적인 모습으로 우리를 두렵게 만든다. 그러나 장엄한 것은 다르다. 그것은 끌어당기는 동시에 내쫓는다. 그것은 추하거나 어둡지 않으며, 압도적인 아름다움과 빛을 드러낸다.

우리는 우리를 파괴할 수도 있고 파괴자로부터 우리를 구원할 수도 있는 능력을 하나님에게서 발견한다. 우리를 가까이 이끌기도 하고, 두렵게 만들어 도망치게도 하는 순수한 의로움과 거룩함과 정의와 선과 사랑이 존재한다. 하나님은 우리의 문제이면서, 또한 해결책이시다. 그분은 우리를 단번에 죽일 수 있지만, 새끼를 보호하는 어미 곰처럼 자기를 피난처로 삼는 사람들을 보호하신다.

히브리서 12장 28,29절에서도 이런 역설적인 현실이 나타난다.

"그러므로 우리가 흔들리지 않는 나라를 받았은즉 은혜를 받자 이로 말미암아 경건함과 두려움으로 하나님을 기쁘시게 섬길지니, 우리 하나님은 소멸하는 불이심이라."

우리가 하나님을 두려워하는 이유는 그분이 우리와 다르시기 때문이다. 우리는 그분을 온전히 이해할 수 없으므로 그분을 마음대로 조종할 수 없다. 우리는 하나님께서 자신의 말씀으로 알리고자 계획하신 것 외에는 그분의 행위를 예측할 수 없다. 우리는 하나님의 계획을 헤아릴 수 없다.

"깊도다 하나님의 지혜와 지식의 풍성함이여, 그의 판단은 헤아리지 못할 것이며 그의 길은 찾지 못할 것이로다. 누가 주의 마음을 알았느냐 누가 그의 모사가 되었느냐. 누가 주께 먼저 드려서 갚으심을 받겠느냐. 이는 만물이 주에게서 나오고 주로 말미암고 주에게로 돌아감이라 그에게 영광이 세세에 있을지어다 아멘"(롬 11:33-36).

두 가지 지혜의 말씀: 율법과 복음

바울이 로마서 1,2장에서 말한 대로, 하나님은 인간의 본성 안에 지혜를 심어 놓으셨다. 성경의 잠언 가운데 많은 구절들이 성경 외의 문헌들에서도 나타난다. 그러나 가장 큰 지혜는 '우리의 주위'나 '우리의 내면'이 아니라 우리 자신(즉, 우리가 생각하고 추정하고 상상하고 행하는 것)에게서 벗어나 하나님의 말씀, 특히 복음을 들을 때 주어진다.

복음에는 헛된 사변(우리가 무엇을 믿어야 할지를 마음속으로 생각해 내는 것)이 존재하지 않는다. 복음은 전령이 전하는 낯선 소식이다. 그것은 시간을 초월하는 원리가 아니라, 하나님이요 인간이신 주님이 부활하신 역사적 사건에 근거한다. "믿음은 들음에서 나며 들음은 그리스도의 말씀으로"(롬 10:17) 말미암는다. 복음은 우리가 하늘에 올라가 가지고 내려올 수 있는 것도 아니고, 무저갱에 내려가 죽은 자 가운데서 가지고 올라올 수 있는 것도 아니다(롬 10:3-16 참고).

외적인 말씀은 가장 구체적인 소식(하나님이 말구유에서 태어나셨고, 십자가에서 죽으셨다는 소식)을 전하는 전령을 통해 우리에게 주어진다. 그러하기에 바울이 고린도전서 1장 18절에서 말한 대로, "십자가의 도가 멸망하는 자들에게 미련한 것"이 된다.

"지혜 있는 자가 어디 있느냐 선비가 어디 있느냐 이 세대에 변론가가 어디 있느냐 하나님께서 이 세상의 지혜를 미련하게 하신 것이 아니냐"(고전 1:20).

바울은 앞서 일반 계시를 알고 있는 이방인에 관해 말한 바를 철회하지 않았다. 그는 성령께서 일반 은혜를 통해 이방인에게 나눠 주신 지혜를 거부하지도 않았다. 다만 그는, 율법은 인간의 지혜를 통해 볼 때 의미가 있지만 복음은 그렇지 않다고 말할 뿐이다. 복음은 인간의 귀에 어리석은 말처럼 들린다.

하나님께서 악인들을 의롭게 하신다는 말은 터무니없게 들린다. 로마의 철학자들이 기독교를 비판한 글에서 짐작할 수 있는 대로, 바울은 그런 점을 누구보다 잘 알고 있었다. 이스라엘의 종교 지도자들조차도 아브라함(창 15:6 참고)과 다른 많은 성경 구절이 증언하는데도 복음을 탐탁지 않게 여겼다. 그러나 결국 하나님의 '어리석음'이 가장 위대한 철학자보다 더 지혜롭다는 사실이 드러났다. 그리스도는 가장 위대한 철학자가 아니라 죽음과 지옥에서 인류를 구원할 분이셨다.

"너희는 하나님으로부터 나서 그리스도 예수 안에 있고 예수는 하나님으로부터 나와서 우리에게 지혜와 의로움과 거룩함과 구원함이 되셨으니, 기록된 바 자랑하는 자는 주 안에서 자랑하라 함과 같게 하려 함이라"(고전 1:30,31).

잠언 9장 10절에서는 이렇게 말한다.

"여호와를 경외하는 것이 지혜의 근본이요."

로마서 1,2장에서 알 수 있는 대로, 인간의 반역은 근본적으로 하나님의 진리를 거짓 것으로 바꾼 데서 비롯되었다(롬 1:25 참고). 이방인들은 교만해졌다. 그들은 자신들이 하나님 덕분에 존재하게 되었는데도 감사하지 않은 탓에 미련한 마음이 어두워지고 말았다(롬 1:21 참고). 그들은 "스스로 지혜 있다 하나 어리석게"(롬 1:22) 되었다. 하나님께서 자기를 위해 그들을 창조하셨는데, 그들은 그분 외에 다른 것이나 다른 존재 안에서 안식을 찾으려고 했다. 바울 당시의 비극은 하나님의 백성, 곧 아브라함의 자손들까지도 별반 다르지 않았다는 것이다.

하나님을 두려워하는 것(그분의 이름을 공경하며, 자율적인 주인이 되기보다 언약에 충실하고 겸손한 종이 되는 것)이 참된 경건의 시작이다. 율법은 하나님의 존재와 성품을 드러내지만, 그것으로는 충분하지 않다. 사실 율법 자체는 하나님의 거룩한 위엄과 눈부신 영광을 보여 줌으로써 우리에게 책임을 묻고, 사형을 선고한다. 하나님의 율법은 예수 그리스도 안에 나타난 하나님의 구원 의지를 계시하지 않는다.

계속해서 바울은 로마서에서 다음과 같이 논증한다.

"우리가 알거니와 무릇 율법이 말하는 바는 율법 아래에 있는 자들에게 말하는 것이니 이는 모든 입을 막고 온 세상으로 하나님의 심판 아래에 있게 하려 함이라. 그러므로 율법의 행위로 그의 앞에 의롭다하심을 얻을 육체가 없나니 율법으로는 죄를 깨달음이니라. 이제는 율법 외에 하나님의 한 의가 나타났으니 율법과 선지자들에게 증거를 받은 것이라 곧 예수 그리스도를 믿음으로 말미암아 모든 믿는 자에게 미치는 하나님의 의니 차별이 없느니라. 모든 사람이 죄를 범하였으매 하나님의 영광에 이르지 못하더니, 그리스도 예수 안에 있는 속량으로 말미암아 하나님의 은혜로 값없이 의롭다하심을 얻은 자 되었느니라. 이 예수를 하나님이 그의 피로써 믿음으로 말미암는 화목제물로 세우셨으니 이는 하나님께서 길이 참으시는 중에 전에 지은 죄를 간과하심으로 자기의 의로우심을 나타내려 하심이니, 곧 이때에 자기의 의로우심을 나타내사 자기도 의로우시며 또한 예수 믿는 자를 의롭다 하려 하심이라"(롬 3:19-26).

바로 이것이 고린도전서 1장 30절에서 바울이 그리스도를 참된 지혜의 극치라고 말한 이유이다. 그리스도는 우리를 의로 가르칠 뿐 아니라 우리의 의가 되신다. 그분은 거룩함의 본을 보일 뿐 아니라 우리의 거룩함이 되신다. 그분은 영생에 이르는 길을 보여 줄 뿐 아니라 우리의 영생이 되신다.

하나님을 향한 두려움은 그리스도를 믿는 믿음을 일깨운다. 시편 130편 3,4절에서는 이렇게 말한다.

"여호와여 주께서 죄악을 지켜보실진대 주여 누가 서리이까? 그러나 사유하심이 주께 있음은 주를 경외하게 하심이니이다."

이 말씀이 암시하는 대로, 이 두려움은 절망스런 공포가 아니라 하나님이 우리에게 베푸시는 용서와 밀접하게 관련된다. 하나님께서 단지 우리를 창조하고 보전하고 온갖 복을 내려 주신다는 이유만으로, 우리가 우상들이 아니라 하나님을 두려워해야 하는 것이 아니다. 우리는 그분의 의로움과 거룩함과 정의와 위엄 때문만이 아니라 그분의 용서하심 때문에도 그분을 두려워해야 한다.

무엇이 가장 두려운가? 설령 그 두려움을 없앨 수 있다고 하더라도, 과연 거룩하신 하나님 앞에서 느끼는 죄책감마저 없앨 수 있을까? 우리의 우상들 가운데 그런 능력을 지닌 것은 아무것도 없다.

우리가 의식하든 의식하지 못하든, 이것이 우리를 가장 괴롭히는 두려움이다.

하나님의 등 뒤에 있는 것이 안전하다

모세는 시내산에서 하나님과 친밀히 교제하고 나서 그분의 영광을 보여 달라고 요청했다. 그러나 하나님은 모세를 아꼈기 때문에 그의 요구를 들어주지 않으셨다. 하나님은 영광을 보여 주는 대신에, "내가 내 모든 선한 것을 네 앞으로 지나가게 하고 여호와의 이름을 네 앞에 선포하리라. 나는 은혜 베풀 자에게 은혜를 베풀고 긍휼히 여길 자에게 긍휼을 베푸느니라"(출 33:19)라고 말씀하셨다.

하나님의 영광이란 그분의 속성들이 드러나는 것을 의미한다. 그러나 하나님은 자신의 위엄이 유한한 피조물을 두렵게 할 뿐이라는 것을 아셨다(죄인들의 경우는 더더욱 그러하다). 그래서 하나님은 자기가 선택한 자는 누구든 구원할 수 있는 은혜롭고도 자비로운 자유의 복음을 전하셨다. 다시 말해, 하나님의 영광이 나타난 것이 아니라 모세가 감당할 수 있는 복음이 선포되었다. 하나님은 "네가 내 얼굴을 보지 못하리니 나를 보고 살 자가 없음이니라"(출 33:20)라고 말씀하셨다.

물론 하나님은 어디에나 존재하시는 순수한 영이다. 그분에게는 육체나 얼굴이 없다. 이 성경 구절에서 말하는 '얼굴'은 그분의 본질, 곧 하나님의 진정한 실체를 가리킨다. 유한한 피조물은 하나님의 본질을 꿰뚫어 볼 수 없다. 설령 그럴 수 있다고 해도, 그것을 본 사람은 한 줌의 재가 되고 만다.

"여호와께서 또 이르시기를 보라 내 곁에 한 장소가 있으니 너는 그 반석 위에 서라. 내 영광이 지나갈 때에 내가 너를 반석 틈에 두고 내가 지나도록 내 손으로 너를 덮었다가, 손을 거두리니 네가 내 등을 볼 것이요 얼굴은 보지 못하리라"(출 33:21-23).

하나님의 얼굴이 그분의 숨겨진 위엄을 나타낸다면, 그분의 등은 그분의 선하심과 은혜를 나타낸다.

하나님의 위엄이 조금만 드러나도, 우리는 온통 두려움에 사로잡힐 수밖에 없다. 그것이 바로 모든 지혜의 근본이다. 또한 하나님은 은혜, 곧 복음을 전하기 위해 자기를 낮추신다. 그것이 바로 모든 지혜의 극치이다. 그리스도는 복음을 통해 전해지는 하나님의 은혜를 볼 수 있도록 우리를 숨기시는 '바위틈'이시다. 그리스도께서 겸손히 인간의 육신을 취하신 덕분에 모든 사람이 하나님을 보고 듣고 만지고 그분과 접촉할 수 있게 되었다.

이 거룩한 구원자는 자신의 제국을 위해 병사들을 내보내 피 흘려 싸우게 하지 않고, 오히려 자신의 심장에 칼을 박아 자기 군대를 구원하고, 그들을 기업의 공동 상속자로 만드셨다. 또한 그분은 장차 심판의 칼을 들고 모든 민족을 다스리기 위해 다시 오실 것이다(계 19:11-16 참고). '구약의 하나님'과 문제가 있는 사람은 예수님과도 똑같이 문제가 있을 수밖에 없다. 예수님은 죽임을 당한 어린양일 뿐 아니라 원수들을 제압할 왕이시기도 하다.

영원하신 성자는 성육신하심으로써 자신의 위엄으로부터 우리를 보호하셨다. 이사야는 예수님에 대해 "고운 모양도 없고 풍채도 없은즉 우리가 보기에 흠모할 만한 아름다운 것이 없도다"(사 53:2)라고 예언했다. "멸시를 받아 사람들에게 버림받은"(사 53:3) 이 거룩한 왕은 과연 어떤 왕일까? 그분께서 위엄을 갖추고 나타나실 수도 있었다. 만일 그랬다면 우리는 최후의 심판 가운데 파멸하고 말았을 것이다. 그러나 "인자가 온 것은 섬김을 받으려 함이 아니라 도리어 섬기려 하고 자기 목숨을 많은 사람의 대속물로 주려 함이니라"(마 20:28)라는 말씀대로, 그분은 참으로 은혜롭게도 죄인들을 자기에게로 이끌어 구원하기 위해 오셨다.

그런데 인간의 육신을 입고 우리에게 나타나신 예수님마저 두려움을 불러일으키셨다.

"이이가 어떠한 사람이기에 바람과 바다도 순종하는가"(마 8:27).

예수님께서 물고기로 배 두 척을 가득 채우자, 베드로는 기뻐하거나 예수님께 함께 사업을 하자고 청하지 않고, "나를 떠나소서 나는 죄인이로소이다"(눅 5:8)라고 말했다. 예수님이 부활하셨다는 소식을 전해 들은 여자들은 곧장 사도들에게로 달려갔다.

"그 여자들이 무서움과 큰 기쁨으로 빨리 무덤을 떠나 제자들에게 알리려고 달음질할새"(마 28:8).

그들이 '무서움과 큰 기쁨'이라는 혼합된 감정을 느꼈다는 사실에 주목하라. 엄청난 현상에 놀라 두려움과 기쁨을 동시에 느낀 적이 있는가?

예수님은 성령으로 기름 부음 받은 메시아셨다. 이사야서 11장을 살펴보면, 성령께서 예수님의 사역에 어떤 영향을 미치실 것인지를 익히 짐작할 수 있다.

"이새의 줄기에서 한 싹이 나며 그 뿌리에서 한 가지가 나서 결실할 것이요, 그의 위에 여호와의 영 곧 지혜와 총명의 영이요 모략과 재능의 영이요 지식과 여호와를 경외하는 영이 강림하시리니, 그가 여호와를 경외함으로 즐거움을 삼을 것이며"(1-3절).

또한 예수님은 참되고도 충실한 인간, 곧 마지막 아담이셨다. 그분은 충실한 언약의 동반자, 즉 하나님이 본래 의도하신 인간의 전형이셨다. 하나님을 두려워한다는 것은 곧 성령을 통해 지혜가 주어졌다는 증거이다.

두려움은 지혜와 지식의 근본이다. 살아 계신 참 하나님을 알게 되면, 가장 먼저 두려움을 느끼기 마련이다. 우리는 그 어떤 피조물과도 다른 하나님의 모습에 놀랄 수밖에 없다. 우리는 그 점을 설명하기는 고사하고, 지성적으로든 심리적으로든 도덕적으로든 감정적으로든 그것을 논할 만한 능력조차 지니고 있지 않다. 하나님은 우리의 안팎을 철저히 꿰뚫어 보신다. 이제 우리는 자신이 거룩하신 하나님 앞에서 죄인이라는 사실을 단지 머리로만이 아니라 마음으로 깊이 알게 된다. 당혹스럽게도 그 사실을 우리에게 알려 주는 것은 우리의 '내면에 있는 작은 목소리'가 아니다.

이런 당혹스러운 마주침을 피할 곳은 어디에도 없다. 이 두려움은 우리에게 중보자(우리를 위해 중재하고, 하나님과 화해시킬 존재)가 필요하다는 사실을 일깨워 준다. 그리스도는 "우리에게 지혜와 의로움과 거룩함과 구원함"(고전 1:30)이 되신다. 따라서 "자랑하는 자는 주 안에서 자랑"(고전 1:31)해야 한다. 우리는 성육신하신 예수님을 통해 하나님의 '등'을 어렴풋하게 보면서 그분의 선하심과 자비로우심에 관한 소식을 듣는다.

하나님을 두려워하는 것이 지혜의 근본이라면, 그분의 의로운 심판을 두려워하는 것은 구원으로 인도하는 지혜의 시작이다. 하나님의 율법은 많은 점에서 그분의 형상으로 창조된 우리가 본성적으로 알고 있는 바를 되풀이하여 제시한다. 율법은 우리가 지혜롭지 않다는 사실을 깨닫도록 도와준다. 한편 복음은 선지자들과 사도들을 통해 전달된 특별한 계시를 통해서만 알 수 있는 그리스도, 특히 "예수 그리스도와 그가 십자가에 못 박히신 것"(고전 2:2)을 보여 준다. 복음은 '하나님으로부터 나온 지혜'이다. 복음보다 더 뛰어난 지혜는 어디에도 없다.

우리가 지혜를 거부하는 이유

삶과 죽음의 궁극적인 근원, 곧 우리와 만물을 다스리는 주권자이신 하나님을 가장 존중하는 것이 합리적인 일이다. 하나님의 타자성(하나님과 우리의 절대적인 차이)은 막대한 거리감으로 우리를 압도한다. 죄의 현실도 우리를 압도하기는 마찬가지이다. 우리가 하나님의 거룩하심을 위협적으로 느끼는 것은 우리가 단지 피조물이어서가 아니라 더러운 죄인이기 때문이다. 우리는 하나님과의 관계에서 낯선 타자, 대적자, 주권자에 대한 두려움을 한꺼번에 느낀다. 이 근본적인 두려움은 거짓된 안전 의식

아래 깊숙이 감추어져 있을 때가 많다.

이 두려움이 항상 '합리적'으로 느껴지는 것은 결코 아니다. 우리는 종종 제정신을 잃은 채 하나님의 거룩하심을 의식하지 않고, 교만하게도 우리 자신을 높인다. 모든 사람들의 마음속 깊은 곳에는, 하나님은 선하고 의로우시며 우리는 그분 앞에서 죄인이라는 의식이 자리 잡고 있다. 그러하기에 신을 달래기 위한 의식이나 율법이나 업보의 교리를 가르치는 종교들이 생겨난다. 희생 제사를 드려야 하고, 우리의 죄를 전가할 '희생양'을 찾아야 하며, 행위로 공로를 쌓아야 한다.

그런 까닭에 피에 굶주린 몰록은 어린아이를 제물로 바치는 희생 제사를 요구했고, 고대의 잉카인들은 신들을 달랠 목적으로 높은 화산 꼭대기에 어린아이들을 갖다 버렸다. 심지어 교육 수준이 높은 현대인들조차도 아직 태어나지 않은 아기들을 희생시키고, 유대인을 비롯한 소수 인종, 가난한 자들, 이민자들, 질병에 걸린 자들, 부랑자들을 희생양으로 삼는다.

우리는 하나님께서 우리에게 잘해 주시면 우리도 잘하겠다고 결심한다. 우리는 마치 하나님의 심판을 우리 뜻대로 조절할 수 있을 것처럼 생각한다.

하나님을 두려워하는 것은 온당할 뿐 아니라 지극히 자연스러운 현상이다. 그러나 우리는 우리가 처한 어려운 상황과 그 해결책에 대한 하나님의 가르침을 인정하지 않고, 그분의 거룩하심과 우리의 심각한 부패성을 경시하는 거짓 현실을 만들어 낸다. 우리는 자신이 스스로 만든 영화의 주인공이 되고 싶어 한다. 우리는 참된 현실을 회피하기 위해 개인적으로나 집단적으로 우리를 위한 '종교'와 '영성'을 창안한다. 우리는 이런저런 계획을 세워 정교한 사상누각(沙上樓閣)을 세우려고 애쓴다.

그와는 대조적으로 성경의 증언은 객관성과 신빙성을 지닌다.

"땅의 임금들과 왕족들과 장군들과 부자들과 강한 자들과 모든 종과 자유인이 굴과 산들의 바위틈에 숨어, 산들과 바위에게 말하되 우리 위에 떨어져 보좌에 앉으신 이의 얼굴에서와 그 어린양의 진노에서 우리를 가리라. 그들의 진노의 큰 날이 이르렀으니 누가 능히 서리요 하더라"(계 6:15-17).

하나님께서 예수님을 죽은 자 가운데서 다시 살리신 것은 이러한 심판의 날이 다가오고 있다는 것을 보여 준다(행 17:30,31 참고).

이상하게 들릴지 모르겠지만, 사람들이 하나님의 형상의 흔적을 필사적으로 벗겨 내고 자연을 거스르며 현실을 무시하려고 애쓰는 주된 까닭은, 밤중에 잠을 자기 위함이다. 그들이 하나님에 관한 지식과 두려움을 없애려고 애쓰는 까닭은, 그분의 심판을 피할 수 없다는 의식에서 벗어나기 위함이다.

우리의 모든 두려움은 하나의 두려움으로 압축된다. 구체적으로 말해, 우리는 우리의 가장 깊은 비밀과 우리가 즐기는 죄와 인간의 주된 목적을 외면하는 삶을 명확하게 알고 계시는 하나님을 두려워한다. 하나님만 없다면, 우리는 성공적으로 살았다고 인정받을 수 있다.

프리드리히 니체(Friedrich Nietzsche)가 『차라투스트라는 이렇게 말했다』(*Thus Spake Zarathustra*)의 "더없이 추악한 자(The Ugliest Man)"에서 자신의 인격을 설명하는 부분을 보면, 이런 사실이 강력하게 드러난다.

그 이야기에서 차라투스트라(조로아스터교의 창시자)는 괴물 같은 한 남자를 발견했다. 더없이 추악한 그는 분명 지극히 더럽고 궁핍하고 절망적인 사람이었을 것이다. 그러나 그는 자신을 불쌍하게 바라보는 사람들을 혐오했을 뿐 아니라, 자기가 신, 곧 인간을 가장 불쌍하게 바라보는 존재를 죽여 없앴다고 주장했다.

그러나 그는 죽어야만 했다. 그는 모든 것을 보는 눈으로 사람들의 깊은 곳과 찌꺼기들, 곧 감추어진 추잡한 행위와 추함을 보았다.

그의 연민은 정도를 넘어섰다. 그는 나의 가장 더러운 구석까지 파고들어 왔다. 지나친 연민을 품고 지나치게 파고들어 꼬치꼬치 캐기를 좋아하는 그는 죽어야만 했다.

그는 항상 나를 지켜보았다. 그런 증인에게 복수하지 않는다면, 나는 나의 삶을 살 수 없었을 것이다.

모든 것은 물론 인간까지도 항상 지켜보는 신, 그런 신은 죽어야만 했다. 인간은 그런 증인이 살아 있는 것을 견딜 수 없다.

더없이 추한 자는 그렇게 말했다.[2]

잠시 생각해 보자. 니체는 합리적이거나 증거에 입각한 논증으로 하나님의 존재를 거부하지 않았다. 그는 단지 '성경에 묘사된 하나님과 같은 존

---

[2] Friedrich Nietzsche, *Thus Spake Zarathustra*, trans. Thomas Common (Ware, UK: Wordsworth, 1997), IV. 67 (p.257).

재가 자신의 삶을 판단하도록 놔두고 싶지 않아서' 그런 하나님은 있을 수 없다고 주장했다.

심리학자이자 선구적인 뇌 연구가인 로버트 리프턴(Robert J. Lifton)은 근원을 알 수 없는 죄책감이 오늘날의 사회에 존재하는 불안과 신경증의 원인 중 큰 비중을 차지한다고 말했다.[3] 무신론자들과 자유주의자들은 죄책감이 신경증의 일종일 뿐이며, 그런 해로운 형태의 종교적인 신앙에서 벗어나려면 오랫동안 '상담'을 받아야 할 수도 있다고 주장한다. 그런 사람들은 불의로 진리를 억누르고, 현실과는 아무 상관 없는 세상에서 사는 척하면서 나름대로 행복해한다. 그러나 성경적인 율법만이 진정한 문제를 들춰내고, 성경적인 복음만이 하나님의 해결책을 제시한다.

'온전한 사랑이 두려움을 내쫓는다'(요일 4:18 참고)는 것은 사실이지만, 그것은 하나님의 사랑이 완전하며, 그분이 자기 아들을 통해 자신의 정의를 만족시키셨기 때문에 가능한 일이다. 따라서 우리는 이제 하나님을 더이상 대적자가 아니라 주권자요 초월적인 권위를 지니신 분으로서 두려워할 뿐이다. 우리는 그분이 우리의 가장 더러운 구석을 알고 계신다는 사실에 곤혹스러워하지 않는다. 그분께서 우리를 불쌍히 여길 뿐 아니라, 우리의 죄를 자기 자신에게로 전가하고 자기 의를 우리에게로 전가하셨다는 사실이야말로 그분의 자비로운 마음을 여실히 드러낸다.

인간인 우리가 죄인인 까닭에, 천사들은 우리에게 "두려워하지 말라"라

---

3) Robert J. Lifton, "The Protean Self" in *The Truth about the Truth*, ed. Walter T. Anderson (New York: Putnam, 1995), 130-135.

고 말해야 했다. 죄인인 우리가 하나님께서 창조하신 천사에게서 기대할 수 있는 것은 나쁜 소식뿐이다. 심판자이신 하나님을 처음 마주할 때, 우리는 우리의 죄책을 의식하며 그분의 위엄에 깜짝 놀란다. 이것이 율법의 작용이다. 율법은 하나님 앞에서 우리 모두를 죄인으로 고발한다. 그러나 하나님은 그리스도의 삶과 죽음과 부활을 통해 죄가 사면되었다는 좋은 소식으로 우리를 놀라게 하신다. 바로 이것이 우리가 참되게 하나님을 두려워하는 근거이다.

하나님과 그분의 사역을 알고, 우리의 삶 속에서 이루어지는 성령의 사역을 경험할 때, 이 두려움은 더욱 커진다. 율법의 심각성을 진정으로 깨달아야만 이사야처럼 "화로다 나여 망하게 되었도다"라고 부르짖을 수 있으며, 겉으로는 어리석어 보이지만 실제로는 믿어지지 않을 만큼 좋은 복음의 영광스러움을 알고, "주여, 저를 불쌍히 여기소서. 저는 죄인입니다"라고 말할 수 있다. 예수님께서 세례 요한의 사역과 자신의 사역을 대조하면서 말씀하신 대로, 우리가 타락한 현실을 슬퍼할 줄도 모르고, 신랑이신 주님이 혼인 잔치에 도착하셨는데도 기뻐 춤출 줄 모른다는 것이 문제이다(눅 7:31-34 참고).

이미 여러 번 언급했지만, 율법과 복음의 차이를 여기에서 한 번 더 분명하게 밝히는 것이 유익할 듯하다. 율법과 복음은 모두 하나님의 말씀이지만, 이 둘은 서로 다르다. 이 둘은 서로 다르게 작용한다. 율법은 하나님의 의로우심과 심판과 우리의 타락한 상태를 묘사할 뿐 아니라, 그분의 보좌 앞에서 우리를 고발한다. 복음도 하나님의 말씀이지만, 율법과는 다르다. 성령께서 복음을 통해 우리에게 죄 사함을 베풀고, 그 선물을 받아들일 수 있는 믿음을 허락하신다.

청교도들은 율법적인 회개와 복음적인 회개를 구별했다. 율법적인 회개는 징벌을 두려워하는 것에 지나지 않는다. 이를테면, 이것은 '차라리 회개하고 지옥에 가지 않겠어'라고 생각하는 것이다. 물론 지옥은 영원히 존재하는 현실이다. 하나님의 심판을 두려워하면, "어떻게 해야 구원을 받을 수 있습니까?"라고 묻지 않을 수 없다. 그런 점에서, 이것은 현실을 직시하는 건강한 태도라고 할 수 있다. 그러나 이런 두려움은 노예적인 성질을 띤다. 이것은 자녀가 아니라 노예를 만든다.

오직 복음적인 회개(복음 안에 나타난 하나님의 선하심과 은혜)만이 하나님을 대적하면서 스스로 의롭다고 생각하는 성향에서 벗어날 수 있게 해준다. 그리스도 안에 나타난 하나님의 긍휼을 의식하면 마음이 녹아내릴 수밖에 없다. 그러면 우리가 단죄되어야 마땅하며, 우리의 의가 썩은 동아줄과 같다는 사실을 깨닫고, 구원의 필요성을 절감하기에 이른다. 하나님께서 우리에게 다가오셔야만 한다. 그럴 때, 믿음은 그리스도와 그분의 은혜를 유일한 희망으로 받아들인다.

예컨대, 한편으로는 "두려워하지 말라 내가 너를 구속하였고"(사 43:1)라는 말씀이 주어지고, 다른 한편으로는 "사유하심이 주께 있음은 주를 경외하게(두려워하게) 하심이니이다"(시 130:4)라는 말씀이 주어진다. 언뜻 생각하면 서로 모순되는 것처럼 들린다. 그렇지 않은가? 그러나 여기에서 '두려움'은 서로 다른 상황에서, 서로 다른 의미로 사용되었다.

이사야서 43장은 법정을 배경으로 한다. 40장에 이르기까지 죄의 고발이 이루어졌다. 판결이 내려졌고, 이스라엘은 유죄 판결을 받아 단죄되었다. 그런데 이사야서 40장 1절에서, 재판관이신 하나님은 선지자를 통해 재판관이 자기 자신의 행위를 근거로 판결을 뒤집었다는 좋은 소식을 전하여 자기 백성을 위로하신다. 믿음으로 그분께 돌아올 남은 자들은 더 이상 재판관이신 그분을 두려워할 이유가 없다. 장차 임할 마지막 '주의 날'의 판결이, 자기 백성의 죄를 짊어지고 그들을 의롭게 할 "여호와의 종"에게로 도망치는 모든 사람에 대해 이미 내려졌다(사 53장 참고).

이사야가 전한 '좋은 소식'의 절반을 요약하면 다음과 같다. "두려워하지 말라. 이 포로기 너머에는 더 나은 약속과 더 나은 중보자 위에 세워진 더 나은 언약이 존재한다. 단지 가나안에서 장수를 누리는 것이 아니라 영원한 삶(새 마음, 믿음, 죄의 용서, 칭의, 양자, 성화, 궁극적인 영화)을 얻게 될 것이다. 나는 너희 하나님이 되고, 너희는 내 백성이 될 것이다. 우리가 모두 함께 잔치를 즐기며, 영원토록 평화와 기쁨을 누릴 것이다."

삼위일체 하나님 앞에서 누리는 이 영원한 삶은 좋은 의미의 두려움에 해당한다. 우리는 하나님을 경외하기 위해 구원받았다. 노예적인 두려움, 곧 재판관이신 하나님에 대한 두려움을 뛰어넘지 못하면 그런 경외심을 가질 수 없다. 복음이 모든 차이를 만들어 낸다.

피조물인 우리는 자연스레 하나님을 두려워하고, 그분의 의로움과 정의와 권세와 위엄을 무서워할 수밖에 없다. 그러나 복음에 근거하면, 그와는 전혀 다른 이유로 하나님을 두려워할 수 있다. 다시 말해, 원수인 우리를 구원하시는 하나님의 관대하심에 놀라게 된다. 복음은 하나님의 진노에 대한 두려움을 덜어 준다. 또한 예수님의 무덤에서 그분이 부활하셨다는 소식을 듣고서 "무서움과 큰 기쁨"(마 28:8)으로 반응했던 여인들처럼, 그분의 놀라운 은혜에 감사하며 기쁨으로 그분을 두려워할 수 있게 해 준다.

하나님은 우리를 두렵게 만들어 복종시키지 않으신다(이런 사실은 다른 종교들의 가르침과는 극명히 대조된다). 그분은 사랑의 줄로 우리를 끌어당기신다. '경건한 두려움'은 하나님의 긍휼과 용서를 믿는 믿음의 첫 번째 열매인 '사랑'과 매한가지이다.

"오직 나는 주의 풍성한 사랑을 힘입어 주의 집에 들어가 주를 경외함으로 성전을 향하여 예배하리이다"(시 5:7).

"여호와는 자기를 경외하는 자들과 그의 인자하심을 바라는 자들을 기뻐하시는도다"(시 147:11).

그리스도를 믿는 우리는 더 이상 하나님의 진노를 두려워하지 않는다. 우리는 다만 그분의 변하지 않는 은혜로운 약속으로 인하여 그분을 두려워한다. 우리는 다른 구원자를 바라지 않고, 오직 그분만을 의지한다. 이것이 참된 예배요 올바른 정신이다.

5

두려움을 덜어 주는 좋은 소식

'의(義)'라는 용어는 성경에서는 매우 큰 비중을 차지하지만, 오늘날의 사회에서는 자주 듣기가 어렵다. 이 용어가 많은 사람들에게 도덕적인 우월감, 곧 자기 의를 나타내는 의미로 들리기 때문인 듯하다. 그러나 아이러니하게도 요즘에는 자기 의를 내세우는 분위기가 팽배하다. 데이비드 잘(David Zahl)이 뛰어난 통찰력을 발휘해 지적한 대로, 요즘에는 음식, 성, 우정, 일, 경제력 따위가 하나님의 선물이라기보다는 자기를 구원하는 수단으로 바뀌었다. 다시 말해, 성공이나 실패가 다른 사람들 앞에서 우리를 자랑하거나 부끄럽게 만드는 기준이 되었다.[1]

나의 어떤 친구들은 "기독교 보수주의자들이 도덕적인 다수라고? 정말

---

1) David Zahl, *Seculosity: How Career, Parenting, Technology, Food, Politics, and Romance Became Our New Religion and What to Do about It* (Minneapolis: Fortress, 2019).

로?"라고 반문한다. 모든 사람의 눈에 우리가 의롭지 않다는 사실이 명백한데도 스스로를 의롭게 여기는 것보다 더 보기 흉한 것은 없다.

아마도 많은 사람들이 다나 카비(Dana Carvey)의 '새터데이 나이트 라이브(Saturday Night Live)'에 자주 출연했던 에니드 스트릭트(Enid Strict, 일명 '더 처치 레이디[The Church Lady]')를 기억할 것이다. 그녀는 판단하기를 좋아하고, 심지어 자기를 의롭게 여기기까지 했지만, 위선자는 아니었다.

그런데 최근 몇십 년이 지나면서 세간의 인식이 크게 달라졌다. 요즘에는 보수주의자들을 향해, "그러므로 남을 판단하는 사람아, 누구를 막론하고 네가 핑계하지 못할 것은 남을 판단하는 것으로 네가 너를 정죄함이니 판단하는 네가 같은 일을 행함이니라……율법을 자랑하는 네가 율법을 범함으로 하나님을 욕되게 하느냐. 기록된 바와 같이 하나님의 이름이 너희 때문에 이방인 중에서 모독을 받는도다"(롬 2:1,23,24)라는 바울의 말로 되쏘아 붙이는 사람들이 많다.

그러나 진보주의자들도 '더 처치 레이디'의 후예들과 별반 다르지 않다. 그들은 교조적인 태도로 자신이 '역사의 옳은 편'에 서 있다고 자신할 뿐 아니라, 다른 '순진한' 사람들에게 자신들의 미덕과 우월성을 알리려고 애쓴다. 오늘날 이런 그릇된 태도가 문화적 우파 못지않게 문화적 좌파의 특징이기도 하다(이것은 그다지 놀라운 사실이 아니다. 왜냐하면 우파든 좌파든 모두가 19세기 대각성 운동에서 비롯된 미국 개신교의 도덕적인 성향을 물려받은 후손들이기 때문이다).

내가 전에 알고 존경했던 사람들이 '순진한' 보수주의 교회들 안에서 트위터나 블로그를 통해 상당한 상상력을 가미하여 자신의 경험을 이야기하는 모습을 보면 마음이 아프다. 새로운 생각을 가진 진보주의자들이 다른 사람들을 비방하면서 자신들의 도덕적 우월성을 주장하는 것만큼 자기 의를 내세우는 행위도 찾아보기 어렵다. 그런 사람들은 자신이 역사의 옳은 편에 속한 자들, 곧 진정으로 거룩하게 된 자들이라고 주장하면서 바리새적인 태도로 애처로운 다른 '바리새인들'을 멸시한다.

우리는 예수님이 바리새인들과도 함께 음식을 잡수셨다는 사실을 종종 망각한다. 그분은 그들을 사랑하셨다. 사실 그분은 모든 사람을 사랑하셨다. 그것은 어려운 사랑이었을 것이 틀림없지만, 예수님은 바리새인들도 자신이 행하는 일을 이해할 수 있기를 진정으로 바라면서 사랑을 실천하셨다. 바리새인들은 사람들이 예수님께로 나아오지 못하게 방해함으로써 그분의 분노를 자극하기도 했지만, 니고데모는 몰래 그분께 찾아와 가르침을 구했고, 유대 최고 의회의 의원이었던 아리마대 요셉은 그분을 자기 무덤에 장사 지내게 해 달라고 요청했다. 바리새인들도 '근본주의자들'이든 '깨어 있는 자들'이든 상관없이 얼마든지 구원받을 수 있다.

문제는 바리새인들이 대부분 구원받기를 원하지 않았다는 것이다. 바리새인들은 적어도 부활과 마지막 심판을 믿었지만, 사두개인들은 그것마저 믿지 않고, 로마 제국의 정치 권력에 빌붙기를 좋아했다.

예수님에게서 발견되는 특별한 점은, 다른 사람들이 자기를 어떻게 생각하든 전혀 개의치 않으셨다는 것이다. 그분은 '깨어 있는 자'의 편이었을까? 아니면 바리새인들의 편이었을까? 예수님은 그런 것에 조금도 신경을 쓰지 않으셨다. 그분은 오로지 사람들에게만 관심을 기울이셨다. 불행히도, 오늘날 우리는 대개 다른 사람들에게 관심을 기울이지 않는다. 우리는 예수님 당시의 당파들처럼 '우리 사람들', '우리 종파', '우리 자신의 의'에만 몰두한다.

좌파든 우파든 '캔슬 컬처(cancel culture, 취소 문화)'[2]는 '그들'을 얼마나 많이 판단할 수 있느냐를 기준으로 '우리의 의'의 수준을 측정해 나타내려는 추잡한 행위에 지나지 않는다. '역사의 옳은 편에 선다'는 것은 도대체 무슨 의미일까? 역사가 우리의 재판관이라는 말인가? 우리는 오히려 하나님이 옳다고 인정하시는 편에 서는지에 관심을 기울여야 한다. 역사의 판결이 두려운가? 하나님보다 역사의 인정을 받는 것이 더 중요한가?

그리스도인에게 '의'란 심판 날에 하나님 앞에서 의롭다고 인정받는 것이다. 그것은 곧 우리가 율법을 온전히 지켰다는 말이다. 그런 관점에서 보면, '율법의 행위로써는 의롭다함을 얻을 육체가 없다'(갈 2:16 참고). 왜냐하면 모든 사람이 '하나님의 영광에 이르지 못하기' 때문이다(롬 3:23 참고).

미국의 문화적 좌파가 표방하는 식의 '근본주의'는 그야말로 숨이 꽉 막힐 지경이다. 이것은 모두가 알고 있는 사실이다. 특히 자녀들이 공립학교에 다니는 사람이라면, 그것을 더욱 잘 알 것이다.

캘리포니아의 공립 교육은 기독교와 조금이라도 연관된 사람이면 누구

---

2) 역자주 - 캔슬 컬처란 자신과 생각이 다른 사람들을 배척하는 행동 양식을 의미한다.

든 압제자로 여기는 지경까지 이르렀다. 최근에 내가 사는 동네 근처에 있는 한 초등학교의 이름에서는 '선교(Mission)'라는 단어를 뺐다. 시의 차원에서는 여전히 '선교'라는 단어를 사용하지만, 캘리포니아에서 이루어진 다양한 기독교 선교의 유산 때문에 그렇게 되고 말았다. 뿐만 아니라 '참전 용사 전쟁기념관'에 세워진 십자가를 둘러싸고 많은 논란이 빚어지기도 했다. 캘리포니아 대법원은 십자가를 없애라고 명령했지만, 2014년에 오바마(Barack Obama) 대통령이 개입해 그와 반대되는 명령을 내렸다.

그런 논쟁에 참여한 양측 모두가 학대와 박해를 비난하면서 치유의 길을 모색하자고 주장한다. 그런 기념물들을 억압과 관련된 유산을 기리는 상징으로 간주할 수도 있다. 캘리포니아의 주요 도시나 거리, 만(灣), 주요 지형지물 중에는 왕의 칙령이나 교황의 축복을 등에 업고서 악행을 저지른 흉악한 사람들의 이름을 따라 명명된 것들이 많다. 그런 명칭들을 희생자들의 이름으로 대체하면, 토착민들의 후손으로 태어난 사람들의 존엄성을 회복하는 데 도움이 될 수 있다. 그런 기념물들은 역사의 좋은 면과 나쁜 면을 동시에 배울 수 있는 기회를 제공하기도 한다.

그런데 황당하게도 캘리포니아에서는 유명한 정복자들과 잔인한 통치자들의 이름을 딴 것은 가만히 놔둔 채, 대부분 유럽의 정복 계획에 반대했던 프란체스코 수도회의 선교사들 및 선교와 관련된 명칭만을 겨냥하여 변경했다.

짐 크로우(Jim Crow)의 시대에 미국의 남부에서는 노예제를 옹호한 몇몇 사람들의 기념비를 세워 그들을 기리기도 했다. 어떤 사람들은 여전히 노예를 부리고 있는데도 존중받았다. 조지 워싱턴(George Washington)과 토머스 제퍼슨(Thomas Jefferson)에 대한 기억을 지워 없애는 것은 후대의 사람들이 그들의 업적을 평가할 기회를 박탈하는 것이며, 그들에게 국부들의 실패를 곰곰이 따져 볼 능력이 없다고 결론짓는 것과 다름없다. 역사는 복잡하다. 역사는 하나님의 일반 은혜와 인간의 사악함을 동시에 상기시킨다. 그런데 문화 전쟁은 역사를 '좋은 사람'과 '나쁜 사람'에 관한 단순한 이야기로 단조롭게 변질시킨다.

우리는 페이스북(Facebook), 인스타그램(Instagram), 트위터(Twitter)를 사용한다. 거기에서 우리는 우리의 의로움을 찾아내 과시하려고 애쓴다. 특히 요즘 젊은이들은 '팔로우(또는 친구)'와 '좋아요'의 숫자로 자신의 의를 내세운다. 그런 가상의 공동체는 많은 젊은이들에게 실제의 기독교 공동체보다 더 강력한 영향을 미칠 수 있다. 내게도 십 대 자녀가 있는데, 얼굴조차 모르는 사람들에게서 부정적인 댓글을 받을 때 사람들이 얼마나 크게 실망할 수 있는지를 두 눈으로 직접 확인할 수 있다. 그들은 과연 어떤 사람들일까? 그들은 최소한 소셜미디어라는 익명의 공간에서만큼은 의로워 보인다.

우리는 모두 자신의 진실성과 적절성, 곧 자신의 의를 실현하거나 드러내 보이려고 애쓴다. 우리는 자신의 존재를 정당화해야 할 필요성을 느낀다. 우리는 옳아야만 한다. 자신을 의롭게 만들거나 그렇게 보이도록 만드는 것이 무엇보다 중요하다. 우리가 하나님 앞에서 의로운지에는 아무런 관심이 없다. 그저 저 어딘가에 있는 익명의 사람들을 기쁘게 하기 위해 올바로 생각하고, 올바로 행동하며, 온당한 방식으로 투표하고, 올바른 것을 말한다.

사람들은 스스로를 다른 사람들이 어떻게 생각하든 개의치 않고 자신을 자유롭게 표현하는 독립된 개인이요 자율적인 인간이라고 말하지만, 실제로는 다른 사람들에게서 인정을 받으려고 애쓴다. 최근의 세대(특히 소셜미디어가 출현한 이후의 세대)는 이전 세대보다 또래 집단의 평가를 더 더욱 중요하게 여긴다.

우리는 의롭지 않을까 봐 두려워한다. 자기 정당화가 우리의 기본 설정이다. 왜냐하면 우리의 마음속 깊은 곳에서 자신의 본질, 곧 우리가 '악하다는 것'을 정확하게 감지하고 있기 때문이다. 우리는 하나님께서 우리에게 무엇을 요구하시는지, 또한 의롭고 경건하며 사랑이 넘치고 책임감 있으며 참된 인간이 된다는 것이 무슨 의미인지를 잘 알고 있다. 그러나 우리는 막상 옳다고 알고 있는 바를 행해야 할 상황이 닥치면 그렇게 하지 않을 때가 많다. 우리는 옳은 일을 행했다가 손해를 볼까 봐 두려워한다. 한마디로, 우리는 이기적이다. 우리는 하나님과 이웃을 사랑하지 않는다. 이런 사실은 우리가 하는 행위만이 아니라 하지 않는 행위를 통해서도 여실히 드러난다.

내가 여기에서 말하고자 하는 요점은 사실상 로마서 3장 9-20절을 요약한 바와 같다.

"의인은 없나니 하나도 없으며, 깨닫는 자도 없고 하나님을 찾는 자도 없고"(10,11절).

"아무도 없다"는 말이 정말일까? 마더 테레사나 믿음이 독실한 할머니도 있고, 선한 사람이 되려고 노력하는 사람도 많지 않은가? 모든 사람이 선하지 않고, 선하게 될 수도 없다는 바울의 말은 과연 사실일까?

바울은 다른 사람들을 유익하게 하거나 그들에게서 존경받을 수 있는 선한 일을 아무도 할 수 없다고 말하지 않았다. 사실 그는 바로 앞 장에서 성경을 모르는 사람도 종종 옳은 일을 할 수 있고, 반면 '유대-기독교적 가치'를 지향하는 사람도 얼마든지 위선자가 될 수 있다고 말했다(롬 2:14-24 참고). 그렇다. 선한 사람들이 있다. 그러나 그들은 누구와 비교할 때 선한 것일까? 하나님 앞에서는 의로운 사람이 '하나도' 없다.

그런데 하나님은 의를 요구하신다. 그분은 "나는 악인을 의롭다 하지 아니하겠노라"(출 23:7)라고 말씀하셨다. 바울 사도는 구약 성경의 다양한 구절들을 조합해 의로운 사람이 하나도 없다는 점을 뒷받침하고 나서 이렇게 말한다.

"우리가 알거니와 무릇 율법이 말하는 바는 율법 아래에 있는 자들에게 말하는 것이니 이는 모든 입을 막고 온 세상으로 하나님의 심판 아래에 있게 하려 함이라. 그러므로 율법의 행위로 그의 앞에 의롭다하심을 얻을 육체가 없나니 율법으로는 죄를 깨달음이니라"(롬 3:19,20).

배심원이 된 적이 있는가? 그런 적이 있다면, 재판관의 입장을 알리는 소리와 함께 법정 전체가 조용해지는 상황이 어떤 것인지를 잘 알 것이다. 그러나 인간 재판관들은 실수할 수 있다. 그들은 법을 알고 있으며, 적법하게 판결하려고 최선을 다한다. 그러나 하나님은 그런 노력을 기울이실 필요가 없다. 왜냐하면 그분 자신이 바로 율법이 요구하는 의이기 때문이다. 그분은 실수 없이 판결할 뿐 아니라, 니체의 '더없이 추악한 자'가 말하는 대로 우리의 모든 것, 곧 우리의 생각과 바람과 행위와 실패 등을 속속들이 알고 계신다.

우리는 하나님 앞에서 삶을 책임져야 한다는 점에서 모두 다 '율법 아래' 있다. 율법은 우리의 입을 닫게 만든다. 온 우주에 침묵이 흐른다. 자기 정당화나 책임 전가가 더는 통하지 않는다. 나는 심문을 받고, 유죄 판결이 선고된다. 이것이 율법이 하는 일이다. 율법은 하나님의 법정에서 우리를 고발하고, 우리가 더 이상 자신의 '의'를 떠벌리지 못하게 만든다.

얼굴이 상기된 전도자든 미소를 띤 텔레비전 설교자든, 대다수 사람이 흔히 듣는 메시지는 '더 노력하라'거나 '더 잘하라'는 것이다. 물론 요즘에는 그런 메시지도 듣기가 어렵다. 그 대신 "당신의 내면은 선합니다. 단지 조금만 지도를 받으면 됩니다. 하나님은 당신을 단죄하시는 하늘의 재판관이 아닙니다. 그분은 당신이 첫걸음을 내딛기를 기다렸다가 끝까지 잘 가도록 도와주실 것입니다. 당신이 더 나아질 수 있는 열 가지 단계를 알려 드리겠습니다"와 같이 편안하게 들을 수 있는 메시지가 주를 이룬다. 복음 전도자를 자처하는 사람이 화난 표정을 짓든 행복한 표정을 짓든, 이런 유의 종교는 기껏해야 자기 의나 절망을 부추길 뿐이다. 사실 그 두 가지를 번갈아 부추길 때가 많다.

바울이 말한 대로, 율법은 진리를 깨우쳐 자기 의를 없애고, 미덕의 겉치레를 제거하며, 거짓을 몰아내기 위해 존재한다.

"우리의 의는 다 더러운 옷 같으며"(사 64:6).

우리는 의롭지 않다. 다만 우리가 단죄를 받을까 봐 두려워하며 자기를 지키려고 애쓰지 않아도 되는 것은, 하나님께서 쉽게 속아 넘어가는 어리석은 분이거나 나를 심판하지 않고 오로지 나의 행복만을 위하는 분이시기 때문이 아니다. 하나님은 정의로우며, 자신의 성품을 부인하실 수 없다. 그러나 하나님은 정의로울 뿐 아니라 사랑과 긍휼이 넘치신다. 그러하기에 그분은 불가능해 보이는 일(곧 불의한 자를 의롭게 하는 일)을 이루는 길을 열어 놓으셨다.

그것이 바로 바울이 로마서 3장에서 제시하는 '복음'이다.

"이제는 율법 외에 하나님의 한 의가 나타났으니 율법과 선지자들에게 증거를 받은 것이라 곧 예수 그리스도를 믿음으로 말미암아 모든 믿는 자에게 미치는 하나님의 의니 차별이 없느니라. 모든 사람이 죄를 범하였으매 하나님의 영광에 이르지 못하더니, 그리스도 예수 안에 있는 속량으로 말미암아 하나님의 은혜로 값없이 의롭다하심을 얻은 자 되었느니라. 이 예수를 하나님이 그의 피로써 믿음으로 말미암는 화목제물로 세우셨으니 이는 하나님께서 길이 참으시는 중에 전에 지은 죄를 간과하심으로 자기의 의로우심을 나타내려 하심이니, 곧 이때에 자기의 의로우심을 나타내사 자기도 의로우시며 또한 예수 믿는 자를 의롭다 하려 하심이라"(21-26절).

율법에는 우리 모두를 단죄하는 하나님의 의가 나타나고, 복음에는 그분의 아들을 믿는 모든 사람을 의롭다 하시는 하나님의 의가 나타난다. 우리는 복음을 통해 우리의 가식과 자신이 의롭다는 헛된 주장을 모두 버리

고, 어거스터스 톱레이디(Augustus Toplady)와 함께 "빈손 들고 앞에 가
십자가를 붙드네"(찬송가 '만세 반석 열리니' 중에서)라고 노래해야 한다.
구약 시대의 희생 제사는 하나님의 백성에게 "세상 죄를 지고 가는 하나
님의 어린양"(요 1:29)을 바라보게 했다. 바울은 그리스도께서 '화목제물'
이 되셨다고 말한다. 이는 예수님, 곧 인성을 취하신 성자께서 우리의 죄
책을 짊어지셨다는 뜻이다.

그런데 예수님은 그보다 훨씬 더 큰 일을 이루셨다. 그분이 우리의 죄책
을 짊어지심으로써 우리의 죄가 용서받았지만, 여전히 우리는 의롭지 않
다. 하나님의 나라에 들어가려면 죄가 없어야 할 뿐 아니라 거룩해야 한
다. 하나님은 그렇게 될 수 있는 길도 아울러 열어 주셨다. 하나님은 그것
을 '의롭다함(칭의)'으로 일컬으셨다. 즉, 의롭다고 선언하시는 것이다.

하나님께서 우리를 의롭다 선언하시는 것은, 우리가 행위의 공로를 세
웠기 때문이 아니라 그리스도가 사랑으로 성부께 온전히 복종하셨기 때
문이다. 예수님은 율법을 등한시하지 않고, 온전히 이루셨다. 그분은 더
열심히 노력하는 데 그치지 않고, 실제로 성부께서 명령하신 것을 모두 이
루셨다. 바울이 말한 대로, "믿음으로 말미암아" 그분의 복종이 우리의 공
로가 되었고, 그분의 지위가 우리의 것이 되었다. 이 믿음조차도 하나님의
선물이다(엡 2:8,9 참고). 모든 것이 선물이다.

하나님은 우리가 비집고 들어갈 수 있는 틈을 내주기 위해 '의'를 재정
의하지 않으셨다. 그분은 우리가 의롭지 않은데 의롭다고 선언하지도 않
으셨다. 그 대신, 하나님은 그리스도의 의를 우리에게 적용해 우리를 객관

적으로 의롭게 하셨다. 우리는 하나님의 아들로 인하여 그분 앞에서 의롭게 되었다.

우리가 스스로 의롭게 되려고 애쓰면, 아무도 유익하게 할 수 없다. 하나님께서 자기 아들의 의로운 삶과 희생의 죽음과 영광스러운 부활을 통해 제공하신 선물보다 더 나은 것을 우리가 이룰 수 있다고 생각하는 것은 그분을 불쾌하게 만들 뿐이다. 우리가 아무리 하나님과 우리 사이의 문제를 해결하려고 애쓰더라도, 하나님께는 아무런 유익도 없다. 또한 우리도 자신의 노력을 통해서는 아무런 유익도 얻을 수 없다. 그리스도의 의를 의지하지 않으면, 심판의 날에 우리가 자신을 변호해야 한다. 그것은 아무런 효과도 거둘 수 없다.

이웃들도 나의 노력으로 유익을 얻지 못하기는 마찬가지이다. 내가 나의 두려움과 불안에만 집착한 나머지, 내게 유익한 것도 잊어버리고 이웃들에게 지금 필요한 것도 제공하지 못한 채, 오로지 하나님 앞에서 나를 옳게 드러내려고만 힘쓸 것이기 때문이다. 바울은 로마의 신자들에게 보낸 서신에서, "누가 주께 먼저 드려서 갚으심을 받겠느냐? 이는 만물이 주에게서 나오고 주로 말미암고 주에게로 돌아감이라. 그에게 영광이 세세에 있을지어다 아멘"(롬 11:35,36)이라고 말했다.

보상을 기대하는 마음으로 하나님을 향해 선한 행위를 하려고 해서는 안 된다. 그렇다면 우리의 선행은 어디로 향해야 할까? 그것이 필요한 이웃에게로 향해야 한다. 하나님께는 우리의 선행이 필요 없다. 나 자신에게도 그것이 필요 없다. 그것들은 하나님 앞에서 나를 의롭게 만드는 공로가 될 수 없다. 나의 우정, 은사, 도움은 나의 이웃에게 필요하다. 내가 일하러 나가는 것도 내가 제공하는 생산품이나 용역이 이웃에게 필요하기 때문이다.

나에게 가장 가까운 이웃은 바로 나의 가족이다. 그들은 내가 자신들을 소중히 여기고, 기저귀를 갈아 주고, 축구장에 데려다주고, 자기들의 말을 주의 깊게 들어 주고, 자기들을 사랑하고 훈육하며 과제를 함께 처리하고, 어울려 놀아 주기를 바란다. 이런 이웃 사랑이 동심원을 그리면서 더 큰 공동체와 세상을 향해 확장되어 나간다. 하나님이나 다른 사람에게 좋은 인상을 심어 주기 위해서가 아니라, 나를 필요로 하는 사람들을 사랑하고 섬기기 위해 이런 선을 행하는 것이다. 온 사방에 복이 넘친다. 나도 이웃들에게서 선물을 받는다. 선물들은 그런 식으로 돌고 돈다.

모든 일에 우리와 똑같이 시험을 받으신 이

"아무도 나를 이해해 주지 않아요."

"내가 알고 있는 사람들 가운데 이런 일로 고통을 겪는다는 것이 무엇인지를 정말로 아는 사람은 아무도 없어요."

아마도 우리의 두려움을 진정으로 이해하기 가장 어려운 존재가 있다면, 바로 하나님일 것이다. 왜냐하면 그분은 거룩하고 의로우며 정의롭고 선하시기 때문이다. 게다가 하나님의 존재나 목적은 조금도 바뀌지 않는다. 그 무엇도 그분에게 상처를 입히거나 그분을 완성시킬 수 없다. 그분은 홀로 자족하며, 우리를 조금도 의지하지 않으신다. 그런 분에게 나의 문제나 유혹을 토로하면 어떻게 될까? 과연 그분이 이해하실 수 있을까? 하나님은 명령하고, 옳고 그름을 판단하시는 언약의 주님이다.

물론 이 모든 것은 사실이다. 그러나 또한 성육신하신 성자 하나님은 즐겨 복종하시는 언약의 종이다. 히브리서는 바로 이것을 유대인 신자들에게 가르쳐 그들이 유대교로 되돌아가지 않게 할 목적으로 기록되었다. 히브리서 4장의 처음 열세 구절은 약속의 땅에 들어가지 못했던 악한 세대처럼 되지 말라고 경고하는 데 초점을 맞춘다.

"그들과 같이 우리도 복음 전함을 받은 자이나 들은 바 그 말씀이 그들에게 유익하지 못한 것은 듣는 자가 믿음과 결부시키지 아니함이라"(2절).

하나님의 말씀은 예리한 검처럼 우리를 쪼개 우리의 가장 깊은 욕망과 사랑과 감정과 생각과 행위를 드러낸다. 발뺌하거나 변명하거나 감추어 봤자 아무 소용 없다. 하나님의 심판은 모든 것을 드러낸다(12,13절 참고).

그런데 예수님은 영원한 안식의 땅에 들어가셨으며, 우리도 그분의 뒤를 따라야 한다. 히브리서 4장 14-16절은 경고하는 어조를 위로로 바꾸어 우리의 두려움을 크게 덜어 준다.

"그러므로 우리에게 큰 대제사장이 계시니 승천하신 이 곧 하나님의 아들 예수시라 우리가 믿는 도리를 굳게 잡을지어다. 우리에게 있는 대제사장은 우리의 연약함을 동정하지 못하실 이가 아니요 모든 일에 우리와 똑같이 시험을 받으신 이로되 죄는 없으시니라. 그러므로 우리는 긍휼하심을 받고 때를 따라 돕는 은혜를 얻기 위하여 은혜의 보좌 앞에 담대히 나아갈 것이니라."

우리는 그리스도 안에서 온전히 은혜 위에 세워진 더 나은 언약을 받았다. 이 언약의 중보자는 모세보다 더 위대하다. 위의 본문은 그리스도 안에서 우리에게 레위 지파의 반차를 능가하는 "큰 대제사장"이 계신다고 말한다. 히브리서는 이미 앞에서 "대제사장"(히 2:17, 3:1)과 하나님의 "아들"(히 1:2, 3:6)이라는 칭호를 사용했고, 예수님의 시험과 고난을 언급했다(히 2:9,18 참고).

히브리서 저자는 예수님을 "우리가 믿는 도리의……대제사장"(히 3:1)으로 묘사하면서, '고백, 시인'을 의미하는 헬라어 '호몰로기아(*homologias*)'를 사용했다.[3] 즉, 이것은 '우리가 신조를 통해 고백하는 대제사장'이라는 뜻이다. 따라서 예수님과 그분에 관한 진리를 저버리고, 옛 언약의 그림자와 예표들로 되돌아간다면, 과연 어떤 중보자를 발견할 수 있겠는가?

첫째, 예수님은 영광스러운 대제사장이시다. 왜냐하면 하나님의 아들이신 그분이 하늘로 '승천하셨기' 때문이다. 만일 그리스도가 부활의 아침에 인성을 벗은 상태로 성부 하나님께 돌아갔다면, 영광스러울 수는 있지만 우리를 구원할 수는 없으셨을 것이다. 우리에게 필요한 구원자는 온전한 하나님이요 온전한 인간이어야 한다. 그리스도는 마치 우주복을 입듯이 우리의 인성을 취하지 않으셨다. 그분은 온전한 인성을 취했고, 그 인성과 더불어 되살아나 영광 가운데로 들어가 하나님의 오른편에 오르셨다. 그분은 '하나님의 아들'일 뿐만 아니라 '예수,' 곧 복종과 희생과 부활과 승천을 통해 온 가족을 구원하고 승리하신 우리의 형제이다.

---

3) 역자주 - 한글 개역개정 성경은 이 용어를 '믿는 도리'라고 번역했다.

옛 언약 아래 있던 대제사장은 높이 약 18미터, 두께 약 10센티미터의 육중한 휘장, 곧 "청색과 자색과 홍색 실……로 짜서……그 위에 그룹들을 정교하게 수 놓아"(출 26:31) 만든 휘장을 지나 지성소에 들어갔다. 그는 세상의 영역을 상징하는 곳에서 하늘의 영역을 상징하는 곳으로 나아가, 십계명의 두 돌판을 담은 언약궤 위의 시은좌에 피를 뿌렸다. 이스라엘 백성에게 하나님께서 자기 아들을 통해 구원을 베푸신다는 사실을 일깨워 주기에 이보다 더 좋은 방법은 없을 것이다.

그런데 히브리서에서는 하나님의 아들이요 인간인 예수님이 참된 휘장을 통해 하늘로 나아가셨고, 그리하여 우리와 똑같은 한 인간으로 하나님의 보좌 오른편에 서셨다고 말씀한다. 예수님께서 십자가에서 죽으실 때, 성전의 휘장이 위에서 아래로 찢어졌다(마 27:50,51 참고). 그 덕분에 이제 우리는 우리의 대제사장이신 그리스도 안에서 모두 제사장이 되었고, 직접 참된 지성소에 들어가 성부 하나님께 나아갈 수 있게 되었다.

둘째, 우리의 형제요 하나님의 아들인 예수님은 우리를 '동정하시는' 대제사장이다. 우리는 예수님의 가족이자 "형제"(히 2:11), 곧 그분의 살 중의 살이요 뼈 중의 뼈이다. 그분은 천사나 하늘의 본성이 아니라 동정녀 마리아를 통해 인간의 본성을 취하셨다.

"자녀들은 혈과 육에 속하였으매 그도 또한 같은 모양으로 혈과 육을 함께 지니심은 죽음을 통하여 죽음의 세력을 잡은 자 곧 마귀를 멸하시며, 또 죽기를 무서워하므로 한평생 매여 종노릇하는 모든 자들을 놓아주려 하심이니, 이는 확실히 천사들을 붙들어 주려 하심이 아니요 오직 아브라함의 자손을 붙들어 주려 하심이라. 그러므로 그가 범사에 형제들과 같이 되심이 마땅하도다 이는 하나님의 일에 자비하고 신실한 대제사장이 되어 백성의 죄를 속량하려 하심이라. 그가 시험을 받아 고난을 당하셨은즉 시험받는 자들을 능히 도우실 수 있느니라"(히 2:14-18).

히브리서 저자는 '~을 따라'라는 의미의 헬라어 '카타(*kata*)'를 사용해, 예수님이 우리의 인성을 취하셨다는 사실을 강조한다. 예수님은 죄를 제외한 '모든 것을 따라' 우리와 같이 되셨다. 본래 우리의 인성에는 죄가 없었다. 사실 하나님은 가장 고귀한 피조물인 인간을 창조하고 나서 '심히 좋게' 여기셨다. 예수님은 죄 있는 인간의 본성을 취하지 않으셨다. 예수님의 죄 없으심과 완벽한 복종을 통해 하나님께서 본래 인간에게 부여하신 목적이 온전히 이루어졌다. 그런 점에서 예수님은 우리보다 더 참된 인간이시다. 그렇다고 해서 예수님이 우리의 고통을 체휼하지 못하시는 것은 결코 아니다.

실제로 인류 역사상 가장 거룩하신 분이 우리보다 훨씬 더 혹독한 시험을 받으셨다. 루시퍼를 직접 대면한 적이 있는가? 설령 그런 적이 있다손 치더라도, 우리는 하나님의 영원한 아들, 빛 중의 빛, 하나님에게서 나온 하나님이 아니다. 예수님은 그런 분이신데도 굶주리고 외로우셨으며, 무자비한 공격을 당하셨다. 그분은 돌을 떡으로 만들 능력도, 성전 꼭대기에서 뛰어내려도 조금도 다치지 않을 능력도 지니고 계셨다. 그분은 자신의 고난을 끝내고, '고난의 길(*Via Dolorosa*)'에서 영광의 길로 돌아서실 수도 있었다. 그러나 그렇게 하는 것은 그리스도의 백성과 그분의 세계를 구원하지 못하게 만들려는 사탄의 책략에 굴복하는 것이었다.

우리는 설령 유혹에 저항하더라도 자연적으로 그것에 이끌리는 성향을 지니고 있지만, 예수님은 자신에게 닥치는 유혹을 매우 혐오하셨다. 여기에서 놀라운 사실이 나타난다. 예수님께서 모든 일에 우리와 똑같이 시험을 받으실 뿐 아니라, 우리도 그분과 똑같이 시험을 받는다고 말할 수 있다는 것이다.

지금 우리는 예수님의 인성에 관해 말하고 있다. 그분의 인성은 정신 분열적인 것이 아니다. 다시 말해, 그분은 신성한 지킬 박사와 인간 하이드가 아니라, 두 개의 본성을 지닌 하나의 인격체이시다. 야고보는 "하나님은 악에게 시험을 받지도 아니하시고"(약 1:13)라고 말하지만, 예수님은 인성을 취했기 때문에 '우리와 똑같이' 시험을 받으셨다.

그분은 순진하지 않으셨다. 그분의 무죄한 거룩함은, 악한 형상들에 노출된 적 없는 어린아이의 순진함이나 의연하게 모든 고통을 극복하려 했던 스토아 철학자의 초연함과는 전혀 다르다. 예수님은 성령의 능력으로 성부 앞에서 모든 고난을 남김없이 감당하셨다. 따라서 악한 고난이 그분을 엄습할 때, 분명 그 고통은 가히 상상할 수 없을 만큼 끔찍했을 것이다.

예수님의 시험을 둘러싸고 사변을 일삼아서는 안 된다. 히브리서는 그분이 모든 인간이 경험해 온 '모든 죄'로 시험을 받으셨다고 말하지 않고, 단지 "모든 일"이라고 언급한다. 여기에서 중요한 교훈은, 예수님이 실제로 시험을 받았지만 '죄는 없으셨다'는 것이다.

예컨대, 성경을 보면 예수님께서 여러 번 외로움을 느끼신 것을 알 수 있다. 그분은 그런 상황에서 분명 다양한 유혹을 느끼셨을 것이다. 잘 알다시피, 예수님은 죽음을 두려워했을 뿐 아니라, 나사로를 다시 살릴 수 있을 것을 알면서도 '눈물을 흘리셨다'(요 11:35 참고). 또한 그분은 가난은 물론 영적·물리적 고통을 경험했고, 부당한 학대와 조롱과 폭력에 시달렸으며, 가장 가까운 제자들에게서 버림을 받기까지 하셨다. 더 나아가 그분은 시편 기자처럼 "나의 하나님, 나의 하나님, 어찌하여 나를 버리셨나이까"(마 27:46)라고 고통스럽게 울부짖으셨다.

마태복음 4장에 기록된 바 예수님께서 사탄에게 시험을 받으셨다는 내용은 많은 것을 시사하지만, 최종적인 결론은 그분이 아담과 하와나 이스라엘 백성이나 우리가 한 것과는 완전 정반대되는 방식으로 각각의 유혹에 대처하셨다는 것이다. 그분은 '죄가 없을' 뿐 아니라 모든 유혹을 물리치고 승리하셨다. 예수님이 그렇게 하신 덕분에 우리의 죄가 그분께로 전가되고, 그분의 의로운 복종이 우리에게로 전가되는 결과가 나타났다.

마태복음 4장에 나오는 유혹을 하나씩 살펴보자. 예수님은 광야에서 홀로 사탄과 마주하셨다. 사탄의 유혹은 모두 예수님을 부추겨 인성을 통해 이루어야 할 사명을 저버리고 신성을 드러내게 하는 데 초점이 맞춰져 있었다. 예수님은 사십 일을 밤낮으로 금식한 직후라서 극심한 허기를 느끼셨다. 마귀는 "네가 만일 하나님의 아들이어든 명하여 이 돌들로 떡덩이가 되게 하라"(3절)라고 말했다. 그러나 예수님은 아담과 이스라엘 백성과는 달리 음식을 바라지 않고, "기록되었으되 사람이 떡으로만 살 것이 아니요 하나님의 입으로부터 나오는 모든 말씀으로 살 것이라"(4절)라고 대답하셨다.

예수님께서 첫 시험을 물리치자, 마귀는 그분을 예루살렘 성전으로 데려갔다. 그러고는 십자가를 지지 말고, 현재의 권세와 영광을 누리라고 유혹했다. 사탄은 하나님의 사자들이 발이 돌에 부딪치지 않게 할 것이라는 시편 기자의 예언을 인용하면서 "뛰어내리라"라고 종용했다(5,6절 참고). 그리고 이후의 일은 다음과 같이 전개된다.

"예수께서 이르시되 또 기록되었으되 주 너의 하나님을 시험하지 말라 하였느니라 하시니, 마귀가 또 그를 데리고 지극히 높은 산으로 가서 천하만국과 그 영광을 보여, 이르되 만일 내게 엎드려 경배하면 이 모든 것을 네게 주리라. 이에 예수께서 말씀하시되 사탄아 물러가라 기록되었으되 주 너의 하나님께 경배하고 다만 그를 섬기라 하였느니라. 이에 마귀는 예수를 떠나고 천사들이 나아와서 수종드니라"(마 4:7-11).

"모든 일에 우리와 똑같이 시험을 받으신 이로되 죄는 없으시니라"(히 4:15).

예수님은 떡을 만들어 먹으라는 사탄의 유혹을, 하나님의 말씀을 양식으로 삼아야 한다는 말씀으로 물리치셨다. 그리고 권세와 교만을 부추기는 사탄의 유혹을, 성부 하나님과 우리를 섬기는 종의 역할을 흔쾌히 받아들임으로써 물리치셨다.

그분은 신뢰로 두려움을 극복했고, 다른 사람들에게 생명과 희망을 회복시키기 위해 가난과 질고를 기꺼이 짊어지셨으며, 가지가 무성한 포도나무처럼 자기 주변에 새로운 공동체를 건설해 외로움을 이겨 내셨다. 그분은 학대와 모욕에 동정심과 긍휼과 정의로 대응하셨다. 흠 없는 완전한 어린양이신 그분께서 우리가 이루지 못한 복종을 온전히 이루셨다.

예수님은 영광 가운데 승천하여, 시험을 받는 우리를 동정할 뿐 아니라 우리를 위해 끊임없이 중보하는 우리의 충실한 대제사장이시다.

욥은 "얼굴빛을 고쳐 즐거운 모양을 하자"(욥 9:27)라고 스스로 다짐했지만 아무런 소용이 없다고 한탄했다.

"내 모든 고통을 두려워하오니 주께서 나를 죄 없다고 여기지 않으실 줄을 아나이다. 내가 정죄하심을 당할진대 어찌 헛되이 수고하리이까? 내가 눈 녹은 물로 몸을 씻고 잿물로 손을 깨끗하게 할지라도, 주께서 나를 개천에 빠지게 하시리니 내 옷이라도 나를 싫어하리이다. 하나님은 나처럼 사람이 아니신즉 내가 그에게 대답할 수 없으며 함께 들어가 재판을 할 수도 없고, 우리 사이에 손을 얹을 판결자도 없구나. 주께서 그의 막대기를 내게서 떠나게 하시고 그의 위엄이 나를 두렵게 하지 아니하시기를 원하노라. 그리하시면 내가 두려움 없이 말하리라 나는 본래 그렇게 할 수 있는 자가 아니니라"(욥 9:28-35).

욥은 나중에서야 자기에게 '대속자,' 곧 중보자가 계시다는 사실을 깨닫는다.

"내가 알기에는 나의 대속자가 살아 계시니 마침내 그가 땅 위에 서실 것이라. 내 가죽이 벗김을 당한 뒤에도 내가 육체 밖에서 하나님을 보리라. 내가 그를 보리니 내 눈으로 그를 보기를 낯선 사람처럼 하지 않을 것이라 내 마음이 초조하구나"(욥 19:25-27).

유대교는 천사들을 중보자로 간주한다. 그러나 히브리서가 강조하는 대로, 천사들은 구원을 베풀 수 없다. 이슬람교는 알라가 위대하므로 그 어떤 중재도 허용하지 않는다고 믿는다. 심지어 마호메트에게 기도로 도움을 구할 수도 없다. 힌두교는 '인드라'보다 지위가 한 단계 낮은 '아그니'가 신들과 인간들 사이에서 중재자 역할을 한다고 가르친다. 그러나 그는 한쪽은 자비롭고 한쪽은 악의적인 두 얼굴을 지닌 불의 신으로 묘사된다.

이와는 대조적으로, 우리는 예수 그리스도 안에서 고난받는 인성을 지닌 거룩하고 의로우며 자애롭고 사랑이 풍성하신 주권자 하나님을 발견한다. 하나님은 그리스도를 "지극히 높여 모든 이름 위에 뛰어난 이름"(빌 2:9)을 주셨다. 그분은 하나님일 뿐 아니라 충실한 마지막 아담이시다. "그러므로 우리는 긍휼하심을 받고 때를 따라 돕는 은혜를 얻기 위하여 은혜의 보좌 앞에 담대히 나아갈 것"(히 4:16)이다.

히브리서 4장 14절이 "그러므로 우리에게……계시니"를 뜻하는 '엑콘테스 운(Ἔχοντεςοὖν)'으로 시작하고, 15절에서 다시 "(왜냐하면) 우리에게 있는"을 뜻하는 '가르 에코멘(γὰρ ἔχομεν)'으로 시작하는 것에 유의하라. 우리에게는 그리스도가 대제사장으로 계신다. 그분은 인간의 이해를 초월하는 위엄을 지닌 영원한 하나님으로서 두려운 영광 가운데 계신다. 그러나 또한 그분이 인성을 취하셨으므로, 우리는 그분을 소유할 수 있다. 그리스도 안에서 하나님을 소유할 수 있다는 것은 그 자체만으로도 매우 중요한 현실이다.

히브리서 저자는 이 사실을 "우리가 믿는 도리를 굳게 잡을지어다"(14절)라는 명령과, "은혜의 보좌 앞에 담대히 나아갈 것이니라"(16절)라는 명령의 토대로 삼았다. 우리가 믿는 도리를 굳게 붙잡고 그분의 보좌 앞에 담대히 나아갈 수 있는 것은, 이 특별한 대제사장을 소유했기 때문이다.

이 특별한 대제사장은 누구인가? 그는 바로 우리처럼 고난을 받고, 모든 일에 시험을 받으신 '예수님'이시다. 그분은 '하나님의 아들'이시다. 성부 하나님은 우리가 예수님을 통해 은혜의 보좌 앞에 담대히 나아올 수 있도록 그분을 대제사장으로 세우셨다. 그리스도는 우리처럼 시험을 받았으나 죄가 없으시다. 그러하기에 성부 하나님은 마침내 온전히 복종하는 충실한 아들, 곧 인간의 본래 목적을 이룬 참된 종을 얻으셨다. 따라서 우리는 그분 안에서 하나님께로 담대히 나아갈 수 있다.

그렇다면 우리는 어떻게 더러운 정욕, 폭력, 교만, 탐욕의 유혹을 받는 순간에도 거룩하신 하나님 앞에 담대히 나아갈 수 있을까? 하나님의 말씀대로, 모든 것이 율법을 통해 명백하게 드러나기 때문에, 우리는 그분 앞에서 벌거벗은 상태가 된다. 그런데 어떻게 하나님 앞에 나아갈 수 있다는 말일까? 어떻게 그 모든 유혹에 굴복하면서도 그분께 나아갈 수 있는 것일까?

히브리서 저자는 "어쨌든 나아가라. 하나님께서 약간 짜증을 낼지도 모르지만, 그분은 더없이 자애로우시니 심판하지는 않으실 것이다"라거나, "조금만 더 참회하고, 자신을 정결하게 하라. 몇 년만 연옥에서 지내거나 좀 더 복종하고 나서 다시 이야기해 보자"라는 식으로 말하지 않는다. 그는 "담대히 나아가라"라고 말한다. 우리의 대제사장이 너무나 보배로우시므로, 우리는 담대히 나아가 '심판의 보좌'가 아닌 '은혜의 보좌'를 발견할 수 있다. 그분께서 우리의 죄를 속량하셨다(히 2:17 참고).

목적을 나타내는 헬라어 '히나(Hina)'는 이런 자신감을 더욱 강하게 뒷받침한다. 우리는 '무엇을 바라거나 호소하기 위해서'가 아니라 '때를 따라 돕는 은혜를 얻기 위해' 담대히 나아간다. 우리는 우리의 대제사장이 우리를 위해 이루신 것을 얻기 위해 담대히 나아간다.

'긍휼'은 비참한 자들에게 베푸는 사랑이다. 하나님은 우리가 비참하고 불충실할 때도 기꺼이 긍휼을 베푸신다. 우리는 어떻게 그분 앞에 나아가야 할까? 우리의 죄를 들고 나아가야 한다. 그것이 우리가 그분께 나아갈 수 있는 유일한 방법이다. 우리에게 있는 충실한 대제사장께서 우리가 은혜의 보좌를 발견하리라고 확실히 보장하시므로, 우리는 담대히 나아갈 수 있다.

종교개혁자 존 칼빈(John Calvin)은 이렇게 주석한다.

이런 확신은 하나님의 보좌가 우리를 당혹스럽게 하는 서릿발 같은 위엄이 아닌 새 이름, 곧 은혜의 이름으로 장식되어 있다는 사실에 근거한다. 우리는 하나님의 임재를 피해 달아나려고 할 때마다 이 이름을 기억해야 한다. 그렇지 않으면, 하나님의 영광을 생각할 때 온통 절망으로 가득할 수밖에 없고, 그분의 보좌가 너무나 두렵게 느껴질 수밖에 없을 것이다. 따라서 하나님은 자기 보좌 위에 '은혜'를 깃발처럼 매달아 우리를 매료시키신다."[4]

---

4) John Calvin, *Commentaries on the Epistle of Paul the Apostle to the Hebrews*, trans. John Owen (Grand Rapids: Baker, 1996), 110.

우리는 온갖 유혹을 만나 두려울 때마다 은혜의 보좌 앞에 나아가, 꼭 필요한 순간에 주어지는 '때에 알맞은 도움'을 얻을 수 있다.

2부

하나님을 바라보는 눈으로
두려움을 직시하라

그리스도인은 두려움을 무시하거나 가볍게 여기지 말고, 주님과 서로에게 솔직하게 고백해야 한다. 성경적인 지혜는 그런 도전을 없애지 않고, 극복하도록 도와준다. 지금까지 우리의 두려움과 관련된 몇 가지 사실을 개괄적으로 살펴보았다. 구체적으로 말해, 죽음의 선고를 모면하고 죄책과 수치를 회피하여 자신을 안심시키려고 애쓸 때 두려움이 생겨난다는 점과, 하나님을 두려워하는 것이 지혜의 근본이요 다른 모든 두려움을 내쫓는 두려움이라는 점을 살펴보았다. 2부에서는 각종 뉴스 매체를 지배하면서 우리를 괴롭히는 것들과 관련하여 하나님을 향한 두려움을 어떻게 적용해야 할지 잠시 살펴보고자 한다.

6

사망의 '쏘는 것'이 제거되다

　현대의 발전된 의료 체계는 아무도 죽지 않을 것이라는 망상을 부추긴다. 자연재해나 팬데믹이 발생할 때마다, 우리는 즉시 의료 전문가들이나 정부나 대중 매체를 탓하기 시작한다. 우리는 덜 발전된 시대에 살았던 선조들의 목숨을 쉽게 앗아갔던 질병들로부터 우리가 안전하리라 생각하면서 살아갈 때가 많지만, 때로는 연약하기만 한 인간의 삶이 두려운 나머지 초조한 마음으로 구원자가 있다면 누구든 붙잡으려고 애쓴다. 그러다가 그 구원자가 우리를 구원하지 못하면, 즉시 모든 책임을 그들에게 돌리며 아우성친다.

　물론 당국자들이나 의사들의 무책임한 행위를 간과해서는 안 된다. 암이나 알츠하이머 진단 결과를 통보받을 때 체념하고 포기하거나 건강을 위한 지침들을 경솔하게 외면해서도 안 된다. 내가 말하려는 요점은, 오늘날과 같이 풍요롭고도 고도화된 사회에서는 죽음이 절대로 존재하면 안 되기라도 하는 듯, 그것을 과도하게 두려워하는 경향이 있다는 것이다. 극히 작은 바이러스 하나가 우리를 볼모로 잡고, 우리가 의지하는 구원자들의 한계를 여지없이 드러낼 수 있다. '똑똑한 세균' 하나가 우리를 공격할 때면, 우리의 발전된 기술이 혈거인(穴居人)의 원시적인 지식보다 조금도 더 나을 것이 없어 보인다. 이런 사실이 우리를 두렵게 만든다.

죽음이 불안의 궁극적인 원천인 이유는, 그것이 우리가 자율적이지 않다는 사실을 일깨워 주기 때문이다. 즉, 죽음은 우리가 삶이라는 이야기의 결말을 스스로 쓸 수 없다는 사실을 깨닫게 한다. 우리는 죽음이 인간의 조건, 곧 우주적인 환경의 현실뿐 아니라 하나님의 심판이 우리에게 미치는 영향을 상기시키기 때문에 그것을 두려워한다.

이 책을 시작하면서 언급한 대로, 이것이 바로 창세기 3장에 기록된 저주의 칼날이다. 죽음에 대한 두려움은 하나님과 우리 자신과 다른 사람들 앞에서 우리를 정당화하도록 부추긴다. 우리는 홍수처럼 밀려올 하나님의 심판을 어떻게든 피해 볼 요량으로, 서로를 탓하며 동료 인간들을 딛고 사다리 위로 올라서려고 애쓴다. 결국 죽음은 절망감을 불러일으켜 불안과 우울감과 분노와 자기 정당화를 자극한다.

나는 지금까지 어린아이들과 젊은이들을 비롯해 많은 사람들의 죽음을 목격했다. 내가 이 글을 쓰는 동안에도 나의 가까운 친구가 딸과 아내를 갑작스러운 심장마비로 잃고, 어린 두 자녀만 남았다. 몇 달 전에는 좋은 친구가 대학에 다닐 나이가 된 외아들을 잃었다. 그 아들은 자기 애인과 누이와 셋이서 함께 어울려 놀다가 갑자기 쓰러져 명을 달리했다. 이 글을 쓰는 지금까지도, 그들은 정확한 사망 원인을 알지 못한다. 나의 부모도 둘 다 오랫동안 앓다가 비참한 죽음을 맞이했다.

우리는 노인들의 죽음에는 익숙하다. 우리는 미음으로 연명하면서 죽음을 맞이할 준비를 하기 전에 자녀들이 잘 살아남아 손주들을 낳기를 바란다. 아들이나 딸이나 손주를 먼저 보내는 것보다 더 슬픈 일은 없다. 나는 그런 일을 직접 경험하지 않았지만, 적지 않은 세월 동안 그런 일을 겪는 사람들을 지켜보았고, 또 상담도 했다. 나도 자녀를 둔 아버지로서 그런 일을 떠올리면 등골이 오싹해진다.

나는 젊었을 적에 먼지 묻은 성인들의 책에서 삶을 '눈물의 골짜기'라고 일컫는 내용을 읽으면서, '아, 식스 플래그스(Six Flags, 온갖 놀이기구가 있는 놀이공원)에 가 본다면 이렇게 말하지 않으셨을 텐데'라고 생각하곤 했다. 세상이 내 앞에 펼쳐져 있었고, 나는 도전을 받아들일 준비가 되어 있었다. "그냥 해 봐!"라는 젊음의 열정이 우리를 게임 속으로 뛰어들게 만든다. 그러나 젊은이들도 죽는다. 우리가 아무리 낙관적이고 희망적으로 생각하더라도, 죽음이 피할 수 없는 삶의 현실이라는 사실은 조금도 변하지 않는다.

불안은 다양한 장소에서 다양한 사람들을 엄습한다. 그리스도인은 죽은 뒤에는 영혼이 즉시 하나님께로 가 부활을 기다린다고 믿는다. 그렇다고 해서 신자들이 아무런 두려움 없이 죽음을 맞이하는 것은 결코 아니다. 최근에 경건한 말씀을 전하는 매우 현명한 한 사역자가 내게 이렇게 말했다. "나이가 85세가 되니 80세였을 때보다 좀 더 초조해지는구려. 우리가 하나님 앞에 갈 것을 알지만, 육체 없는 영혼만이 그렇게 될 것 아니겠소? 내가 그런 모습을 얼마나 매력적으로 생각할지 의문이오."

그는 죽음이나 죽어 가는 것 자체를 두려워하지는 않는다. 그는 주님과 함께 있는 것이 자신의 영광스러운 운명이라는 것을 잘 알고 있다. 그러나 그는 저세상에서 정확히 어떤 일이 일어날지를 확신하지 못했다. 나는 그와 같이 경건한 사람이 그런 어린아이 같은 믿음(주님을 확고히 신뢰하는 동시에 느끼는 당혹스런 불안감)을 솔직하게 토로할 수 있다는 데 큰 위로를 느꼈다.

호기심이 많은 사람들은 이따금 환상 같은 임사체험이나 사후체험 등으로 죽음 이후의 일을 세세하게 묘사하려고 애쓴다. 그러나 우리는 죽음과 마지막 부활 사이의 기간에 주님과 함께 있으리라는 사실 외에는 아는 것이 그리 많지 않다.

우리는 때때로 죽음 자체를 두려워하는 것이 아니라 죽어 가는 것을 걱정하고 고민한다. 사실 죽어 가는 것은 죽음의 자연스러운 과정이자 경험이다. 그러나 나는 특히 나의 부모들이 종양과 중풍으로 신체가 마비된 상태로 천천히 죽음에 이르는 것을 보았고, 그 후로는 언제나 죽음의 문제로부터 자유롭지 못하다. 나는 그런 식으로 죽고 싶지 않다. 아내와 자녀들이, 오랫동안 고통 속에서 죽어 가는 나를 보살펴야 하는 짐과 스트레스를 감당하기를, 나는 조금도 바라지 않는다. 그래서 나는 기도할 때 빠르고 깨끗하게 죽게 해 달라고도 간구한다.

죽어 가는 것이나 죽음 자체를 두려워하는 것은 믿음이 약하다는 표시가 아니다. 우리는 여러 가지 이유로 두려움을 느낀다. 예를 들어, 우리는 기질과 배경과 경험이 저마다 다르다. 믿었던 부모나 배우자나 친구에게 버려진 적이 있는 사람이라면, 틀림없이 그런 배신의 경험이 죽음에 대한 생각에 영향을 미칠 것이다. "내가 두려워하는 날에는 내가 주를 의지하리이다"(시 56:3)라는 시편 기자의 말은, 인간의 정상적인 경험에 해당하는 두려움이 있다는 점을 암시한다. 또한 그는 이렇게 말한다.

"주의 모든 파도가 나를 괴롭게 하셨나이다······어찌하여 주의 얼굴을 내게서 숨기시나이까? 내가 어릴 적부터 고난을 당하여 죽게 되었사오며 주께서 두렵게 하실 때에 당황하였나이다"(시 88:7,14,15).

나도 고난과 죽음이라는 물리적인 고통이 두려울 때 그런 식으로 기도할 수 있을까? 물론이다. 우리가 느끼고 있지만 직접 표현할 수 없는 말을 하나님께서 성경에 기록해 두실 만큼 우리를 충분히 잘 아신다는 사실은, 참으로 그분이 우리를 얼마나 깊이 동정하시는지를 여실히 보여 준다.

예를 들어, 예수님은 시편 기자의 말을 빌려 "나의 하나님, 나의 하나님, 어찌하여 나를 버리셨나이까"(마 27:46; 막 15:34; 시 22:1 참고)라고 부르짖으면서도, 자신을 믿은 십자가의 강도가 자신과 함께 낙원에 갈 것을 알고서, "오늘 네가 나와 함께 낙원에 있으리라"(눅 23:43)라고 말씀하셨다. 버림받은 고통과 성부 하나님에 대한 강한 믿음이 동시에 공존한다는 사실은 참으로 놀라운 역설이 아닐 수 없다.

죽음에 대한 두려움은 미친 짓을 하도록 자극한다. 그리스도보다 3세기 전에 등장한 에피쿠로스(Epicurus)의 논증은 그의 시대 이후로 종종 사람들의 입에 오르내렸다. 에피쿠로스는, 사제들이 죽음에 대한 두려움을 사용해 대중을 조종하는 힘을 소유하기 위해 종교가 존재하는 것이라고 주장했다. 물론 다른 이유도 있을 테지만, 그리스도인들은 대개 그의 말에 동의한다. 정신이 멀쩡해 보이는 사람들이 무릎에서 피가 날 때까지 바닥을 기고, 칼로 몸을 베고, 독을 탄 음료수를 마시고, 도자기 코끼리에게 음식을 바치고, 자녀를 화산 속에 던져 넣고, 설교자에게 재산을 모조리 바치는 따위의 미친 짓을 하는 것은 바로 죽음을 두려워하기 때문이다.

그런데 그와는 대조적으로, 히브리서 저자는 그리스도께서 "죽기를 무서워하므로 한평생 매여 종노릇하는 모든 자들을"(히 2:15) 놓아주기 위해 오셨다고 말한다. 죽음을 두려워하는 것은 보편적인 현상이다. 왜냐하면 죽음 자체가 보편적인 현실이며, 인간의 마음속 깊은 곳에 죽음이 하나님의 심판이라는 인식이 자리 잡고 있기 때문이다.

죽음과 죽어 가는 것을 두려워하는 것은 지극히 정상적인 현상이다. 죽음은 자연스러운 것이 아니다. 죽음은 보편적인 형벌이며, 오직 그리스도 안에서만 제거될 수 있다. 누군가가 죽음에 대한 두려움이 하나님을 신뢰하지 못하는 데서 생겨난다고 말한다면, 예수님은 그렇지 않음을 보여 주는 좋은 본보기가 아닐 수 없다. 예수님은 나사로를 죽은 자 가운데서 다시 살릴 것을 알면서도 그의 죽음을 크게 슬퍼하셨다(요 11:35 참고). 슬퍼하는 것은 부자연스러운 상황에 매우 적절한 반응이 아닐 수 없다. 죽음에 대한 두려움은 주님을 믿느냐 믿지 않느냐 하는 것과는 아무런 상관이 없다. 오히려 죽음에 대한 두려움은 주님을 더욱 굳게 의지하게 만든다.

병이 나을 수는 있지만, 죽음을 피할 길은 어디에도 없다. 심장병, 암, 상해, 만성 호흡기질환, 중풍, 치매, 당뇨병, 독감, 폐렴 등 많은 질병들이 있다. 우리는 누구나 탄생하는 순간부터 죽어 가고 있다. 오늘날 우리는 일생 동안 우리의 몸을 구성하는 개개의 세포가 수없이 죽고 새로운 세포로 대체된다는 사실을 알고 있다. 생물학자들은 건강한 세포의 죽음을 '아폽토시스(apoptosis, 세포자연사)'라고 일컫는다. 이것이 하나님께서 우리의 육체가 썩는데도 생명을 유지하도록 만드시는 방법이다.[1] 뇌졸중 환자의 뇌가 스스로를 치유하는 능력은 하나님의 놀라운 섭리를 보여 주는 가장 대표적인 예이다. 그러나 뇌도 결국 죽기 마련이다.

과거의 나이 든 기독교 목회자들은 죽음을 준비하게 하는 것을 자신들의 주된 임무로 꼽았다. 그러나 오늘날의 목회자들은 그렇게 말하기를 꺼린다. 우리는 '젊음이 영원히 유지되는' 사회에 살고 있다. 지금의 사회는 죽음을 경시하고 무시할 뿐 아니라, 율법과 복음에 나타난 하나님에 대한 두려움을 최대한 축소시킨다. 목회자들이 기꺼이 말할 준비가 되어 있고, 사람들이 기꺼이 들을 준비가 되어 있다면, 죽어 가는 자들에게 해 줄 말

---

1) 스탠퍼드 의과대학은, 우리의 세포들이 일반적인 아폽토시스(apoptosis, 세포자연사)뿐 아니라 네크로시스(necrosis, 괴사), 파이롭토시스(pyroptosis, 염증성 세포사멸), 페롭토시스(ferroptosis, 세포막 파괴로 인한 세포사멸), 그리고 넷토시스(NETtosis, 호중구 세포사멸)와 같은 것을 통해 죽는다는, 통찰력 있는 연구 결과를 발표했다. 다음을 참고하라. Hanae Armitage, "How Your Cells Can Die: The Good, the Bad, and the Leaky," *Scope* (blog), Stanford Medicine, August 22, 2018, https://scopeblog.stanford.edu/2018/08/22/how-your-cells-can-die-the-good-the-bad-and-the-leaky/.

이 분명 참으로 많을 것이다.

죽음을 대하는 세 가지 방식

오늘날의 사회에서 죽음을 대하는 방식은 크게 세 가지이다.

첫째, 죽음을 부인한다. 어떤 사람들은 자신의 유한성, 또는 노쇠 현상을 거스르기 위해 돈을 많이 쓴다. 내 나이 또래인데 외모가 참으로 멋진 친구가 하나 있었다. 그는 테니스를 하고, 하루에 평균 16킬로미터를 달렸다. 그는 자기 육체를 정성껏 보살폈다. 그러나 그 친구는 신자가 아니었다. 그는 죽음까지는 아니더라도 최소한 노쇠 현상 정도는 막을 수 있으리라 확신했다. 그런데 어느 날 아무런 전조 증상도 느끼지 못한 채 심장마비로 세상을 뜨고 말았다.

사람들은 일반적으로, 우리가 특별한 곳에서 오지도 않았고 특별한 곳으로 가지도 않지만, 그 사이에 특별한 무언가를 할 수 있으리라 생각한다. 그러나 죽음은 파티를 망치는 불청객이다. 문제는 우리가 하나님처럼 참된 파티를 여는 법을 알지 못한다는 것이다. 우리가 결국 죽을 것이라는 사실이 100% 확실하다는 것을 알면, 시간을 즐겁게 보내기가 어렵다.

죽어 가는 과정이 갑작스레 닥치는 경우는 드물다. 대부분 건강과 재물과 행복을 서서히 잃어 간다. 그래서 우리는 죽음을 부인하고, 삶이 끝없이 돌도 돈다는 개념을 받아들인다. 다시 말해, 우리가 또 다른 육체에 들어가거나 우리의 세포가 나무나 타닥타닥 타오르는 불과 같은 다른 형태를 취할 것이라고 생각한다.

둘째, 죽음을 경시한다. 과거의 기독교가 지향했던 정직한 현실주의 속에 다양한 완곡어법이 슬며시 끼어들었다. 우중충한 '장례식'보다는 '삶의 축제'라는 표현을 사용한다. 사랑하는 사람들이 실제로 죽어 사라진 것이 아니라 우리의 기억 속에 살아 있으며, 추수감사절과 성탄절에 다소 모호한 뉴에이지 방식으로 나타난다고 생각한다. 그리스도가 약속하신 '영생'과는 사뭇 다른 '사후 세계'에 관해 말한다.

'크리스천 사이언스(Christian Science)'의 설립자인 메리 베이커 에디(Mary Baker Eddy)는 "소멸하다, 사라지다"와 같은 문구를 만들어 냈다. 이 문구들이 요즘에는 심지어 가장 보수적인 기독교 진영에서도 사용될 만큼 보편화된 듯 보인다. 그러나 죽음의 의미를 축소시키는 것은 매우 비기독교적인 발상이 아닐 수 없다.

셋째, 사람들은 실제로 죽으며, 그러하기에 우리는 그리스도께서 나타나실 때 죽은 자들이 영광 중에 다시 살아날 것을 바라는 마음으로 그 시신이나 재를 땅속에 묻는다. 죽음을 대하는 이 세 번째 방식이 기독교적 접근 방식이다. 다시 말해, 죽음을 명백한 현실로 받아들이고, 장래에 나타날 육체의 부활을 소망한다.

예수님께서 나사로의 무덤 앞에서 눈물을 흘리신 것은 그가 '사라졌기' 때문이 아니다. 유대인은 부활을 소망하면서 죽음을 잠에 빗대었다. 예수님도 처음에 그렇게 말씀하셨고, 제자들은 그 말씀을 곧이곧대로 받아들여 나사로가 낮잠을 자는 줄로 착각했다. 그러자 예수님은 다시 "나사로가 죽었느니라"(요 11:14)라고 분명히 말씀하셨다. 그리스도인은 사람들이 실제로 죽는다고 믿는다.

10여 년 전, 리사 밀러(Lisa Miller)는 『뉴스위크』(*Newsweek*)에 사람들의 관심을 사로잡는 글을 게재했다. 그 글의 제목은 "육체 부활이라는 기독교의 신비(The Christian Mystery of Physical Resurrection)"이다. 그것은 『천국: 인류의 가장 오래된 희망』(*Heaven: Our Enduring Fascination with the Afterlife*)이라는 그녀의 책에 근거한 글이었다. 밀러는 "미국인의 80%가 '천국'을 믿지만, 대다수는 그것이 무슨 의미인지를 전혀 이해하지 못한다. 다만 모든 사람들이 공통적으로 천국을 죽은 후에 가는 좋은 장소, 곧 세상에서 당한 고통과 충실한 삶을 보상받는 곳이라고 생각한다"라고 말했다.

천국이 실제로 어떤 곳인지를 몰라서 혼란스러워하는 사람들이 부지기수이다. 사람들은 천국을 장차 사랑하는 사람들을 만나 이 세상에서 중단되었던 삶을 다시 시작하는 곳이라고 말하기도 하고, 육체로부터 자유로워진 영혼이 사는 정신계라고 말하기도 한다. 그러나 다른 사람들과 어울리려면 육체가 없으면 안 될 듯하다. 밀러는 "천국에서 육체를 지니지 못한다면, 대체 어떤 천국을 바라는 것인가?"라고 물었다. 이것은 매우 중요한 질문이 아닐 수 없다.

밀러는 그리스도인이라 자처하는 사람들 중 25%에 달하는 이들이 환생을 믿는다고 밝혔다. 환생이란 궁극적인 경지에 이를 때까지 계속 육체를 바꾸어 다시 태어나는 것을 가리킨다. 그러다가 궁극적인 경지에 이르면, 업보의 순환, 즉 행업으로 구원을 얻으려는 노력에서 온전히 벗어나 영혼이 한 방울의 물이 되어 존재의 바다에 속하게 되는 보상을 얻는다.

천국에서도 육체를 지니게 될 것이라고 믿는 미국인들은 26%에 지나지 않았다. 밀러도 새로운 육체로 부활하리라는 소망을 '믿기 힘든 것'으로 생각했다.[2] 그녀가 이전에 쓴 논문에서 미국인들 중 그리스도인이 줄어들고 힌두교 신자가 늘고 있다고 결론지은 것은 그다지 놀라운 일이 아니다.[3]

육체의 부활을 믿지 못하는 사람들

오늘날 많은 사람들이 육체의 부활을 '믿기 힘든 것'으로 생각한다. 그러나 이것은 전혀 새로운 현상이 아니다. 유대인은 부활에 관한 하나님의 약속을 진지하게 받아들였다. 예수님 당시에는 육체의 부활을 기대하지 않는 사람이 별로 없었다. 특히 바리새인들은 육체의 부활을 굳게 확신했다. 그들은 '소멸'하거나 '사후 세계'가 아니라 세상을 심판할 '다가올 시대'에 관해 말했다. 그들은, 하나님의 백성이 구원받고 하나님께서 왕으로서 다스리시는 천국이 땅 위에 임할 것이라고 믿었다. 천국은 개개의 영혼들이 하늘의 구름 위를 돌아다니는 곳이 아니라, 하나님과 더불어 먹고 마시는, 새로운 세상이다.

한편 이방인들은 주로 위대한 헬라 철학자인 플라톤(Plato)의 사상에 영향을 받았다. 플라톤은 육체를 좋아하지 않았다. 그에게 육체는 영혼을

---

2) Lisa Miller, "The Christian Mystery of Physical Resurrection," *Newsweek*, March 24, 2010, https://www.newsweek.com/christian-mystery-physical-resurrection-69435.

3) Lisa Miller, "U.S. Views on God and Life Are Turning Hindu," *Newsweek*, August 14, 2009, https://www.newsweek.com/us-views-god-and-life-are-turning-hindu-79073.

가두는 감옥에 지나지 않았다. 따라서 플라톤에게 구원이란 죽는 것, 곧 영혼이 육체라는 감옥에서 벗어나는 것을 의미했다. 죽음은 사멸이 아니라 해방이며 참된 삶의 시작이었다.

영향력 있는 유대인 철학자인 필로(Philo)는 예수님 당시에 애굽의 알렉산드리아에서 유대교 사상을 약간 가미한 플라톤 사상을 가르쳤다. 사실 오늘날의 유대교는 히브리 선지자들이나 예수님 당시의 랍비들보다 필로와 더 밀접한 관계를 맺고 있다.

필로는 창세기 1장과 2장을 두 가지 형태로 기록된 동일한 창조 기사가 아니라, 서로 다른 두 가지 창조 기사로 해석했다. 그에 따르면, 첫 번째 창조 기사는 원형이나 전형, 즉 모형으로 이루어진 영적 세계의 창조를 묘사한다. 따라서 순수한 영으로서의 아담, 곧 이상적인 인간이 존재했다. 그리고 두 번째 창조 기사는 물리적인 복사체들로 구성된 세상의 창조를 묘사한다. 그것들은 원형만큼 완전하지 않았다. 그것들은 물질로 만들어졌기 때문에 선천적으로 결함이 있을 수밖에 없었다. 그는 사람이 죽으면 영혼, 곧 참된 실체가 하늘의 모형과 재결합하고, 육체는 조개껍데기처럼 제거된다고 생각했다.

알렉산드리아의 일부 유대인들과 그리스도인들은 성경적인 소망에 관한 필로의 해석을 좀 더 발전시켜 헬라인과 로마인에게 한층 더 설득력 있게 다가갔다. 그들은 영지주의자로 불렸다. 그들은 참된 부활이란 그리스도가 재림하실 미래에 있을 육체의 부활이 아니라(육체에 영원히 갇혀 지내기를 원할 사람이 누가 있겠는가 하는 생각) 이곳 세상에서 사람이 거듭

나는 순간에 일어나는 영적 부활을 가리킨다고 주장했다.

초기 교회의 일부 유대인들과 그리스도인들이 오직 영적 부활만이 존재한다는 플라톤주의에 영향을 받은 것은 분명하다. 플라톤주의에 영향을 받은 유대교 사상이 헬라 지역에 세워진 교회들 안에서 활개를 치기 시작했다. 그래서 바울은 에베소교회에서 목회하는 디모데에게 "진리에 관하여는 그들이 그릇되었도다 부활이 이미 지나갔다 함으로……무너뜨리느니라"(딤후 2:18)라고 주의를 당부했다.

철학자들도 부활을 믿는 기독교 신앙을 비웃었다. 2세기의 켈수스(Celsus)가 대표적이다. 그는 "영원히 육체에 갇혀 살기를 원할 이유가 무엇인가?"라고 물었다. 그에게 죽음은 물리적인 모든 것으로부터 온전히 벗어나는 것을 의미했다. 그러고 나서 켈수스는 또다시 "상어들에게 먹히고, 불에 타고, 바다에 빠져 없어진 육체와 똑같은 육체로 부활한다는 것은 참으로 터무니없는 생각이 아닌가?"라고 말했다. 심지어 육체는 인간의 육체일지라도 부활할 가치가 없으며, 설령 육체가 그런 가치를 지닌다고 해도 물리적인 육체가 하늘에 존재한다는 것은 자연의 법칙에 어긋난다고 생각했다.

켈수스의 시대 이후로 달라진 것이 거의 없다. 여전히 많은 사람들이 육체의 부활을 믿을 수 없는 것으로 여긴다. 심지어 그리스도인들 중에도 그런 사람들이 많다.

바울의 논증 _ ① 우리는 죽어야 한다

이제 마지막으로 고린도전서 15장에 기록된 바울의 설명을 살펴보자. 먼저, 육체는 죽어야 한다.

"누가 묻기를 죽은 자들이 어떻게 다시 살아나며 어떠한 몸으로 오느냐 하리니, 어리석은 자여 네가 뿌리는 씨가 죽지 않으면 살아나지 못하겠고, 또 네가 뿌리는 것은 장래의 형체를 뿌리는 것이 아니요 다만 밀이나 다른 것의 알맹이뿐이로되, 하나님이 그 뜻대로 그에게 형체를 주시되 각 종자에게 그 형체를 주시느니라"(35-38절).

여기에서 '어리석은 자'는 켈수스와 같이 복음을 비웃으며, 사람들이 세상에서 지니고 살았던 육체와 똑같은 육체로 부활할 가능성이 전혀 없다고 주장한 이들이다. 철학자들은 이 점에서 좀 더 논리적인 주장을 펼쳤어야 마땅했다. 그들은 육체의 '상태'와 '본질'을 혼동함으로써, 소위 '범주오류(category mistake)'를 저지른 셈이다. 바울은 그런 반론에 영향을 받은 사람들의 잘못을 바로잡아 주었다.

바울 사도는 농부들이 잘 아는 대로, 땅에 심은 밀알이나 옥수수 씨앗이 그 상태 그대로 있다가 나중에 열매로 열리는 것이 아니라고 말한다. 또한 옥수수 씨앗을 심고서 배가 나기를 기대하지는 않는다. 옥수수가 나오기를 기대해야 마땅하다. 그와 마찬가지로 우리의 육체가 어떤 상태로 죽든 간에 동일한 몸으로 부활할 것인데, 그것은 또 하나의 육체가 아니라 상태가 다른 동일한 육체이다.

죽음을 부인하는 태도는 우리가 어느 정도까지 불의로 진리를 막는지를 보여 주는 가장 대표적인 사례이다. 성경이 아니더라도, 모든 사람이 죽는다는 것은 부인할 수 없는 확실한 진리이다. 그런데도 우리가 죽음을 부인하는 까닭은 죽은 뒤에 생존할 희망이 없다고 생각하면서 그것을 두려워하기 때문이다. 그러나 성경은 우리가 죽는 이유를 밝히고, 하나님께서 죽음을 어떻게 처리하셨는지를 분명하게 보여 준다.

죽음 자체는 나쁜 소식이다. 우리는 그리스도를 믿는 신자로서 부활을 고대한다. 만일 누군가가 건강한데 죽음을 고대한다면, 제정신이 아니라고 말해야 옳을 것이다. 그러나 나는 나의 어머니와 아버지의 눈빛에서 어서 속히 질병과 고통과 슬픔에서 놓여 주님과 함께 있게 되기를 갈망하는 마음을 읽을 수 있었다. 그런 점에서 우리는 '좋은 죽음'을 생각할 수 있다. 모든 근심과 고통에서 벗어나 주님 안에서 죽는 것이다.

실제로 죽음은 우리를 자유롭게 만든다. 바울도 여러 성경 구절들에서 그렇게 말했다. 그러나 고린도전서 15장에서 그가 말하려는 요점은 그것이 아니다. 그는 주님 안에서 잘 죽는 것이 아니라 부활의 관점으로 죽음 자체를 재평가하는 데 초점을 맞추고 있다. 바울은 죽음을 구원의 필수 불가결한 요소로 생각했다. 죽음은 두려운 원수이지만, 그는 그것을 마지막 원수로 일컫는다. 죽음은 우리의 친구도 아니고, '사후 세계'로 들어가는 관문도 아니다. 그것은 우리의 원수이다. 그러나 하나님께서 모든 것이 합력하여 자기 백성을 유익하게 하도록 만드신다(롬 8:28 참고). 죽음 자체는 좋은 것이 아니지만, 하나님께서 끔찍한 것을 구원의 요소로 바꾸셨다.

그리스도 밖에서의 죽음은 단죄이지만, 그리스도 안에서의 죽음은 동트기 전의 여명이다. 그러하기에 죽음은 그리스도와 연합한 자들의 구원에 꼭 필요한 요소이다. 우리는 바울의 논증에서 바로 이런 측면에 관심을 기울여야 한다.

우리는 사형 선고를 받은 상태로 태어났으므로 죽을 수밖에 없다. 아담의 후손인 우리는 태어날 때부터 부패한 죄인이다(사 64:6; 시 51:5; 롬 5장 참고). 따라서 바울은 "아담 안에서 모든 사람이 죽은 것같이"(고전 15:22)라고 말한다. 더욱이 우리는 자신이 직접 지은 죄에 대해서도 책임을 져야 한다. 이 모든 사실을 종합하면, 우리는 죽어야 마땅하다. 왜냐하면 '사망이 쏘는 것은 죄요 죄의 권능은 율법이기' 때문이다(고전 15:56 참고).

다시 말해, 율법, 곧 하나님의 의로운 판결에 따르면, 우리는 모두 죄의 권능 아래에 있다. 그러하기에 죽음은 치명적인 침을 품고 있다. 죽음은 달콤한 꿈도 아니고, 삶이 순환하는 과정의 일부도 아니다. 우리는 영원한 단죄라는 선고 아래서 죽음을 맞이한다.

우리는 생명을 조금이라도 연장해 보려고 많은 돈을 쓴다. 사람을 냉동 상태나 혼수상태로 보존했다가 미래의 어느 시점에 되살릴 의도로 인체냉동보존술을 비롯해 최첨단 기술을 개발하려고 애쓴다. 그러나 그것은 부활이 아니라 단지 중단된 상태에서 다시 시작하는 것일 뿐이다. 목에 '죄인'이라고 적힌 패를 걸고서 영원히 살기를 바라서는 안 된다. 사람은 죽어야 한다. 다음 생의 이야기(즉, 아담의 이야기가 아닌 그리스도의 이야기) 속에 다시 등장하려면, 이번 생의 이야기 속에서는 죽어야 한다.

신자들에게 죽음은 더 이상 정죄가 아니라 구원을 위한 필수 요소이다.

그리스도 안에서 의롭다함을 받은 신자들에게 죽음은 더 이상 저주가 아니라 하나님 앞으로 나아가는 환영 파티, 곧 부활의 전 단계이다. 죽음의 침이 제거되었다.

그렇다면 우리는 왜 여전히 육체의 죽음을 경험해야 할까? 죽음이 원죄와 자범죄의 결과이고 이에 대한 율법의 정당한 유죄 판결이 제거되었다면, 왜 삶을 계속 영위할 수 없는 것일까? 또는 왜 죽는 순간에 곧바로 육체의 부활과 영화를 경험하지 못하는 것일까? 고린도전서 15장 35-38절에서 바울은 이 질문에도 대답한다.

우리는 이곳저곳을 조금씩 손봐 개선되거나 연장되거나 향상되거나 수정되는 것이 아니라 죽어야 한다. 우리와 세상이 죽는 것이 우리에게나 세상에 유익하다. 하나님께서 창조하신 것 가운데 악한 것은 단 하나도 없다. 지혜롭고도 자애로운 주권자인 하나님께서 우리를 창조하셨기 때문이다. 그러나 지금의 세상에서 죄와 죽음에 매인 것들 가운데 그 무엇도 시간을 과거의 에덴동산으로 되돌려 놓을 수 없다.

이것은 필요하면서도 좋은 일이다. 왜냐하면 우리 앞에 펼쳐진 세상이 에덴동산보다 더 낫기 때문이다. 이 새로운 현실은 작은 문제를 제거한 다음 다시 시작한 것이 아니라, 인류의 첫 조상을 비롯해 그 누구도 알지 못했던 새로운 상태의 세상이다. 여기에는 우리의 인성도 아울러 포함된다. 설령 우리가 에덴동산으로 다시 돌아가 아담의 불순종을 지워 없애더라도, 우리는 여전히 불멸의 상태가 아닌 채로(즉, 무죄하지만 의롭고도 영화롭게 되지는 않은 상태로) 살아갈 뿐이다.

아담과 하와는 시험을 거치도록 창조되었다. 언약의 대표자인 아담은 그 시험에 실패했다. 그는 결승선을 통과함으로써 인간과 모든 피조 세계를 승리로 이끄는 데 실패했다. 그 결과, 우리는 스스로의 힘으로는 하나님의 영원한 안식에 들어가는 것이 어떤 것인지를 전혀 알 수 없게 되었다.

그런데 마지막 아담이신 예수 그리스도께서 우리를 위해 그 경주에서 승리하셨다. 그분은 우리를 위해 생명나무의 열매를 먹을 수 있는 권리를 확보하셨다. 사실 그분이 곧 생명나무이시다. 이 미래 세계는 더 나은 개선이 아니라 새 창조이다. 하나님은 우리의 육체를 버리지 않으신다. 그분이 창조하고 나서 "심히 좋았더라"(창 1:31)라고 말씀하신 피조물들은 본래 아무것도 잘못되지 않았다. 하나님은 우리의 육체를 구더기들이 있는 곳이나 무덤이나 바닷속에 버려두지 않고, 완전히 새로운 상태로 다시 살리실 것이다.

나는 신들이 타이탄족을 물리쳤다는 호메로스의 신화에 토대를 둔 판타지 영화 '신들의 전쟁(The Immortals)'을 좋아한다. 그러나 바울은 그리스도 안에서 죽는 우리가 진정한 '불사의 존재'라고 말한다. 우리는 스스로 생명을 지닌 영원한 존재는 아니지만, 피조물이라는 테두리 안에서 최대한 하나님처럼 될 것이다.

그러려면 먼저 육체가 죽어야 한다. 육체가 현재의 모습을 지닌 채로 완벽하고도 철저하게 종말을 고해야 한다. 이것은 참으로 좋은 소식이 아닌가? 의심이나 유혹이나 허물이나 더러움이나 우울함이나 슬픔이나 연약함이 조금도 없는 상태로 영원한 나라에 들어갈 수 있다는 것을 알면 큰 위로가 되지 않겠는가? 우리는 현재 상태를 깨끗하게 손보는 것이 아니라 새로운 세상에 알맞게 새로 태어난 새 피조물이 될 것이다.

물론 새 창조가 옛 창조와 아무런 상관이 없다는 말은 아니다. 그것은 플라톤, 필로, 영지주의자들의 오류였다. 부활한 후에 제자들과 함께 물고기를 잡수셨던 예수님이 혼인 잔치에서 우리와 더불어 성찬을 즐기실 것이다(눅 24:42,43; 요 21:12-14 참고). 우리는 지금과 똑같은 사람일 테지만, 완전히 새로운 상태가 될 것이다.

그리스도는 그분 자신의 죄가 아니라 우리의 죄 때문에 죽으셔야 했다.

"친히 나무에 달려 그 몸으로 우리 죄를 담당하셨으니 이는 우리로 죄에 대하여 죽고 의에 대하여 살게 하심이라 그가 채찍에 맞음으로 너희는 나음을 얻었나니"(벧전 2:24).

죽음이 없으면 부활도 없다. 우리가 이미 죽었기 때문에, 심판의 날에 죄와 죽음은 우리에게 아무런 영향도 미치지 못할 것이다. 죄와 죽음의 상태가 장사되어 없어지고, 영원히 사라졌다. 그것은 우리가 과거에 입고 있던 옷일 뿐이다.

바울은 우리가 죽는 즉시 영혼이 주님과 함께 거하게 된다는 사실을 부인하지 않는다. 그러나 그것은 부활이 아니다. 그것은 '중간 상태'라고 불린다. 죽음 이후에 우리의 영혼은 하나님께로 가서 안전하게 보호될 것이다. 그러나 그리스도인은 단지 저세상으로 날아간다고 생각하지 않고, '육체의 부활과 영생'을 믿는 믿음을 고백한다. 바울이 로마서 8장에서 말한 대로, 피조 세계 전체가 파괴되지 않고 새로워질 것이다. 따라서 우리는 인내하며 이 마지막 부활을 기다린다. 그러나 부활이 이루어지려면 현재 상태의 육체가 완전히 죽어야 한다.

바울의 논증 _ ② 우리는 변화되어야 한다

바울이 고린도전서 15장에서 펼치는 두 번째 논증은, 육체가 변화되어야 한다는 것이다. 신자들은 종종 죽고 나면 새로운 육체를 얻으리라고 말한다. 그러나 그 말은 옳지 않다. 우리는 죽을 때 새로운 육체를 얻지 않는다. 우리는 하나의 육체만을 가지고 있으며, 죽으면 그것이 무덤에 묻힌다. 우리는 할머니의 시신을 매장하면서 "저것은 할머니가 아니다"라고 자녀들을 위로한다. 그러나 그것은 할머니가 맞다. 부활할 할머니가 아니라고 말해야 옳다.

하나님은 본래 인간의 육체가 죽지 않도록 만드셨다. 그러나 타락으로 인해 인간의 육체는 "흙은 흙으로, 재는 재로 돌아가라"라는 말대로 썩어 사라질 수밖에 없게 되었다. 더욱이 우리는 부활할 때도 새로운 육체가 아니라 전혀 새로운 상태의 동일한 육체를 얻는다. 죽음이 변화에 선행한다. 육체가 죽어야만 변화될 수 있다. 바울은 이것을 이렇게 설명한다.

"죽은 자의 부활도 그와 같으니 '썩을 것으로 심고' 썩지 아니할 것으로 '다시 살아나며,' '욕된 것으로 심고' 영광스러운 것으로 '다시 살아나며' '약한 것으로 심고' 강한 것으로 '다시 살아나며' '육의 몸으로 심고' 신령한 몸으로 '다시 살아나나니' 육의 몸이 있은즉 또 영의 몸도 있느니라. 기록된 바 첫 사람 아담은 생령이 되었다 함과 같이 마지막 아담은 살려 주는 영이 되었나니,

그러나 먼저는 신령한 사람이 아니요 육의 사람이요 그다음에 신령한 사람이니라. 첫 사람은 땅에서 났으니 흙에 속한 자이거니와 둘째 사람은 하늘에서 나셨느니라. 무릇 흙에 속한 자들은 저 흙에 속한 자와 같고 무릇 하늘에 속한 자들은 저 하늘에 속한 이와 같으니, 우리가 흙에 속한 자의 형상을 입은 것같이 또한 하늘에 속한 이의 형상을 입으리라. 형제들아 내가 이것을 말하노니 혈과 육은 하나님 나라를 이어받을 수 없고 또한 썩는 것은 썩지 아니하는 것을 유업으로 받지 못하느니라"(고전 15:42-50).

내가 따옴표로 강조한 내용은 죽은 사람과 부활한 사람이 동일인이라는 바울의 요점을 뒷받침한다. 다시 말해, 나 마이클이 죽었다가 다시 살아나는 것이다. 다른 마이클이 아니다. 바울이 계속 똑같은 육체를 언급하는 데 주목하라. 그는 두 개의 육체가 아니라 두 가지 상태를 대조한다.

만일 전형적인 미국인이 이 글을 읽는다면, (플라톤처럼) 바울이 영적인, 곧 비물질적인 육체를 얻게 되리라 말했다고 생각할 것이다. 이런 견해는 속세의 괴로움에서 벗어나는 것을 궁극적인 구원으로 간주한다. 그러나 바울의 가르침에 따르면, 구원이란 우리의 전인(全人)이 죄와 죽음에서 해방되어 그리스도의 뒤를 따라 약속의 땅에 들어가는 것을 의미한다.

따라서 '혈과 육'이 하나님 나라를 유업으로 받을 수 없다는 바울의 말은, 천국이 물리적인 것이 들어오면 경보기가 울리는 영적 장소라는 의미와는 전혀 관련이 없다. 플라톤이나 필로나 영지주의자들과는 달리, 바울에게 '육'은 '육체'를 의미하지 않는다. 그것은 죄와 죽음과 정죄와 전적 무능력의 상태에 있는 인간과 세상 전체를 의미한다. 육, 즉 타락한 인성은 스스로를 구원할 수 없다. 혈과 육은 그리스도 안에 있는 인간, 곧 성령을 통해 새로운 피조물로 거듭난 인간이 아니라 아담 안에 있는 인간을 가리킨다. 썩는 것은 썩지 않는 것을 유업으로 받을 수 없다. 그러므로 우리는 변화되어야 한다. 이것은 교환이 아니라 변화이다.

"이 죽을 것이 죽지 아니함을 입으리로다"(고전 15:53).

육체가 소멸되는 것이 아니라 부패와 죽음이 사라지는 것이다. 우리는 은혜로 불사의 존재가 된다. 그러기 위해서는 그리스도께서 재림하실 때까지 살아 있을 사람들을 제외하고는 모두가 죽어야 하며, 모든 사람이 변화되어야 한다.

바울은 우리 앞에 펼쳐져 있는 바를 기대할 수 있도록 충분히 설명한다(고전15:50-58 참고). 씨앗이 다르면 싹 트는 것도 다르다. 우리는 죽어 가는 줄기가 아니라 푸르고 신선한 줄기, 곧 노쇠하거나 죽지 않는 육체를 얻을 것이다. 바울은 여기에서 매우 흥미로운 대조를 시도한다.

필로의 교설을 기억하라. 그는, 첫째 아담은 순수하고도 완전한 영적 모형이었고, 둘째 아담은 물질적인 육체와 관련하여 더러워진 불완전한 복사체라고 말했다.

바울은 수준 높은 교육을 받은 랍비였으므로, 아덴에서처럼 철학자들의 말을 자유자재로 인용할 수 있었다(행 17장 참고). 그는 자기보다 불과 몇십 년 전에 살았던 유대인 철학자의 저서를 알고 있었을 가능성이 크다. 그는, 하나는 영적 창조이고 다른 하나는 물리적 창조라는 두 창조의 개념을 익히 알고 있었을 것이다. 그러나 그는 그 개념을 완전히 거꾸로 뒤집었다. 그는 창세기 2장 7절을 인용해 "기록된 바 첫 사람 아담은 생령이 되었다 함과 같이 마지막 아담은 살려 주는 영이 되었나니, 그러나 먼저는 신령한 사람이 아니요 육의 사람이요 그다음에 신령한 사람이니라"(고전 15:45,46)라고 말했다.

바울은 뛰어난 천재성을 발휘해 필로의 순서를 뒤바꿔 놓았다. 완전하고도 영적인 인간의 모형을 만든 우월한 창조와 개인적이고도 물리적인 아담을 만든 열등한 창조는 존재하지 않는다. 오히려 인간은 처음부터 물리적인 존재로 창조되었다. 그러나 그것은 나쁘지 않았다. 하나님은 만물을 좋게 창조하셨다. 인간은 사실상 '심히 좋은' 상태로 창조되었다.

첫째 아담은 영적이고 둘째 아담은 육체적이라는 개념은 옳지 않다. 둘 다 역사에 실재하는 인물(즉, 아담과 그리스도)이었다. 첫째 아담은 흙에 속한 사람이며, '살아 있을 뿐' '살려 주는 영'은 아니었다. 살아 있는 것은 좋은 것이지만, 불멸의 상태는 아니다. 우리는 모두 아담과 하와의 후손으로 살아가고 있다. 그들은 이 지구상의 삶을 넘어서는 곳으로 우리를 인도하지 못한다. 사실 언약의 머리인 아담이 행한 치명적인 결정으로 인해, 우리는 '죄 가운데' 살고 있다. 우리는 의와 영생을 얻을 수 없는 상태이다. 첫째 아담은 생명이 아니라 죽음을 주는 사람이었다.

반면 '하늘에서 나신 자,' 곧 그리스도는 단지 우리의 계보학적인 조상이 아니라 생명을 주는 영이시다. 그분이 우리를 위해 획득하신 것을 성령께서 우리에게 적용하신다. 두 분의 사역이 서로 완전하게 연결되어 있기 때문에, 바울은 그리스도께서 '살려 주는 영'이 되셨다고 말한다. 첫째 아담은 사탄의 거짓된 약속에 미혹되었지만, 마지막 아담인 그리스도는 하나님의 말씀으로 그의 거짓말을 물리치고, 우리를 위해 생명나무의 열매를 먹을 수 있는 권한을 획득하셨다. 생명나무는 다름 아니라 그분 자신이다. 우리는 '아담 안에서' 잠시 살다가 죽고, '그리스도 안에서' 잠시 고난을 받다가 영원한 삶을 누리게 된다.

아담 안에서 '실패자'가 된 우리는 모두 죽어야 한다. 반면 그리스도는 승리자이시며, 우리는 그분을 통해 승리에 참여하여 부활할 것이다. 그리스도께서 부활하셨다면, 우리도 그분과 함께 부활해야 한다. 우리는 그분의 몸에 속한 지체들이다. 우리의 온전한 정체성은 아담이 아닌 그리스도 안에 감추어져 있다.

필로를 비롯해 바울이 논박한 거짓 교사들은 영적인 아담이 있고 나서 물리적인 아담이 생겨났다고 생각했다. 그리고 인간이 죽으면 영적 아담으로 되돌아간다고 믿었다. 바울은 그런 견해를 완전히 무너뜨리고, 하나님의 율법을 거부한 사람과 그것을 지켰을 뿐 아니라 우리의 저주를 짊어지고 부활해 모든 추수의 '첫 열매'가 된 또 다른 한 사람을 대조했다.

경험 있는 농부는 누구나 첫 이삭을 보면 농작물을 얼마나 많이 수확하게 될지를 쉽게 짐작할 수 있다. 그러하기에 이스라엘을 비롯해 중동 지역의 여러 나라들에서는 '새 포도주 축제'를 즐겼다. 새 포도주를 맛보면 얼마나 좋은 포도주를 얻게 될지를 알 수 있다. 마찬가지로, 아담을 보면 '육'의 권능 아래 있는 인간의 전체 이야기가 어떻게 전개될지를 알 수 있고, 새 창조의 본보기인 예수님을 바라보면 그 결말을 능히 예측할 수 있다.

바울은 우리에게 '비밀'을 알려 준다.

"우리가 다 잠잘 것이 아니요 마지막 나팔에 순식간에 홀연히 다 변화되리니"(고전 15:51).

첫 열매가 다시 모습을 드러내면, 나머지 추수가 모두 이루어질 것이다.

불의한 자들은 의롭게 될 수 없다. 우리는 칭의를 통해 "지혜와 의로움과 거룩함과 구원함이"(고전 1:30) 되시는 '그리스도로 옷 입는다.' '죽을 것'이 '죽지 않을 것'이 될 수는 없다. 그러려면 '죽지 않을 것'을 덧입어야 한다. 우리의 옷장에는 그런 옷이 없다. 다른 누군가에게서 얻어야 한다. 좋은 소식은, 우리가 이미 그리스도 안에서 그 옷을 가지고 있다는 것이다. 이제 그리스도 예수 안에 있는 자에게는 결코 정죄함이 없으므로(롬 8:1 참고), 신자라면 누구나 자신의 쇠하고 썩고 부패하게 될 육체에 썩지 않는 영광의 옷을 덧입게 될 것이다(고전 15:53-55 참고).

장래의 구원을 단지 하나님이 창조하신 세계와 우리의 육체와 역사로부터 자유롭게 되는 것으로 생각하면, 구원이 '죽어 천국에 가는 것'으로 축소되고, 우리 자신은 '종말에 이른 위대한 행성 지구'에서 탈출한 망명자가 되고 만다. 그러나 하나님은 계획이 있으시다. 즉, 우리는 모두 죽을 테지만 우리의 영혼은 그분의 손안에 안전하게 보호되고, 우리의 육체와 피조 세계는 완전히 새로워질 것이다. 이런 장래의 소망이 우리의 현재 삶에 방향성을 부여한다.

바울의 논증은 아직 끝나지 않았다. 고린도전서 15장에 기록된 그의 논증에는 중요한 요점이 하나 더 남아 있다.

바울의 논증 _ ③ 우리는 부활해야 한다

우리는 부활해야 한다. '우리'라는 말은 말 그대로 '우리'를 의미한다. 우리의 영혼은 '우리'의 전부가 아니라 일부이다. 하나님은 자신이 창조한 세상을 한 번도 포기하신 적이 없다. 그분은 앞으로도 결코 포기하지 않으실 것이다. 그분은 피조 세계를 버리고 처음부터 다시 시작하지 않으신다.

기독교적 희망은 죽어 가는 행성, 곧 소멸 외에 그 어떤 미래도 없는 '종말에 이른 위대한 행성 지구'라는 전망과는 아무런 관계가 없다. 오히려 그것은 요한계시록에 나타나는 기대와 밀접하게 관련된다. 요한계시록에는 환상 가운데 하늘에서 땅으로 내려오는 하나님의 도성이 묘사되어 있다. 유대인과 이방인 사이의 벽이 모두 제거될 뿐 아니라, 하늘과 땅이라는 수직적인 경계마저도 사라진다. 바울이 고린도전서 15장에서 강조한 대로, 하나님께서 영원히 우리와 함께 거하실 것이다.

"보라 내가 너희에게 비밀을 말하노니 우리가 다 잠잘 것이 아니요 마지막 나팔에 순식간에 홀연히 다 변화되리니, 나팔 소리가 나매 죽은 자들이 썩지 아니할 것으로 다시 살아나고 우리도 변화되리라. 이 썩을 것이 반드시 썩지 아니할 것을 입겠고 이 죽을 것이 죽지 아니함을 입으리로다. 이 썩을 것이 썩지 아니함을 입고 이 죽을 것이 죽지 아니함을 입을 때에는 사망을 삼키고 이기리라고 기록된 말씀이 이루어지리라. 사망아 너의 승리가 어디 있느냐 사망아 네가 쏘는 것이 어디 있느냐? 사망이 쏘는 것은 죄요 죄의 권능은 율법이라. 우리 주 예수 그리스도로 말미암아 우리에게 승리를 주시는 하나님께 감사하노니"(51-57절).

우리의 육체가 부활해야 한다. 왜일까? 왜냐하면 그리스도의 육체가 부활했기 때문이다. 그러하기에 그분과 연합된 모든 것도 함께 부활해야 한다. 두 가지 부활이 아니라 오직 하나의 부활만 있을 뿐이다. 예수님과 우리의 부활은 시간적으로 서로 떨어져 있을 뿐 사실상 동일한 사건이다. 그리스도와 연합한 자들은 모두 그분이 첫 열매가 되시는 추수에 포함된다. 머리가 가면 지체들도 따라가기 마련이다.

죽음이 정죄의 형벌이라면, 영생과 영화는 칭의의 상급이다. 의롭다함을 받은 사람들은 모두 장차 영화롭게 될 것이다(롬 8:29,30 참고). 이것이 첫 번째 부활의 아침에 죽은 자들이 모두 부활하지 않았던 이유이다. 성령은 그리스도의 몸 전체가 그분과 함께 영광 가운데 부활할 때까지 모든 세대의 죄인들을 세계 곳곳에서 불러 모아 그분과 연합시키는 사역을 행하신다. 우리가 장차 어떻게 될지 알고 싶은가? 그렇다면 그리스도를 보라. 포도나무를 보면 가지를 알 수 있듯이, 첫 열매를 보면 마지막 수확물이 어떨지를 알 수 있다.

육신(우리의 능력)은 아무 힘이 없지만, 성령(하나님의 능력)은 막강하시다. 나는 클로드 엘리(Claude Ely)의 '그 어떤 무덤도 내 몸을 가둘 수 없어(Ain't No Grave Can Hold My Body Down)'라는 복음 성가를 좋아한다. 엘비스 프레슬리(Elvis Presley)와 조니 캐시(Johnny Cash)가 모두 이 노래를 불렀지만, 조니 캐시가 부른 것이 가장 좋다.[4] 설령 우리와 자연이

---

4) 조니 캐시가 부른 이 복음 성가는 들어 볼 만한 가치가 있다. Johnny Cash, "AIN'T NO GRAVE (Can Hold My Body Down)", YouTube video posted February 5, 2010, https://youtube.

타락하지 않은 상태에서 하나님께서 정하신 대로 정상적으로 작동한다고 하더라도, '육신'의 힘은 육체를 무덤에서 일으켜 세우거나 세상의 자기 치유 능력을 회복시킬 수 없다. 우리에게는 기적이 필요하다. 마지막 아담이신 그리스도가 바로 그 기적이시다.

비기독교적 관점으로 미래를 바라보는 견해에는 크게 두 가지가 있다. 하나는 무신론적 물질주의에 근거한 것으로, 우리가 구해야 할 현재 상태의 세상만이 존재한다고 주장한다. 다른 하나는 플라톤적 유심론(唯心論)에 근거한 것으로, 이 세상이 사라질 것이라고 주장한다. 둘 다 하나님의 구원 계획을 무시하는 세속적인 견해이다. 예수님은 세상을 더 낫게 만들기 위해서가 아니라 새롭게 하기 위해 오셨다.

우리는 이 세상을 버릴 것이 아니라, 우리 자신의 힘으로 세상을 구원할 수 있다는 생각을 버려야 한다. 우리는 우리의 생명이나 저주 아래 있는 세상의 상태를 무한정 연장하려 해서는 안 된다. 어느 순간이 되면 우리는 죽어야 하고, 현재 상태의 세상도 죽어야 한다. 그것은 사라져 없어지는 것도 아니고, 생의 순환 안에서 돌고 도는 것도 아니다. 하나님께서 창조하신 육체와 세상은 죽어야만 다시 새롭게 살아날 수 있다. 예수님은 부활한 후에 여전히 물고기를 잡수셨지만, 유혹과 고난을 겪거나 자기 백성의 죄를 계속 짊어지지는 않으셨다. 그분은 그 모든 것을 무덤 속에 남겨 두고 부활하셨다.

---

com/watch?v=66QcIlblI1U.

3세기 기독교 신학자인 알렉산드리아의 오리겐(Origen of Alexandria)
은 플라톤, 필로, 영지주의자들과 매우 비슷한 사상을 펼쳤다. 오리겐에게
부활은 육체적이라기보다는 영적인 것이었다. 그런 생각이 "천국에는 미
용사가 없다"라는 그의 말에 잘 드러나 있다.[5] 천국에 미용사가 있는지 없
는지는 잘 모르겠지만, "그들이 없어야 할 특별한 이유가 있을까?"라고
묻는 편이 더 나을 듯하다.

하나님은 자신이 선하게 창조한 것들은 단 하나도 파괴하지 않으실 것
이다. 단지 우리의 눈에서 눈물을 닦아 주고, 해로운 것이 자신의 아름다
운 나라에 들어오지 못하도록만 하실 것이다. 우리는 당연히 육체를 지니
고 있을 것이며, 벌거벗은 상태로 있지 않고 옷을 입을 것이다. 솔직히 그
것이 어떠한 상태일지는 정확히 알 수 없다. 그러나 새로운 삶이 더 나쁘
지 않고 더 나을 것은 분명하다. 그것은 손실이 아니라 유익이요, 감해지
는 것이 아니라 더해지는 것일 것이다.

하늘과 땅이 하나가 될 것이다. 요한계시록에 보면, 하늘과 땅의 경계가
더 이상 존재하지 않는 것을 알 수 있다. 하나님께서 사람들과 영원히 함
께 거하실 것이다. 다시 말하지만, 그것은 지극히 자연스러우면서도 초자
연적이고, 물질이 아닌 죄와 죽음만을 벗어난 상태일 것이다. 그리스도께
속한 새 이스라엘 백성은 부활한 후에 중동 땅에만 머물지 않고, "온유한
자는……땅을 기업으로 받을 것임이요"(마 5:5)라는 말씀대로 온 세상에

---

5) *Origen: On First Principles*, trans. G. W. Butterworth (Gloucester, MA: Peter Smith, 1973),
2.11.7; cf. 2.3, 2.10, 3.6, 4.4.

6장 사망의 '쏘는 것'이 제거되다 181

거할 것이다.

썩을 육체가 썩지 않게 되고, 원죄라는 욕된 것으로 심은 것이 그리스도의 영원한 영광이라는 영광스러운 것으로 다시 살아날 것이다. 비록 하나님과 똑같을 수는 없지만, 모든 면에서 부활하신 그리스도처럼 될 것이다. 우리는 은혜로 인해 진정한 '불사의 존재'가 될 것이다. 그리스도는 우리보다 먼저 그렇게 됨으로써 우리가 그분과 더불어 그렇게 될 수 있는 길을 확실히 마련하셨다.

그렇게 되기 전인 지금은 복음을 전하는 시기이다. "사망이 쏘는 것은 죄요 죄의 권능은 율법이라"(고전 15:56)라는 말씀대로, 사망은 우리에 대해 법적 주장을 제기한다. 우리는 아담 안에서 죽었다. 죄책과 저주가 제거되지 않으면 하나님도 우리를 죽은 자 가운데서 다시 살리실 수 없다. 왜일까? 왜냐하면 그분의 의와 정의를 통해 그런 판결이 선고되었기 때문이다. 그러나 성경은 "하나님이 그의 피로써 믿음으로 말미암는 화목제물로 세우셨으니……자기도 의로우시며 또한 예수 믿는 자를 의롭다 하려 하심이라"(롬 3:25,26)라고 말씀한다.

우리는 그리스도를 믿음으로 말미암아 의롭다함을 받은 상태로 그분의 초림과 재림 사이를 살아가고 있다.

"그러므로 이제 그리스도 예수 안에 있는 자에게는 결코 정죄함이 없나니"(롬 8:1).

우리는 죽을 테지만, 저주 아래 있지는 않다. 죽음은 더 이상 우리를 붙잡아 둘 수 없다. 예수님을 놓아주었듯이, 우리를 놓아주어야 한다. 그 결과는 시체를 치료하거나 소생시키는 것이 아니라 부활이다. 죽음이 먼저 있어야 부활이 있다.

바울의 논증은 정연하고 간결하다(고전 15:12-34 참고). 예수 그리스도 께서 '다시 살아나셨다.' 헬라어 동사 '에게게르타이(egēgertai)'는 과거의 행위가 지속적으로 영향을 미친다는 의미를 함축하고 있는 완료 시제이 다. 바울은 이 동사의 형태를 일곱 차례 사용했고, 그것들은 모두 그리스 도와 관련된다. 또한 그는 '죽은 자의 부활'이라는 좀 더 일반적인 표현을 사용하기도 했다. 죽은 자의 부활은 그리스도와 함께 이미 시작되었다. 성 령은 모든 종족 가운데서 사람들을 불러내, 부활을 통해 영화롭게 된 그리 스도와 연합시킨 후에, 머리이신 그분과 지체들을 포함한 몸 전체를 부활 시키실 것이다. 바울은 그리스도의 부활을 부인하면 다음의 다섯 가지 결 론에 이를 수밖에 없다고 말한다.

❶ 그리스도는 부활하지 않으셨다.

❷ 복음 전파는 무익하다.

❸ 우리의 믿음은 무익하다.

❹ 바울의 증언은 거짓이다.

❺ 우리가 '여전히 죄 가운데 있을' 것이고, 그리스도 안에서 이미 죽은 자들도 '망했을' 것이다.

"만일 그리스도 안에서 우리가 바라는 것이 다만 이 세상의 삶뿐이면 모든 사람 가운데 우리가 더욱 불쌍한 자이리라"(고전 15:19).

우리는 이런 가르침을 통해, 복음이 현세에서 가장 행복하게 사는 것과는 아무런 관계가 없음을 깨달을 수 있다. 복음은 "그리스도께 나아오면 모든 괴로움이 사라질 것이다"라는 메시지도 아니고, 결혼 생활이나 가정 생활, 건강, 부, 개선된 환경, 사회적 변화 따위와 관련해 더 나은 삶으로 나아오라는 초대장도 아니다.

복음은 하나님께서 육신이 되어 모든 의를 이루고, 우리의 저주를 대신 짊어지고 장사된 지 사흘 만에 승리의 부활을 이루셨다는 소식이다. 따라서 우리도 그분의 죽음과 부활을 통해 영적·육체적으로 그분의 생명을 공유할 수 있다. 이것은 이미 이루어진 현실이고, 그리스도께서 재림하시면 완전하게 실현될 것이다.

거짓된 희망을 품은 사람들은 아무런 위로도 얻을 수 없다. 바울은 "설령 부활이 없더라도 지금까지 그보다 더 행복하고 만족스러운 삶을 살지 않았는가?"라고 말하거나, "함께 기도하는 가족은 함께 지낼 것이다"라는 식의 위안으로 자신의 주장을 뒷받침하지 않았다. 유대의 랍비였던 그에게 영적이거나 실존적이거나 도덕적이거나 비유적인 부활은 또 다른 헛된 철학적 꿈에 지나지 않았다. 바울은 '신념'을 믿은 것이 아니었다. 그리스도의 부활은 내적 평화나 변화를 상징하는 것이 아니다. 그것은 어떤 핵심을 보여 주는 것이 아니라 바로 핵심 그 자체이다. 부활은 워털루 전쟁과 마찬가지로 역사 속에서 일어난 사건이다.

그렇다면 예수님이 부활하셨다는 사실을 어떻게 알 수 있을까? 바울은 고린도전서 15장의 서두에서 그 대답을 제시한다. 그는 서기 53-55년 사이에 에베소에서 고린도전서를 기록하면서, 자기가 전승을 통해 받은 것을 전한다고 말했다(3-7절 참고). 그리스도의 부활이 있은 지 불과 20년밖에 지나지 않은 시점에서, 빈 무덤은 이미 기독교의 확고한 신앙으로 자리 잡았다. 심지어 비기독교 학자들조차도 바울이 십자가 사건이 일어난 지 2,3년이 지났을 무렵에 예루살렘에서 이 짧은 신조를 전해 들었다는 데 동의한다.

사도적 권위를 통해 그리스도의 죽음과 부활이 '가장 중요한 것'(고전 15:3 참고)[6]으로 전달되었다. '예수님께서 베드로(게바)와 열두 제자에게 나타나셨고, 그 후에 오백여 형제에게 일시에 보이셨으며, 그중에 지금까지 대다수가 살아 있다'(5,6절 참고)는 진술에는, 빈 무덤이 최근에 만들어진 전설이 아니라 목격자들의 증언이라는 사실이 전제되어 있다.

살아 있는 증인을 만나 이야기를 나눈다면, 단순히 예수님의 사역을 통해 삶이 변화되었다는 소리를 듣는 데서 그치지 않을 것이다. 그는 틀림없이 자기가 직접 목격하고 들은 바를 전해 줄 것이다. 바울은 "그분이 살아나신 것을 어떻게 아느냐고 묻는가? 그분이 내 마음속에 살아 계신다"라는 식으로 말하지 않았다. 그는 자기의 생각이 아니라 목격자들이 증언한 사건을 전했다.

부활은 역사 속에서 일어났고, 그로 인해 역사가 영원히 바뀌었다. 인류의 역사는 이제 문자적·물리적 차원에서 구체적으로 그리스도의 역사로 바뀌었다. 바울은 영성, 도덕적인 향상, 긍정적인 사고를 가르치는 사도가

---

6) 역자주 - 한글 개역개정 성경에서는 '먼저'라고 번역하였다.

아니었다. 그는 부활이 사실이 아니라면 "너희의 믿음도 헛되고(kenos, 케노스)"(고전 15:17), "무익할(mataios, 마타이오스)" 것이라고 말한다(고전 3:20 참고).

예수님이 부활하지 않으셨다면, 믿음은 아무런 유익이 없고 미친 짓일 뿐이다. 부활이 없다면, 우리가 관계 개선이나 기쁨, 내적 평화, 실질적인 인도, 문화적 유익에 관해 아무리 많이 간증하더라도 조금도 중요하지 않다. 모든 것이 헛된 것이 되고 만다. 그러나 예수 그리스도는 부활하셨다. 그러하기에 다가올 시대가 이미 시작되었고, 죄와 죽음의 시대가 서서히 저물어 가고 있다. 모든 사람이 이 좋은 소식을 듣고 믿어 구원을 받아야 한다.

칭의가 이루어질 때 그리스도께서 우리에게 의의 옷이 되신 것처럼, 또한 그분은 우리에게 영화의 옷이 되신다. 의롭다함을 받은 후에는 마지막 날에 영광 가운데 육체로 부활해야 한다. 부활과 영화는 동일한 사건이다. 우리는 본래 첫째 아담의 형상을 지녔으나, 거듭남을 통해 마지막 아담의 형상을 지니게 되었다. 새 탄생, 즉 영적 부활은 이미 일어났다. 바울이 로마서 8장에서 강조한 대로, 이것은 마지막 날에 피조 세계가 새롭게 되고 우리의 육체가 부활할 것을 보증한다. 우리는 죽어야 하고, 변화되어야 하고, 부활해야 한다.

우리를 기다리는 부활은 단순히 '살아 있는 존재'라는 자연적 실존의 상태가 되는 것이 아니다. 그것은 부활한 머리이신 그리스도가 다가올 세상에 들어가시기 전까지 어느 누구도 한 번도 경험하지 못한 새로운 형태의 실존적 상태가 되는 것이다. 바울이 고린도후서 4장 16절에서 말한 대로, 우리가 죄 사함을 받았고, 우리의 속사람이 성령을 통해 새로워졌다.

"그 후에는 마지막이니"(고전 15:24).

이것은 무슨 뜻일까? 세상의 마지막을 말하는 것일까? 아니면 시간의 마지막을 말하는 것일까? 이것은 죄와 죽음의 통치가 끝난다는 뜻이다.

"그 후에는 마지막이니 그가 모든 통치와 모든 권세와 능력을 멸하시고 나라를 아버지 하나님께 바칠 때라. 그가 모든 원수를 그 발 아래에 둘 때까지 반드시 왕 노릇 하시리니, 맨 나중에 멸망 받을 원수는 사망이니라"(고전 15:24-26).

그것이 전부인가?

이상주의자들은 블루스(Blues, 애가)를 부를 줄 모른다. 그런데 시편과 전도서에는 '블루스'가 많다.

"지독한 일들이 잇달아 일어난다."

자동차 제조업자인 헨리 포드(Henry Ford)가 말한 것으로 알려진 이 문구는, '해 아래 있는' 현재의 삶과 역사를 매우 적절하게 묘사한다. 만일 부활과 다가올 세상이 없다면, 이 말은 틀림없이 명백한 사실이다. 이상주의자들의 믿음과는 달리, 세계 평화나 정의나 자연과 역사 속에 존재하는 기존의 힘을 통해 구원받으리라는 희망은 어디에서도 찾아볼 수 없다. 그리스도가 없으면, 우리는 그저 현재를 살아갈 뿐, 참된 생명을 얻을 수 없다. 성령은 옛 아담을 좀 더 낫게 만들기 위해서가 아니라 그를 죽였다가 그리스도 안에서 다시 살리기 위해 오셨다.

그러므로 젊은이들이 이성 교제에 조언을 구하거나 금욕 훈련을 받거나 한순간의 감정을 자극하는 여름 캠프에 참여하거나 유익한 친구들을 사귈 목적이라면, 교회에 나올 필요가 없다. 도덕적인 교훈을 얻기 위해서, 또는 그리스도인이 되는 것이 얼마나 유익하고 멋있고 재미있는 일인지를 알기 위해서라면, 주일마다 옷을 잘 차려입고 교회에 나와 봤자 아무런 소용이 없다. 왜냐하면 그것은 기독교의 핵심이 아니기 때문이다.

바울은 부활이 사실이 아니라면 종교적이거나 영적이거나 도덕적인 사람이 되려고 노력해 봤자 다 헛수고일 뿐이라는 요점을 거듭 전한다. 그는 "적어도 나는 용기가 있었다"라거나 "적어도 나는 대다수의 사람들보다 더 나은 삶을 살았다"라는 식으로 말할 수 있는 삶을 선택할 생각이 없었다. 오히려 그는 부활 신앙이 없다면, 차라리 향락주의, 곧 우리가 오늘날 종종 '허무주의'라고 일컫는 삶을 선택할 것이라고 말했다.

"내일 죽을 터이니 먹고 마시자"(고전 15:32).

바울은 부활에 관한 진리가 없이는 하나님을 아는 구원의 지식도 없다고 시사한다(고전 15:34 참고).

나는 페기 리(Peggy Lee)의 노래 '그것이 전부인가?(Is That All There Is?)'를 좋아한다. 페기는 인생의 여러 단계를 생생하게 떠올리면서 "그것이 전부일까?"라고 묻고는, 마침내 마지막 부분에 이른다. 그녀는 노래하는 대신, 청중들이 자신이 그냥 모든 것을 끝낼 수도 있으리라 생각한다고 상상하면서 이야기를 시작한다. 그녀는 자신이 마지막 실망을 맞이할 준비가 되지 않았다면서 청중들을 안심시키고는, 술을 마시고 춤을 추며 인

생을 즐기자고 결론 내린다.[7]

이것이 정확히 바울과 나의 생각이다. 만일 그리스도가 부활하지 않으셨다면, 허무주의가 답이다. 즉, 할 수 있는 한 마음껏 현재를 즐기면 된다.

그러나 우리는 그리스도가 부활하셨다는 사실을 알고 있다. 바울은 고린도전서 15장의 논증을 마무리하면서 오늘을 어떻게 살아야 할지를 알려 준다.

"그러므로 내 사랑하는 형제들아 견실하며 흔들리지 말고 항상 주의 일에 더욱 힘쓰는 자들이 되라 이는 너희 수고가 주 안에서 헛되지 않은 줄 앎이라"(58절).

그는 고린도후서 4장에서도 다음과 같이 강조했다.

"그러므로 우리가 낙심하지 아니하노니 우리의 겉사람은 낡아지나 우리의 속사람은 날로 새로워지도다. 우리가 잠시 받는 환난의 경한 것이 지극히 크고 영원한 영광의 중한 것을 우리에게 이루게 함이니, 우리가 주목하는 것은 보이는 것이 아니요 보이지 않는 것이니 보이는 것은 잠깐이요 보이지 않는 것은 영원함이라"(16-18절).

우리는 성령의 능력으로 의롭다함을 받고 새롭게 되어 그리스도와 연합한 자로서, 내주하는 죄와 맞서 싸우며, 육체가 아니라 '죄'로부터 온전히 해방될 날을 고대한다. 그리스도가 부활하셨으므로, 우리의 희망은 헛되지 않는다. 우리가 현세에서 감당하는 수고도 마찬가지이다. 복음이 땅 끝

---

7) Peggy Lee, "Is That All There Is?", 1969, YouTube video, https://www.youtube.com/watch?v=LCRZZC-DH7M.

까지 전파되면서, 죄와 허물로 인해 죽은 자들이 새롭게 태어나 의롭다함을 받고, 그리스도와 함께 하늘에 앉는다. 그들은 그리스도의 형상을 닮아가고 있으며, 장차 우리와 함께 영화롭게 될 것이다.

우리는 정원에서 일하든 작은 방에서 일하든 노숙자 쉼터에서 자원봉사 활동을 하든 사랑을 나누든 자녀를 양육하든 이웃을 사랑하고 섬기든 어떤 직업 활동을 하든, 견실하며 흔들리지 말고 항상 주의 일에 더욱 힘쓰는 자들이 되어야 한다. 왜냐하면 그리스도를 통해 우리 앞에 희망찬 날이 열렸기 때문이다. 그리스도는 죽었다가 부활했고, 장차 다시 오실 것이다.

7

고난은 죗값(karma)이 아니다

'퓨 연구소(Pew Research Center)'의 조사에 따르면, 미국인의 86%는 코로나19를 인류에게 교훈을 주기 위한 것으로 믿으며, 35%는 하나님이 보내신 재앙으로 생각한다고 나타났다.[1] 예수님은 자신이 재림할 때까지 세계 곳곳에서 지진, 질병, 신자들에 대한 박해, 전쟁이 끊이지 않을 것이라고 예고하셨다(마 24:1-8; 눅 21:11,12 참고). 그분은 "너희는 삼가 두려워하지 말라. 이런 일이 있어야 하되 아직 끝은 아니니라"(마 24:6)라고 말씀하셨다. 왜 아직 끝이 아닐까? 오늘날의 상황을 보면, 예수님께서 오늘 당장 오시는 것이 좋지 않을까?

---

1) "What Lessons Do Americans See for Humanity in the Pandemic?", Pew Research Center, October 8, 2020, https://pewforum.org/essay/what-lessons-do-americans-see-for-humanity-in-the-pandemic/.

그러나 우리가 복음을 듣기 전에 예수님이 오시면 어떻게 될지를 생각해 보라. 예수님은 마태복음 24장 14절에서 바로 그 점을 언급하신다.

"이 천국 복음이 모든 민족에게 증언되기 위하여 온 세상에 전파되리니 그제야 끝이 오리라."

누가복음에서는 말세의 모든 '고통'이 성도에게 위로의 징조가 된다고 강조한다.

"이런 일이 되기를 시작하거든 일어나 머리를 들라 너희 속량이 가까웠느니라"(눅 21:28).

예수님은 그런 일들이 하나님의 직접적인 심판이 아니라 세상이 더 나아지지 않을 것임을 보여 주는 조짐이라고 암시하셨다. 물론 그런 일들은 모두 하나님의 통제 아래 그분이 정하신 일정에 따라 이루어진다. 하나님께서 역사와 자연을 다스리는 주권자이시므로, 세상에서 일어나는 일들은 모두 그분이 허락하셔야만 일어날 수 있다.

그런데 하나님께서 특정한 나라나 개인의 죄를 징벌하기 위해 질병을 허락하시기라도 하는 듯 모든 재난을 그분의 직접적인 심판으로 간주하면 곤란하다. 물론 구약 시대에는 그런 경우가 더러 있었다. 당시에 이스라엘 백성은 나병과 기근을 비롯하여 다양한 재난을 통해 죄가 괴저처럼 퍼져 나가는 것을 생생하게 목격할 수 있었다. 그것은 모두 우리에게 원죄와 자범죄의 심각성을 일깨워 주고자 하는 예표적 성격을 띠고 있었다. 그러나 욥의 이야기에서 알 수 있는 대로, 그 당시에도 죄와 재난이 항상 구체적으로 연관되는 것은 아니었다.

질병은 죄로 인해 타락하여 저주를 받은 세상의 현실을 보여 주는 현상 중 하나이다. 하나님은 "선악을 알게 하는 나무의 열매는 먹지 말라. 네가 먹는 날에는 반드시 죽으리라"(창 2:17)라고 말씀하셨다. 그것은 아담과 하와에게 주어진 하나님의 경고였다. 그런데 그들은 자신들이 하나님처럼 되리라는 사탄의 거짓말을 받아들였다. 그들은 하나님의 선하심과 의로우심과 거룩하심을 본받는 자가 아니라 스스로 진리의 근원이 되리라 생각했다.

우리는 욥의 친구들처럼 상황을 단순하게 이해하려고 애쓰는 경향이 있다. 엘리바스는 욥이 전에는 많은 사람들에게 경건의 본이 되는 사람이었다고 말하면서 이렇게 덧붙였다.

"이제 이 일이 네게 이르매 네가 힘들어하고 이 일이 네게 닥치매 네가 놀라는구나. 네 경외함이 네 자랑이 아니냐 네 소망이 네 온전한 길이 아니냐? 생각하여 보라 죄 없이 망한 자가 누구인가 정직한 자의 끊어짐이 어디 있는가? 내가 보건대 악을 밭 갈고 독을 뿌리는 자는 그대로 거두나니"(욥 4:5-8).

상처에 소금을 문지른다고 생각해 보라. 엘리바스는 욥을 은혜를 저버리고 타락한 사람처럼 취급했다. 그러나 욥의 고난은 그가 저지른 죄와는 아무런 관련이 없었다.

빌닷도 자기 차례가 되자 똑같이 말했다.

"하나님은 순전한 사람을 버리지 아니하시고 악한 자를 붙들어 주지 아니하시므로, 웃음을 네 입에, 즐거운 소리를 네 입술에 채우시리니"(욥 8:20,21).

소발도 마찬가지였다.

"네 손에 죄악이 있거든 멀리 버리라 불의가 네 장막에 있지 못하게 하라. 그리하면 네가 반드시 흠 없는 얼굴을 들게 되고 굳게 서서 두려움이 없으리니, 곧 네 환난을 잊을 것이라 네가 기억할지라도 물이 흘러감 같을 것이며, 네 생명의 날이 대낮보다 밝으리니 어둠이 있다 할지라도 아침과 같이 될 것이요, 네가 희망이 있으므로 안전할 것이며 두루 살펴보고 평안히 쉬리라"(욥 11:14-18).

한마디로, "이것은 첫값이다. 욥이여, 그대는 응당 받아야 할 것을 받고 있다"라는 뜻이다. 오늘날 유행하는 번영 신학도 이와 매우 흡사하다. 번영 신학의 메시지는 "잘못을 저질렀거나 믿음이 부족해서 고난을 받는다(또는 사역자에게 약속한 액수의 돈을 정확히 보내지 않아서 고난을 받는다)"라는 것이다. 욥의 친구들은, 죄를 고백하면 밝은 미래를 맞이하게 될 것이라는 말로 욥을 격려하려고 했다. 그들이 그에게 제시한 번영은 전혀 복음이 아니었다. 그것은 그럴싸하게 포장된 율법("이것을 행하면 살리라")이었다.

물론 욥이 속했던 옛 언약도 분명히 진리이다(겔 14:13,14 참고). 하나님은 아담에게, "복종하면 너와 네 후손이 생명나무의 열매를 먹을 권한을 얻을 것이고, 거역하면 너와 온 인류가 죽을 것이다"라고 말씀하셨다. "계명들을 지키면 내가 너희에게 주는 땅에서 오래 살 것이고, 불순종하면 그곳에서 쫓겨나 포로로 잡혀갈 것이다"라는 것이 옛 언약의 원리였다(신 28장 참고). 이스라엘 백성이 왕이신 하나님의 의로우심과 사랑과 정의와 거룩하심을 본받았더라면 크게 번성하고 풍요롭게 살았을 것이다. 그러나 그들은 아담처럼 언약을 어겼다(호 6:7 참고).

그와는 대조적으로 새 언약에는 더 나은 약속(우리가 아니라 하나님의 서약에 근거한 약속)과 중보자(모세가 아니라 그리스도)가 있다. 하나님은 마지막 아담인 자기 아들을 세상에 보내 아담이 이루지 못했던 의를 모두 이루게 하고, 우리의 저주를 짊어지고 죽게 했다가 다시 살려 새 창조를 시작함으로써 자신의 약속을 온전히 지키셨다.

우리는 그리스도의 완전한 삶과 희생적인 죽음과 영광스러운 부활 덕분에 의롭게 되었다(하나님의 법정에서 의롭다고 선언되었다). 그리고 지금도 그리스도는 성부 하나님의 오른편에서 우리를 위해 중보하고 계신다. 우리는 더 이상 심판을 받지 않는다. 성부 하나님은 우리가 아니라 그리스도의 의를 보고 우리를 받아 주신다. 예수님께서 2천 년 전 예루살렘 밖에서 우리의 '죗값'을 온전히 감당하셨다. 이제 우리는 그분의 의로 옷 입은 상태이다.

소발은 욥에게 삶에서 은밀한 죄를 찾아내 회개하면 다시금 건강하고 부유하고 지혜롭게 될 것이라고 말했다.

"두루 살펴보고 평안히 쉬리라"(욥 11:18).

그러나 신자의 안식은 두루 살펴보는 데서 비롯되지 않는다. 오히려 두루 살펴보면 볼수록 온통 불안하고 무질서하고 실망스러울 뿐 아니라, 궁극적으로 그리스도 안에 있는 우리의 희망을 좌절시킬 뿐이다. 그러므로 우리는 오히려 눈을 감고, 어떤 상황이 펼쳐지든 하나님이 모든 것을 통제하고 우리를 구원하실 것이라는 약속에 귀를 기울여야 한다.

하나님께서 아브라함에게 처음 은혜 언약을 허락하셨을 때 그 역시 바로 이것을 깨달아야 했다. 하나님께서 아브라함에게 후손을 약속하셨을 때, 그는 아무리 주위를 두루 살펴보아도 도무지 안식을 찾을 수 없었다. 왜냐하면 상속자도, 기업도 전혀 보이지 않았기 때문이다. 땅 위에 나타난 증거만을 보면, 하나님의 약속은 그야말로 그림의 떡이나 다름없었다. 그러나 하나님은 아브라함이 믿을 때까지 그에게 복음을 전하셨다. 그리고 마침내 그는 믿음을 통해 의롭다하심을 받았다(창 15:6 참고). 하나님은 우리에게도 그렇게 행하신다.

옛 언약의 시대에 하나님은 자연재해를 통해 이스라엘 백성에게 그들의 죄가 얼마나 만연한지, 그것이 하나님을 얼마나 노엽게 만들며 선한 피조 세계를 얼마나 심각하게 부패시키는지를 생생하게 보여 주셨다. 그러나 새 언약의 시대에 예수님은 죄와 고난이 반드시 직접 연관되는 것은 아님을 확실하게 보여 주셨다.

예를 들어, 요한복음 9장에서 바리새인들은 예수님께서 고쳐 주신 맹인에 대해, 그가 자신의 죄나 부모의 죄로 인해 맹인이 되었느냐고 물었다(2절 참고). 태어날 때부터 맹인이었던 그는 틀림없이 평생 동안 자신의 죄나 부모의 죄로 인해 하나님께 심판을 받았다는 말을 들으면서 늘 비참한 마음으로 살았을 것이다. 그러나 예수님은 이렇게 대답하셨다.

"이 사람이나 그 부모의 죄로 인한 것이 아니라 그에게서 하나님이 하시는 일을 나타내고자 하심이라"(요 9:3).

욥과 마찬가지로, 그가 맹인이 된 것도 자기 아들을 영화롭게 하려는 하나님의 계획 가운데 일부였다. 다시 말해, 그것은 궁극적으로 욥이나 그 맹인이 아니라 하나님과 그분의 영광과 관련이 있었다. 예수님은 맹인을 고쳐 주면서 그보다 훨씬 더 심각한 속박, 곧 죄책과 수치의 속박으로부터 그를 구원하셨다.

또한 예수님은 누가복음 13장에서도 이렇게 말씀하셨다.

"또 실로암에서 망대가 무너져 치어 죽은 열여덟 사람이 예루살렘에 거한 다른 모든 사람보다 죄가 더 있는 줄 아느냐? 너희에게 이르노니 아니라 너희도 만일 회개하지 아니하면 다 이와 같이 망하리라"(4,5절).

온 세상의 왕이요 재판관이신 하나님은 자기를 믿는 모든 자에게 긍휼을 베푸신다. 오늘날에도 하나님은 여전히 "그 해를 악인과 선인에게 비추시며 비를 의로운 자와 불의한 자에게 내려"(마 5:45) 주신다. 따라서 우리도 너그러운 마음을 지녀야 한다. 지금은 마지막 심판의 때가 아니다. 예수님은, 하늘에서 불을 내려 복음을 거부한 사마리아 마을을 없애 버리기를 원했던 야고보와 요한을 꾸짖으셨다(눅 9:54-56 참고). 최종적이고도 결정적인 선고는 예수님이 산 자와 죽은 자를 심판하기 위해 영광 가운데 다시 오시는 날에 내려질 것이다. 그러나 그분의 초림을 통해서는 회개와 믿음과 용서와 칭의와 회심의 시대가 열렸다. 예수님은 이렇게 말씀하셨다.

"하나님이 그 아들을 세상에 보내신 것은 세상을 심판하려 하심이 아니요 그로 말미암아 세상이 구원을 받게 하려 하심이라. 그를 믿는 자는 심판을 받지 아니하는 것이요 믿지 아니하는 자는 하나님의 독생자의 이름을 믿지 아니하므로 벌써 심판을 받은 것이니라"(요 3:17,18).

불신자들이 하나님의 일반 은혜를 공유하는 것처럼, 그리스도인은 타락한 세상에 임한 일반적인 저주를 공유한다. 하나님은 고난을 통해 우리의 관심을 사로잡으신다. 우리에게서 눈을 돌려 하나님의 아들에게로 초점을 맞추기 위해, 때로는 상당한 고통이 뒤따르기 마련이다. 루이스는 "하나님은 우리의 쾌락을 통해서는 조용히 속삭이고, 우리의 양심을 통해서는 또렷하게 말씀하고, 우리의 고통을 통해서는 크게 소리치신다. 고통은 귀먹은 세상을 깨우는 하나님의 메가폰이다"라고 말했다.[2]

에이즈나 코로나19, 암과 같은 질병이 하나님의 통제 아래 있으며, 그분께서 이미 그런 것들이 어떻게 합력해 우리를 유익하게 할지 결정해 두셨다고 말하는 것과, 그것들이 그분의 징벌이라고 말하는 것은 서로 별개의 문제이다. 만일 그것들이 징벌이라면, 하나님이 제공하신 일반적인 치유의 수단을 활용할 이유가 없을 것이다. 그런 노력이 하나님의 심판을 방해하는 것이 될 수도 있다. 그와 같은 말은 하나님의 성품을 오해하는 것이고, 불신자들에게도 똑같은 오해를 불러일으킬 수 있다.

하나님의 말씀을 모르면, 그분의 길을 아는 데 한계가 있을 수밖에 없다. 그러면 하나님께서 자연과 일반 은혜를 통해 신자와 불신자 모두에게 제공하는 좋은 선물들을 우리가 사용하기를 원하신다는 사실을 등한시하는 잘못을 저지를 수 있다. 지금은 구원의 날이다. 하나님께서 우리가 교회 안에서 종종 묵인하는 죄들을 일일이 질병으로 징벌하지 않으시는 것

---

2) C. S. Lewis, *The Problem of Pain* (New York: HarperCollins, 1996), 91.

에 감사하자.

기독교 지도자가 질병이나 유행병이 국가적인 죄에 대한 직접적인 심판이라고 말하면, 사회와 교회의 연약한 구성원들이 소외감과 고통과 두려움을 느끼기 쉽다. 더욱이 그것은 성경을 심각하게 오해한 처사이다. 우리는 성경이 가르치는 다음 두 가지를 기억해야 한다. 첫째, 세상에서 일어나는 모든 일은 하나님의 섭리 속에서 이루어진다. 둘째, "누가 주의 마음을 알았느냐 누가 그의 모사가 되었느냐"(롬 11:34)라는 말씀대로, 우리는 그분의 섭리를 온전히 이해할 수 없다. 따라서 고통의 현장을 목격하거든, 섣부른 판단으로 이미 죄의 짐 아래에서 신음하는 자들에게 고통을 더하거나 배척하지 말고, 오히려 긍휼을 베풀어야 한다.

지금 우리에게 두려운 것은 세계적인 유행병만이 아니다. 수혈이나 신장 이식이나 백혈병 치료를 위해 동일한 혈액형의 피를 기다리는 사람들, 호흡기질환과 심혈관질환의 치료제를 기다리는 사람들이 헤아릴 수 없이 많다. 이런 일은 신자와 불신자를 가리지 않고 일어난다.

나의 조부모 시대에는 죽음이 지금보다 훨씬 더 흔했다. 출산, 일반 감기, 독감, 소아마비 등 이런저런 일로 많은 사람들이 목숨을 잃었다. 그들의 세대는 우리에게 더 나은 삶을 제공하기 위해 등골이 휘도록 열심히 일했다. 그들 중에는 1,2세대 이민자들이 많았다. 그 덕분에 적어도 선진국들에서는 그런 질병들이 완전히 정복되었다. 그러나 그 대신 비만, 그릇된 식습관, 운동 부족 같은 것들로 인해 새로운 문제가 많이 발생했다. 지구상에서 가장 번영한 나라에서는 알코올 중독, 진통제 남용, 이따금 행해지는 의사의 과잉 진료 등으로 사망하는 경우가 급격히 많아졌다.

우리 시대의 더 심각한 질병

우리나라는 심각한 질병을 앓고 있다. 정신질환 진단과 치료가 엄청나
게 증가했다. 외상후스트레스장애, 범불안장애, 조현증, 인격 장애, 편집
증, 우울증, 성별 불쾌감 등 어지러울 정도로 질환명이 다양하다. 이런 상
황에서 십 대 청소년들이 문제의 해결책으로 자살을 생각하는 것은 조금
도 이상한 일이 아니다.

오늘날, 우리는 우리 사회의 정신 건강 상태의 현실을 좀 더 솔직하게
인정해야 한다. 교회들은 더디지만 확실하게 위기의 심각성을 직감하고
있다. 그러나 아직도 여전히 갈 길이 멀다. 한 연구 조사에 따르면, 복음주
의자들 중 거의 절반에 달하는 사람들이 정신질환을 단순한 영적 문제로
생각하고 있었다.[3] 우리는 이런 문제와 관련해서도 또다시 사회정치적인
노선을 따라 의견이 나뉜다.

한쪽 사람들은 '자연적인 세계관'을 가지고 있다. 세속주의자들은 인간
을 단지 여러 가지 장기와 신경세포와 화학 물질로 이루어져 있는 존재로
만 생각한다. 본성, 개인적인 정체성, 영혼 따위는 존재하지 않는다는 것
이다. 그들이 보기에 인간은 우연의 산물이기 때문에, 현재의 행복을 뛰어

---

3) Bob Smietana, "Mental Illness Remains Taboo Topic for Many Pastors," Lifeway Research,
September 22, 2014, https://lifewayresearch.com/2014/09/22/mental-illness-remains-taboo-
topic-for-many-pastors/.

넘는 목적은 아무것도 없다. 간단히 말해, 우리는 창조되지 않았다. 우리가 우리 자신을 창조하고, 우리의 정체성을 확립한다. 적절한 자료가 있다면, 오직 과학적 설명뿐이다.

다른 한쪽 사람들은 '과도한 초자연적 세계관'을 가지고 있다. 일반적으로는 의학 전체, 특별하게는 정신 의학을 불신하는 사람들 중 소위 '건강과 부의 복음'을 외치는 진영에 가담한 사람들이 많다. 이것은 조금도 놀랄 일이 아니다. 그런데 좀 더 보수적인 교회들에서조차 정신질환을 영적 문제로 축소하려는 경향이 발견된다. 적지 않은 사람들이 욥의 친구들처럼, 고통받는 사람에게 더 열심히 회개하고 성경을 읽고 기도하면 고통이 사라질 것이라고 조언한다. 그리고 그렇게 했는데도 고통이 사라지지 않으면, 그들의 믿음이나 복종이 부족하기 때문이라는 식으로 말한다. 이와 같은 비성경적인 신학은 그런 식으로 두려움과 외로움과 소외감을 부추긴다.

이런 것들보다 성경의 가르침에 좀 더 부합하는 견해는, 인간을 복합적인 피조물, 곧 영적이면서 육체적인 피조물로 보는 것이다. 시편 기자는 이렇게 말한다.

"내가 주께 감사하옴은 나를 지으심이 심히 기묘하심이라 주께서 하시는 일이 기이함을 내 영혼이 잘 아나이다"(시 139:14).

인간은 화학 물질 속에 담겨 있는 고깃덩이가 아니다. 우리는 인간이 물리 화학적 설명이나 관찰로 축소할 수 없는 의식을 지니고 있다는 사실을 직관적으로 알고 있다. 또한 인간은 육체 안에 일시적으로 머물러 있는 영혼도 아니다. 하나님은 인간을 영혼과 육체로 구성된 피조물로 창조하셨다. 따라서 영적인 문제와 육체적인 문제가 서로 밀접하게 뒤얽혀 있다. 만성적인 허리 통증은 우리를 더 조급해하고 짜증을 잘 내는 사람으로 만든다. 그런 질병이 있으면, 그리스도에게서 눈을 떼고 자기 연민에 빠져들기가 더 쉽다.

우리는 타락의 결과로 죽음을 통해 영혼과 육체가 분리되는 것을 경험하게 되었다. 그러나 그리스도께서 영광스럽게 부활해 영혼과 육체가 재결합되었던 것처럼, 신자들은 자신도 그렇게 되리라는 희망을 품고 죽는다. 이 궁극적인 구원에 우리의 육체가 포함된다는 사실은, 살아 있는 동안 육체를 잘 보살피는 것이 얼마나 중요한지를 분명하게 보여 준다.

문제는 뇌가 육체의 일부라는 것, 다시 말해 폐나 신장이나 간 같은 장기 중 하나라는 사실을 망각하는 경향이 있다는 것이다. 나는 뇌의 화학 작용을 재조정함으로써 상당한 치료 효과가 나타나는 것을 여러 번 직접 목격했다. 대다수 그리스도인은 다리가 부러지거나 암에 걸린 사람을 보고서 은밀한 죄가 있거나 믿음이 부족해서 그런 일이 일어났다고 생각하지 않는다. 우리는 "기도를 더 열심히 하거나 성경을 더 부지런히 읽으세요. 이것은 영적인 문제입니다"라고 말하지 않는다. 뇌의 건강이라고 하여 달라야 할 이유가 전혀 없다.

물론 영적인 요소도 중요한 비중을 차지한다. 벤 새스(Ben Sasse)가 지적한 대로, 오늘날의 우울증에는 사회적 소외감이 원인이 된 경우가 많다.[4]

---

4) Ben Sasse, *Them: Why We Hate Each Other—and How We Can Heal* (New York: St. Martin's Press, 2018), 19-45.

그는 이렇게 말했다.

유행병 학자, 정신과 의사, 공중위생 관리자들 사이에서, 미국인들의 건
강을 위협하는 가장 큰 위험 요인이 암이나 비만이나 심장질환이 아니
라 외로움이라는 공감대가 점차 확산되고 있다. 미국의 인구 노령화로
인해 상황은 갈수록 더 나빠질 것이다……분명 외로움은 미국인들이 전
세계의 하이드로코돈(99%, 진해제의 일종)과 옥시코돈(81%, 마약성 진
통제)의 대부분을 소비하고 있는 하나의 원인이다.[5]

새스는 이를 극복하는 한 방법으로 게임기, 컴퓨터, 스마트폰 같은 기기
들의 사용 시간을 제한하는 것을 추천했다. 혼자 방구석에 처박혀 시간을
소비하면 소외감과 외로움이 더 커지기 때문이다.[6]

이런 점에서 교회 생활에 정기적으로 참여하는 것은 더없이 중요한 일
이다. 이와 관련해 모든 사람에게 적합한 성경적인 규칙은 없다. 그러나
하나님은 일주일을 주기로 한 주간의 근심과 노동에서 벗어나 영혼과 육
체의 안식을 도모할 수 있는 날을 허락하셨다. 그런데 왜 이 덧없는 세상
에 관한 뉴스와 마구 날아오는 이메일과 문자로부터 우리 자신을 해방시
키고 다가올 세상을 향하도록 마음을 다시금 조정하는 시간을 가지지 않
는 것인가?

---

5) Sasse, *Them*, 22-23, 25.
6) Sasse, *Them*, 167-200.

그날은 왕이신 그리스도가 우리를 위해 일하시는 날이다. 그분은 허리에 수건을 두르고 제자들의 발을 씻어 주셨다. 그날 그분은 죄인의 입술을 통해 자신이 모든 것을 충족시키는 구원자라고 선언하신다. 우리에게 세례를 주신 그분이 우리의 식탁으로 찾아와 자신의 몸과 피로 우리를 섬기신다. 그분의 몸과 피는 우리에게 영생을 주는 양식이요 음료이다.

그리스도가 성령으로 우리를 위해 일하시는 이 특별한 날, 우리는 그분의 사역을 통해 "빛을 받고(세례를 뜻하는 초대 교회의 표현) 하늘의 은사를 맛보고 성령에 참여한 바 되고 하나님의 선한 말씀과 내세의 능력을 맛"(히 6:4,5)본다. 우리는 한 주 동안 이 덧없는 세상에 관한 소식들을 듣다가, 이날 어린양에 관한 소식을 듣고서 새로운 활력을 얻는다. 우리는 불안한 세상의 온갖 주장과 견해들에 시달리다가, 이날 다시금 "흔들리지 않는 나라"(히 12:28)로 초점을 맞춘다. 이날 우리는 페이스북의 '친구'들과 어울리는 대신 우리의 형제자매들을 비롯해 천사들 및 천사장들과 어울려 축제를 즐긴다. 우리는 다 같이 죄와 믿음을 고백하고, 한마음으로 찬양하고 탄식하며 슬퍼하고 기뻐하며 감사한다.

찬송가 '나 같은 죄인 살리신(Amazing Grace)'의 작시자 존 뉴턴(John Newton)은 '주의 날(The Lord's Day)'이라는 찬송가에서 다음과 같이 노래했다.

엿새 동안의 소음과 근심과 수고에 시달린 성도들에게
세상으로부터 그들을 잠시 숨겨 줄 안식의 날이 돌아오는 것은 얼마나 반가운 일인가!

그들은 이제 군중으로부터 물러나
다른 공기를 마시는 것처럼 보인다.
그날은 화기롭고, 차분하며,
모든 것이 또 다른 측면을 드러낸다.

장엄한 복음이 울려 퍼지는 곳에서
그들의 운명이 결정된다면 얼마나 행복할까!
말씀은 그들의 혀에 꿀같이 달고,
그들의 힘을 새롭게 하며, 그들의 상처를 치유한다.

집에서는 가난에 찌들고,
날마다 극심한 고통에 시달리지만,
하나님의 집에 와서 하늘의 양식을 먹을 수 있다면
충분한 보상이 될 것이다.

그들은 그들의 구원자와 자주 만났던 곳으로
기뻐하며 서둘러 달려간다.
그들은 자신들의 짐과 슬픔을 모두 잊고서
그분의 은혜를 한껏 누린다.

나의 친구들이여, 이 특별한 운명이 우리의 것이다.

이 특권을 잘 활용하라.

이 거룩한 시간이 위에 있는 기쁨의 은혜로운 보증임을

잊지 말라.

오, 주님! 주의 날을 허락해 주셔서 감사합니다.

우리는 이곳에서 주님이 약속하신 임재를 구합니다.

복이 가득 담긴 주님의 손을 펴

저희에게 한 주간의 만나를 허락하소서.[7]

하나님의 일상적인 돌보심

성경은 우리의 생각을 바로잡아, 자연주의와 과도한 초자연주의를 피하도록 도와준다. 주변에서 뇌졸중 환자를 본 적이 있는지 모르겠다. 뇌의 회로가 스스로 재연결되는 것을 보면 참으로 놀랍기 그지없다. 뇌의 손상된 부분이 이전에 담당했던 일을 다른 한 부분이 하기 시작한다. 우리는 진실로 심히 기묘하게 창조되었다(시 139:14 참고). 이것이 하나님의 섭리이다.

하나님은 때로 기적적으로 역사하신다. 내 딸이 뇌출혈로 신생아 중환자실에 있을 때, 의사들은 엑스레이 소견상 문제가 해결된 것이 아니라 처

---

7) John Newton, "The Lord's Day," *Hymns and Spiritual Songs for the Use of Christians* (Philadelphia: John W. Scott, 1803), 64.

음부터 뇌출혈이 아예 없었던 것으로 나타난다고 말했다. 주치의는 "선생님은 아마도 저 위에 친구가 있는 것 같습니다. 이것은 기적입니다"라고 말했다.

나는 그리스도인으로서 기적을 믿고, 기적을 구하며, 기적을 기뻐한다. 그러나 하나님은 대개 섭리를 통해 우리를 사랑하고 보살피신다. 그분은 우리에게 의학 지식과 기술을 가진 의사들을 주셨고, 기계와 기술 문명을 허락하셨다. 궁극적인 치유자이신 하나님은, 의사들과 간호사들을 통해 외과 수술을 성공적으로 끝내심으로써 자기의 일을 행하신다.

손가락을 베어 상처가 났을 때 어떻게 치유되는지를 생각해 보라. 그것은 기적이 아니라 놀라운 섭리의 결과이다. 사람들은 신생아가 태어나면, 종종 "놀라운 기적이다!"라고 말한다. 그런 순간에는 나도 거기에 기꺼이 동의한다. 그때는 신학적 교훈을 가르치기에 좋은 때가 아니다. 그러나 출산은 기적이 아니다. 그것은 하나님의 일상적인 사역을 보여 주는 가장 대표적인 사례일 뿐이다. 기적은 일상적인 차원을 벗어나는 것으로 정의된다. 커피잔에 적힌 "기적을 기대하라"라는 문구는, 기적을 구할 수는 있어도 기대할 수는 없다는 사실을 간과한 것이다.

자연적인 세계관이나 과도한 초자연적 세계관을 가진 사람들은 둘 다 오직 예외적이고도 기적적인 표적과 기사를 통해서만 하나님의 사역을 발견할 수 있는 것처럼 전제한다. 그러나 그런 기적은 극히 드물다. 그래서 세속주의자들은 설령 하나님이 계신다고 하더라도 그분은 우리의 삶에 관여하지 않는다고 결론짓고, 과도한 초자연주의자들은 기적이 항상 일어날 수 있다고 반박한다. 이 두 견해는 장엄한 하나님의 섭리를 간과하고 있다.

외과 수술이 성공적으로 끝나면, 자연주의자들은 "의사들이 해냈다"라고 말하고, 과도한 초자연주의자들은 "아니다. 하나님이 하셨다"라고 말한다. 그러나 하나님께서 의료팀을 통해 행하셨다는 것이 진실이다. 하나님께서 의료팀에게 지식과 기술을 허락하셨다. 하나님께서 놀라운 계획을 통해 사람들에게 도구들을 발명할 수 있는 재능을 부여하셨다. 그분은 의약품을 만들 수 있는 재료들을 허락하셨고, 성령은 화학자들의 생각을 밝혀 그것들을 추출할 방법을 발견하게 하셨다.

그러므로 우리는 자연적인 설명과 초자연적인 설명 중 하나를 선택할 필요가 없다. 하나님은 기적을 통해 직접 역사할 수 있지만, 대개 자신이 창조하고 감독하는 수단들을 통해 역사하신다. 과학은 하나님께서 신자와 불신자를 막론하고 모든 인류에게 허락하신 큰 복이다. 하나님의 역사가 이루어지는 것을 보고 싶다면, 그분이 자연적인 원리를 통해 평범하게 역사하신다는 사실을 기억해야 한다. 대부분 우리가 주로 보는 것도 바로 그런 수단들을 사용하는 경우이다. 마르틴 루터(Martin Luther)는 그것들을 가리켜 하나님이 우리를 보살피기 위해 쓰시는 '가면'이라고 일컬었다.

그러나 우리는 하나님의 말씀을 근거로 "손을 펴사 모든 생물의 소원을 만족하게 하시나이다"(시 145:16)라고 외칠 수 있다. 매 순간 하나님께서 우리의 삶에 관여하시는 것을 직접 볼 수는 없지만, 그 사실을 확신하게 하는 그분의 말씀은 언제든지 들을 수 있다.

우리가 병에 걸렸다고 해서 하나님께서 쉬고 계시거나 우리를 보살피는 일을 중단하신 것이 결코 아니다. 그분이 우리를 벌하거나 모든 희망과 긍휼을 거두어 가셨다고 생각해서도 안 된다. 모든 고난이 그렇듯이, 질병도 영적인 문제일 수 있다. 그러하기에 우리는 다른 성도들과 함께 모일 때든 개인적으로 상담할 때든 하나님의 말씀이 가르치는 진리를 깊이 살펴봐야 한다. 우리는 기쁠 때나 슬플 때나 하나님을 신뢰하며, 그분께 간절히 부르짖어야 한다. 세례와 성찬을 통해 주어진 그분의 약속을 굳게 붙잡아야 한다. 욥의 위로자들과 같은 사람들이 아니라, 성경을 잘 알아서 우리가 온통 절망적인 상황에 빠져도 용기를 북돋아 줄 수 있는 신자들과 어울려야 한다. 또한 훌륭한 의사들과 치료사들도 필요하다.

성경은 죄가 우리가 하는 일이나 행위가 아니라 상태라는 사실을 일깨워 준다. 이는 우리가 죄인인 동시에 죄의 피해자가 될 수 있다는 뜻이다. 영혼이나 육체의 고난은 이런 타락한 상태의 일부이다. 개인과 사회가 모두 그런 상태에 처해 있다. 종종 유전적인 원인으로 우울증이 발생하기도 한다. 우울증을 선택하는 사람은 아무도 없다. 그것은 인간에게 주어진 보편적인 저주의 일부이다. 성별 불쾌감이나 정신분열은 물론 암을 선택하는 사람도 없기는 마찬가지이다.

성경에는 단 하나의 의학적 처방으로 치료하는 비결이 존재하지 않는다. 왜냐하면 원인이 단 하나가 아니기 때문이다. 우리는 복합적인 피조물이다. 우리는 '심히 기묘하게 창조되었으며,' 타락한 상태에서도 여전히 그런 복합성을 유지한다. 하나님은 타락한 세상에 일반 은혜를 베풀어, 아담 안에서 집단으로 죄를 지어 허무한 데 굴복하게 된 인간들을 치료할 의약품을 만들 수 있도록 물질을 제공하셨다(롬 8:20 참고). 지금도 하나님은 여전히 의로운 자와 불의한 자에게 똑같이 해와 비, 곧 의학적인 치료 방법을 허락하신다(마 5:45 참고).

그러나 육체를 치료하기 위해 하나님이 제공하신 수단을 구하더라도, 그분을 통해(특히 공적·사적 차원에서 말씀 사역자들을 통해서나 장로와 집사들을 통해) 주어지는 영적 치유를 망각해서는 안 된다. 우리의 성공이나 실패, 존엄성이나 분석에 초점을 맞추지 말고, "믿음의 주요 또 온전하게 하시는 이인 예수"(히 12:2)를 바라보자.

우리는 "더 나은 본향"(히 11:16)을 찾는 순례자들이다. 의사들과 채권자들, 재판관들, 언론 매체가 "안 돼"라고 말해도, 결국 하나님께서 "된다"라고 말씀하실 것이다. 우리는 인내하면서 "된다"라는 말씀이 이루어질 날을 기다린다. 결국 우리는 모든 피조물과 함께 그 기쁨을 누리게 될 것이다(롬 8:22-25 참고). 그것은 에덴동산으로 되돌아가는 것이 아니라, 아담이 잃어버린 영원한 안식을 향해 나아가는 것이다. 그것은 상상을 초월하는 것이다. 곧 "눈으로 보지 못하고 귀로 듣지 못하고 사람의 마음으로 생각하지도 못"하는 것이요, "하나님이 자기를 사랑하는 자들을 위하여 예비하신"(고전 2:9) 것이다.

8

안전한 미래

어떤 사람들은 1980년대에 히트곡 하나로 유명해진 러버보이(Lover-boy)라는 록 밴드와 그들의 노래 '주말 근무(Working for the Weekend)'를 기억할 것이다. 우리는 닷새 동안 40시간에 걸쳐 단조롭고도 고된 일에 시달리다가 이틀간 자유를 누린다. 이것이 대다수의 사회 구성원들이 생각하는 노동의 의미가 아닌가 싶다. 그렇다면 성경은 노동에 대해 뭐라고 가르칠까? 하나님은 우리가 하는 일이나 일하는 방법에 진정으로 관심을 기울이실까? 우리가 주일에 듣거나 기도하고 성경을 읽으면서 발견한 메시지는 월요일 아침 우리의 삶에 어떤 영향을 미칠까?

"우리 미래의 안전을 확보한다"라는 개념은 사실 전혀 합리적이지 않다. 왜일까? 왜냐하면 우리가 처음부터 순전히 은혜로 창조되고 하나님의 형상으로 지음을 받아 그분의 선하심을 반영하며, 그것을 다른 사람들에게 전달하는 '유비적 존재'이기 때문이다.

바울이 아덴에서 철학자들에게 말한 대로, 하나님은 사람들이 먹이고 입히고 달래어 진정시키는 우상이 아니다. 그분은 "무엇이 부족한 것처럼 사람의 손으로 섬김을 받으시는 것이 아니고" "만민에게 생명과 호흡과 만물을 친히 주시는"(행 17:25) 분이시다. 우리는 종종 주님을 섬긴다고 말하지만, 사실 그분이 우리를 섬기신다. 예수님은 "인자가 온 것은 섬김을 받으려 함이 아니라 도리어 섬기려 하고 자기 목숨을 많은 사람의 대속물로 주려 함이니라"(마 20:28)라고 말씀하셨다. 그리고 제자들에게 다른 사람을 섬기는 자신을 본받으라고 가르치셨다. 간단히 말해, 하나님은 우리를 섬길 뿐 아니라 우리를 통해 다른 사람들을 섬기기를 원하신다.

그러나 우리도 제자들처럼 우리가 모든 좋은 것을 받는 처지라는 사실을 쉽게 망각한다. 하나님은 자기를 섬길 자를 필요로 하지 않으신다.

"누가 주께 먼저 드려서 갚으심을 받겠느냐. 이는 만물이 주에게서 나오고 주로 말미암고 주에게로 돌아감이라 그에게 영광이 세세에 있을지어다 아멘"(롬 11:35,36).

우리는 (우리 손으로 구원을 얻으려고 애쓰면서도 속으로는) 하나님이 구원을 베푸신다고 생각하지만, 그분이 '모든 것'을 주신다는 데는 의구심을 품는다. '구원은 모두 하나님의 공로일 수 있다. 그러나 과연 그분이 내게 호흡과 호흡할 수 있는 공기까지 주신다는 말인가? 나의 직업, 관계, 일용할 양식까지도 주신다고?'

그렇다. 하나님께서 그 모든 것을 주신다. 우리가 먼저 존재했고, 하나님으로부터 이따금 선물을 받는 것이 아니다. 우리가 존재하는 것 자체가 하나님의 은혜로운 선물이다. 우리가 경험하는 행복감이나 안전감, 기쁨이나 재능, 탁월함이나 총명함 등 모든 것이 선물이다. 우리의 구원도 하나님의 선물이다. 구원은 우리가 영생을 누리는 영화로운 존재가 되어 삼위일체 하나님과 더불어 잔치를 즐길 것이라는 소망을 준다.

우리가 눈을 들어 모든 것을 주시는 하나님을 바라볼 때, 올바른 정신이 회복되기 시작한다. 하나님이 모든 것을 소유하신다는 사실을 알면, 그것들이 우리의 것이 아니라 그분의 선물이라는 사실을 깨달을 수 있고, 그리하여 우리의 소명과 책임은 물론, 서로를 기꺼이 받아들일 수 있게 된다. 그런 선물을 가지고 믿음으로 하나님을 우러러보면, 이웃과 피조 세계를 둘러보면서 그분의 도구가 되어 다른 사람들을 사랑하고 섬길 수 있는 기회를 찾기 마련이다.

눈을 들어 하늘을 바라보면서 하나님의 영광과 은혜를 어렴풋하게나마 감지하면, 가장 천한 일도 새롭고 영광스러운 의미를 얻게 된다. 타락한 세상에서 우리는 우리가 하는 일이 아무런 의미가 없다고 생각하게 될 수도 있다. 전도서 저자는 이렇게 말한다.

"이는 해 아래에서 하는 일이 내게 괴로움이요 모두 다 헛되어 바람을 잡으려는 것이기 때문이로다"(전 2:17).

이 말씀이 우리의 일상적인 노동을 그다지 명확하게 규명하지 않는데도 성경에 기록된 것은, 하나님이 우리가 '해 아래에서' 어떤 감정(즉, 삶이 덧없이 사라지는 듯한 허무함)을 느끼는지를 잘 알고 계시기 때문이다. 성경은, 신자들은 노동의 '허무함'을 경험하지 않으리라 약속하지 않는다. '해위,' 곧 하나님의 눈으로 세상을 바라보아야 우리의 노동이 하나님의 큰 계획의 일부라는 사실을 알 수 있다.

직업과 소명

직업을 가지거나 일하러 가는 것은 우리의 대화에 종종 오르내리는 주제이다. 직업이란 우리가 하는 일을 가리킨다. 그런데 하나님은 단지 완수해야 할 일 이상의 것을 우리에게 주신다. 구체적으로 말하면, 그분은 우리에게 소명을 주신다. 소명은 우리가 하는 일과 일하는 방식에 영향을 준다. 또한 소명은 우리 밖에서 우리에게로 주어진다.

성부는 성자 안에서 우리를 자기에게로 부르고, 성령의 사역과 복음을 통해 우리를 그리스도와 연합시키신다. 그런데 하나님이 세속 사회에 다양한 선물을 나눠 주기 위해 모든 인간에게 부여하시는 소명이 있다. 하나님이 세상에서 각 사람에게 부여하시는 소명은, 그리스도와 연합하기 위한 유효적 소명과는 달리 구원이 아니라 피조 세계에 근거하며, 하나님의 섭리를 통해 주어지는 일반 은혜로 유지된다. 우리의 직업으로 세상을 구원할 수는 없지만, 그것을 통해 하나님의 도구가 되어 세상을 섬길 수 있다.

그와 동시에 우리는 타락한 세상에서 일하면서 살아간다. 창세기 3장에 언급된 저주들은 제거되지 않았다. 또한 그것들은 타락한 세상에서 살아가는 신자와 불신자들의 궁극적인 운명도 아니다. 우리는 우리의 일을 문화적 명령을 이루거나 하나님 나라를 건설하는 것으로 간주해서는 안 된다. 그렇다고 해서 우리의 일이 전혀 무익한 것은 아니다. 왜냐하면 하나님께서 피조 세계와, 그 안에서 이루어지는 우리의 의미 있는 노동을 보호하시기 때문이다. 우리의 소명은 구원을 베풀기 위한 것이 아니라 섬기기 위한 것이다.

실직에 대한 두려움을 잠시 생각해 보자. 특히 나이가 젊은 사람이라면, 단지 하나의 직업이 아니라 여러 번 직업을 잃게 될 가능성이 크다. 따라서 우리는 직업에 초점을 맞추기보다 먼저 하나님의 소명에 초점을 맞추어야 한다.

어떤 사람이 동네의 건설 현장을 지나가다가 여러 가지 작업을 하는 노동자들에게 무엇을 하고 있느냐고 물었다. 한 사람은 "나는 돌을 운반하고 있습니다"라고 대답했고, 다른 사람은 "나는 콘크리트를 배합하고 있습니다"라고 대답했다. 그런데 세 번째 사람은 "나는 성전을 짓고 있습니다"라고 말했다. 그가 해 아래에서 하는 일은 다른 동료들과 마찬가지로 단조롭고 하찮은 일에 불과했다. 그러나 그에게 그 일은 직업이 아니라 소명이었다. 왜냐하면 그가 더 큰 목표를 바라보았기 때문이다. 그는 성전을 건축하는 일 가운데 한 부분을 맡아서 하고 있다고 생각했다.

신자든 불신자든 모두 하나님의 형상으로 창조되었기 때문에 하나님으로부터 소명을 부여받았다. 그리고 하나님의 섭리를 통해 각 사람에게 재능이 주어진다. 이 재능에는 구체적인 직업 활동을 위해 교육받고 훈련함으로써 후천적으로 획득하게 되는 기술과, 태어날 때부터 주어진 선천적인 재능이 모두 포함된다.

소명은 우리 자신만을 위한 것이 아니다. 즉, 우리의 정체성을 확립하거나 자긍심을 높이거나 재화와 자산을 쌓기 위한 것이 아니다. 하나님은 각 사람을 불러 함께 '성전을 건축하는 일(즉, 공동의 과제를 함께 이루어 가는 일)'을 하게 하신다. 그것은 예술, 과학, 기술, 관습, 언어, 사업 등 모든 문화적 요소를 총망라하는 일이다. 소명은 한 가지가 아니라 다양하다. 나는 아버지와 남편일 뿐 아니라 목회자이자 교수이며, 이웃이자 시민이다.

일반 은혜를 통해 주어지는 소명(세상의 다양한 직업)과 하나님의 양 떼를 치는 소명(양들을 불러 모아 선한 목자이신 주님과 연합시키는 일을 하는 직책)은 서로 구별된다. 그리스도는 믿음으로 자기 몸을 세우게 하고자 사역자들을 허락하셨다(엡 4:11-16 참고). 그러나 목회자나 교사, 복음 전도자, 선교사와 같이 복음을 전하고 교회를 세우고 신자들을 양육하는 소명은 제한적이다. 신자들은 세상에 나아가 불신자들과 더불어 공동선을 위한 소명을 이행해야 한다.

우리의 목표는 편안한 삶이 아니라 선한 삶이다. 그렇다면 무엇이 선한 삶일까? 그것은 우리의 존재 목적(telos, 텔로스)을 이루는 것이다. 우리의 존재 목적은 정확히 무엇일까? 웨스트민스터 소요리문답 제1문은 "인간의 주된 목적이 무엇인가?"라고 묻고는, "하나님을 영화롭게 하고, 그분을 영원히 즐거워하는 것"이라고 대답한다. 이것은 우리의 본성에 내재되어 있는 성향이다. 모든 사람들이 사람이나 사물을 숭배하는 원인이 여기에 있다. 우리는 궁극적으로 우리의 일이나 다른 것을 통해서가 아니라 오직 하나님 안에서만 행복을 발견할 수 있다는 사실을 알고 있다. 그러나 불행히도 하나님 외에 다른 데서 만족을 얻으려는 노력을 멈추지 않는다.

좋은 시계는 시간을 정확히 알려 주는 시계이고, 좋은 집은 비바람을 잘 막아 주는 집이며, 좋은 삶은 하나님을 영화롭게 하고 영원히 즐거워하는 삶이다. 지금은 물론 영원토록 하나님을 영화롭게 하고 즐거워하는 것, 이것이 바로 삶의 목적이다. 일을 통해 하나님을 영화롭게 하는가?

'불의 전차(Chariots of Fire)'라는 영화를 기억할 것이다. 영화에서 올림픽에 출전한 육상 선수 에릭 리델은 선교사인 자신의 누이(그녀는 그가 자기처럼 해외에 나가 선교사로 일하기를 바랐다)에게, "하지만 하나님은 내게 빨리 달리는 능력을 주셨어. 나는 달릴 때 그분의 기쁨을 느껴"라고 말했다. 그러나 오늘날 사람들은 자기의 일에 관해 언제나 그런 식으로 생각하지는 않는다. 그렇지 않은가?

다시 말하지만, 문제는 우리가 타락한 상태에 처해 있다는 것이다. 우리는 하나님을 영화롭게 하고 즐거워하기 위해 창조되었지만, 우리 자신을 영화롭게 하고 즐거워하는 데 초점을 맞춘다. 그리스도인인 우리도 하나님의 기쁨을 느끼고 이웃을 사랑하고 섬기는 것이 아니라, 우리의 일을 발판으로 삼아 사회적 사다리를 기어올라가 돈을 많이 벌고 우리의 자취를 남기고자 할 때가 많다. 그것은 만족스러운 삶이 아니다. 돈이 얼마나 많아야 우리가 행복해질 수 있을까? 존 록펠러(John D. Rockefeller)는 "조금만 더 있으면 된다"라고 비꼬아 말했다.

열심히 일해 말단 직원에서 이사의 자리까지 올라가면 어떨까? 그것이 정말로 그렇게 중요할까? 고층 빌딩의 꼭대기까지 올라간 사람들 가운데는 전도서 저자처럼 "이것이 전부란 말인가?"라고 되묻는 이들이 많다. 많은 사람들이 자신의 내면을 잘 보살피지 못했다고 결론짓고는 요가나 명상, 주술 따위를 시도한다.

"영적이지만 종교적이지는 않다"라고 말하는 그들은 삶에 다른 무언가가 필요하다는 것을 안다. 그런데도 자신 위에, 자신 밖에 계시는 하나님, 곧 창조주요 재판관이며 구원자이신 주님을 인정하려 하지 않는다. 그들은 자기 자신을 스스로 창조하고, 심판하고, 구원하기를 원한다. 그러나 그런 시도는 현실을 무시하는 것이며, 따라서 그들의 공허함을 채워 주지 못한다. 우리는 창조되었고, 심판을 받는다. 우리는 다른 존재, 곧 우리를 지으신 하나님을 통해서만 구원받을 수 있다. 이것이 우리의 직업과 소명이 다른 이유이다.

하나님의 형상으로 창조된 우리에게는 동시에 다양한 소명이 주어진다. 무엇보다도 우리는 어두운 데서 불려 나와 하나님의 기이한 빛에 들어 갔다(벧전 2:9 참고). 성부는 말씀과 성령으로 우리를 그리스도에게로 불러, 그분과 연합하고 그분의 형상을 이루게 하신다. 바울이 빌립보서 3장 14절에서 말하는 "위에서 부르신 부름"이 바로 이것이다.

"푯대를 향하여 그리스도 예수 안에서 하나님이 위에서 부르신 부름의 상을 위하여 달려가노라."

앞에서 말한 대로, 나는 남편이자 부모이며, 그리스도 안에서 형제이자 이웃이며, 교수이자 친구이다. 이 소명들은 하나하나 모두 다 중요하다. 기저귀를 갈거나 학생들을 가르치는 것은 일이다. 그러나 앞서 말한 성전

건축자처럼, 그것들을 소명의 일부로 간주하면 더 큰 의미를 지닌다. 내 집에 사는 사람이든 거리에 있는 사람이든 모두가 나의 이웃이다. 그리고 그들에 대한 나의 가장 큰 소명은 하나님이 내게 주신 특별한 재능으로 그들을 사랑하고 섬기는 것이다.

물론 나는 내 일을 탁월하게 수행하기를 원한다. 그렇게 하려는 이유는 무엇인가? 사람들에게서 인정받고, 돈을 벌고, 권력을 잡기 위해서인가? 아니다. 하나님을 영화롭게 하고 즐거워하며, 그분이 내게 허락하신 능력으로 이웃을 사랑하고 섬기기 위해서, 곧 그분의 기쁨을 느끼기 위해서다.

우리는 일용할 양식과 집과 자동차 등을 마련하기 위해 일해야 한다. 그러나 그런 것들에만 초점을 맞추면, 가장 변하기 쉬운 것들에 속박되는 결과를 초래할 수밖에 없다. 그와는 달리, 하나님을 영화롭게 하고 즐거워하며 이웃을 사랑하고 섬기는 데 초점을 맞추면, 어떤 직업에 종사하든 상관없이 모든 일을 그런 식으로 처리해 갈 수 있다.

나는 이것이 두 주인을 섬길 수 없다는 예수님의 가르침(마 6장 참고)이 의미하는 바라고 생각한다. 주인은 명령하는 사람이다. 돈, 아름다운 외모, 안전, 성공, 권력 등은 위압적인 주인이 될 수 있다. 예수님은 "너희가 하나님과 재물을 겸하여 섬기지 못하느니라"(마 6:24)라고 말씀하셨다. 예수님은 우리를 섬기는 주인이시다.

"그러므로 내가 너희에게 이르노니 목숨을 위하여 무엇을 먹을까 무엇을 마실까 몸을 위하여 무엇을 입을까 염려하지 말라 목숨이 음식보다 중하지 아니하며 몸이 의복보다 중하지 아니하냐 공중의 새를 보라 심지도 않고 거두지도 않고 창고에 모아들이지도 아니하되 너희 하늘 아버지께서 기르시나니 너희는 이것들보다 귀하지 아니하냐. 너희 중에 누가 염려함으로 그 키를 한 자라도 더할 수 있겠느냐. 또 너희가 어찌 의복을 위하여 염려하느냐 들의 백합화가 어떻게 자라는가 생각하여 보라 수고도 아니하고 길쌈도 아니하느니라. 그러나 내가 너희에게 말하노니 솔로몬의 모든 영광으로도 입은 것이 이 꽃 하나만 같지 못하였느니라. 오늘 있다가 내일 아궁이에 던져지는 들풀도 하나님이 이렇게 입히시거든 하물며 너희일까 보냐 믿음이 작은 자들아. 그러므로 염려하여 이르기를 무엇을 먹을까 무엇을 마실까 무엇을 입을까 하지 말라. 이는 다 이방인들이 구하는 것이라 너희 하늘 아버지께서 이 모든 것이 너희에게 있어야 할 줄을 아시느니라. 그런즉 너희는 먼저 그의 나라와 그의 의를 구하라 그리하면 이 모든 것을 너희에게 더하시리라"(마 6:25-33).

예수님은 우리를 보살피신다. 그분은 정말로 그렇게 하신다. 그리스도와 그분의 나라를 먼저 구하면 이 세상에서의 만족을 포기할 수밖에 없다고 생각하기 쉽지만, 절대로 그렇지 않다. 예수님은 하나님과 그분의 일을 먼저 구하면(곧 큰 그림을 먼저 생각하면), 직업과 소득, 의복, 양식과 음료 같은 다른 모든 것들이 뒤따를 것이라고 말씀하셨다.

왜 그럴까? 우리의 노력 때문이거나 착한 사람이 복을 받기 때문이거나 규칙을 잘 따르면 하나님이 복 주실 것이기 때문이 아니다. 그분이 자기가 창조한 모든 사람과 모든 것을 보살피시기 때문이다. 간단히 말해, 세상이나 직업을 주인으로 삼으면, 하나님의 영원한 나라의 기쁨에 참여할 수 없다. 반면 그리스도를 주님으로 인정하면, 하늘의 기쁨뿐 아니라, 하나님의 섭리를 통해 주어지는 땅의 기쁨까지 누리게 될 것이다.

'재물'은 우리를 신으로 만드는 척하지만, 실제로는 종으로 만든다. 그와는 달리, 하나님이신 그리스도는 우리를 노예의 삶에서 해방시켜 자기와 함께 영원한 기업을 물려받을 공동 상속자로 만들기 위해 종이 되셨다. 건강과 부와 행복에 속박되면 목숨을 잃게 되지만, 우리의 목숨을 버리면 내세에 기쁨을 얻을 뿐 아니라, 고대광실에 살든 헛간에 살든 상관없이 현세에서 '풍성한 생명'을 누릴 수 있다. 예수님은 이렇게 결론지으신다.

"그러므로 내일 일을 위하여 염려하지 말라 내일 일은 내일이 염려할 것이요 한 날의 괴로움은 그날로 족하니라"(마 6:34).

이기심을 버리고 우리의 밖을 바라보면, 우리 자신과 자기 행복보다 더 큰 무언가가 존재한다는 것을 알 수 있다. 그러면 불행할 때도 즐거워할 수 있고, 궁핍할 때도 만족할 수 있으며, 직업을 잃어도 담대할 수 있다.

그리스도인 중에도 소명을 재화를 축적하는 수단으로만 생각하는 사람들도 있고, 자신의 일을 영적 의미가 전혀 없는 필요악으로 여겨 경시하는 사람들도 있다. 한 형제가 수도원 생활을 포기하고 나서 마르틴 루터에게 "이제 무슨 일을 해야 하죠?"라고 물었다. 그러자 루터는 수도원에서 무슨 일을 했느냐고 되물었다. 그는 "신발을 만들었습니다"라고 대답했다. 그는 구두 수선공이었다. 루터는 "그렇다면 좋은 신발을 만들어 공정한 가격에 파세요"라고 말했다.

하나님께는 우리의 선한 행위가 필요 없다(롬 11:35,36 참고). 그분의 아들이 우리를 위해 모든 의를 이루셨다. 우리가 할 수 있는 선한 행위로 하나님을 기쁘시게 하려고 애쓰면 결코 기대한 목적을 이룰 수 없다. 하나님은 섬김 받기를 원하지 않으신다. 오히려 우리가 그리스도의 의만으로는 부족하다는 듯 행위의 공로를 내세워 은혜를 받을 자격이 있는 척 처신하면, 하나님은 크게 노여워하신다.

선한 행위를 추구하는 것은 우리 자신에게 아무런 유익이 없다. 그것은 우리의 죄를 열거한 목록에 자기 의라는 죄를 하나 더하는 것일 뿐이다. 우리의 이웃도 우리의 선행을 통해 유익을 얻지 못하기는 마찬가지이다. 왜냐하면 영적 사다리를 기어오르는 데만 열중하는 탓에 정작 이웃에게 필요한 것을 줄 수가 없기 때문이다. 주님을 섬기기 위해 일하러 간다고 말하는 것은 옳지 않다.

오히려 하나님께서 우리를 섬기신다. 우리는 항상 하나님에게서 섬김을 받고 있다. 그분은 호흡과 양식, 음료, 연애 감정, 직업 등 우리에게 필요한 모든 것을 주신다. 무엇보다도 그분은 주일에 은혜의 수단을 통해 자기 아들을 내줌으로써 우리를 섬기신다. 우리는 하나님을 섬길 수 없다. 우리는 단지 그분의 이름으로 이웃을 섬길 뿐이다. 우리가 그런 식으로 하나님의 도구로 사용되면 그분의 기쁨을 느낄 수 있다. 이것은 그분의 인정을 받는 것과는 다르다. 그것은 오직 그리스도 안에서만 가능하다. 다만 하나님은 유한한 죄인들을 통해서조차 자신의 선물이 원활하게 순환되기를 바라신다.

안전한 미래 가꾸어 나가기

아담과 하와에게 주어졌던 소명은 하나님의 영광을 위해 동산을 돌보고, 땅을 경작해 유익하게 만드는 것이었다. 인간의 반역과 죄로 인해 그 소명이 좌절되고 훼손되었지만, 이웃을 위해 선을 행하고 하나님의 기쁨을 위해 일하는 것은 여전히 하나님의 선한 뜻이다.

인류의 첫 조상에게 주어진 소명은 두 가지였다. 하나는 긍정적인 것, 즉 하나님의 통치를 확장하는 것("다스리라")이었다. 그리고 또 하나는 부정적인 것, 즉 더러운 것과 속이는 모든 것, 특히 뱀을 몰아내는 것("정복하라")이었다. 그러나 그들은 그 명령을 이행하지 못했다. 우리도 마찬가지이다. 그러나 감사하게도 마지막 아담이신 예수님께서 그들이 실패한 것을 바로잡으셨다.

한편 우리는 그렇지 않다. 우리에게 주어진 현재의 소명이 하나님의 구원 왕국을 확장하는 것이 아니라는 말이다. 우리의 소명은 불신자들과 더불어, 하나님의 공통된 저주와 은혜 아래에서 이루어진다. 그리스도의 재림이 지연되는 것은 덧없이 '지나가는' 이 세상을 개선하기 위해서가 아니라(고전 7:31 참고) '지상 명령'을 완수하기 위해서이다.

우리의 행위는 궁극적인 의미는 없지만, 나름대로 의미가 있다. 이것을 염두에 두면, 우리는 일상적인 직업을 통해 문화를 변혁하거나 신성한, 심지어 구원을 이루는 일을 해야 한다고 생각하지 않고 자유로워질 수 있다. 우리의 소명은 단지 직업에만 국한되지 않지만, 그렇다고 해서 '다스리고 정복하는 일'도 아니다. 그 일은 이제 오직 예수님만이 하실 수 있다.

오늘날, 이 세상의 상황에 대해 극심한 불안감이 고조되고 있다. 그런 불안감은 대부분 지구의 기후 변화와 관련된다. 그런 불안감이 최근에 더욱 증폭되었다. 충분히 그럴 만한 이유가 있다. 그러나 우리는 두 가지의 비성경적인 세계관, 즉 양극단 사이에 갇혀 있다.

먼저, 이념적인 환경주의를 신봉하는 사람들은 무신론자라기보다는 범신론적인 입장을 견지한다. 범신론자들은 만물이 곧 신이고, 신이 곧 만물이라고 믿는다. 그들은 세상보다 더 위대하지만 세상에 의존해 만족을 얻는 신이 존재한다고 생각한다. 그들은 신성을 완전히 배격하지 않고, 자연에 신성을 부여한다. 그리고 지구가 신성하기 때문에 그것을 구해야 한다고 생각한다. 따라서 그들에게 피조 세계를 훼손하는 것은 신을 훼손하는 것과 같다. 즉, 피조물과 창조주의 구별이 불분명해진다.

또 하나의 극단은, 소위 '영지주의적 창조 신학'이라 불리는 것을 받아들이는 복음주의자들이다. 고대의 영지주의자들은, 육체와 이 세상(신성한 영역의 영성과 반대되는 물질성)은 구원받을 수 없다고 믿었다. 그들의 목표는 피조 세계와 함께 구원받는 것이 아니라 그것으로부터 구원받는 것이었다. 할 린드세이(Hal Lindsey)의 『종말에 이른 위대한 행성 지구』(*The Late, Great Planet Earth*, 1970)는 이런 견해를 보여 주는 대표적인 예이다. 이 책은 당시 10년 동안 전국적인 베스트셀러였다.

일부 그리스도인은 자신들의 보수적인 배경에 반발해, 지구가 우리의 세계이므로 우리가 구해야 한다는 세속적인 견해를 받아들인다. 그들은 정부가 나서서 지구가 직면한 모든 문제를 해결해 주기를 바란다. 그들은 만물을 창조하고 유지하고 구원하시는 주권자 하나님을 의지하지 않고, 우리의 행성인 지구의 운명이 우리 손에 달려 있다고 생각한다.

물론 정부들이 서로 힘을 합쳐 해야 할 일도 있다. 하나님은 아담과 하와가 타락하기 전에 그들에게 피조 세계를 '경작하고 지키라'고 명령하셨다(창 2:15 참고). 그리고 하나님은 우리에게 정부를 허락하셨고, 정부 지도자들을 위해 기도하고 그들에게 복종하라고 명령하셨다(마 22:21; 롬 13장; 딤전 2:2; 벧전 2:13 참고). 그러나 정부의 정책과 계획은 기후 변화의 폐해를 막는 데 다소 도움이 될 수는 있지만, 피조 세계를 혁신할 수는 없다.

특히 젊은이들은 세상을 구해야 한다는 부담감을 많이 느낀다. 부모나 교사나 소셜미디어가 현세대가 생태학적인 재난이나 인종 차별, 경제적인 불평등 같은 문제를 해결해야 한다고 끊임없이 강조하기 때문이다. 그들은 3조 달러의 부채를 짊어진 상태로 이 모든 문제를 해결해야 한다(부채는 계속 증가하고 있다). 위기 상황이 이대로 지속되면, 젊은이들은 정신적 피로감을 느끼고 오히려 무감각해질 수밖에 없다.

하나님을 축소하고 우리 자신을 확대하는 이런 식의 관점은, 다른 두려움들과 마찬가지로 우리에게 힘을 주기보다는 우리를 마비시킨다. 세상을 구원하는 것은 우리의 능력을 벗어나는 일이다. 결국 중년이 되면, 피조 세계를 청지기로서 돌봐야 한다는 책임 의식을 아예 무시해 버리기 쉽다.

다행히도, 그리스도인인 우리는 세속적인 견해에 근거한 세계관의 속박에서 벗어났다. 따라서 우리는 사실에만 주목해야 한다. 그렇다면 하나님께서 창조하신 세계를 보살피는 일과 관련해, 거의 모든 세대의 그리스도인들이 지금까지 매우 중요하게 생각해 온 것은 과연 무엇일까?

하나님을 탓하지 말라

오늘날 환경 훼손을 유대-기독교적 윤리 탓으로 돌리는 경우가 많다. 그 원인 중 첫 번째는 현대 환경 운동에서 나타나는 신(新)이교 영성의 영향이다. 자연과 동일시되는 '신성'이, 자유로운 행위를 통해 세상을 창조하고 매 순간 자애로운 의지와 다스림으로 그것을 유지하는 인격적인 신을 대체했다. 환경 파괴가 곧 신을 훼손하는 것이라는 신념은, 창조주와 피조물이 본질적으로 다르다는 신념을 정면으로 거스른다. 하나님께 세상이 필요하지 않다는 것은 참으로 좋은 소식이 아닐 수 없다. 그분께서 인간의 불순종으로 인해 상처를 받지 않으시기 때문에, 또한 자신이 사랑하기로 작정한 세상을 능히 구원하실 수 있다.

종종 제기되는 두 번째 비판은, 하나님께서 인간에게 지구를 맡기면서 원하는 대로 무엇이든 할 수 있게 하셨다는 것이 성경의 가르침이라는 주장이다. 이들은 이 위계적이고도 인간 중심적인 환경관이 역사 대대로 자연을 마음껏 남용할 수 있는 권한을 부여했다고 비판한다. 이런 비판에 우리는 어떻게 대응해야 할까?

첫째, 우리는 그리스도인으로서, 현대 역사 속에 그런 비판을 지지하는 것처럼 보이는 사례들이 매우 많다는 것을 솔직하게 인정해야 한다. 근대에 접어들어, 인간과 나머지 피조물이 서로 대립 관계에 놓여 있다고 생각하는 그리스도인들이 많아졌다. 신이교적 견해가 자연으로 하나님을 대체했다면, 이 견해는 인간으로 하나님을 대체한다. 이것은 성경의 명령을 심각하게 오해한 데서 비롯되었다.

프랜시스 베이컨(Francis Bacon, 1561-1626) 이후로 사람들은, 과학과 기술이 자연을 마구 사용하고 활용하고 개발할 수 있는 생명 없는 물질로 격하시키는 도구 역할을 한다고 생각하곤 했다. 그러나 인간과 피조 세계를 그런 관계로 바라보는 견해는 주로 종교보다는 현대 과학을 통해 조장되었다. 베이컨 당시(특히 청교도)는 말할 것도 없고 그 후로도 많은 사람들이 좀 더 건전한 성경적인 견해로 이 세계관을 강하게 논박했다.[1] 그러므로 현대의 과학과 기술은 인류의 발전에 이바지했고, 그런 발전으로 인해 환경에 미치는 부정적인 영향은 기독교 때문이라는 세속주의자들의 주장은 온당하지 않다.

우리는 하나님이 피조 세계 안에서 우리에게 위탁한 책무를 이행하지 못했다는 사실을 솔직하게 인정해야 한다. 안타깝지만, 인류가 타락한 이후부터 그런 일이 벌어진 것은 분명한 사실이다. 그러나 우리가 지구의 개발자가 아니라 청지기가 되어야 한다는 것이 성경의 가르침이라는 사실을 뒷받침하는 증거들이 많다.

하나님의 명령을 잘못 해석하여 우리 자신을 옹호하려고 해서는 안 된다. 예를 들어, 어떤 그리스도인은 "하나님이 '생육하고 번성하여 땅에 충만하라, 땅을 정복하라, 바다의 물고기와 하늘의 새와 땅에 움직이는 모든

---

1) 예를 들어, 다음의 자료를 참고하라. Keith Thomas, *Man and the Natural World: Changing Attitudes in England, 1500-1800* (Oxford, UK: Oxford University Press, 1996).

생물을 다스리라'(창 1:28)라고 말씀하지 않으셨는가?"라고 말한다.

물론 그렇다. 하나님은 아담과 하와에게 그렇게 명령하셨다. 그러나 그들은 그 명령을 따르지 않았다. 그들은 오히려 하나님의 명령을 거부함으로써 자기들과 함께 피조 세계 전체를 비참한 운명에 빠뜨렸다. 인간은 먼저 하나님께 죄를 지어 그분의 의로운 저주를 불러왔고, 그다음에는 자기들과 다른 피조물들에게 죄를 지어 피조 세계가 고난을 받게 만들었다(롬 8:22 참고).

또한 하나님께서 인간에게 그분의 통제 아래 행사하라고 명령하신 '다스림'은, 땅을 마치 우리의 소유인 양 마구 개발하는 것이 아니라 '그것을 경작하고 지키기 위한 것'이었다(창 2:15 참고). 다시 말해, 그 다스림은 피조 세계를 남용하기 위한 것이 아니라 보호하기 위한 것이었다.

율법과 선지자들은, 백성을 보호하고 잘 인도하기는커녕 오히려 독재와 폭압을 일삼은 이스라엘과 유다의 왕들을 단죄했다. 그러므로 하나님께서 자기 형상으로 창조한 인류의 첫 조상에게 그런 악한 임무를 주셨을 리 만무하다. 더욱이 본래의 명령은 인간의 불순종으로 인해 아무런 소용이 없어졌다. 즉, 인간은 하나님의 대리자로 세상을 다스릴 권한을 잃었다. 그러하기에 하나님의 영원한 아들이신 성자께서 인간 대신 그 명령을 완수할 마지막 아담이 되기 위해 인성을 취하셨다.

현재 인류는 아담이 어긴 특별한 언약이 아니라 노아의 언약과 일반 은혜 아래 살고 있다.[2] 하나님은 노아의 언약을 통해, 인간이 죄를 지었으나 인간과 피조 세계 전체에 일반 은혜를 적용하겠다고 약속하셨다.

인간에게 세상을 다스리라는 명령이 주어졌다고 하더라도, 그 '다스림과 정복'은 주로 땅으로 쫓겨난 사탄과 그의 수하들로부터 낙원을 지키는 것이었다. 그런데도 아담은 뱀이 낙원에 들어오도록 허용했다. 게다가 뱀이 인간도 하나님처럼 될 수 있다는 거짓 약속으로 하와를 유혹하는데도 게으르게 빈둥거리면서 주어진 임무를 제대로 수행하지 못했다. 이 사실을 기억하면, 그의 임무를 더욱 분명하게 알 수 있다. 아담의 임무는 에덴동산을 더럽히는 것으로부터 그곳을 지키는 것이었다. 즉, '모든 생물'을 다스리라는 것은 잔인한 독재자가 아니라 선한 목자가 되라는 의미였다.

율법에서 땅과 짐승들을 돌보는 일에 관해 구체적으로 뭐라고 규정하는지를 확인해 보면, 이런 사실을 더욱 분명히 알 수 있다. 땅을 경작해 그 열매를 즐기는 시기가 있지만, 또한 "일곱째 해에는 그 땅이 쉬어 안식하게 할지니 여호와께 대한 안식이라. 너는 그 밭에 파종하거나 포도원을 가꾸지 말며"(레 25:4)라는 규정에 따라 안식년을 지켜야 했다.

아울러 십계명의 네 번째 계명은 안식일을 지키라고 명령했다.

"일곱째 날은 네 하나님 여호와의 안식일인즉 너나 네 아들이나 네 딸이나 네 남종이나 네 여종이나 네 가축이나 네 문 안에 머무는 객이라도 아무 일도 하지 말라"(출 20:10).

심지어 이방인들에게까지도 노동을 멈추고, 주님 안에서 안식을 누리는 혜택이 주어졌다.

---

2) 이 점에 대해서는 특히 다음의 자료를 참고하라. David VanDrunen, *Politics after Christendom* (Grand Rapids: Zondervan Academic, 2020), 56-180.

하나님께서 창조 사역을 마치고 안식하셨다는 사실(출 20:11 참고) 외에 안식일의 근거가 신명기 5장 15절에서도 나온다.

"너는 기억하라 네가 애굽 땅에서 종이 되었더니 네 하나님 여호와가 강한 손과 편 팔로 거기서 너를 인도하여 내었나니 그러므로 네 하나님 여호와가 네게 명령하여 안식일을 지키라 하느니라."

'다스림'이 '섬김'의 의미로 재정의되었다는 것은 특히 예수님을 통해 가장 분명히 드러난다. 인간의 육신을 입고 나타난 선한 목자이신 예수님은, 자신의 나라에서 높은 지위를 차지하겠다고 다투는 제자들을 진지하게 꾸짖으셨다. 그분은 제자들에게 '이방인들은 다른 사람들에게 권세를 부리지만, 제자들은 그렇지 않아야 한다'고 말씀하셨다. 그러면서 다스림이 아니라 섬김을 강조하셨다(마 20:25-28 참고).

우리는 창조주요 재판관이신 하나님 앞에서 그분의 세상과 모든 피조물을 책임 있게 관리해야 한다. 성경의 관점에서 보면, 세상은 추상적인 환경이 아니라 피조 세계, 곧 하나님의 창조물이다. 아이러니하게도 좌파와 우파를 막론하고 그들의 전제는 크게 다르지 않다. "구하든 이용하든 이 세상은 '우리의' 것이다"라는 식이다.

범신론자들은 성경의 모든 계명들이 십계명의 첫 번째 계명("너는 나 외에는 다른 신들을 네게 두지 말라")을 풀어 설명한다는 점을 알지 못한다. 하나님은 왕이시고, 세상은 그분의 땅이요 그분의 세상이다. 이스라엘 민족은 하나님의 대리인 역할을 맡은 자로서, '그 땅이 그들이 있기 전 주민을 토함같이 그들을 토하지 않게'(레 18:28 참고) 하기 위하여, 정의롭고 올바르게 행동해야 했다. 그곳은 이스라엘이 아니라 하나님의 땅이었다. 하나님은 이스라엘 민족에게 이렇게 말씀하셨다.

"토지를 영구히 팔지 말 것은 토지는 다 내 것임이니라 너희는 거류민이요 동거하는 자로서 나와 함께 있느니라"(레 25:23).

이스라엘 민족은 하나님의 땅을 빌려 사는 임차인이었다. 이것은 인간을 다스리는 지배자가 존재하지 않는다는 세속주의 세계관과 정반대된다. 따라서 그리스도인은 창조주께 잘못을 고백하고, 피조 세계를 향한 그분의 구원 계획을 온전히 신뢰해야 한다.

이스라엘 민족이 거하게 된 땅은 처음에는 에덴동산처럼 우상 숭배가 전혀 없이 깨끗했다. 하나님께서 이스라엘의 유일한 왕이셨다. 그들이 거하는 땅에는 평화와 번영과 안식이 충만했다. 그리고 하나님이 창조하신 만물을 사랑하고 존중하는 마음이 가득 넘쳤다. 역사 속에 등장했던 왕정 제도가 안고 있는 한 가지 문제점은 개인적인 이익만을 추구하는 독재자들이 많았다는 것이다. 그러나 하나님께서 왕으로 군림하고 그분의 대리자들이 그분을 본받을 때, 사람들은 물론 그 땅과 그곳에 사는 모든 생명체에 선과 의와 자유와 번영이 임했다. 포도나무와 무화과나무에는 열매가 풍성하고, 땅에는 젖과 꿀이 흘렀다.

범신론을 비롯해 다양한 형태의 우상 숭배는, 주님이요 구원자요 창조주이신 하나님보다 인간이 세상을 더 잘 이끌어 갈 수 있다는 착각 속에서 그분의 선한 피조 세계를 망가뜨릴 뿐이다. 그러나 불행히도 인간은 처음부터 그런 잘못된 상황에 빠져들고 말았다.

9

구원자가 아닌 청지기

눈을 들어 하늘을 바라보면 이상한 일이 일어난다. 삶, 직업, 환경 조건과 같은 상황들을 두려워하는 마음이 누그러져, 이상주의나 절망에 빠져들지 않고 희망적인 책임감을 느끼며, 청지기의 임무를 잘 이행할 수 있다. 가장 중요한 한 가지 두려움을 통해 우리의 모든 두려움이 진정될 수 있다. 바꾸어 말하면, 직업이나 이 지구의 안전이 우리의 손에 달려 있다는 생각에서 벗어날 수 있다.

이 세상의 통치자들을 제자리로 돌려놓으려면 여호와 하나님의 왕권이 필요하다. 하나님은, 자신을 마치 애완동물처럼 생각하여 줄을 매어 이리저리 마음대로 부리려는 왕들과 제사장들과 예언자들에게 선지자를 보내 엄히 꾸짖으셨다. 시편 2편에서 그것이 여실히 드러난다. 시편 2편은 어떤 점에서 조금 이상한 듯하다. 그러나 주의를 기울여 자세히 살펴보면, 하나님께서 반역자들을 상대로 상황을 어떻게 역전시키시는지를 분명하게 알 수 있다. 통치자들이 하나님을 우습게 여기는 것이 아니라, 하나님이 그들을 우습게 여기신다. 그분께서 그들을 비웃으신다.

"어찌하여 이방 나라들이 분노하며 민족들이 헛된 일을 꾸미는가? 세상의 군왕들이 나서며 관원들이 서로 꾀하여 여호와와 그의 기름 부음 받은 자를 대적하며, 우리가 그들의 맨 것을 끊고 그의 결박을 벗어 버리자 하는도다. 하늘에 계신 이가 웃으심이여 주께서 그들을 비웃으시리로다 그때에 분을 발하며 진노하사 그들을 놀라게 하여 이르시기를, 내가 나의 왕을 내 거룩한 산 시온에 세웠다 하시리로다. 내가 여호와의 명령을 전하노라 여호와께서 내게 이르시되 너는 내 아들이라 오늘 내가 너를 낳았도다. 내게 구하라 내가 이방 나라를 네 유업으로 주리니 네 소유가 땅 끝까지 이르리로다. 네가 철장으로 그들을 깨뜨림이여 질그릇같이 부수리라 하시도다. 그런즉 군왕들아 너희는 지혜를 얻으며 세상의 재판관들아 너희는 교훈을 받을지어다. 여호와를 경외함으로 섬기고 떨며 즐거워할지어다. 그의 아들에게 입 맞추라 그렇지 아니하면 진노하심으로 너희가 길에서 망하리니 그의 진노가 급하심이라 여호와께 피하는 모든 사람은 다 복이 있도다"(시 2:1-12).

미국에서는 모든 사람들이 '세상의 군왕들'이다. 우리는 원하는 사람이 될 수 있고, 원하는 직업을 가질 수 있다. 가만히 자신의 마음에 귀를 기울여 보라. 물론 그렇게 되려면, 그럴 수 있을 만큼 부를 충분히 소유해야 한다. 국가적인 부나 개인적인 부를 늘리는 방법을 올바로 생각하기만 하면, 세상에서 우리가 원하는 것은 무엇이든 할 수 있다.

그런데 이런 독립 선언에는 몇 가지 문제점이 뒤따른다. 그중 하나는 모든 사람이 자율적이고 주권적인 개인이라고 하더라도, 나 외에 다른 사람들은 그렇게 될 수 없다는 것이다. 바꾸어 말하면, 내가 역사의 올바른 편에 서 있다고 굳게 확신하면서 얼굴에 미소를 띤 채, 다른 사람들을 지배하고 위협하고 떠밀고 밀어내야 한다.

지금까지 논의한 대로, 우리는 독립된 작은 왕과 여왕들이 아니다. 오히려 우리는 의존자요, 위대한 왕이신 하나님의 대리자일 뿐이다. 그런데 스스로 미혹되어 반역을 저지른 것이다. 하나님께서 정하신 경계선을 넘어서면, 우리의 존재가 확실하게 입증되는 것이 아니라 그와 정반대의 결과가 초래된다. 그것은 우리의 존재로부터 모든 의미와 중요성을 빼앗아 간다. 죄는 힘이 없고, 무기력하다.

『공동 기도서』(*The Book of Common Prayer*)에는 '내가 행한 일'과 '행하지 않은 일'을 고백하는 내용이 나온다. 웨스트민스터 소요리문답 제14문에서는, 죄를 "하나님의 법을 어기는 것과 거기에 기꺼이 순종하지 않는 것"으로 정의한다. 루터교와 개혁주의 교회의 요리문답은 십계명을 다루면서 '금지된 것'과 '요구되는 것'을 설명한다. 예를 들어, "살인하지 말라"라는 계명은 '이웃의 생명과 평판을 보호하기 위해 최선을 다하라'는 뜻으로 바꾸어 말할 수 있다.

나는 얼마 전에 신학자 칼 바르트(Karl Barth)가 죄를 "나태"라고 묘사한 글을 읽으면서 큰 흥미를 느꼈다. 우리가 짓는 죄는 대부분 '행하지 않은 일'의 범주에 속한다. 우리는 게으르다. 하나님의 은혜가 없으면, 우리는 그분이나 이웃을 사랑할 수 없다. 심지어 우리 자신은 물론이고 우리의 가장 중요한 필요에도 제대로 관심을 기울이기가 어렵다. 우리는 단지 관심을 끌려고 애쓰며, 몇몇 사람들에게 우리의 존재를 알리고, 즐겁게 지내기를 원할 뿐이다. 우리는 대부분 멋진 삶을 살아 보겠다는 용기조차 없다. 우리는 마냥 게으르기만 하다.

시편 2편에서 세상의 통치자들은 왕 중 왕이신 하나님의 결박을 끊으려고 했다. 이것은 '적극적인 죄'에 해당한다. 그들은 하나님의 아들을 합법적인 상속자이자 세상 나라들을 다스리는 주권자로 인정하지 않았다. 그런 성향은 우리에게서도 똑같이 나타난다. 하나의 위대한 소명을 추구해야만 나의 흔적을 남길 수 있으리라 생각할 때가 많다.

그러나 나의 소명은 하나가 아니다. 나의 소명은 남편, 아버지, 목회자, 이웃, 시민 등 여러 가지이다. 아내는 인생의 다양한 단계를 지날 때마다 내가 자기를 위해 주기를 바랐다. 그 점은 나 역시 조금도 다르지 않다. 상황은 변한다. 자녀들도 마찬가지이다. 세쌍둥이가 태어나자 기저귀를 가는 일이 나의 주된 소명이 되었다. 나는 그 일을 하는 데 자부심을 느끼며, 때를 잘 맞춰 지난번보다 모든 것을 더 효율적으로 완수하려고 노력했다. 또한 나는 부모를 돌보는 일과 설교하는 일과 신학생들을 가르치는 일을 해야 했다. 내가 해야 할 일은 그 외에도 많다.

이처럼 우리에게는 인생의 다양한 단계를 지날 때마다 우선적으로 처리해야 할 일과 소명이 많다. 따라서 우리는 이웃을 위하여 때와 장소에 맞춰 정확하게 제공해야 할 일을 하는 것이 아니라, 자신을 위하여 '위대한 소명'을 추구하려고 애쓰지 않도록 주의해야 한다. 필요한 때와 장소에 알맞게 사람들을 섬기는 일이 우리가 이행해야 할 소명이다. 그런 소명들은 개인적인 삶의 의미를 찾는 것과는 아무런 상관이 없다. 오히려 삶의 의미는 나를 통해 나의 이웃들을 사랑하고 섬기고자 하시는 그리스도 안에서 발견된다.

하나님의 아들을 존중하지 않는 것이야말로 가장 큰 나태가 아닐 수 없다. 그것은 적극적인 반란이라기보다는 제정신을 잃은 행위이다. 인간의 육신을 입고 나타난 하나님의 아들은 세속적인 권력이 아니라 하늘로부터 권위를 부여받으셨다(요 18:36 참고). 웨스트민스터 사원에서 영국 왕의 대관식이 거행될 때면, 그곳에 참석한 귀족들과 유력 인사들에게 오랜 관습에 따라 "이분이 여러분의 합법적인 군주이십니다. 그를 존중하겠습니까?"라고 묻는다. 그와 비슷하게 고대 세계에서도 귀족들이 줄지어 서서 입맞춤으로 충성을 서약하는 관습이 있었다.

예수 그리스도는 시편 2편에서 왕의 아들로 묘사되신다. 지금 그분은 모든 민족 가운데서 자신의 은혜 왕국에 속한 이들을 모으고 계신다. 그러는 동안 그분은 인내하며, 가이사가 세금을 걷도록 허용하신다(막 12:17 참고). 그러나 그리스도의 영원하고도 우주적인 통치에 비하면, 가이사의 왕국은 지극히 작은 영지에 지나지 않는다.

가이사는 로마 제국에 속한 각 나라의 종교를 모두 수용했다. 사실 종교가 많을수록 더 즐거워졌다. 제국의 신민들은 가이사에게 복종하는 한, 얼마든지 자신이 원하는 신을 숭배할 수 있었다. 그들은, 땅은 가이사에게 속하고 하늘은 신들에게 속한다고 믿었다.

그러나 예수님은 지상 명령을 통해, "하늘과 땅의 모든 권세를 내게 주셨으니, 그러므로 너희는 가서 모든 민족을 제자로 삼아"(마 28:18,19)라고 말씀하셨다. 세상의 통치자들은 교회를 박해할 수 있을지는 몰라도, 교회에 권한을 주고, 교회를 합법화하고 보호하고 발전시킬 수는 없다. 심지어 통치자가 그리스도인일지라도, 그들의 관할권은 국민의 공동선을 증진하는 데 국한된다.

시편 2편을 보면, 하나님은 자율성을 지녔다고 생각하는 사람들을 비웃으신다. 세상의 권력자들은 현실을 전혀 알지 못했다. 그들은 제정신을 잃은 상태였다. 그들은 터무니없게도 메시아를 합법적인 왕으로 인정하지 않았다. '하나님께서 자율성을 주장하는 거만한 자들을 비웃으셨다'는 표현은 좀 어색한 듯하다. 우리는 여기에서 오늘날의 문화에 반드시 익숙하지만은 않으신 하나님을 발견하게 된다. 그러나 그런 하나님의 반응은 지극히 자연스럽다. 하나님은 그들을 자기 형상으로 창조했으며, 여전히 사랑하신다. 그러나 그들은 하나님을 대적하고, 개미처럼 땅을 기어다니면서 자신들의 거주지와 자연을 망쳐 놓았다. 그들은 자신이 자유롭게 선택할 수 있다고 생각했지만, 실상 오직 하나님의 통제만이 자신을 자유롭게할 수 있음을 깨닫지 못했다.

그러나 개미들과는 달리, 질서 있는 우리의 행렬은 본성과 공동 복지에의해 결정되지 않으며, 심지어 거짓된 선택의 힘에 의해서도 결정되지 않는다. 소셜미디어, 마케팅을 위한 인구 통계, 계절에 따른 패션, 정치 운동,

당파 등이 우리의 욕구를 형성하고, 선택의 범위를 결정한다. 그런 것들은 더 많은 것을 우려내기 위해 우리의 욕구를 관리하고, 부추긴다.

이산화탄소 배출량을 그저 조절하는 차원을 넘어서 기술적으로 완벽히 통제할 수 있는 척하는 우리의 태도는 비웃음을 살 만하다. 인류의 첫 조상처럼, 우리도 우리가 소중히 여기는 자율성이 한갓 꿈, 심지어 악몽에 지나지 않는다는 것을 금세 깨닫는다. 그것은 현실과 맞지 않다. 우리가 독립을 선언할 수는 있지만, 실제로 그것을 얻지는 못한다. 우리가 한껏 고양되어 "나는 자유다!"라고 외칠 수 있을지는 몰라도, 사실 우리는 해방되기는커녕 오히려 우리를 치명적인 늪으로 더 깊이 몰아넣으려는 세력들에게 속박되어 있다.

하나님의 비웃음은 독재자의 냉소적인 킬킬거림이 아니다. 그것은 우리를 해방시키는 왕이신 하나님께서 '그의 결박을 벗어 버리려는' 시도가 우리의 헛된 망상임을 아시고, 그 터무니없음에 고개를 절레절레하시는 것을 의미한다. 우리에게는 하나님의 피조물이 되기로 선택하거나 선택하지 않을 권한이 없기 때문이다. 우리는 참으로 미약하기 그지없는데도, 사람이든 사물이든 우리의 자율성이 거짓임을 보여 주는 것이 있으면 모조리 거부하려 든다. 이것은 힘이 아니라 무력함이요 자유가 아니라 속박이며, 실제가 아니라 망상이요 지성이 아니라 어리석음이다.

도대체 무슨 이유로, "수고하고 무거운 짐 진 자들아 다 내게로 오라 내가 너희를 쉬게 하리라. 나는 마음이 온유하고 겸손하니 나의 멍에를 매고 내게 배우라 그리하면 너희 마음이 쉼을 얻으리니, 이는 내 멍에는 쉽고 내 짐은 가벼움이라"(마 11:28-30)라고 말씀하시는 왕의 결박을 벗어 버리려고 하는가?

유일신론이 유대-기독교 세계관의 핵심인 것은 분명한 사실이다. 하나님은 종종 왕에 비유되신다. 그러나 성경은 독재적인 통치와는 정반대되는 이야기를 전한다. 오히려 왕자와 공주로 입양된 자들이 거룩하고도 의로운 왕에게 반역을 일으켰다. 그런데도 '하나님은 세상을 사랑하사 독생자를 주셨다'(요 3:16 참고). 성부와 본질이 같은 성자께서 "우리가 원수 되었을 때에"(롬 5:10) 우리를 구원하기 위해 인간의 본성을 취하셨다.

이 구원에는 우리뿐 아니라 나머지 피조물도 모두 포함된다. 세상의 통치자들은 제국을 확장하기 위해 강압적으로 신민들의 피를 요구하지만, 왕 중 왕이신 주님은 자기 백성들을 하나님의 자녀로 만들기 위해 친히 목숨을 내주셨다. 뱀의 머리를 깨뜨리신 그분이 장차 온 세상과 우주에서 더러움을 모조리 제거하실 것이다. 우리를 위해 사랑으로 자기를 희생하신 하나님의 독생자 예수 그리스도 덕분에, 인류는 마침내 피조 세계를 다스리고 보호하고 지키는 역할을 회복했다.

히브리서 저자는 이렇게 말한다.

"하나님이 우리가 말하는 바 장차 올 세상을 천사들에게 복종하게 하심이 아니니라. 그러나 누구인가가 어디에서 증언하여 이르되 사람이 무엇이기에 주께서 그를 생각하시며 인자가 무엇이기에 주께서 그를 돌보시나이까? 그를 잠시 동안 천사보다 못하게 하시며 영광과 존귀로 관을 씌우시며, 만물을 그 발 아래에 복종하게 하셨느니라 하였으니 만물로 그에게 복종하게 하셨은즉 복종하지 않은 것이 하나도 없어야 하겠으나 지금 우리가 만물이 아직 그에게 복종하고 있는 것을 보지 못하고, 오직 우리가 천사들보다 잠시 동안 못하게 하심을 입은 자 곧 죽음의 고난받으심으로 말미암아 영광과 존귀로 관을 쓰신 예수를 보니 이를 행하심은 하나님의 은혜로 말미암아 모든 사람을 위하여 죽음을 맛보려 하심이라. 그러므로 만물이 그를 위하고 또한 그로 말미암은 이가 많은 아들들을 이끌어 영광에 들어가게 하시는 일에 그들의 구원의 창시자를 고난을 통하여 온전하게 하심이 합당하도다. 거룩하게 하시는 이와 거룩하게 함을 입은 자들이 다 한 근원에서 난지라 그러므로 형제라 부르시기를 부끄러워하지 아니하시고"(히 2:5-11).

마침내 하나님의 대리자로서 피조 세계를 다스리는 인간의 역할이 회복되었다. 자율적인 존재인 척하는 인간이 그 역할을 회복한 것이 아니다. 성부 하나님의 모든 말씀에 충실하게 복종하신 주님이 그것을 회복하셨다. 첫 번째 아담과 함께 피조 세계 전체가 허무한 데 굴복했지만, 장차 마지막 아담과 함께 피조 세계 전체가 하나님의 자녀들의 자유에 참여하게 될 것이다(롬 8:21,22 참고). 우리는, 모든 면에서 성부 하나님과 동등한 성자께서 성육신을 통해 성부께 온전히 복종함으로써 자신의 소명을 완수하셨다는 사실을 기억해야 한다. 그분은 아담이 이루었어야 할 인간의 본래 모습을 분명히 보여 주신다. 그리스도는 인류를 구원하시려는 성부 하나님의 계획을 온 마음을 다해 충실하게, 온전히 이루셨다.

예수님께서 우리를 피조 세계나 소명으로부터 자유롭게 만들려고 오신 것이 아니다. 우리의 육체가 부활하는 것처럼, 피조 세계도 완전히 새로워질 것이다. 디트리히 본훼퍼(Dietrich Bonhoeffer)는 이 점을 "오직 세상과 하나님을 동시에 사랑하는 사람만이 하나님의 나라를 믿을 수 있다"라고 아름답게 표현했다.[1]

이런 성경의 가르침을 거부한다면, 남는 대안은 갈등 속에서 형성된 악한 세상의 신화를 믿는 것뿐이다. 그런 세계는 창조주께서 지으신 본래의 세상과 정면으로 배치된다. 인간의 반역으로 인해 손상된 피조 세계의 선함은 장차 본래의 아름다움을 능가하는 모습으로 회복될 것이다.

'적자생존'은 이스라엘의 이웃 나라들이 말하는 창조 신화이다. 그것은 다양한 형태의 자본주의를 비롯해 마르크스주의 사상을 통해 오늘날까지 계속 이어져 왔다. 그런 신화에 충실한 사람이 환경 파괴를 조금이라도 두려워할지 의문이다. 약육강식의 세상에서 인간끼리 싸우는 것은, 자연과 인간의 투쟁이라는 더 큰 싸움의 일부이다. 이런 악이 하나님의 선한 창조물을 왜곡시키는 것이 아니라 자연스러운 현상이라는 생각은 고대 이교주의에 뿌리를 둔 신념이다.

만물의 회복

그리스도인인 우리는 하나님께서 세상을 지금과 같이 창조하지 않으셨다고 믿는다. 현재의 세상은 우리의 타락한 상태를 보여 준다. 세속주의자들의 세계관을 생각해 보면, 아마도 분명히 어깨를 으쓱이며 "글쎄요, 본

---

1) 다음 자료에서 인용했다. Jürgen Moltmann and Douglas Meeks, *The Open Church: Invitation to a Messianic Life-Style* (London: SCM, 1978), 42.

래 그런 것 아닌가요?"라고 말할 것이다. 만일 그런 창조주가 있다면, 매우 큰 잘못을 저지른 셈이다. 그래서 그들은 하나님을 탓하며 "신은 죽었다"라고 선언한다.

타고난 재능과 훌륭한 교육을 통해 결승선을 통과할 준비를 가장 잘 갖춘 사람은 누구에게나 존중받아야 하고, 그들을 방해하는 요인이나 사람들, 특히 연약하거나 병들거나 남을 의존하는 사람들은 짓밟혀야 한다는 것, 그렇게 솎아 내는 것이 세상의 이치이다. 세상에는 인구는 너무 많은 반면, 물자는 풍부하지 않고 부족하다. 죄수들에게 물 공급을 제한하듯이, 살아남아 지구를 구하려면 연약한 자들을 죽여 없애야 한다고 생각한다.

성삼위 하나님은 서로 외에는 다른 아무것도 필요하지 않았지만, 자유로운 사랑을 표현하기 위해 세상을 창조하셨다. 하나님의 존재와 주재권을 부인하는 사람들은, 이 세상이 성부와 성자와 성령을 통해 창조되었다는 사실을 거부할 수밖에 없다. 그들에게 세상은 단순한 '환경'이다. 즉, 수용 능력에 한계가 있고 가라앉기 쉬운 허술한 구조선과 같다. 인간이 너무 많으면 '환경'에 해가 된다. 세상이 처음부터 본질적으로 선하지 않았는데, 그것을 보존할 책임감을 느껴야 할 이유가 무엇인가? 홉스, 마르크스, 다윈은 자연과 역사를 만인에 대한 만인의 투쟁으로 간주했다. 그것이 바로 "연약하여 살아남기 어려운 사람들을 구조선 밖으로 밀어내야 하지 않겠는가?"라는 신념이다.

그렇다면 가장 건강한 동물만이 다음 세대에 유전자를 전달할 수 있도록, 코로나19를 낙태처럼 무리를 솎아 내는 국가적 방식의 하나로 간주해야 하지 않겠는가? 어쩌면 인조인간이 인간을 다스리게 될지도 모른다. 그것이 그렇게 나쁜 것일까? 그것은 단지 진화의 과정일 뿐이다. 그런 세상을 굳이 구원하려고 애쓸 이유가 무엇인가? 세상에서 짧은 인생을 사는 동안 생존하기 위해 꼭대기에 오르려고 노력하는 것은 너무나도 당연한 일이다. 이처럼 순전히 자연주의적인 세계관을 채택한 사람들의 관점에서 보면 세상을 염려할 필요가 없다. 인간도 소모품에 지나지 않는데 올빼미나 숲이나 강에 신경을 쓸 이유가 무엇인가?

여기에서 또 한 번 세속주의자들의 견해와 많은 보수주의 그리스도인들의 견해가 유사하다는 사실이 드러난다. 전자는 '허무주의'로 묘사될 수 있다. 그들의 입장에서 세상에 존재하는 이유는 쾌락을 즐기고 출세하려고 노력하는 것밖에 없다. 참으로 위험천만하게도 적지 않은 보수주의 그리스도인들의 신념은, '어차피 다 불타 없어지고' 하나님께서 세상을 구원하는 대신 다른 것으로 대체하실 것이라는 영지주의적 신념과 유사하다. 아이러니하게도 세속적인 허무주의자들은 이 세상에 적극적으로 관심을 기울이면서 그리스도인처럼 행동하고, 그리스도인들은 세속적인 허무주의자들처럼 행동하고 있다.

내가 성장한 교회에서는 이 세상이 구원받지 않고 파괴될 것이라고 가르쳤다. 따라서 우리가 세상에서 해야 할 일은 오직 '영혼들을 구원하는 일'뿐이었다. 물론 나를 가르친 교사들을 공정하게 평가하지 못했을 수 있지만, 나는 그들이 가르치는 궁극적인 목표가 영혼이 저세상, 곧 영적인 장소에 가는 것이라고 생각했다. 이것은 기독교가 아니라 영지주의의 신화에 해당한다.

영지주의의 오류는 오랜 전통을 가지고 있다. 3세기의 신학자 오리겐은 영지주의자들이 신봉했던 플라톤 철학에 영향을 너무 많이 받은 까닭에, 예수님이 육체로 승천하셨고 그분 안에서 우리의 육체가 새롭게 부활할 것이라는 성경의 가르침을 믿지 못했다. 정통 교회는 결국 그의 가르침을 이단으로 단죄했지만, 이 오류는 사라지지 않고 많은 교회와 전통에 계속 침투해 왔다.

하나님은 자신이 창조하신 것을 그 무엇도 부끄럽게 여기지 않으신다. 하나님은 바위, 강, 바다, 산, 도시, 마을, 세상에 사는 사람들 모두를 혐오하지 않고, 기쁘게 여기신다. 하나님의 뛰어난 솜씨를 통해 심히 기묘하게 창조된 인간의 육체는 폐기되지 않고, 영광스러운 상태로 부활할 것이다. 만일 '종말에 이른 위대한 행성 지구'가 마지막 단계라면, 그리스도의 값진 사역은 헛된 낭비가 될 뿐이다. 만일 그렇다면 하나님이 하셔야 할 일은, 모든 영혼을 감옥에서 구해 내기 위해 인간의 육체를 비롯해 물리적인 세계 전체를 파괴하는 것밖에 없다.

또한 그리스도의 성육신, 삶과 죽음, 부활, 승천, 재림도 세상으로부터 인류를 구원하기에 적절하지 않은 해결책이 되고 말 것이다. 그러나 다행히도 성경은 영지주의 이단과 정반대되는 소망을 말한다. 소멸이 아니라 부활, 곧 피조 세계를 붕괴시키는 것이 아니라 구원하는 것이 하나님의 계획이다. 예수님은 육체로 하늘에 오르셨다.

"하나님이 영원 전부터 거룩한 선지자들의 입을 통하여 말씀하신 바 만물을 회복하실 때까지는 하늘이 마땅히 그를 받아 두리라"(행 3:21).

'만물의 회복(*apokatastaseôs pantôn*, 아포카타스타세오스 판톤)'은 만물의 소멸과는 완전히 반대되는 상태이다. 예수님은 제자들에게 이렇게 말씀하셨다.

"내가 진실로 너희에게 이르노니 세상이 새롭게 되어 인자가 자기 영광의 보좌에 앉을 때에 나를 따르는 너희도 열두 보좌에 앉아 이스라엘 열두 지파를 심판하리라"(마 19:28).

헬라어 '팔린게네시아(*palingenesia*)'는 '신생, 또는 회복'을 의미한다. 이것은 이스라엘 민족이 포로 생활에서 귀환한 것과 같은 상황을 가리키는 용어이다. 디도서 3장 5절에서는 이 용어가 '영적 중생'을 가리키는 의미로 사용되었다.

"우리를 구원하시되 우리가 행한 바 의로운 행위로 말미암지 아니하고 오직 그의 긍휼하심을 따라 중생의 씻음과 성령의 새롭게 하심으로 하셨나니."

새 탄생(중생)은 우리에게 새로운 영혼이나 기능을 부여하는 것이 아니라 안으로부터 새로워지게 한다. 성령으로 말미암아 이루어지는 내적 신생은 그리스도의 재림으로 이루어질 만물의 외적 신생을 통해 절정에 이를 것이다.

예수님의 부활 현현을 다룬 누가복음 24장 41절은 내가 좋아하는 성경 구절 중 하나이다.

"그들이 너무 기쁘므로 아직도 믿지 못하고 놀랍게 여길 때에 이르시되 여기 무슨 먹을 것이 있느냐 하시니."

뱀들과 죄와 죽음에 대한 두려움 없이 하나님과 잔치를 즐기는 것이 아담과 하와를 비롯해 이스라엘 민족에게 제시된 목표였다. 이제 우리에게는 우리를 위해 이 권리를 안전하게 확보한 언약의 머리요 중보자가 계신다. 그분이 다시 오시면, 이사야서 25장의 예언이 성취될 것이다.

"만군의 여호와께서 이 산에서 만민을 위하여 기름진 것과 오래 저장하였던 포도주로 연회를 베푸시리니 곧 골수가 가득한 기름진 것과 오래 저장하였던 맑은 포도주로 하실 것이며, 또 이 산에서 모든 민족의 얼굴을 가린 가리개와 열방 위에 덮인 덮개를 제하시며, 사망을 영원히 멸하실 것이라 주 여호와께서 모든 얼굴에서 눈물을 씻기시며 자기 백성의 수치를 온 천하에서 제하시리라 여호와께서 이같이 말씀하셨느니라"(6-8절).

그리스도의 부활한 육체가 그분이 성육신으로 취한 육체를 대체하지 않는 것처럼, 새 창조는 이 세상을 대체하지 않는다. 그리스도는 지금 머리털과 손과 발이 있는 육체를 지닌 채로 하늘에서 다스리고 계신다. 그리고 장차 그 육체로 다시 와서 세상을 심판하고, 정결하게 하고, 새롭게 하실 것이다(행 1:11 참고).

이 세상에서 다가올 세상에 들어가지 못할 것은 단 하나, '속되고 가증한 것'뿐이다(계 21:27 참고). 마침내 에덴동산이 깨끗해질 것이고, 뱀은 심판을 받아 불못에 던져질 것이다. 하나님께서 창조하신 세상은, 스스로 신을 자처하며 인간의 도성 바벨론을 건설한 하찮은 세상 왕이 아니라 성자 하나님을 통해 구원받을 것이다. 만물이 그분을 통해 지음을 받았다. 그리고 그분은 모든 피조 세계를 구원해 세상을 영원한 하나님의 도성으로 만들기 위해 육신이 되셨다.

이처럼 성경은 창세기에서 요한계시록에 이르기까지 한결같이 피조 세계가 온전히 구원받을 것이라고 가르친다. 세속적인 허무주의, 신이교 영성주의, 영지주의 이단과는 전혀 다르다. 만일 모순적인 세계관을 가지고서 세상을 외면한 채로 허무주의적인 생각을 따르는 그리스도인들로 인한 공백을 불신자들이 메운다면, 피조 세계와 구원에 관한 성경적 견해를 회복하는 것이 그 무엇보다 중요할 것이다. 성경의 가르침보다 피조 세계를 더 소중하게 여기는 철학 사상이나 종교는 어디에도 없다.

환경을 보살피는 청지기직에 관심을 두는 기독교

범신론이나 다신론 사회에서는 인류의 문명 안에 '환경을 보살피는 청지기직'이라는 개념을 심어 준 사례를 전혀 찾을 수 없다. 심지어 우주를 신으로 다루는 플라톤의 대화편에서도 물질세계는 악의 원천이자 서식처로 취급되었다. 마르크스는 천연자원이 아니라 공장만을 염두에 두었다. 자연을 보살피는 것은 한 번도 공산주의 정권의 관심사가 아니었다. 니체도 환경에 대한 책임을 강조하지 않았다. 오히려 그는 머지않아 냉혹한 초인이라는 새로운 인류가 나타나 연약한 자들을 지배할 것이라고 생각했다.

20세기 이전의 환경 운동은 모두 유대-기독교 진영에서 시작되었다. 아시시의 프란치스코(Francis of Assisi)에 따르면, 새들과 동물들은 인간의 동료 피조물이다. 피조 세계는 신도, 악마도 아니며, 하나님의 창조물이다. 하나님께서 지은 만물에서는 그분의 흔적이 발견된다.

청교도는 닭싸움을 비롯해 여러 행태의 동물 학대를 금지했다. 산업혁명 당시, 복음주의자들은 어린아이와 여성은 물론이고 동물을 학대하는 행위를 금지하는 법안을 추진했으며, 그래서 부도덕한 귀족들에게 골칫거리일 수밖에 없었다.

영국의 복음주의 국회의원인 윌리엄 윌버포스(William Wilberforce)는 영국의 노예제를 폐지했으며, 소싸움을 금지시켰고, 1824년에는 '동물 보호 협회(SPCA)'를 설립하는 업적을 이루었다. '미국 동물 애호 협회(Humane Society of the United States)'의 웹사이트에서는 과거 복음주의자들이 동물 보호에 앞장섰던 흥미로운 사례들을 소개할 뿐 아니라, 한동안 침체기가 지난 후 동물 보호에 관한 관심이 다시금 높아지고 있는 현상을 잘 보여 준다.[2]

실제로 보수주의 그리스도인들 가운데도 다른 생물들이 인간의 먹잇감이나 오락거리로 사용되거나 인간에게 의존하는 데 관심을 가져야 한다고 생각하는 사람들이 점차 늘어나고 있다. 조지 부시(George W. Bush) 전 대통령의 수석 연설문 작성자였던 매튜 스컬리(Matthew Scully)는 동물 보호에 관한 신학적인 근거와 기독교적 유산을 일목요연하게 정리했고,[3] 보수적인 로마 가톨릭 신자인 릭 샌토럼(Rick Santorum)은 개 사육

---

2) Christine Gutleben, "The Development of Evangelical Perspectives on Animals," The Humane Society, https://humanesociety.org/sites/default/files/docs/development-of-evangelical-perspectives-animals.pdf.

3) Matthew Scully, *Dominion: The Power of Man, the Suffering of Animals, and the Call to Mercy* (New York: St. Martin's Press, 2003).

장과 말 도살을 금지하는 법안을 지지했다. 그리고 '미국 남침례 협회 종교적 자유 위원회(the Religious Liberty Commission of the Southern Baptist Convention)' 회장을 역임한 리처드 랜드(Richard Land)는 남부 지역에서 닭싸움을 없애는 데 성공했다.[4] 이 모든 관심과 노력은 양심적인 그리스도인들이 주도했던 초창기의 역사적 운동에서 비롯되었다.

"프로-라이프(Pro-life)"는 낙태라는 한 가지 문제만을 금지하는 표어가 되었다. 이것이 가장 중요한 윤리적 문제인 것은 틀림없다. 그리스도인들은 자신들의 종교적 견해를 다른 사람들에게 무작정 강요하지 않고, 대의명분을 옹호함으로써 이웃을 향한 사랑을 실천한다. 만일 우리가 전면적인 차원에서 '프로-라이프'의 노선을 더욱 일관되게 밀고 나간다면, 태아를 보호하는 일에 대한 지지를 더 많이 이끌어 낼 수 있을 것이다.

오늘날 일부 보수적 복음주의 진영에서 프란시스 쉐퍼(Francis Schaeffer)를 어떻게 받아들일지 궁금하다. 낙태와 안락사에 반대하는 그의 견해는 환영받겠지만, 인종 차별과 자연을 돌보는 청지기직에 관심이 부족한 것을 질타하는 그의 글들은 교회 안에서 과연 어떻게 받아들여질까?

오늘날 이런 윤리적인 문제들이 전혀 연관되지 않는다고 생각하는 그리스도인들이 적지 않다. 사실 이런 문제들은 진보적인 정책 의제의 주요 항목으로 취급된다. 그러나 "땅과 거기에 충만한 것과 세계와 그 가운데에 사는 자들은 다 여호와의 것이로다"(시 24:1)라는 말씀이 시사하는 대

---

4) Gutleben, "Development of Evangelical Perspectives on Animals."

로, 이것들은 기독교적 관점 안에서 서로 밀접하게 얽혀 있다. 장차 피조 세계 전체가 하나님의 자녀들의 자유에 참여할 것이다(롬 8:22,23 참고).

이상주의와 절망을 넘어서는 소망

이상주의와 절망은 두려움에서 비롯된 두 가지 형태의 이데올로기이다. 기독교적 대안은 소망이다. 이상주의는 우리가 주체가 되어 계획을 세우라고 요구한다. 그러나 우리 자신이 문제의 일부이기 때문에 결코 그렇게 할 수 없다. 모든 것이 우리에게 달려 있는데, 우리 자신이 부패했다. 바로 그것이 문제이다.

이상주의는, '우리(정확히는 우리 중 '깨달은' 사람들)'는 이미 목표에 도달했으므로, 무지하고도 무감각하며, 어쩌면 악하기까지 한 사람들을 깨우쳐 대의를 좇는 대열에 참여시키라고 요구한다. 이상주의는 "만일 우리가 이렇게 하면, 이렇게 될 것이다"라고 말한다. 그런 말들은 종종 기본적으로 인간의 본성이 선하므로, 우리의 개인적인 성품이든 태도든 선택이든 행동이든 더 큰 명분이든 어떤 것에 관한 것이든 상관없이, 우리가 말하는 대로 하기만 하면 훨씬 더 나아질 수 있다는 점을 전제로 한다. 그리고 사람들이 우리가 말하는 대로 하지 않으면, 그들이 우리만큼 덕스러워지고 싶어 하지 않는다고 생각하고서 분노한다.

일부 보수주의자들은 개인적인 이상주의를 추구하는 데 비해, 자유주의자들은 좀 더 사회적이고 세계적인 비전을 지향하는 경향이 있다. 그러하기에 그들의 정책 의제는 서로 다르다. 그러나 인간은 결코 완전하지 않으며, 죄와 죽음에 속박된 현세에서는 완전해질 가능성이 전혀 없다. 그러므로 자기 의에서 출발한 이 두 형태의 이상주의는 모두 절망으로 치달을 수밖에 없다. 이상주의는 이루어질 수 없어서 결국 우리를 좌절시킨다. 우리가 일상 속에서 행할 수 있는 선은 측량할 수 없을 만큼 작고, 완전함과는 무한한 괴리가 있다(그러하기에 환상에서 깨어난 이상주의자들은 식사 자리에서 가장 어울리기 껄끄러운 손님이 될 수밖에 없다).

우리가 자신이나 세상에서 문제들을 발견할 때 공통적으로 보이는 또 하나의 반응이 있다면, 그것은 바로 절망이다. 많은 신자들은 자신이 다른 모든 사람들과 한배를 탄 상황이라는 것, 곧 죄인으로 태어나 여전히 죄인으로 살아가고 있다는 것에 기꺼이 동의할 것이다.

얼마 전에 "완전하지는 않지만 용서받았다"라고 적힌 범퍼스티커를 본 적이 있다. 그리고 어떤 익살꾼은 다소 냉소적으로 "나는 죄짓기를 좋아하고, 하나님은 용서하기를 좋아하신다"라고 말하기도 했다(그 둘을 그렇게 연관시키다니 참으로 기가 찬다). 개인이든 사회든 절망에 빠진 사람들은, 우리가 죽거나 예수님이 재림하시기 전까지는 더 나은 변화를 기대하기 어렵다고 생각한다. 그들 중에는 전에 이상주의자였던 사람들이 많다.

소망은 이 두 가지 대안과는 다르다. 소망은 죄가 끊을 수 없을 만큼 만연한 상태라는 사실과, 그것이 개인이나 사회의 악한 욕망과 행위를 통해 나타난다는 사실을 인정함으로써 이상주의를 피한다. 그리스도께서 재림하시기 전까지는 완전함에 이를 수 없다. 심지어 그리스도인도 의롭다함을 받은 죄인에 불과하다. 가장 거룩한 신자도 하나님의 영광에 미치지 못하고, 그분의 은혜가 계속 필요한 상태이다. 따라서 세상의 모든 민족이 회심하고 그리스도께로 돌아온다고 하더라도, 여전히 탐욕과 분쟁과 질병과 전쟁과 불의가 존재할 수밖에 없다. 기독교 세계의 역사를 살펴보면, 기독교 민족주의라는 이상이 얼마나 허망한지를 금세 알 수 있다.

소망은 하나님께서 이 불의한 역사의 한복판에 사탄과 죄와 죽음을 정복한 십자가를 세우셨다는 사실에 근거한 약속을 굳게 붙잡는다. 그리스도는 인간의 본성을 취한 상태로 부활함으로써 새 창조의 시작을 알리고, 성부 하나님의 오른편에 앉아 우리를 위해 중보하신다. 장차 모든 민족을 심판하실 분이 하나님의 법정에서 이미 우리를 옹호하는 변호인으로 일하고 계신다. 우리가 죽으면, 우리의 영혼은 하나님께로 올라간다. 그러나 그것이 최종적인 구원은 아니다. 우리의 궁극적인 소망은 육체로 부활해 모든 피조물과 함께 마지막 해방을 공유하는 것이다.

바울 사도는 이 소망을 다음과 같이 요약한다.

"생각하건대 현재의 고난은 장차 우리에게 나타날 영광과 비교할 수 없도다. 피조물이 고대하는 바는 하나님의 아들들이 나타나는 것이니, 피조물이 허무한 데 굴복하는 것은 자기 뜻이 아니요 오직 굴복하게 하시는 이로 말미암음이라. 그 바라는 것은 피조물도 썩어짐의 종노릇한 데서 해방되어 하나님의 자녀들의 영광의 자유에 이르는 것이니라. 피조물이 다 이제까지 함께 탄식하며 함께 고통을 겪고 있는 것을 우리가 아느니라. 그뿐 아니라 또한 우리 곧 성령의 처음 익은 열매를 받은 우리까지도 속으로 탄식하여 양자 될 것 곧 우리 몸의 속량을 기다리느니라. 우리가 소망으로 구원을 얻었으매 보이는 소망이 소망이 아니니 보는 것을 누가 바라리요? 만일 우리가 보지 못하는 것을 바라면 참음으로 기다릴지니라"(롬 8:18-25).

여기서 주목해야 할 몇 가지 요점이 있다.

첫째, '현재'의 특징은 '고난'이다. 교회의 머리인 예수님이 고난을 받고 나서 영광을 얻으신 것처럼, 그분의 지체들도 똑같은 과정을 거치게 될 것이다. 현재 교회는 그렇게 영광스러워 보이지 않는다. 사실 세상 사람들의 눈에 교회는 매우 연약하며, 때로는 위선적으로 보이기까지 한다. 교회가 죄인들로 구성되어 있기 때문에 거기에는 부족함이 있다. 우리는 자신의 부패한 본성과 그리스도 및 그분의 나라를 대적하는 인간의 보편적 성향 때문에 고통을 겪는다.

예수님 당시의 유대 지도자들은 역사를 둘로 구분했다. 즉, 죄와 고통과 죽음이 지배하는 '현세'와 메시아가 통치하실 '내세'이다. 예수님과 사도들도 신약성경에서 종종 이 구분을 언급했다. 바울이 말한 대로, 현세에서 기대할 수 있는 것은 영광이 아니라 고난이다.

바울은 광범위한 저주를 강조했다. 인간의 불순종으로 초래된 저주는 신자의 고난을 넘어서 피조물 전체의 속박으로까지 확대되었다. 아담이 타락한 이후로 모든 피조물이 '허무한 데 굴복'했다. 하나님께서 처음 세상을 창조하면서 자연에 부여하신 강력한 기능들이 제대로 작동하지 않게 되었다. 생태계의 놀라운 복원력이 자연재해나 인위적인 재해로 약해지고 훼손되고 더뎌졌다.

피조물 자체의 잘못 때문에 모든 피조물이 고난을 받고 '허무한 데' 굴복하게 된 것이 아니다. 인간이 피조 세계를 보호하고 지키라는 하나님의 명령을 이행하지 못해서 그렇게 되었다. 현세는 스스로 회복될 능력이 없다. 그것도 우리의 육체처럼 쇠약해져 죽어 가고 있다.

우리는 음식과 음료를 통해 육체를 돌보고, 생명을 유지한다. 우리는 의사를 찾고, 생명을 연장하려고 애쓴다. 물론 그런 노력은 우리의 책임을 다하는 것일 뿐 아니라 경건한 행위이기도 하다. 그러나 우리는 서서히 무너지고 있다. 형편이 좋을 때는 긍정적으로 생각하면서(특히 건강과 부와 행복을 약속하는 설교자의 말에 공감하면서) 현재 상황을 우울하게 평가하지 않으려고 노력한다. 그러나 고난의 파도에 이리저리 떠밀릴 때는 성경의 지혜로운 가르침에 귀를 기울이지 않을 수 없게 된다.

"여인에게서 태어난 사람은 생애가 짧고 걱정이 가득하며, 그는 꽃과 같이 자라나서 시들며 그림자같이 지나가며 머물지 아니하거늘, 이와 같은 자를 주께서 눈여겨보시나이까 나를 주 앞으로 이끌어서 재판하시나이까? 누가 깨끗한 것을 더러운 것 가운데에서 낼 수 있으리이까 하나도 없나이다"(욥 14:1-4).

"여호와여 나의 종말과 연한이 언제까지인지 알게 하사 내가 나의 연약함을 알게 하소서"(시 39:4).

"나의 때가 얼마나 짧은지 기억하소서 주께서 모든 사람을 어찌 그리 허무하게 창조하셨는지요"(시 89:47).

"사람은 헛것 같고 그의 날은 지나가는 그림자 같으니이다"(시 144:4).

'해 아래,' 즉 저주 아래 있는 현세에서는 '어릴 때와 검은 머리의 시절조차도 다 헛되다'(전 11:10 참고). 인간 외에 다른 피조물도 모두 마찬가지이다. 우리는 우리 자신 및 세상의 허무함과 부패함과 죽음을 막을 수 없다.

둘째, 바울은 그리스도의 임박한 재림에 관한 소망에 관심을 기울이라고 촉구한다. 다가올 세상은 이미 악한 현세 안으로 침투해 들어왔다. 성령께서 장차 있을 혼인 잔치의 즐거움과 향기로움을 맛보게 하신다. 그리스도의 왕국이 고난의 현실 속에 이미 임했지만, 궁극적인 영광에는 아직 이르지 못했다. 그리스도는 "하나님 곧 우리 아버지의 뜻을 따라 이 악한 세대에서 우리를 건지시려고"(갈 1:4) 자기 몸을 주셨다. 요한은 "이 세상도, 그 정욕도 지나가되 오직 하나님의 뜻을 행하는 자는 영원히 거하느니라"(요일 2:17)라고 말했다. 베드로도 신자들을 이렇게 격려했다.

"우리 주 예수 그리스도의 아버지 하나님을 찬송하리로다 그의 많으신 긍휼대로 예수 그리스도를 죽은 자 가운데서 부활하게 하심으로 말미암아 우리를 거듭나게 하사 산 소망이 있게 하시며, 썩지 않고 더럽지 않고 쇠하지 아니하는 유업을 잇게 하시나니 곧 너희를 위하여 하늘에 간직하신 것이라. 너희는 말세에 나타내기로 예비하신 구원을 얻기 위하여 믿음으로 말미암아 하나님의 능력으로 보호하심을 받았느니라. 그러므로 너희가 이제 여러 가지 시험으로 말미암아 잠깐 근심하게 되지 않을 수 없으나"(벧전 1:3-6).

만일 바울이 로마서 8장에서 '현세'만을 언급했다면, 우리는 절망할 수밖에 없다. 피조 세계가 서서히 붕괴되고 있다. 이런 상황이 이상주의자들이 보기에는 탐탁지 않겠지만, 하나님의 계획에는 절망이 들어설 자리가 없다. 우리는 우리의 육체를 돌보는 것처럼 하나님이 창조하신 만물을 보살펴야 할 책임이 있다. 그러나 우리가 우리 자신과 모든 피조물의 구원을 원할지라도, 우리의 손으로는 구원을 이룰 수 없다. 구원은 오직 기적을 통해 이루어진다.

셋째, 로마서 8장은 그 기적이 무엇인지를 보여 준다.

피조 세계는 인간의 타락 때문에 허무한 데 굴복했으므로, 구원도 인간과 공유하게 될 것이다. 우리가 죽으면 영혼이 하나님께로 돌아간다. 그것은 '중간 상태'로 일컬어진다. 우리의 궁극적인 소망은 죽어서 천국에 가는 것이 아니라 '우리 몸의 속량'이다. 그때가 되면 모든 피조물이 우리와 함께 기뻐할 것이다. 따라서 바울은 우리가 소망을 가지는 것이 적절한 태도라고 결론지었다.

"우리가 소망으로 구원을 얻었으매 보이는 소망이 소망이 아니니 보는 것을 누가 바라리요? 만일 우리가 보지 못하는 것을 바라면 참음으로 기다릴지니라"(롬 8:24,25).

이상주의자들은 조급하다. "온전한 구원이 지금 당장 이루어져야 한다. 만일 하나님이 하지 않으시면 우리가 할 것이다"라는 것이 그들의 태도이다. 그러나 기후 변화에 대한 세계적 합의를 이끌어 내고, 인간이 하나님의 창조 세계에 가한 해악을 바로잡기 위해 아무리 신속하게 행동하더라도, 하나님이 약속하시고 그리스도의 부활을 통해 확보된 '부활'을 일으킬수는 없다.

다가올 세상은 썩어 가는 상태에 처한 현세가 연장되는 것이 아니라 완전히 새로운 시대이다. 그것은 단순한 '낙원의 회복'이 아니다. 즉, 타락 이전의 상태로 되돌아가는 것이 아니라 영원한 안식에 들어가는 것이다. 첫 번째 아담이 잃어버린 이 안식은 마지막 아담이신 그리스도의 승천을 통해 안전하게 확보되었다. 우리는 우리의 육체나 영혼을 되살릴 능력이나 이 세상을 죽음으로부터 구해 낼 능력이 없다. 그러나 그리스도의 부활 덕분에 이 소망은 이제 시간이 지나면 저절로 확실히 실현될 것이다.

그런데 바울이 본문에서 염두에 둔 소망에는 역설적인 의미가 담겨 있다. 이 소망은 우리의 의욕을 꺾어 놓기는커녕 인내하며 기다리는 마음을 가지게 한다. 그런 마음은 현세를 살아가는 우리의 태도와 행위를 고무하는 원동력이 된다. 우리는 마치 세상의 운명이 우리 손에 달린 것처럼 두려워하면서 행동하지 않는다. 오히려 우리는 숨을 깊이 들이쉬며 편안한 마음으로, 썩어 가는 이 육체와 허무한 데 굴복한 이 세상이 구원받아 죄와 죽음의 속박에서 영원히 벗어날 것임을 강하게 확신하고서 행동한다. 찬송가 '기쁘다 구주 오셨네'의 가사대로, "세상에 기쁨이 임하고, 저주가 미치는 저 끝까지 주님의 복이 넘쳐 흐르며, 하늘과 자연이 노래한다."

세상에 기쁨이 임했네. 구주께서 다스리시네.
만백성이여, 노래하라.
들판과 큰물과 바위와 언덕과 평야도
기쁨의 소리를 거듭 외쳐라.

죄와 슬픔이 더는 없게 하고,
가시나무가 땅을 뒤덮지 않게 하라.

저주가 미치는 저 끝까지

복이 넘쳐 흐르게 하려고

주님이 오셨도다.[5]

이제 무엇을 해야 할까?

절망을 선택한 불신자들은 자신의 태만함을 손쉽게 변명한다. 그들 위
에는 하나님도 계시지 않고, 고귀한 기원과 영광스러운 미래를 지닌 피조
물도 존재하지 않는다. 그래서 그들에게 중요한 것은 지금 이 세상에서 살
아가는 자기 자신뿐이다. 더욱이 과학자들은 우주가 서서히 엔트로피를
향해 나아가다가 붕괴할 것이라고 말한다. 그 일이 100년 후에 일어나든
100만 년 후에 일어나든 상관없다. 그때는 우리 모두가 죽은 지 오래일 것
이기 때문이다. 그런데 안타깝게도 절망하는 그리스도인들도 '종말에 이
른 위대한 행성 지구'라는 개념을 가지고, 절망을 선택한 불신자들과 비슷
하게 생각한다.

한편 올바른 기독교적 접근 방식은 창조, 섭리, 구원, 그리스도의 재림
을 통한 마지막 완성을 모두 고려해 나아갈 좌표를 설정한다. 하나님은 우
리에게 세상을 구원하거나 책임을 회피하라고 말씀하지 않으신다. 우리
의 행동을 결정하는 것은 하나님을 향한 두려움이다. 우리는 주권자요 창

---

5) Isaac Watts, "Joy to the World," in *Joy to the World: or, Sacred Songs for Gospel Meetings*,
ed. T. C. O'Kane, C. C. M'Cabe, and Jno. R. Sweney (New York: Phillips & Hunt, 1879), 1.
역자주 – 한글 찬송가 가사 대신 영어 가사를 그대로 옮겼다.

조주이신 하나님 앞에서 그분이 지으신 세상에 대해 책임을 다해야 할 의무가 있지만, 타락으로 인해 그분의 신뢰를 받지 못하게 되었다. 그래서 하나님은 인성을 취한 자기 아들을 마지막 아담으로 보내셨다.

이 세상은 우리가 구하거나 남용할 수 있는, 아무런 특징이 없는 추상적인 '환경'과는 거리가 멀다. 그것은 하나님의 창조물이다. 청지기라는 우리의 책임을 등한시하는 것은, 인류의 첫 조상이 보여 준 이기적인 개인주의를 본받는 것이다. 하나님은 단 한 순간도 자신이 창조한 세상 돌보는 일을 중단하지 않으신다.

"여호와는 모든 것을 선대하시며 그 지으신 모든 것에 긍휼을 베푸시는도다……모든 사람의 눈이 주를 앙망하오니 주는 때를 따라 그들에게 먹을 것을 주시며 손을 펴사 모든 생물의 소원을 만족하게 하시나이다. 여호와는 그 모든 행위에 의로우시며 그 모든 일에 은혜로우시도다"(시 145:9,15-17).

우리는 구원자도, 구경꾼도 아닌 하나님의 종으로서 세상을 지키고 보호해야 한다. 우리는 우리의 육체를 구원할 수는 없지만, 그것을 돌봐야할 책임을 진다. 그와 마찬가지로, 우리에게는 하나님이 창조하신 세상을 돌봐야 할 책임도 있다.

우리는 그런 책임을 다하지 못했다. 그래서 우리에게는 구원자가 필요하다. 성부께서 성자 안에서 성령을 통해 직접 문제를 해결하셨다. 그분은 우리와 세상을 우리의 죄책과 악행으로 인한 해악에서 구원하셨다. 죄 사함과 의롭다함을 받고 그리스도의 형상을 따라 새롭게 된 우리는, 마지막 구원을 바라보면서 다른 피조물들과 함께 탄식한다. 이 세상은 사라져 가고 있지만, 장차 온전히 해방될 것이다. 그리스도께서 세상을 위해 목숨을 내주셨는데, 어떻게 우리가 이웃과 동료 피조물을 외면할 수 있겠는가?

존 칼빈이 말한 대로, 예수님께서 새로운 피조물의 머리로서 세례를 받으실 때, 성령은 성부께서 성자를 통해 창조하신 물질 위를 운행하며 "무질서한 물질을 소중하게 품고서" 예수님 위에 머무셨다. 그리고 바로 그 성령께서 이제 우리 안에 거하면서 우리를 그리스도 안에서 새로운 피조물로 만들어, 하나님을 "아빠, 아버지"라고 부르게 하신다. 그리고 우리의 이웃과 새들과 산과 시냇물과 도시와 평야와 영양과 사자를 사랑으로 돌보게 하신다. 죽음을 넘어 새로운 세상이 열렸다는 증거를 입에 물고 온 노아의 비둘기처럼, 성령은 현세에 내세의 능력을 가져다주신다. 성경이 우리에게 제시하는 소망은, 인내하면서 적극적으로 책임을 다하도록 우리를 격려한다. 그런 태도는 불안이나 무관심과는 정반대된다.

"땅과 거기에 충만한 것"(시 24:1) 가운데 우리의 것은 하나도 없다. 세상에서의 행복이든 하늘에서의 행복이든 우리가 스스로 만들어 낼 수 있는 것은 아무것도 없다. 우리는 단지 그것을 감사함으로 받아 다른 사람들과 공유할 뿐이다.

우리는 이웃을 사랑하고 섬기는 선한 청지기가 되기 위해 문화나 환경을 '구원할' 필요가 전혀 없다. 그리스도께서 이미 피조 세계의 구원을 확보하셨다. 그리스도의 십자가와 부활 이전부터 "땅과 거기에 충만한 것"은 모두 하나님의 것이었다. 리프 그레인(Leif Grane)은 이 점을 다음과 같이 설명했다.

세상은 나의 것도 아니고 정부의 것도 아니며, 다양한 법칙이 함께 작동해서 생겨난 결과물도 아니다. 세상의 법칙과 제도와 나 자신은 물론, 우리의 세상과 시간 속에 존재하는 사물이나 사람은 모두 다 하나님의 것이다……현실의 특징을 대충 말하자면, "하나님께서 우리의 현실을 다스리는 주인이시므로, 그것이 광대무변하든 부조리하든 그것은 우리가 아닌 하나님의 문제이다. 그 문제를 해결할 적임자가 있다면, 오직 하나님 한 분뿐이다"라고 말할 수 있다. 그러므로 우리는 그 문제를 하나님께 맡기고, 우리의 임무를 자유롭게 이행할 수 있다.[6]

하나님은 피조 세계, 구원, 문화, 종교, 교회, 사회 등 모든 것을 관장하는 주님이시다. 그분은 말씀을 선포하고 성례를 집행하는 사역자들, 그리스도 안에서 이루어지는 자신의 구원을 증언하는 신자들, 직업 소명을 이행하는 불신자들과 신자들을 통해 구원 은혜와 일반 은혜를 베풂으로써, 자기가 창조한 세상을 보살피신다. 그분께서 우리를 감사의 대열에 합류시켜 피조 세계를 사랑하고 섬기는 수단으로 사용하시지만, '땅'은 우리가 아니라 그분의 것이다.

우리는 우리의 무가치함에 절망하지 말고, 오히려 이미 전진하고 있는 감사의 대열에 합류해, 구원받은 피조 세계와 함께 목소리를 높여 찬양하

---

6) Klaus Schwarzwäller, "The Bondage of the Free Human," in Joseph A. Burgess and Marc Kolden, eds., *By Faith Alone: Essays on Justification in Honor of Gerhard O. Forde* (Grand Rapids: Eerdmans, 2004), 50-51(강조점은 내가 추가하였다).

는 날이 올 때까지 앞으로 나아가야 한다. 요한계시록에 묘사된 하늘나라는 모든 피조물이 저마다 자기에게 정해진 역할을 감당하는 '회복된 예배'의 실상을 여실히 보여 준다. 그곳은 인간이 만든 성벽이나 성전이 없는 우주적인 도성이다. 하나님께서 그곳을 안전하게 감싸고 계시며, 어린 양이 그곳의 성전이 되신다. 종내에는 왕국 전체에 "해와 달아 그를 찬양하며 밝은 별들아 다 그를 찬양할지어다……총각과 처녀와 노인과 아이들아, 여호와의 이름을 찬양할지어다"(시 148:3,12,13)라는 합창이 울려 퍼질 것이다.

10

우리는 왜 서로를 두려워하는가?

창세기 3장에는, 아담이 법정에서 마치 하와가 없었다면 임무를 훌륭하게 잘 수행했을 것처럼, 그녀를 주신 하나님께 나태한 자신의 잘못을 전가하는 내용이 나온다. 그런 식의 책임 전가는 오늘날까지도 계속되고 있다. 이것은 하나님이 내리신 저주의 결과 중 하나이다. 책임질 사람이 아무도 없는 것처럼 보인다. 모든 사람이 다른 누군가가 저지른 죄의 피해자일 뿐이다.

후진국은 독재, 반란, 기근, 질병으로 고통을 받는 데 비해, 선진국은 약물 중독과 자살로 인해 사망률이 급증하는 상황이다. 기술이 고도로 발전된 시대에 그런 혁신적인 변화가 큰 효과를 발휘하지도 못하고 약속을 실현하지도 못한 채 오히려 어두운 측면을 드러내는 것을 보면, 매우 곤혹스러울 수밖에 없다. 아이러니하게도 새로운 우상들도 옛 우상들처럼 해방과 자율성을 약속하지만, 우리는 이전보다 더 무기력해지고, 더욱 강하게 속박되고 말았다. 그들은 해방을 약속하지만, 실상 수많은 파벌을 조장해 서로를 불신하고 비방을 일삼게 만든다.

앞에서 살펴본 대로, 외로움은 갖가지 건강상의 위험을 초래하고 두려움을 불러일으키는 유행병이다. 그것은 서로를 두려워하게 만든다. 소셜 미디어 시대를 살아가는 사람들은 모든 점에서 자기와는 다를 수 있는 실제의 공동체에서는 멀어지고, 자신의 문화 인구학적 배경 및 정치적 이념과 잘 맞는 가상 공동체를 따르려는 경향을 보인다.

정치적 우파와 좌파는 여론 조사에서 나타난 경각심을 자극하면서 분열된 국가가 예상대로 반응하도록 이끌고, 광범위한 장치로 냉소적인 두려움을 조장하기 시작한다. 양측은 종말론적 수사를 사용하고, 심지어 그리스도인들 사이에서도 마치 선택지 중 하나는 예수님이고 다른 하나는 사탄인 것처럼 행동한다.

최근의 어느 여론 조사에 따르면, 트럼프(Donald Trump)와 바이든(Joe Biden)을 지지하는 상당히 많은 사람들이, "오늘날 사회에 만연한 부도덕하고도 급진적인 흐름을 제어하려면," 언론의 자유를 제한하고 "강력한" 지도자를 옹립해야 한다는 데 동의하는 것으로 나타났다.

"전체적으로 (양측 모두에서) 3분의 2 이상이 위험한 듯한 사람들이나 집단을 다룰 때는 강력한 지도자들에게 용기와 힘을 실어 주고, 자유재량으로 법적 권한을 행사하게 해야 한다는 데 지지를 보냈으며, 그중 3분의 1은 특히 이 견해를 더욱 강하게 지지했다." 더욱이 "대통령이 입법부나

사법부의 제재를 받지 않고 필요한 행동을 취할 수 있다면 상황이 더 나아질 것이라는 데' 동의하는 미국인들이 3,100만 명이 넘었다." 간단히 말해, 트럼프의 지지자들 중 52%, 바이든의 지지자들 중 41%가 "이제는 나라를 분열시킬 때가 되었다"라고 말한 셈이다.[1]

과장된 비방도 약물처럼 정점을 넘어섰고, 계속 상향 조정되고 있다. 우리가 좋아하는 대리인들, 곧 연예인들은 막대한 보수를 받고서 우리가 자율적으로 생각하고 있다는 환상을 계속 부추기면서 우리에게 두려움과 분노를 심어 준다.

우파와 좌파 모두가 예수님이라면 자신처럼 투표하셨으리라 확신하면서, 그와 같이 하지 않는 그리스도인들을 못마땅하게 여긴다. 우리는 우리의 은신처에 웅크리고 앉아, 우리가 좋아하는 대중 매체와 블로그라는 왜곡된 렌즈를 통해 세상을 바라보면서 아마겟돈을 준비한다. 그 결과, 누구에게 투표하든 상관없이 친구가 되어 잘 지냈을지도 모르는 이웃이 적으로 변한다.

이런 가상의 공간에 더 오래 살고 기동하며 존재할수록 더 외로워지고 야비해진다. "그리스도는 주님이시다!(Christus est Dominus!)"라고 외치며 불신자의 두개골을 깨부수는 십자군의 방패에 새겨진 십자가처럼, 예

---

1) "New Initiative Explores Deep, Persistent Divides Between Biden and Trump Voters," UVA Center for Politics, September 30, 2021, https://centerforpolitics.org/crystalball/articles/new-initiative-explores-deep-persistent-divides-between-biden-and-trump-voters/(강조점은 내가 추가하였다). 나는 특히 다음 자료에서 깊은 깨달음을 얻었다. David French, "A Whiff of Civil War in the Air," *The French Press* (blog), *The Dispatch*, October 3, 2021, https://frenchpress.thedispatch.com/p/a-whiff-of-civil-war-in-the-air.

수님은 우리를 위한 상징이나 마스코트로 전락한다. 교회 안에서 나타나는 '우리'와 '그들'이라는 깊은 균열이 사회로까지 번져 더 큰 다툼을 일으키기도 한다. 양측 모두가 예수님과 성경을 들먹이지만, 세속적인 이데올로기를 포장하기 위한 수사적 장식에 지나지 않는다.

내가 기억하기로 가장 불안했던 장면 가운데 하나는, 2021년 1월에 일어난 '미국 국회의사당 난입 사태'이다. 일부 군중이 의사당 마당에 나무 십자가와 가짜 교수대(마이크 펜스 부통령을 처단하기 위한 것)를 세웠다. 나의 머릿속에 로마서 2장 24절이 떠올랐다(겔 20:27, 36:20 참고).

"기록된 바와 같이 하나님의 이름이 너희 때문에 이방인 중에서 모독을 받는도다."

베드로도 그와 비슷하게 "여럿이 그들의 호색하는 것을 따르리니 이로 말미암아 진리의 도가 비방을 받을 것이요"(벧후 2:2)라고 경고하였다.

문화 전쟁은 트럼프가 대통령으로 재직할 때 시작된 것이 아니다. 다른 사람들처럼 나도 1994년에 펴낸 책에서 이 현상을 다룬 적이 있다.[2] 그런데 우파와 좌파가 의도적으로 공교하게 거짓말을 꾸며 내는 것이 일상화되는 바람에, 한쪽이 다른 한쪽을 믿지 않더라도 이상할 게 거의 없어졌다. 모든 사람들이 방아쇠 당기는 것을 즐거워한다. 심지어 마스크조차도 무기가 되어 버렸다. 우리는 상대방이 하는 말에는 진실되거나 들을 만한 가치가 있는 것이 전혀 없다고 생각한다. 밥 우드워드(Bob Woodward)는

---

2) Michael Horton, *Beyond Culture Wars: Is America a Mission Field or a Battlefield?*

『두려움: 백악관의 트럼프』(*Fear: Trump in the White House*)에서 이 문제의 한 측면을 상세히 다루었다.[3]

그러나 민주당의 노선을 맹목적으로 따르는 것도, 많은 보수주의 그리스도인이 무작정 우파 노선을 추종하는 것만큼이나 굴종적이다. 그런 좌파들은 자신이 '정의를 향해 도도히 흘러가는 역사의 흐름'을 따른다고 믿는다. 그러나 그들이 말하는 역사의 흐름은 태아와 노인들을 배제하는 것이 분명해 보인다.

나는 같은 주간에 거의 광적인 어조로 트럼프를 지지하라고 요구하는 이메일도 받고, 그와 비슷한 어조로 바이든을 선출하면 교회가 부끄러움에서 벗어나고 세계를 편협함으로부터 구하게 될 것이라고 약속하는 진보적인 복음주의 단체의 이메일도 받았다. 그런 유의 교회 지도자들은 조엘 오스틴(Joel Osteen)이 구사하는 '해석학적인 마법'과 섬뜩할 정도로 유사한 책략을 동원해, 요한복음 14장 12절에 기록된 예수님의 약속을 난도질함으로써, 사회 복음을 번영 신학으로 대체한다.[4] 그들은 우리가 예수님보다 큰 일도 할 수 있다고 약속한다.

극단적인 우파 노선을 따르는 사람들이 도널드 트럼프를 지지하는 이유도 그릇되기는 마찬가지이다. 그들은 트럼프의 개인적인 성격과 그의 정책을 좋아할 뿐 아니라 그를 거의 구원자처럼 생각하고서 그를 지지한다.

---

3) Bob Woodward, *Fear: Trump in the White House* (New York: Simon and Schuster, 2018).

4) 다음 자료를 참고하라. Doug Pagitt, *Outdoing Jesus: Seven Ways to Live Out the Promise of "Greater Than"* (Grand Rapids: Eerdmans, 2019).

결국 좌파와 우파의 주장은 둘 다 매우 무분별하고 신성모독적이다. 우상들이 넘쳐나고, 우리의 가장 큰 두려움이 확연하게 드러난다. 트럼프도 두려움을 정치 수단으로 활용하는 방법을 알고 있다. 그는 복음적인 그리스도인들에게 자신을 지지하지 않으면 '모든 것을 잃게 되리라'고 말했다. 사이비 교주를 떠받들듯이 소위 '국가적인 구원자'를 지지하는 것은, 유사 종말론적인 '음모 이론(conspiracy theory)'과 비밀주의적 경향을 영속화한다. 그들은 자기가 지지하는 지도자에게 흔들림 없는 충성심을 보여 주고자 한다. 예를 들어, '공화당 하원 의회 위원회(the National Republican Congressional Committee)'는 "최종 공지: 트럼프에게 그의 소셜미디어 사이트에 가입하겠다고 말할 시간이 한 시간 남았습니다. 만일 답변이 없으면, 그가 자기를 포기했다고 생각할 것입니다……링크가 곧 만료됩니다"라는 메시지를 발송했다.[5]

마니교 식으로 선과 악을 나누는 세상에는 복잡할 것이 전혀 없다. 성찰이나 숙고나 대화가 필요 없다. 단지 내 편, 나의 구원자를 선택하면 된다. 조너선 하이트(Jonathan Haidt)는 이런 현상을 "의로운 정신"이라고 일컬었다.[6] 성경은 '하늘의 일'을 거울로 보는 것처럼 희미하게 본다고 말씀

---

5) Lachlan Markay (@lachlan), "Inbox from the NRCC," Twitter, March 29, 2021, 11:47 a.m., https://mobile.twitter.com/lachlan/status/1376561685398482948; Aidan McLaughlin, "Top GOP Campaign Committee Now Begging Supporters to Sign Up for Trump's Future Social Media Website," Mediaite, March 29, 2021, https://mediaite.com/trump/top-gop-campaign-committee-now-begging-supporters-to-sign-up-for-trumps-future-social-media-website/.

6) Jonathan Haidt, *The Righteous Mind: Why Good People are Divided by Politics and Religion* (New York: Vintage, 2012).

하는데, 그리스도인인 우리는 어떻게 미국의 국내외 정책에 대해 절대적으로 확실한 청사진을 가지고 있는 양 생각하는지 참으로 의아하다.

하나님은 이스라엘 백성에게 "오라 우리가 서로 변론하자"(사 1:18)라고 말씀하셨지만, 오늘날 공적 대화에서는 그런 제안을 더는 기대할 수 없어졌다. 그러나 이런 상황은 그리스도인들이 열을 내기보다 빛을 비추기에 매우 적합한 기회가 아닐 수 없다.

하나님이 우리의 편이신가?

우리에게는 우상화된 '타자(他者)'가 아니라 하나님을 두려워하는 데서 나오는 지혜가 필요하다. 야고보와 요한의 별명은 "우레의 아들"(막 3:17)이었다. 누가는 제자들 사이에서 "누가 크냐?"라는 문제를 둘러싸고 논쟁이 일어난 일을 언급하고 나서, 곧바로 예수님이 야고보와 요한을 데리고 사마리아인의 마을로 가서 복음 전하신 일을 이야기한다(눅 9:46-56 참고). 유대인도 아니고 헬라인도 아니었던 그 마을의 사마리아인들은 복음을 완강하게 거부했다. 그러자 야고보와 요한은 "주여 우리가 불을 명하여 하늘로부터 내려 저들을 멸하라 하기를 원하시나이까"(54절)라고 말했다.

예수님께서 뭐라고 말씀하면서 제자들의 주제넘은 생각을 엄히 꾸짖으셨는지 궁금한가? 나머지 이야기를 통해 추측해 보자면, 예수님은 "마지막 심판은 내가 직접 내릴 것이다. 그러나 지금은 단죄가 아니라 구원을 베풀어야 할 때이다. 너희도 이를 기뻐해야 한다"라고 말씀하셨을 듯하다. 아무튼 누가는 이 두 사건을 하나로 묶어, '제자들이 지배권을 다툰 것이 교회 내의 추악한 이기심을 여실히 드러내며, 나중에는 그것이 외부 세상에까지 알려진다'는 점을 보여 주었다.

우리와 똑같은 죄인이 우리가 멸망할 것인지 아닌지에 대한 최종적인 결정권을 가지기를 바라는 사람은 아무도 없을 것이다. 그런데 실제로 그런 일이 일어났다. 야고보와 요한은 자기 자신을 죄인이 아니라 의인으로 생각했다. 그들은 자기 자신을 하나님의 기준이 아니라 다른 사람들과 비교하여 판단했다.

좌파 사람들은, 우리의 행성인 지구를 남용하고 자본주의를 수용하고 인종 차별과 동성애 혐오증 같은 것을 영속화하는 이들을 즉각 심판하지 않으시는 하나님을 믿는 것을 어리석게 여긴다. 그들은 의인을 자처한다. 그들은, 하나님이 존재한다고 하면서도 즉각 심판하시지 않는 것을 보면 그분은 틀림없이 불의한 존재일 것이므로 우리가 직접 나서서 문제를 해결해야 한다고 주장한다. 우파 사람들도 의인을 자처하기는 매한가지이다. 우레의 아들들처럼 우리도, 하나님이 지금 당장 상대편을 철저히 뭉개 버리시면 기분이 훨씬 더 좋아질 것이고, 우리와 같이 의로운 사람들만 남게 될 것이라고 믿는다.

내가 십 대 시절에 우리 교회 목회자에게서 들었던 설교가 생각난다. 그는 "만일 하나님이 샌프란시스코에 불과 유황을 비처럼 쏟아붓지 않으신다면, 소돔과 고모라인들에게 사과하셔야 한다"라고 말했다. 당시에는 많은 사람들이 하나님께서 그런 바람에 응하여 동성애자들을 에이즈로 심판하셨다고 생각했다. 그것은 마치 이성애자들은 사형 집행을 유예받을 자격을 가진 듯 생각하는 독선이 아닐 수 없다. 또한 우리는 이미 방주에 올라 탔으니 이제 홍수가 밀려오더라도 아무 상관이 없다는 옹졸함의 극치가 아닐 수 없다. 만일 우리가 예수님의 너그러운 은혜로 죄를 뉘우치기 전에 그분이 다시 오신다면 어떻게 될지를 한 번쯤 생각해 보았으면 좋겠다.

참으로 불행하게도, 좌파와 우파에 속한 교회들이 거침없이 내뱉는 유사 묵시-종말론적 주장들은 거짓 희망과 거짓 두려움을 끊임없이 양산한다. 물론 심판이 다가오고 있다는 것은 사실이다. 그러나 우리의 소명은 진노의 심판을 불러일으킬 수 있는 척하는 것이 아니다. 우리는 우리의 손으로 일상의 의무를 다하면서, 하나님의 아들, 곧 '장래의 노하심에서 우리를 건지시는 예수님'이 '하늘로부터 강림하실 것을' 기다려야 한다(살전 1:10 참고). 그리스도인은 올바른 두려움과 참된 구원의 길을 증언해야 한다. 만일 심판의 날이라는 특별한 사건을 묘사하는 성경의 표현들을 사용하여 공포를 조장하는 우리의 묵시적 발언들을 꾸민다면, 진정한 두려움이 빛을 잃고 말 것이다.

1862년에 『월간 애틀랜틱』(The Atlantic Monthly)에서는 노예제 폐지론자 줄리아 워드 하우(Julia Ward Howe)의 '공화국의 전투찬가(The Battle Hymn of the Republic)'가 처음 발표되었다. 이것은 오늘날의 정치적 사건에 성경적인 종말론을 도용한 대표적인 사례 중 하나이다. 이 찬가는 "내 눈이 주의 강림의 영광을 보았도다"라는 가사로 시작하는데, 심판을 위한 그리스도의 재림과 남북전쟁에서의 북군의 승리를 혼동한 신성모독적인 내용으로 이루어져 있다.

이런 것을 일컫는 공식 명칭은 다름 아닌 '우상 숭배'이다. '당신의 주인이 누구인가? 그리스도이신가, 가이사인가?' 교회와 기독교 지도자들은 이 질문에 대해 혼란을 줄 때가 많다. 우리는 삶의 안전을 책임져 줄 강력한 지도자를 원할 때면, 이웃들에게 "적은 무리여 무서워 말라 너희 아버지께서 그 나라를 너희에게 주시기를 기뻐하시느니라"(눅 12:32)라고 말씀하신 분을 믿어야 한다는 식으로 말한다. 우리는 우리 자신이 그 나라를 건설하고 있는 듯 생각한다.

예수님은, 그 나라가 우리가 가리키면서 "여기 있다"(눅 17:21)라고 말할 수 있는 영광스럽고도 강력한 운동이나 세속적인 기관과는 아무런 상관이 없다고 말씀하셨다. 그러나 우리는 그것을 잊는다. 그리스도의 왕국은 사방에서 위협을 당하는 것처럼 보이는 상황에서도 충실하게 그분을 증언하는 '적은 무리'를 통해 깊고도 넓게 확장되어 간다. 그러나 우리는 이 사실을 받아들이기 어려워한다. 예수님은 앞으로 있을 박해를 경고하면서, 조금도 두려워하지 말고 오직 승리하신 그분 안에 희망을 두라고 당부하셨다.

"이것을 너희에게 이르는 것은 너희로 내 안에서 평안을 누리게 하려 함이라 세상에서는 너희가 환난을 당하나 담대하라 내가 세상을 이기었노라"(요 16:33).

하나님께서 은혜로 우리 편이 되어 주신다는 것은 참으로 놀랍기 그지없는 사실이다. 그러나 우리가 다른 사람들보다 더 나아서 그분이 우리의 편을 들어 주신다는 생각은 매우 어리석고도 위험천만하지 않을 수 없다.

바로 이것이 바리새인과 세리의 비유(눅 18:10-13 참고), 그리고 탕자의 비유(눅 15:11-32 참고)에서 가르치는 핵심이다.

우리는 하나님의 의로운 성품과 심각한 심판을 어떻게든 피하기 위해 우리 자신의 의로 하나님 앞에 설 수 있을 것처럼 믿지만, 그것은 헛된 착각에 지나지 않는다. 그런 종교적인 망상은 '우리'와 '그들'이 한배를 타고 있다는 사실을 깨닫지 못하게 만드는 가장 큰 걸림돌이 아닐 수 없다. 우리는 죄를 뉘우치고 다가올 진노를 피해 그리스도께로 도망치기보다는, 하나님이 아직도 '그들'을 심판하지 않으신다고 투덜대면서 화를 낸다. 하나님의 코에 이보다 더 고약한 냄새를 풍기는 죄악과 불경건함과 속된 태도는 없다.

그러나 우리가 실제로 하나님 앞에 서면, 크게 두려워하면서 떨 수밖에 없다. 그때는 이사야처럼, "화로다 나여 망하게 되었도다 나는 입술이 부정한 사람이요 나는 입술이 부정한 백성 중에 거주하면서 만군의 여호와이신 왕을 뵈었음이로다"(사 6:5)라고 고백하게 될 것이다.

나는 캘리포니아에 살기 때문에 지진과 산불을 겪었다. 그런 재난이 닥치면, 종교나 정치나 문화적 배경이 다를 뿐 아니라 일면식조차 없는 사람들이 갑자기 하나가 된다. 사람들은 서로를 감싸고 안부를 물으면서 함께 슬퍼한다. 매일 뉴스를 통해 접하는 일상적인 대립과는 크게 대조되는 유대감이 강하게 형성된다.

무서운 위엄을 지닌 거룩하신 하나님 앞에 서면, 우리는 그 어떤 두려움보다 큰 두려움에 휩싸일 것이다. 그러나 그렇게 될 때 비로소 우리는 이사야처럼 용서를 받고, "내가 여기 있나이다 나를 보내소서"(사 6:8)라고 말할 수 있다.

대개 개인이나 교회는 흔히 하나님의 은혜에 감사하는 데서부터 시작한다. 하나님께서 그리스도 안에서 모든 구원을 이루셨다. 우리는 죽어야 마땅하고, 그리스도는 사셔야 마땅하다. 우리는 '만세반석 열리니'라는 찬송가를 부르면서, "빈손 들고 앞에 가 십자가를 붙드네"라고 노래한다. 그러나 우리는 금세 거만해지곤 한다.

이스라엘의 역사에서도 그런 일이 벌어졌다. 이스라엘 백성은 하나님께서 친히 가나안 땅을 깨끗하게 만들어 자신들에게 허락하신 것을 직접 보고서도 거만하게 행했으며, 하나님은 그들이 그렇게 행할 것을 미리 알고 계셨다. 모세는 이스라엘 백성에게 가나안 땅에 들어가더라도 마음속으로 스스로가 의로워서 그곳을 얻었다고 생각하지 말라고 경고했다. 하나님께서 그들의 선행에 보상을 베푸신 것이 아니다. 그분은 아브라함에게 하신 약속을 이루어 주셨다. 모세는 이스라엘 백성이 광야에서 저지른 죄를 상기시키면서 이렇게 말했다.

"그러므로 네가 알 것은 네 하나님 여호와께서 네게 이 아름다운 땅을 기업으로 주신 것이 네 공의로 말미암음이 아니니라 너는 목이 곧은 백성이니라"(신 9:6).

얼마 지나지 않아, 여호수아 때부터는 상황이 좋아졌다. 하나님을 거스른 조상들이 광야에서 모두 죽고 난 후, 이스라엘의 새 세대가 약속의 땅에 들어갔다. 그들은 할례를 시행했다. 가나안의 풍성한 소출을 먹을 수 있게 되자 만나도 멈추었다. 그러고 나서 여호수아는 놀라운 일을 경험했다.

"여호수아가 여리고에 가까이 이르렀을 때에 눈을 들어 본즉 한 사람이 칼을 빼어 손에 들고 마주 서 있는지라 여호수아가 나아가서 그에게 묻되 너는 우리를 위하느냐 우리의 적들을 위하느냐 하니, 그가 이르되 아니라 나는 여호와의 군대 대장으로 지금 왔느니라 하는지라 여호수아가 얼굴을 땅에 대고 엎드려 절하고 그에게 이르되 내 주여 종에게 무슨 말씀을 하려 하시나이까? 여호와의 군대 대장이 여호수아에게 이르되 네 발에서 신을 벗으라 네가 선 곳은 거룩하니라 하니 여호수아가 그대로 행하니라"(수 5:13-15).

하나님께서 불붙은 떨기나무에서 모세를 부르셨을 때도 신발을 벗으라고 명령하셨다.

"이리로 가까이 오지 말라 네가 선 곳은 거룩한 땅이니 네 발에서 신을 벗으라"(출 3:5).

모세는 하나님의 영광 앞에서 얼굴을 가린 채 오직 그분의 말씀에만 귀를 기울였다(6절 참고).

모세의 후계자로서 하나님의 백성을 이끈 지도자이자 선지자였던 여호수아는 '우리'의 편인지 '그들'의 편인지를 알 수 없는 두려운 인물과 직면했다. 어느 민족, 어느 군대든 모두가 하나님께서 자기편이시기를 원하지만, 이스라엘 백성조차 하나님이 자기편이라고 단정할 수 없었다. 하나님은 자기 자신의 편이시다. 이스라엘 백성이 가나안 땅을 더럽힌다면, 그들에게도 이방 민족들에게 일어난 것과 똑같은 일이 임할 것이었다. 하나님은 누구의 편도 아니다. 그분은 거룩하신 분이다.

앞서 말한 여호수아의 사건이 이스라엘의 새로운 세대가 할례를 받고 난 후에 일어났다는 것은 매우 의미심장하다. 여호수아와 그의 장수들은 온종일 칼을 빼 언약의 의식을 거행했다. 할례는 가시적인 절단의 표였다. 하나님의 심판의 칼날이 그들을 잘라 냈지만, 완전히 잘라 내지는 않고 포피만을 자르는 것에 그쳤다. 아담 이후로 대대로 이어지는 죄를 시사하는 이 할례를 통해, 신자들과 그들의 후손은 하나님께서 가나안 땅에서 끊어 버린 이방 민족들과 구별되었다.

낯선 인물이 칼을 빼 든 채로 나타나 자신을 "여호와의 군대 대장"이라고 소개했다. 여호수아서는 하나님께서 가나안 땅에 거주했던 부도덕하고 폭력적이며 우상을 숭배하는 민족들을 물리치신 역사를 기록하고 있다. 즉, 하나님께서 적들을 물리치고 승리하셨다는 내용이 되풀이된다. 시편 68편은 그 모든 역사를 아름답게 묘사하면서 이렇게 노래한다.

"주께서 말씀을 주시니 소식을 공포하는 여자들은 큰 무리라. 여러 군대의 왕들이 도망하고 도망하니 집에 있던 여자들도 탈취물을 나누도다. 너희가 양 우리에 누울 때에는 그 날개를 은으로 입히고 그 깃을 황금으로 입힌 비둘기 같도다. 전능하신 이가 왕들을 그중에서 흩으실 때에는 살몬에 눈이 날림 같도다"(11-14절).

그 모든 역사가 '여호와께서 구원하신다'는 의미를 가진 여호수아의 이름으로 명명된 책에 잘 요약되어 있다('여호수아'라는 히브리어 이름을 헬라어로 옮기면 '예수'가 된다). 하나님은 자신이 이스라엘 백성에게 가나안 땅을 주었고, 원수들을 이스라엘의 손에 붙였으며, 그들에게 할당된 땅을 기업으로 주었다고 거듭 강조하셨다. 이스라엘 백성이 한 일은 하나님의 명령에 따라 탈취물을 나누는 것뿐이었다.

"내가 또 너희가 수고하지 아니한 땅과 너희가 건설하지 아니한 성읍들을 너희에게 주었더니 너희가 그 가운데에 거주하며 너희는 또 너희가 심지 아니한 포도원과 감람원의 열매를 먹는다 하셨느니라"(수 24:13).

여호수아처럼 잔혹하고 피비린내 나는 싸움을 경험한 장수들은 그리 많지 않다. 가나안의 성읍들 여기저기에서 적들이 전쟁터로 물밀듯이 몰려오는 것을 보았을 때, 그는 분명히 큰 두려움에 휩싸였을 것이다. 그러나 그는 강력한 하나님의 군대를 바라보았다. 그는 하나님께서 친히 자기 앞에 나타나셨다는 것을 즉각 알아차리고, 참된 군대 대장에게 자신의 칼을 바치며 땅에 엎드려 경배했다. 기독교의 전통적인 해석은 이 인물을 성육신 이전에 현현하신 성자 하나님으로 간주한다. 구약 성경에 등장하는 "여호와의 사자"가 다름 아닌 여호와 하나님의 신비로운 현현을 가리키는 경우가 여러 번 있다(창 16:7-14, 22:11-19; 민 22:22; 슥 3장 참고).[7]

하나님은 천사를 비롯해 피조물을 예배하는 행위를 엄격하게 금지하셨다. 반면 여호와 하나님이 나타나셨을 때는 여호수아가 행한 바와 비슷하게 행하는 경우가 성경 여러 곳에서 발견된다.

---

7) 예를 들어, 세 명의 천사가 사람의 모습으로 아브라함에게 나타나 소돔에 대한 심판을 예고했다. 그들 중 한 명은 여호와로 밝혀졌고(창 18:1,22,33 참고), 나머지 둘은 롯과 그의 가족을 구출했다. '여호와의 사자'는 하늘로 돌아가 창세기 19장에 기록된 대로 심판을 집행한다. 그와 비슷하게, 스가랴 3장에서도 여호와 하나님은 심판을 내리고, 여호와의 천사는 중재자의 역할을 담당했다. 그러나 후자 역시 여호와 하나님과 동일시되었다.

"아브람이 엎드렸더니 하나님이 또 그에게 말씀하여 이르시되, 보라 내 언약이 너와 함께 있으니 너는 여러 민족의 아버지가 될지라"(창 17:3,4).

하나님은 출애굽기 23장 20,21절에서 "내가 사자를 네 앞서 보내어 길에서 너를 보호하여 너를 내가 예비한 곳에 이르게 하리니, 너희는 삼가 그의 목소리를 청종하고 그를 노엽게 하지 말라 그가 너희의 허물을 용서하지 아니할 것은 내 이름이 그에게 있음이니라"라고 말씀하셨다.

이처럼, 이 신비로운 군대 대장은 우리와 같은 인성을 지녔으나 죄는 없으신 분으로 성육신하실 하나님의 아들, 곧 성자 하나님이셨다(히 4:15 참고). 여호수아의 시대에는 하나님이신 그분이 '여호와의 사자'로 나타나셨다. 시편 24편 10절에도 그와 비슷한 내용이 기록되어 있다.

"영광의 왕이 누구시냐 만군의 여호와께서 곧 영광의 왕이시로다."

영광의 왕이 승리하고서 여호와의 보좌에 오르신다. 그분이 바로 여호와 하나님이시다.

그 순간부터 여호수아의 두려움은 절대적인 확신으로 바뀌었다. 그가 아니라 하나님이 정복하실 것이었다. 그러나 이스라엘 백성도 다른 모든 민족과 마찬가지로 부패한 본성을 지녔고, 따라서 가나안에서의 삶이 위태로울 수밖에 없었다. 처음에 여호수아서는 하나님께서 자기 백성을 이끌고 가나안을 정복하신 결과 희망찬 새 시대가 열렸다고 말하지만, 나중에는 갑절의 노력을 기울여 율법에 헌신하라고 촉구하는 말로 끝을 맺는다. 여호수아서의 마지막 장을 보면, 마치 그렇게 헌신하는 사람이 오직 여호수아 하나뿐인 것처럼 느껴진다. 그는 "너희가 섬길 자를 오늘 택하

라. 오직 나와 내 집은 여호와를 섬기겠노라"(수 24:15)라고 말했다.

하나님은 노리개가 아니다. 그분은 욥과 그의 세 친구가 하는 말을 다 듣고 나서 자신이 주인공임을 밝히고, 그들의 대화에 개입해 고유한 역할을 담당하신다. 그분은 욥기 41장에서, 인간은 리워야단(고래로 추정되는 거대한 바다 동물)을 죽일 능력이 없다고 말씀하신다.

"네가 낚시로 리워야단을 끌어낼 수 있겠느냐……갈고리로 그 아가미를 꿸 수 있겠느냐……그(인간)의 희망은 헛된 것이니라 그것의 모습을 보기만 해도 그는 기가 꺾이리라"(1,2,9절).

그러고는 인간이 붙잡거나 통제할 수 없는 짐승을 보기만 해도 두려울진대(10절 참고), "누가 먼저 내게 주고 나로 하여금 갚게 하겠느냐 온 천하에 있는 것이 다 내 것이니라"(11절)라고 말씀하신다.

마지막으로, 히브리서 2장 5-15절에서는 '장차 올 세상'이 성육신하신 군대 대장에게 복종할 것이라고 증언한다. 그분이 우리와 똑같은 본성을 취해 우리를 '형제'로 일컫지 않으셨더라면, 이것은 참으로 끔찍한 소식이 아닐 수 없었을 것이다. 그는 우리를 죽일 칼로 자기의 가슴을 찌르고 나서 부활 승천하면서, "볼지어다 나와 및 하나님께서 내게 주신 자녀라"(13절)라고 말씀하셨다. 히브리서 저자는 계속해서 이렇게 덧붙인다.

"자녀들은 혈과 육에 속하였으매 그도 또한 같은 모양으로 혈과 육을 함께 지니심은 죽음을 통하여 죽음의 세력을 잡은 자 곧 마귀를 멸하시며, 또 죽기를 무서워하므로 한평생 매여 종노릇하는 모든 자들을 놓아주려 하심이니"(14,15절)

성경의 이런 가르침은 '우리'와 '그들'로 편 나누는 것을 지지하지 않는다. 교부 어거스틴(Augustine)은 15세기 초에 『하나님의 도성』(*The City of God*)이라는 책을 저술했다. 그는 그 책에서, 로마가 서기 410년에 서고트족의 침략을 받게 된 까닭이 신들이 그리스도인에게 분노했기 때문이라고 주장했던 이방인 비평가들에게 답변했다. 어거스틴의 논지를 간단히 말하면, 하나님의 도성은 하나님이 모든 민족 가운데서 자기 백성을 선택하여 부르신 데 근거를 둔 하늘의 실체이고, 인간의 도성은 피조 세계와 하나님의 일반 은혜에 근거를 둔 땅 위의 실체라는 것이다. 현세에서 완전한 나라를 발견할 수는 없지만, 그렇다고 해서 그리스도인이 정부와 공동생활이라는 현실에 기여할 수 없는 것은 아니다.

제롬(Jerome)은 어거스틴과는 사뭇 다르게 대답했다. 그가 그리스도의 왕국과 세상의 나라를 명확하게 구분하지 못했기 때문이다. 그는 "로마가 무너진 지금, 교회는 과연 어떻게 될 것인가?"라고 하면서 두려워했다. 반면 어거스틴은 하나님의 도성이 로마 제국과 같은 일시적인 왕국이 아님을 분명하게 인식했다. 하나님의 도성은 시간과 장소를 초월해 복음을 통해 확장되는 그리스도의 왕국을 가리킨다.

어거스틴은 하나님께서 복음 전도자들에게 선교지를 주셨다고 믿었다. 그는 로마인들이 승리를 거둔 지역에서 행했던 것보다 서고트족이 그들의 정복지에서 더 덕스럽게 행동했다고 덧붙였다. 실제로 그들 중 많은 사람들이 수십 년에 걸쳐 아리우스파 기독교로 개종했다. 이 게르만 부족의 지도자들은 로마의 새로운 통치자가 된 덕분에 정통 기독교의 가르침을 접하고, 결국 세례를 받기에 이르렀다.

　제롬은 뛰어난 성경 학자였지만, 로마 제국과 '우리'를 분리하지 못했다. 그와는 달리, 어거스틴은 신자들을 '우리'로 정의했다. 우리가 어거스틴처럼 생각한다면, 우리의 정체성을 단순히 로마인이나 물리적인 도시, 또는 제국에 얽매이지 않고 더 넓게 생각할 수 있지 않겠는가? 그리스도인으로서 우리는 '우리(로마인)'만이 아니라 어디에서 왔든 상관없이 '그들(서고트인)'까지도 그리스도 안에서 형제로 받아들여야 하지 않겠는가?

그리스도인의 세 가지 원수

　우리의 이웃, 특히 동료 그리스도인들을 두려워하지 말고 받아들이라는 요구는, 세상을 위해 세상과 맞서 싸우라는 성경의 요구와 일맥상통한다. 그리스도인의 공통된 세 가지 원수는 바로 세상과 육신과 마귀이다. 세상이란 우리가 처한 상황, 곧 하나님과 동료 인간들에게 죄를 짓도록 유도하는 주변의 문화를 가리킨다. 마귀는 잠시도 쉬지 않고 활발하게 활동하면서, 하나님이 아닌 우리 중심으로 현실을 바라보도록 유혹하려고 애쓰는 원수이다. 물론 우리의 생각과 행동과 욕망에 대한 책임은 우리 자신이 져야 한다.

　성경은 이를 '육신'이라고 일컫는다. 이것은 실제의 육체가 아니라 죄와 죽음에 속박된 인간의 전인격을 가리킨다. 육신은 '영' 곧 우리의 영이 아니라 '성령'과 대립한다. 육신은 구원하는 능력이 없다. 반면 성령은 살아 역사하는 강력한 하나님의 말씀을 통해 우리를 영적 죽음에서 살리고, 생명을 주는 능력으로 우리 안에 거하신다(엡 2:1-5 참고).

나는 이 세 전장 모두에서 하나님의 지혜가 그 어느 때보다 더 많이 필요하다고 생각한다. 우리는 다른 사람들을 악마화하느라 마귀의 진정한 야욕을 간과한다. 에베소서 6장은 영적 싸움을 다룬 성경 본문들 가운데 가장 유명하다.

"끝으로 너희가 주 안에서와 그 힘의 능력으로 강건하여지고, 마귀의 간계를 능히 대적하기 위하여 하나님의 전신 갑주를 입으라"(10,11절).

그런데 그다음 구절에 주목하라.

"우리의 씨름은 혈과 육을 상대하는 것이 아니요 통치자들과 권세들과 이 어둠의 세상 주관자들과 하늘에 있는 악의 영들을 상대함이라"(12절).

솔직히 말해, 누가 백악관의 주인이 되든 사탄은 크게 신경 쓰지 않을 것이다. 아마도 그는 '구원 사역'을 장난처럼 여기고, 악령들을 제거하는 것을 마치 영화 '마블(Marvel movie)'에서 하는 것과 같은 식으로 생각하는 설교자들을 비웃을 것이다. 사실 사탄은 나보다 교회에 더 많이 머무르면서 그리스도를 믿는 믿음의 진보를 방해하고 훼손할 계책을 도모한다. 그러다가 자동차 뒷좌석에 숨어 신자들과 함께 그들의 집으로 간다.

이것이 에베소서 본문의 초점이다. 바울은 자기에게 익숙한 로마 군인의 막강한 겉모습에 빗대어 묘사했지만, 여기에서 그가 말하는 전신 갑주가 그리스도를 믿는 사람의 믿음을 노리는 사탄과의 영적 싸움을 위한 것임을 기억해야 한다.

첫째, "진리의 허리띠"(엡 6:14 참고)는 객관적인 복음의 진리를 가리킨다. 그리스도인은 자기가 무엇을 믿는지, 왜 믿는지를 알아야 한다. 그렇지 않으면 결국 세속적인 사상을 받아들일 수밖에 없다. 우리 자신의 경험이나 감정이 아니라, 예수님이 유혹을 물리칠 때 말씀하신 대로 "하나님의 입으로부터 나오는 모든 말씀으로"(마 4:4) 사탄을 물리칠 수 있다.

하나님은 우리를 선택해 구원하고, 거듭나게 하는 은혜를 통해 우리를 불러 의롭게 하고, 양자로 삼아 거룩하게 하고, 또한 우리를 영화롭게 하신다. 따라서 우리가 구원받았다는 사실을 알지 못하면, 사탄의 교활한 신학적 궤변이 승리를 거두게 될 것이다.

둘째, "의의 호심경"(엡 6:14)은 우리의 의를 가리키지 않는다. 유혹 앞에서 구원받지 못했다는 두려운 생각이 엄습할 때, 우리 자신의 의를 내세우면 사탄이 승리할 수밖에 없다. 사탄은 우리의 생각과 말과 행위로 저지른 죄가 가득 쌓여 있는 창고를 관장하고 있다. 그는 우리가 무슨 잘못을 저질렀는지, 우리가 어떤 올바른 일을 행하지 못했는지를 훤히 알고 있다.

바울은 로마서 13장 14절에서 "주 예수 그리스도로 옷 입으라"라고 당부했다. 호심경은 가장 중요한 장비이다. 왜냐하면 그것이 마음을 보호하기 때문이다. 우리가 그리스도를 의의 호심경으로 삼으면, 사탄은 승리할 수 없다. 사탄이 하나님의 은혜를 의심하도록 부추길 때마다, 우리는 그를 향해 "그리스도께서 나의 의가 되신다"라고 말해야 한다.

셋째, 우리의 발은 "복음의 신"(엡 6:15 참고)을 신고 좋은 소식을 전해야 한다. 그리고 "모든 것 위에 믿음의 방패를 가지고 이로써 능히 악한 자의 모든 불화살을 소멸하고, 구원의 투구와 성령의 검 곧 하나님의 말씀"(16,

17절)을 가져야 한다. 우리는 이런 놀라운 현실을 알고 있다. 우리는 이런 진리를 통해 기쁨과 감사를 경험하고, 선을 행할 동기를 얻는다. 하나님의 가장 교활한 원수가 우리를 노릴 때는, 진리의 효과가 아니라 진리 자체를 우리의 유일한 갑옷으로 삼아야 한다. 우리에게 적이 있는 것은 분명하지만, 그 적이 곧 우리의 이웃은 아니다.

또한 우리는 세상이 '우리'라는 것을 기억해야 한다. '그들'이 아니라 '우리 모두'이다. 오늘날 많은 사람들은 '세상'을 민주당 지지자 또는 공화당 지지자로 생각하거나 마귀와 동일시한다. 그러나 성경은 세상(*kosmos*, 코스모스)을 그와는 전혀 다르게 이해한다. 요한 사도처럼, 동일한 성경 저자가 '세상'이라는 용어를 다양한 의미로 사용하기도 한다. '세상'은 성부께서 성자를 통해 창조하신 선한 피조 세계를 가리킬 수도 있고(요한복음 3장 16절은 하나님이 이 세상을 사랑하여 독생자를 주셨다고 말씀한다), 하나님을 대적하는 인간의 본성이나(요일 1:10 참고), 신자들이 사랑해서는 안 되는 세속적인 체제(요일 2:15 참고)를 가리킬 수도 있다.

우리는 보란 듯이 "세상에 속하지 않았음"이라는 범퍼스티커를 붙이고 다니면서, 어떤 경우가 되었든 자신은 '세상'에 속하지 않았다고 생각하기 쉽다. 그러나 그것은 사실이 아니다. 우리는, 하나님이 창조하고 그리스도께서 목숨을 바치신 '세상'의 일부이다. 또한 하나님이 어둠에서 불러내 기이한 빛에 들어가게 하시기 전까지, 우리는 모두 그분을 대적하는 '세상'에 속해 있기 마련이다.

두 번째 의미처럼, 반역 체제를 지칭하는 '세상'에는 민주당 지지자들과 공화당 지지자들, 자본주의자들과 사회주의자들, 민주주의 정권과 독재 정권, FOX와 CNN이 모두 포함된다. 이들 모두는 성경에서 '바벨론'이라 부르는 도시를 구성하는 일부분이다. 어떤 부분이 다른 부분보다 더 정의롭고 덕스럽고 평화로울 수도 있다. 다시 말해, 미국이 이란이나 중국보다 더 정의로울 수도 있다. 그러나 모두 바벨론에 속해 있기는 매한가지이다. 이들은 결코 시온이 될 수 없다.

우리는 시온의 시민으로서, 하나님의 말씀이 가르치는 바에 대한 우리의 굳센 확신을 거스르는 사람들을 사랑하라는 부르심을 받았다. 바울은 이렇게 말한다.

"내가 사람의 방언과 천사의 말을 할지라도 사랑이 없으면 소리 나는 구리와 울리는 꽹과리가 되고, 내가 예언하는 능력이 있어 모든 비밀과 모든 지식을 알고 또 산을 옮길 만한 모든 믿음이 있을지라도 사랑이 없으면 내가 아무 것도 아니요, 내가 내게 있는 모든 것으로 구제하고 또 내 몸을 불사르게 내줄지라도 사랑이 없으면 내게 아무 유익이 없느니라. 사랑은 오래 참고 사랑은 온유하며 시기하지 아니하며 사랑은 자랑하지 아니하며 교만하지 아니하며, 무례히 행하지 아니하며 자기의 유익을 구하지 아니하며 성내지 아니하며 악한 것을 생각하지 아니하며, 불의를 기뻐하지 아니하며 진리와 함께 기뻐하고, 모든 것을 참으며 모든 것을 믿으며 모든 것을 바라며 모든 것을 견디느니라"(고전 13:1-7).

내가 강조하고 싶은 구절은 "사랑은 불의를 기뻐하지 아니하며 진리와 함께 기뻐한다"라는 구절이다. 사랑은 죄를 덮어 가리는, 감정적인 가리개가 아니다. "판단하지 말고 그냥 사랑하라"라는 것은 사실 의와 진리와 정의에 대한 증언을 묵살하라는 요구일 수 있다. 문화 전쟁에 참여하는 양측 모두에서 많은 불의가 발견된다. 심지어 그들은 죄를 즐거워할 뿐 아니라 적어도 그것을 묵과하는 잘못을 저지른다.

그렇다면 불의가 아니라 진리를 기뻐해야 하는 이유는 무엇일까? 그 대답은 바로 사랑에 있다. 나는 사랑을 거스른 죄를 많이 용서받았고, 지금도 용서받고 있으며, 앞으로도 항상 용서받아야 한다. 그러한 내가 과연 무엇이라고 재판관 노릇을 한단 말인가?

성소수자 이웃들이나 '큐어넌'을 심각하게 생각하지 않는 사람들에게 도덕적인 분노를 표출하거나 그들을 거부하거나 질책하거나 가르치려 들지 말고, 사랑으로 대해야 한다. 세리로 일하면서 착복을 일삼은 삭개오는 죄인 및 세리들과 함께 음식을 잡수시는 예수님에 관한 소식을 들었다. 그래서 그는 군중을 가르치는 예수님을 멀리서나마 보기 위해 나무 위로 올라갔다.

"예수께서 그곳에 이르사 쳐다보시고 이르시되 삭개오야 속히 내려오라 내가 오늘 네 집에 유하여야 하겠다 하시니"(눅 19:5).

예수님은 삭개오에게 "만일 네가 세법과 착복 행위에 대한 나의 가르침에 귀를 기울인다면, 너와 허심탄회하게 대화를 나눌 생각이다"라고 말씀하지 않으셨다. 그리고 그의 불의한 삶을 지적하지도 않으셨다. 예수님은 "너를 꾸짖을 것이다"라거나 "나와 어울리기 위한 조건을 알려 주겠다"가 아니라, "오늘 네 집에 유하여야 하겠다"라고 말씀하셨다. 예수님은 사랑의 마음으로 기꺼이 삭개오의 손님이 되어 주셨고, 나중에는 십자가의 죽음까지 받아들이셨다.

이것은 사랑이 풍성한 하나님의 마음을 잘 보여 준다. 예수님께서 삭개오가 비양심적인 사람이라는 사실과, 이웃의 것을 훔치는 행위가 잘못되었다는 사실을 몰라서 그렇게 하신 것이 아니다. 예수님이 먼저 그를 받아 주고 용서를 베풀자, 삭개오는 죄를 뉘우쳤다. 그리고 속여 빼앗은 이웃들의 것을 돌려주고, 재산의 절반을 가난한 자들에게 주겠다고 결심했다.

그뿐 아니라 예수님은 바리새인도 사랑하셨다. 그분은 그들과도 함께 음식을 잡수셨다. 몇몇 바리새인들은 예수님을 믿었다. 그리고 예수님은 산헤드린 의원의 무덤에 장사되셨다. 그분은 모든 사람과 어울리기를 원하셨다.

어떤 사람들은 불의한 삶에 대해 묵인하는 것을 사랑으로 생각한다. 그러나 누군가를 진정으로 사랑한다면 그렇게 할 수 없다. 더욱이 바울은 고린도전서 13장에서, 사랑은 요란하지 않고 자랑하지 않으며 교만하지 않고 무례하지 않으며 성내지 않는다고 말한다. 예수님은 다른 사람들이 자신을 따르든 따르지 않든 상관없이, '그들'이 아니라 함께 어울려 먹고 마시는 친구로 여기셨다. 그분은 "우리가 원수 되었을 때에"(롬 5:10) 우리에게 은혜를 베푸셨다. 여기에서 '우리'는 나를 포함한 모든 사람을 가리킨다. 바울처럼, 오늘 가장 열정적인 박해자가 내일은 복음 전도자가 될 수도 있다. 그러므로 하나님의 일을 가로막지 말고 사람들을 사랑하는 것이 최선이다.

그러나 하나님을 거스르는 세상의 체제는 엄연한 현실이다. 때로는 그리스도인과 교회까지도 그 체제의 일부가 될 수 있다. 요한복음 15장에서, 예수님은 자기를 거부하고 신자들을 회당에서 쫓아낼 동료 유대인들을 염두에 두고서, 세상이 교회를 미워할 것이라고 경고하셨다. 이와 같은 이유로 신약성경의 서신서들에 기록된 권고의 말씀은 우리 시대를 포함해 모든 시대에 적절하게 적용된다.

"그러므로 형제들아 내가 하나님의 모든 자비하심으로 너희를 권하노니 너희 몸을 하나님이 기뻐하시는 거룩한 산 제물로 드리라 이는 너희가 드릴 영적 예배니라. 너희는 이 세대를 본받지 말고 오직 마음을 새롭게 함으로 변화를 받아 하나님의 선하시고 기뻐하시고 온전하신 뜻이 무엇인지 분별하도록 하라"(롬 12:1,2).

그러나 우리는 하나님의 말씀으로 '마음을 새롭게 함으로 변화를 받기' 보다 여러 가지 방식으로 '이 세대를 본받으려' 한다. 바울은, 세상의 부도덕함을 본받아 탐욕과 교만, 권력 투쟁과 방종을 일삼았던 고린도교회를 엄히 질책했다. 그것은 '다른 사람들'에게만 적용되는 말처럼 들리지 않는다. 그것은 나와 너, 우리 모두를 두고 하는 말이다.

우리는 세상의 체제에 속해 있었다. 세상의 체제는 우리의 눈에 여전히 매력적으로 보인다. 우리는 때때로 멸망의 도시에 속한 사람들처럼 행동한다. 세상은, 앞에서는 세속적인 삶을 맹렬히 비난하면서 뒤에서는 은밀히 심각한 죄를 저지르는 기독교 지도자들의 위선을 종종 목격하고서, 기분 좋게 그에 관해 떠들어 댄다.

예수님의 비유에 등장하는 맏아들이 자기 의에 사로잡혀 '방탕하게 산 동생'을 업신여긴 것도 이미 큰 잘못인데, 스스로 방탕하게 살면서 그렇게 했다면, 그것은 분명 곱절로 비난받아야 마땅한 행위일 것이다. 설령 우리가 바벨론의 시민처럼 행동했다 하더라도, 우리는 시온의 시민이요 그에 합당하게 행해야 한다는 점을 결코 잊어서는 안 된다.

그리스도인에게는 이 세상의 모든 나라가 좀 더 나은 부분과 좀 더 나쁜 부분으로 이루어진 바벨론에 지나지 않는다. 바벨론은 시온이 될 수 없지만, 시온의 시민들은 바벨론의 시민처럼 될 수 있다.

"만일……회개하지 아니하면 내가 네게 가서 네 촛대를 그 자리에서 옮기리라"(계 2:5).

즉, 교회가 죄를 회개하지 않으면, 이스라엘 집에서 옮겨질 수 있다. 교회를 위협하는 위험은 이방인들의 박해가 아니라 교회가 이 헛된 세상의 흐름에 녹아들어 저지르는 배교에서 비롯된다. 세속화된 교회야말로 참교회의 가장 큰 적이다.

11

'기독교 민족주의' 대 그리스도의 몸

요즘에는 많은 사람들이 미국이 낯설고도 이질적인 서고트족에게 침략을 당하고 있다고 느끼는 듯하다. 이 '타인들'은 성경을 믿노라 고백하는 유색 인종들이다. 물론 유색 인종들 가운데는 전통적인 기독교를 거부하는 이들도 많다. 만일 우리가 민족주의적인 이념이 아니라 신약성경의 선교적 비전에 눈을 돌린다면, 우리의 견해는 매우 달라질 것이다.

그리스도는 새 창조의 머리가 되신다. 그분이 전파되는 곳마다 사막이 풍요로운 포도원으로 변한다. 그리스도는 설교와 가르침, 세례와 성찬을 통해 죄인들에게 자기를 내주신다. 이것이 곧 지상 명령이다.

"예수께서 나아와 말씀하여 이르시되 하늘과 땅의 모든 권세를 내게 주셨으니, 그러므로 너희는 가서 모든 민족을 제자로 삼아 아버지와 아들과 성령의 이름으로 세례를 베풀고, 내가 너희에게 분부한 모든 것을 가르쳐 지키게 하라 볼지어다 내가 세상 끝날까지 너희와 항상 함께 있으리라 하시니라"(마 28:18-20).

그러나 교회가 그리스도와 그분의 구원 사역에 더 이상 관심을 기울이지 않으면, 서서히 쇠퇴하다가 다시 사막의 일부가 되고 만다.

한 가지 비유를 들어보겠다. 체스 모임 회원들이 체스에 흥미를 잃고 포커를 시작한다면, 그것은 더 이상 체스 모임으로 유지될 수 없을 것이다. 그런 경우에는 포커 모임이 존재할 뿐이다. 단체복 상의에는 여전히 '체스모임'이라는 글자가 인쇄되어 있고, 회원들이 체스에 관해 대화하며 그것이 재미있는 게임이라고 말할지 모르지만, 그들이 모이는 목적은 다르게 변했다.

그와 마찬가지로, 자유주의 개신교는 여전히 기독교 단체복을 입고 있지만, 실제로는 다른 게임을 하는 중이다. 현재는 복음주의도 위태롭게 그런 상황에 바짝 다가서 있는 것으로 보인다. 예를 들어, 많은 사람들이 '진보주의 세력'을 상대로 '기독교 국가'라는 열띤 토너먼트 경기를 하고 있다고 생각한다. 그리스도인들이 편을 나누면, 교회들은 단지 '기독교'라는 단체복만을 걸친 채로 정치적 좌파와 우파의 일부가 되고 만다. 다시 말해, 루터가 '내 주는 강한 성이요'라는 찬송가에서 노래하는 "세상의 모든 권력을 능가하는 말씀"이 아니라 더는 그리스도의 교회라고 할 수 없는 어떤 것을 만들어 내기에 이른다.

정치적인 양극단 모두에서 기독교의 상징과 표어들을 사용하는 심원한 종교적 색채가 발견되지만, 그것은 기독교와는 아무런 상관이 없다. 그들이 예배하는 대상은 삼위일체 하나님이 아니라 '미국'이다.

앤드류 화이트헤드(Andrew L. Whitehead)와 새뮤얼 페리(Samuel L. Perry)는 지금까지 기독교 민족주의에 관한 인구학적 연구에서 가장 중요하다고 할 수 있는 연구를 통해, 이런 현상을 '대사', '수용자', '반대자', '거부자'로 나눠 면밀하게 조사했다. 그러자 놀랍게도 '기독교 민족주의'가 단지 복음적인 백인들만의 현상이 아닌 것으로 드러났다. "아프리카계 미국인의 65%가 기독교 민족주의를 지지한다. 이것은 모든 인종 집단 가운데서 가장 높은 수치이다." 물론 아프리카계 미국인들은 백인들의 특권을 옹호하는 노선이 아니라 더 나은 사회 정의를 지향하는 노선의 기독교 국가를 원하고 있다.[1]

히스패닉계는 백인들과 마찬가지로 전체적으로 균등하게 나뉘어 있다. "복음주의 개신교 신자들은 대부분 대사(40%)나 수용자(38%)에 해당한다……그러나 반대자나 거부자에 해당하는 복음주의자들도 거의 4분의 1(23%)에 달한다."[2]

결국 격렬하게 대립하는 두 개의 거대 담론이 존재하는 셈이다. 백인 기독교 민족주의자들은 미국의 '기독교' 문화가 공격을 받고 있다고 생각한다. 그리고 세속주의자들은 토머스 제퍼슨(Thomas Jefferson)의 말을 인용해, 교회와 국가 사이에 "분리의 벽"이 존재한다고 말한다. 양측 모두가

---

1) Andrew L. Whitehead and Samuel L. Perry, *Taking America Back for God: Christian Nationalism in the United States* (New York: Oxford University Press, 2020), 41.

2) Whitehead and Perry, *Taking America Back for God*, 41–42.

자기편 군대에 자신들의 입장을 압축하여 알릴 수 있는 편파적인 표어와 선전 문구를 만들기에 급급하다. 따라서 이 문제를 함께 곰곰이 생각해 보아야 한다. 먼저 성경을 토대로 '기독교 민족주의'라는 개념을 살펴보고, 그다음에 간단한 역사적 논증을 하나 제시하는 것이 좋을 듯하다.

기독교 민족주의는 성경적인가?

첫째, 성경은 그리스도의 보편적인 몸 외에는 그 어떤 경우든 기독교 국가라는 개념을 인정하지 않는다. 구약 시대의 이스라엘에는 교회가 곧 국가이고, 국가가 곧 교회인 시절이 있었다. 하나님께서 국가와 온 나라의 머리이셨고, 땅은 그분을 위해 성별된 거룩한 곳이었다. 이스라엘 백성은 아브라함처럼 장래에 나타날 구원자를 바라보았고, 우리가 은혜로 그리스도를 믿는 믿음을 통해 의롭다함을 받는 것처럼 그 믿음으로 의롭다함을 받았다.

그런데 그들에게는 또 다른 언약이 있었다. 하나님이 아니라 그들이 직접 시내산에서 "여호와께서 명령하신 대로 우리가 다 행하리이다"(출 19:8; 24:3 참고)라고 맹세했다. 만일 그들이 맹세를 어긴다면, 하나님께서 그들의 원수들에게 행하셨던 것처럼 그들도 가나안 땅에서 쫓겨나게 되는 것이다(신 28장 참고). 아담이 지키겠다고 맹세한 언약을 어긴 탓에 에덴동산에서 쫓겨난 것과도 같다.

복과 저주의 약속으로 구성된 국가적 차원의 언약은, 하나님께서 아브라함과 맺으신 일방적인 은혜 언약과는 달리 이스라엘 백성의 충실성에 근거했다. 그러나 불행히도 그들은 아담처럼 언약을 어겼다(호 6:7 참고). 때가 되자 하나님은 자기 아들, 곧 메시아를 보내 율법을 이루고 세상의 죄를 짊어지게 하셨으며, 그로써 이스라엘과 맺은 국가적인 언약은 폐기되었다(히 8:13 참고).

새 언약은 옛 언약보다 훨씬 더 뛰어난 약속과 복과 중보자로 이루어져 있다. "택하신 족속이요 왕 같은 제사장들이요 거룩한 나라요 그의 소유가 된 백성"(벧전 2:9)이라는 배타적인 호칭은 본래 이스라엘이라는 지정학적인 나라에 적용되었다가(출 19:6 참고), 신약 시대에는 그리스도의 보편적인 몸에 적용되기에 이르렀다. 새 언약은 육체적인 후손들이 아니라 그리스도를 믿는 모든 나라의 백성에게 적용된다(요 8:39-59; 롬 9:8; 갈 3:10-29 참고).

교회 안에서는 중요한 논쟁이 일어났다. 첫 번째는, 이방인들을 받아들이는 문제에 관한 것이었다. 이 문제는 예루살렘 총회를 통해 해결되었다(행 15장 참고). 이스라엘 민족만을 '택하신 족속'으로 간주하는 것이 하나님의 영감으로 기록된 성경의 가르침을 거스르는 것이라면, 하물며 미국인들, 특히 아브라함과 아무런 연관성도 없는 하나의 특정한 인종에게만 그런 지위를 부여하는 것은 하나님을 더더욱 크게 거스르는 것이 아니겠는가?

문제는 일부 그리스도인들이 성경적인 개념을 지나치게 진지하게 받아들이는 것이 아니라, 옛 언약 아래 있던 이스라엘과 미국을 혼동하고 있다는 것이다. 성경적인 견지에서 보면, 이는 율법과 복음을 혼동하는 이단적인 발상이 아닐 수 없다. 기독교 민족주의는 '하나의 거룩하고도 보편적이며 사도적 교회'라는 교리를 정면으로 거스른다.

좌파와 우파가 아무리 열심히 주장하더라도, '국가적인 영혼'은 존재하지 않는다. 지금은 나라들이 옛 이스라엘 백성처럼 율법에 다시 헌신한다고 하더라도 구원을 받지 못한다(대하 7:14 참고). 설령 그럴 수 있다고 하더라도, 우리는 이미 율법을 어긴 상태이다.

우리는 "(하나님이) 우리의 선함을 이 바다에서 저 빛나는 바다에까지 펼쳐진 형제애로 갚아 주신다"라고 노래하지만,3) 이미 율법을 어긴 상태에서 벗어날 수는 없다. 미국의 언약이라는 이런 비성경적인 이데올로기는 노예제, '명백한 운명(Manifest Destiny)'4), 인종 격리 같은 것과 일맥상통할 뿐 아니라, 그런 불의를 정당화하는 근거가 되는 개념을 제공하도록 돕는다.

앞서 말한 대로, 많은 아프리카계 미국인들이 노예제와 인종 차별을 철폐하기 위해 싸우면서도 그런 이데올로기를 받아들였다는 사실은 참으로 아이러니한 일이 아닐 수 없다. 성경은 국가 내의 정의 실현과 그리스도의 몸을 통해 이루어지는 기독교의 일치를 둘 다 지지하지만, 이런 문제들에 대한 해결책은 비성경적인 신화가 아닌 다른 데서 찾아야 한다.5)

---

3) 역자주 - 캐서린 베이츠(Katharine Lee Bates)가 1895년에 작시한 미국의 애국 가요인 '아름다운 미국(America the Beautiful)'의 한 소절이다.
4) 역자주 - '명백한 운명'이란 19세기 중후반에 미국에서 널리 퍼진 이론으로, 미국의 영토 확장이 '사명'이라는 의미를 담아 그들의 정책을 정당화하기 위해 사용되었다.
5) 2021년 1월에 발생한 미국 국회의사당 난입 사태는 미국을 특별한 나라로 간주하는 비성경적

'매사추세츠만 식민지'의 총독인 존 윈스럽(John Winthrop)은 그곳을 "산 위에 있는 빛나는 도시"(마 5:14 참고)로 일컬었다. 그곳에는 기독교 공동체를 건설하기 위해 영국에서 도망쳐 온 독립파 청교도들이 거주했다. 그러나 산상 설교에서 예수님께서 말씀하신 이 구절은 또 다른 지정학적인 실체가 아니라 세상에서 구원받은 자신의 양 떼를 지칭하는 것이었다. 국가 종교를 위해 성경을 오용하는 행위는 교회를 정치적으로 오염시킨다. 보편적인 교회는 다름 아니라 그리스도의 왕국, 곧 그분이 사랑하는 공동체이자 산 위에 있는 동네요, 택하신 족속을 가리킨다. 인류의 가장 뛰어난 마지막 희망은 미국이 아니라 그리스도이다.

기독교 민족주의는 역사적인가?

둘째, 역사는 기독교 민족주의의 개념을 지지하지 않는다. 이것은 '기독교 국가'나 날조된 '신성로마제국'과 같은 오류에서 비롯된 개념이다. 특히 19세기 낭만주의 운동은 '신성한 러시아'나 '신성한 게르만 조국', '푸르고도 쾌적한 영국 땅'에 세워진 하나님 나라와 같은 것에 대해 많이 논의했

신화를 보여 주는 대표적인 사례이다. 『뉴요커』가 2021년 1월 17일에 게재한 루크 모겔슨(Luke Mogelson)의 동영상을 통해 알 수 있는 대로, 폭도들과 경찰들 모두가 국회의사당을 신성한 곳으로 간주했다(https://www.youtube.com/watch?v=270F8s5TEKY). '큐어넌 샤먼'으로 알려진 제이콥 챈슬리(Jacob Chansley)가 상원에 진입하자, 한 경찰관은 "이곳은 가장 신성한 곳과도 같소"라고 말하면서 얼른 밖으로 나가라고 말했다. 그러자 챈슬리는 "나도 알고 있소"라고 대꾸했다(6분 45초에서 6분 50초 사이의 동영상 장면).
동영상이 8분쯤 진행되고 나면, 폭도들이 예수 그리스도의 이름을 부르면서 '그 신성한 장소에서' 1분 동안 기도하는 모습이 나온다. 그들은 국가가 '다시 태어났다'고 묘사한다. 폭도들은 자신들이 국회의사당을 더럽힌 것이 아니라 그곳을 정결하고 거룩하게 만든다고 생각했다. 히스기야와 요시아가 악한 전임 왕들이 더럽혔던 예루살렘 성전을 정화했던 것처럼 말이다.

다. 많은 사람들, 특히 그런 나라들에서 온 박해받던 그리스도인들이 '신세계'에서 추구했던 것도 바로 그런 유의 기독교 민족주의였다.

세속주의자들은 "댄버리 침례교 협회에 보내는 편지"를 직접 읽어 보지도 않고서, 무작정 교회와 국가 사이에 '분리의 벽'이 존재한다는 토머스 제퍼슨의 말을 인용하곤 한다. 제퍼슨의 전임자인 존 애덤스(John Adams)를 비롯해 많은 사람들은 그가 대통령이 되는 데 반대했다. 애덤스는 격렬한 선거 운동을 벌이면서 그를 무신론자로 몰아세워 비난했다.

제퍼슨은 첫 번째 재임 기간에 추수감사절과 국가 기도회를 폐지했다. 그러하기에 그가 1802년에 재선을 준비할 때, 코네티컷주 댄버리의 침례교인들이 그가 종교를 전혀 존중하지 않을지도 모른다고 충분히 우려할 만했다. 성공회가 1786년까지 버지니아주의 공인 교회였던 것처럼, 당시 코네티컷주의 공인 교회는 회중교회였다(이 상태가 1818년까지 유지되었다). 그러나 제퍼슨이 댄버리의 침례교인들에게 보낸 대답은 매우 고무적이었다.

나는, 종교가 전적으로 개인과 그의 하나님 사이의 문제이며, 개인은 자신의 신앙이나 예배에 대해 다른 누구에게도 아무런 책임을 질 필요가 없고, 정부의 정당한 권력은 개개인의 견해가 아니라 행동에만 영향을 미친다는 여러분의 신념에 동의합니다. 그러하기에 미국의 전체 국민이 '입법부가 종교의 설립을 존중하는 법을 제정하거나 종교의 자유로운 행사를 제한하는 법을 만들어서는 안 된다'고 선언함으로써 교회와 국

가 사이에 분리의 벽을 세운 것에 최고의 존경을 표합니다.[6]

이것은 침례교 설교자이자 노예제 폐지론자요 종교의 자유를 옹호했던 존 릴런드(John Leland)가 바라던 말이었다. 그는 '기독교 연방 국가'가 정확히 그리스도인이 원하는 것은 아니라고 강력하게 주장한 것으로 유명하다. 오히려 그리스도인들은 '교황주의자나 유대인이나 터키인에게' 복음을 거부하거나 받아들일 수 있는 자유를 부여해야 마땅했다.

이 문제는 역사적 상황, 곧 청교도 혁명과 프랑스 혁명이라는 두 혁명의 가치가 미국인들에게 영향을 미친 상황을 염두에 두고서 생각해야 한다. 그렇다고 해서 여기에서 역사의 교훈을 제시할 생각은 조금도 없다. 나는 단지 오늘날의 정치적 협상에 여전히 지대한 영향을 미치는 복합적 요인을 강조하고 싶을 뿐이다.

잉글랜드의 내전(청교도 혁명, 1642-1651)은, 하나님께서 헌법이 인정하고 법률이 보호하는 인간의 존엄성과 권리와 책임을 부여하셨다는 생각을 토대로 하여 더 큰 시민적 자유를 추구할 수 있는 발판을 마련했다. 1688년의 '명예혁명'을 통해 네덜란드 왕 윌리엄과 그의 아내인 영국의 공주 메리가 보좌에 올랐다. 그리고 하노버 왕조의 조지 3세가 절대주의 정책으로 복귀하면서부터 미국의 식민지 거주자들이 반역을 일으키기 시작했다.

---

6) Thomas Jefferson, "Reply to the Danbury Baptist Association," in *The Papers of Thomas Jefferson, Volume 36: 1 December 1801 to 3 March 1802*, ed. Barbara B. Oberg (Princeton: Princeton University Press, 2009), 258, https://jeffersonpapers.princeton.edu/selected-documents/danbury-baptist-association-0.

프랑스 혁명은 종교와 정치의 차원 모두에서 더욱 급진적이었다. 존 로크(John Locke)와 같은 영국의 정치 사상가들은 종교적 관용을 주장하면서 다양한 종파들을 인정했다. 그것은 네덜란드의 정책이기도 했다. 그러나 17세기의 철학자인 베네딕트 스피노자(Benedict Spinoza)는 종교로부터의 자유를 추구하거나 적어도 국가가 통제하는 새로운 시민 종교를 만들 수 있는 공화제를 지지했다.

가장 급진적인 프랑스 혁명가들은 교회와 왕의 절대 권력 아래 오랫동안 압제를 견뎌 왔기 때문에 그런 견해를 열렬히 수용했다. 그들은 강력한 세속주의 혁명을 선동했고, 노트르담 대성당의 기독교 상징물을 이성의 여신으로 대체했다. 주된 영향을 미친 장본인은 로크가 아니라 스피노자였다.

미국의 설립자들은 성향이 다양했다. 영국식 혁명에 관심을 기울인 사람들도 있었고, 프랑스식 혁명에 관심을 기울인 사람들도 있었다. 우리는 여러 측면에서 오늘날까지 이어지는 유산을 여전히 경험하고 있다. 미국의 설립자, 특히 제퍼슨, 애덤스, 페인, 프랭클린은 돌바크 남작(Baron d'Holbach)과 같은 파리의 무신론자들과 자주 접촉했다. 정통 기독교를 무시했던 제퍼슨과 애덤스는 이신론자들과 프리메이슨단이 말하는 '최상의 건축자,' 곧 세상을 창조하고 인간에게 특정한 권리를 부여한 존재를 믿었던 것으로 보인다. 이들은 자신의 서신에서 삼위일체, 그리스도의 신성, 기적 등을 옹호하는 '아타나시우스파 성직자들'을 조롱했다.

특히 제퍼슨은 그런 교리를 가르치는 구절들을 없애고 자신만의 성경을 만든 것으로 유명하다. 더욱이 그는 루크레티우스(Lucretius)의 『사물의 본질에 관해』(On the Nature of Things)라는 책을 읽고 나서 "나도 에피쿠로스 학파이다"라고 말했다.[7] 우리는 미국이 '세속적인 인본주의'에 침략당했다고 생각하지만, 지금 누군가가 기독교 신앙을 그렇게 공공연히 대놓고 비판한다면 대통령으로 선출되기는 매우 어려울 것이다.

많은 사람들이 무신론자로 의심했던 벤 프랭클린(Ben Franklin)은 어떤 형태의 기독교도 신봉하지 않는 '자유 사상가'였다. 토머스 페인(Thomas Paine)은 큰 호응을 불러일으킨 『이성의 시대』(The Age of Reason)에서 기독교를 조롱하여 유럽과 미국에서 상당한 논쟁을 촉발시켰다. 조지 워싱턴은 세례받은 감독교회 신자인 동시에 헌신적인 프리메이슨 단원이었다. 그는 교회에 정기적으로 참석하지 않았고, 참석한 날에도 성찬식이 거행되기 전에 자리를 뜨곤 했다.

반면 존 제이(John Jay), 패트릭 헨리(Patrick Henry)를 비롯해 정통주의 그리스도인들도 많았다. 전반적으로 볼 때, 국부들의 상황도 신념과 관점이 다양한 오늘날의 우리 시대와 매우 흡사했던 것 같다.

세속주의자들은 정통 교리와 실천에 반대하는 것이 종교에 대한 반감을 보여 준다고 생각했다. 이것은 역사를 크게 오해한 것이다. 반면 기독

---

7) 루크레티우스가 주창한 에피쿠로스주의는 세상이 아무렇게나 방향을 틀어 움직이는 원자들로 구성되었다고 가르쳤다. 신들은 세상의 일에 전혀 관여하지 않는다. 과거에는 신의 창조가 존재하지 않았고, 미래에는 신의 심판이 존재하지 않는다. 따라서 인간은 편안한 마음으로 생을 즐기면 된다. 아울러 루크레티우스는 종교가 사제들이 죽음에 대한 공포심을 조장해 사회를 통제하기 위해 창안한 발명품이라고 강조했다.

교 민족주의는 성경이 가르치는 그리스도의 몸의 의미를 왜곡할 뿐 아니라, 기독교를 포괄적인 종교적 도덕주의로 확장하라고 요구한다. 조지 워싱턴은, 자치적인 국민은 보편적인 종교가 없이는 오랫동안 지속될 수 없다고 굳게 확신했다. 그러나 그도 프랭클린과 제퍼슨처럼 특권화된 하나의 종파보다는 여러 종파가 경쟁할 때 사회가 가장 잘 유지될 수 있다고 생각했다.

한편 정책적인 측면에서 조지 워싱턴 행정부가 트리폴리와 체결한 '트리폴리 조약(1796)'은, 두 국가들의 종교인 기독교 및 이슬람교와 아무런 상관이 없다는 점을 중요하게 지적해야 했다. "미국 정부는 어떤 의미에서도 기독교에 기반을 두지 않는다……종교적인 이유로 제기된 어떠한 구실도 두 나라 사이의 조화를 깨뜨려서는 안 된다고 선언하는 바이다"(11조).[8]

워싱턴은 미국인 대다수가 다양한 교파의 그리스도인이라는 점을 모르지 않았다. 심지어 어떤 점에서는 그가 자기 자신까지도 염두에 두었다고 할 수 있다. 또한 그는 공공 생활에서 종교를 배제하고 싶어 하지도 않았다. 그러나 '미국의 실험(the American experiment)'의 진수는 정부가 양심이나 종교 행위에 간섭해서는 안 된다는 점을 보여 준다.

---

8) "Treaty of Peace and Friendship, Signed at Tripoli November 4, 1796," in *Treaties and Other International Acts of the United States of America, Vol. 2, Documents 1–40: 1776–1818*, ed. Hunter Miller (Washington, DC: Government Printing Office, 1931), https://avalon.law.yale.edu/18th_century/bar1796t.asp. 이 협약과 건국의 아버지들이 종교를 어떻게 생각했는지에 대한 다른 측면들을 분석한 훌륭한 책으로는 다음을 참고하라. Frank Lambert, *The Founding Fathers and the Place of Religion in America* (Princeton: Princeton University Press, 2003).

제퍼슨은 종교 자체가 위험하다기보다는 '국가 종교'가 잘못된 것이라고 생각하여 "분리의 벽"이라고 표현했다. 그래서 그는 1768-1774년에 침례교 설교자들의 절반이 감옥에 갇힌 버지니아주의 비국교도 신자들을 격려했다. 제퍼슨과 매디슨(Madison)은 다른 그리스도인들과 함께 1786년에 버지니아 주립 교회 폐지 운동을 지원했다.

매디슨, 위더스푼, 그리고 미국 헌법

매디슨이 의도적으로 미국 헌법에 그리스도나 기독교를 적지 않았다는 사실을 알면 놀랄 사람들이 더러 있을 것이다. 매디슨의 개인적인 신앙이 어땠는지는 분명하지 않다. 다만 그는 성공회에서 성장했고, 나중에 장로교회의 신자가 되었다. 그러다가 점차 이름뿐인 신자가 되었던 것으로 보인다. 그러나 신앙 교육이 그에게 미친 영향은 사라지지 않았다. 그는 신앙 교육의 많은 부분들이 지성적인 설득력을 지닌다고 생각했던 것이 분명하다.

매디슨은 버지니아 출신인데도 윌리엄 메리 대학교가 아니라 프린스턴 대학교를 선택했다. 특히 존 위더스푼(John Witherspoon)이 그곳의 총장이라는 사실이 주요한 동기가 되었다. 위더스푼은 스코틀랜드 장로교회의 목회자이며, 미국 독립선언문에 서명한 사람들 중 하나였다. 미국 국부들 가운데 여러 사람들이 그에게서 도덕 철학과 신학을 배웠다. 매디슨은, "정부는 한 시민이 다른 시민을 두려워할 수 없게 해야 한다"라는 핵심 원리를 가르치는 몽테스키외(Montesquieu)의 『법의 정신』(*The Spirit of Law*)

에 영향을 받았지만,[9] 중요한 측면에서 위더스푼의 영향을 가장 크게 받았다.

위더스푼은 루터와 칼빈처럼, 인간이 하나님의 형상으로 창조되었지만 타락했다는 어거스틴의 사상을 받아들였다. 아담의 후손은 자신의 노력으로 하나님 앞에서 의롭다함을 받거나 타락한 본성을 새롭게 고칠 수 없다. 그러나 하나님의 형상은 오염되었을 뿐 파괴되지는 않았다. 심지어 거듭나지 못한 사람들도 시민적 정의(즉, 다른 사람들 앞에서 덕스럽게 행하는 것)를 추구할 수 있다. 다만 도덕적 타락으로 인해 권력을 제어하는 통제 장치가 필요하게 되었다.

칼빈은 "만일 하나님이 백성에게 자신의 정부와 관리들을 선출하도록 허용하신다면, 그것은 더없이 귀한 복이 아닐 수 없다"라고 말했다.[10] 아울러 한 사람이 권력을 과도하게 소유하는 것을 막을 수 있는 방책들과 정치적 제도, 기관들도 필요하다. 리 워드(Lee Ward)는 이렇게 말했다.

칼빈은 인간의 본성이 심각하게 오염되었다고 생각했기 때문에 공화주의에 공감했다. '혼합 정체(混合政體, mixed government)'[11]에는, 인간

---

9) Montesquieu, *The Spirit of the Laws*, Book 11, Chapter 6, "On the constitution of England," trans. and ed. Anne M. Cohler, Basia Carolyn Miller, and Harold Samuel Stone (Cambridge, UK: Cambridge University Press, 1989), 157.

10) John Calvin, *Institutes of the Christian Religion*, ed. John T. McNeill, trans. Ford Lewis Battles (Philadelphia: Westminster Press, 1960), 4.20.8.

11) 역자주 - 혼합 정체란 군주정, 귀족정, 민주정의 장점을 채택한 정부 형태를 가리킨다.

은 연약하므로 관료들이 권력을 남용하지 않도록 통제하고 균형을 유지하는 것이 필요하고도 정당한 일이라는 생각이 반영되어 있다. 관료들이 전제적인 군주에게 저항하거나 항거할 의무가 있다는 칼빈의 저항 이론의 밑바탕에는 통제와 균형을 중시하는 이런 신념이 깔려 있다.[12]

칼빈은 한 가지 형태의 정부가 보편성을 띤다고 생각하지 않았다. 모든 정부는 그 나라의 특정한 역사와 문화를 기반으로 한다. 그러나 인간의 권력을 통제하는 일은 어디에서나 꼭 필요하다.

그와 비슷하게 위더스푼도 "인간은 어디에서나 타락하고 부패한 상태인 것으로 간주된다. 인간에게 처방된 것이나 인간을 위해 행해지는 것은 모두 이것을 전제로 한다"라고 설교한 적이 있다. 그러나 인간이 하나님의 형상으로 창조되었다는 사실과 그분의 섭리 덕분에, 이기심을 제어하기에 충분한 시민적 덕성이 여전히 그대로 남아 있다.[13] 정부는 원죄의 상처와 그 결과를 바로잡을 수는 없지만, 불의와 폭력과 악덕을 제재할 수는 있다. 이런 개념은 인간의 도덕적 완전성에 근거했던 프랑스 혁명의 이념과 정면으로 충돌한다.

---

12) Lee Ward, *Modern Democracy and the Theological-Political Problem in Spinoza, Rousseau, and Jefferson* (New York: Macmillan, 2014), 25–26.

13) John Witherspoon, "Man in His Natural State," in *The Works of the Rev. John Witherspoon,* vol. 2 (Philadelphia: William W. Woodward, 1800), 302. 위더스푼의 생각을 맥락에 맞게 이해하도록 도와주는 자료로는 다음을 참고하라. Ian Speir, "The Calvinist Roots of American Social Order: Calvin, Witherspoon, and Madison," *Public Discourse,* April 13, 2017, http://thepublicdiscourse.com/2017/04/19116/.

위더스푼의 사상은 매디슨이 인간의 본성에 관해 제시한 비계몽주의적 성찰에 지배적인 영향을 미쳤다. 매디슨은 정부 기관 내 그 어떤 곳에도 권력이 편중되지 않도록, 좋은 헌법을 만들어 권력을 제한해야 한다고 주장했다.

정부 권력의 남용을 통제해야 한다는 사실은 인간의 본성에 대한 성찰에서 비롯된다. 그러나 정부의 존재 자체가 인간의 본성을 가장 잘 성찰한 결과가 아니고 무엇이겠는가? '만일 인간이 천사라면, 정부는 필요 없을 것이다. 또한 천사들이 인간을 다스린다면, 정부를 외적으로나 내적으로 통제하는 장치가 필요 없을 것이다.' 인간이 인간을 다스리는 형태로 운영되는 정부를 구성할 때 가장 큰 어려움이 있다면, 먼저 피지배자들을 통제하는 권한을 정부에 부여하고 나서 정부에 정부 자체를 통제할 의무를 지우는 것이다. 국민을 따르는 것이 정부에 대한 일차적인 통제 장치인 것은 분명하지만, 인류의 경험을 보면 보조적인 예방책이 필요하다는 것을 알 수 있다.[14]

매디슨은 일반론의 영역에 머물지 않고, '연방주의 51호(Federalist No. 51)'라는 논문을 통해 정부와 국민의 견제와 균형에 관한 실질적인 방책을 상세하게 논했다.

---

14) James Madison, "The Federalist No. 51," in *James Madison: Writings,* ed. Jack N. Rakove (New York: Library of America, 1999), 295(따옴표의 강조는 내가 추가하였다).

아리스토텔레스나 오늘날의 많은 이론가들과는 달리, 매디슨은 루터와 칼빈처럼 좋은 법이 좋은 사람을 만든다고 믿지 않았다. 그는 "파벌 싸움의 원인을 완전하게 제거할 수 없기 때문에……그 결과를 통제하는 방책을 마련하는 것만이 유일한 해결책이 될 수 있다"라고 말했다.[15] 그에 따르면, 인간의 마음은 정부와 법의 통치 영역이 아니다. 국가는 인간의 본성을 개혁할 수 없으므로, "서로 반대되거나 경쟁적인 세력을 구축해……개개의 기관이 다른 기관을 견제할 수 있도록 해야 한다." "신중한 고안책"은 개인들 사이에서도 중요하고, "최상의 국가 권력을 분산시키는 데도 없어서는 안 될 필수 요소이다."[16]

이처럼 매디슨은 미국 국민이 도덕적 향상을 도모할 능력이나 덕성이 남달리 뛰어난 것이 아니며, 오히려 그와는 정반대로 그들도 인류의 공통된 부패성을 지니는 것이 확실하기 때문에 위대한 헌법이 필요하다고 생각했다.

미국 헌법의 핵심 요소들을 떠받치는 논리적인 주장에 따르면, 자유주의자든 복음주의자든 상관없이 모두가 원죄 교리를 회복하려고 노력해야 마땅하다. 그러나 지금까지의 추세는 자유주의자들 쪽으로 기울었다. 자유주의자들의 입에서 '원죄'가 거론되는 것은 단지 노예제를 언급할 때뿐이다. 심지어 복음주의자들조차도 인간의 본성을 낙관적으로 바라보는

---

15) Madison, "The Federalist No. 10," in *James Madison: Writings,* ed. Jack N. Rakove (New York: Library of America, 1999), 163.

16) Madison, "The Federalist No. 51," 295.

듯하다. 2016-2020년의 조사 결과를 보면, 복음주의자들 가운데 거의 절반이 인간이 기본적으로 선하다고 생각하는 것으로 드러났다.[17]

요즘에는 개인은 선하지만 정부는 악하다고 생각하는 사람들이 많은 것 같다. 그렇게 된 이유 중 하나로, 급진적인 민주적 포퓰리즘의 발흥을 꼽을 수 있다. 매디슨은 그런 사람들에게 "만일 인간이 천사라면, 정부는 필요 없을 것이다"라고 대답한다. 칼빈도 1558년에 갈라디아서 3장 19,20절을 설교하면서, "만일 우리가 천사처럼 자유롭고도 흠 없이 완벽한 자제력을 발휘할 수 있다면, 통치자나 법이 필요 없을 것이다"라고 말했다.[18] 매디슨은 정부가 선하다고 생각하는 사람들에게도 "만일 천사들이 인간을 다스린다면, 정부를 외적으로나 내적으로 통제하는 장치가 필요 없을 것이다"라고 대답한다. 인간의 도덕적인 부패성 때문에, 사적인 권력이든 공적인 권력이든 모두 제재가 필요하다.

그 밖에도 매디슨은 어거스틴의 개념을 하나 더 받아들였다. 그것은 위더스푼의 핵심적인 가르침에 해당하는 것으로, 개신교 개혁자들이 채택한 '두 왕국의 교리'이다.[19] 이 교리에 따르면, 만유의 주님이신 그리스도는, 세상 나라들은 도덕법과 일반 은혜를 통해 다스리고, 교회 안에서는

---

17) "The State of Theology, Statement 11," Ligonier Ministries, 2020, https://thestateoftheology.com/data-explorer/2020/11.

18) John Calvin, "The Many Functions of God's Law," in *Sermons on Galatians,* trans. Kathy Childress (Edinburgh: Banner of Truth, 1997), 3:19–20.

19) 다음을 보라. David VanDrunen, *Natural Law and the Two Kingdoms: A Study in the Development of Reformed Social Thought.* Emory University Studies in Law and Religion (Grand Rapids: Eerdmans, 2009).

말씀과 성례(세례와 성찬)를 통해 구원 은혜를 베푸신다.[20]

개신교 개혁자들 중 어느 누구도 기독교 국가에서 삼위일체나 부활을 부인하는 설교를 공공연히 전하는 행위를 용납해야 한다고 생각하지 않았다. 그들은 미국의 1차 수정 헌법을 대변하는 사람들이 아니었지만, 각자의 가르침을 통해 그보다 더 큰 자유에 이바지했다. 루터는, 복음을 강요할 수는 없으며 교회가 하나님의 말씀을 지키기 위해 무기를 들어서도 안 된다고 가르쳤다.[21] 그리고 칼빈은 "관원에게 저항하는 것은 곧 하나님께 저항하는 것이다"라고 말했다.[22]

아이러니하게도 칼빈은, 합법적인 권력 기관(의회)은 독재자를 파면할 수 있지만, 교회는 믿음을 위해 사회 혁명이나 정치 혁명을 부추길 수 없다고 주장했다. 통치자가 참된 종교를 지지하지 않을 때는 오직 하나님 앞에서만 책임을 다하면 된다. 카를로스 에이레(Carlos Eire)가 지적한 대로, 칼빈은 신자들이 독재자를 만나면 "도망치거나 박해를 견디거나" 둘 중 하나의 길을 선택해야 한다고 가르쳤다.[23] 간단히 말해, 교회는 국가의 책임을 이행하지 않고, 국가는 교회의 책임을 이행하지 않는다. 이 교리는 매우 폭넓게 영향을 미쳤다. 심지어 제퍼슨도 종종 이 교리를 자신의 논거

---

20) '두 왕국'에 대한 루터의 견해는 잘 알려져 있다. 그러나 칼빈도 기독교 강요에서 동일한 구분을 역설한다. 특히 다음을 참고하라. Calvin, *Institutes*, 2.15.3; 4.5.17; 4.20.1, 8.

21) Martin Luther, "On Temporal Authority," *Luther's Works*, American Edition, vol. 45, ed. Walther Brandt (Philadelphia: Fortress Press, 1968), 88–95.

22) Calvin, *Institutes*, 4.20.23.

23) Carlos Eire, *War Against the Idols: The Reformation of Worship from Erasmus to Calvin* (Cambridge: Cambridge University Press, 1986), 288.

로 삼았다.

실제로 매디슨은 버지니아주의 교회들에 세금 면제권을 주자는 패트릭 헨리의 제안에 반대하면서 '두 왕국의 교리'를 근거로 내세웠다. 그러나 매디슨이 세속적인 이유로 그렇게 한 것은 아니다. 오히려 그는 세금 면제가 교회를 오염시킬 수 있다는 점을 염두에 두었다. 국가가 과연 무슨 자격과 권위로 참된 교회를 결정해 세금 면제권을 부여할 것인가?

시민은 공공의 복지와 국가 방위를 위해 세금을 내야 하지만, 시민 사회에 참여하는 것은 항상 '우주적인 주권자에 대한 충성심을 유지하면서' 조건적으로 이루어져야 한다. 매디슨은 종교의 신봉자들이 더 큰 충성을 바쳐야 할 대상이 있기 때문에 종교가 시민 사회의 권위로부터 '온전히 자유롭다고' 생각했다. 그는 역사를 되짚으면서, 교회와 국가의 연합이 교회를 오염시키는 경향이 있다는 것을 보여 주기도 했다.

다른 모든 종교를 배제하고 기독교만을 인정하는 권위라면, 또한 기독교의 다른 모든 종파를 배제하고 특정한 종파만을 인정하기도 쉽다는 점을 어느 누가 생각하지 못하겠는가? 어느 권위가 시민에게 그의 재산 중 3 페니를 특정 기관을 지원하는 일에 바치도록 강요할 수 있다면, 동시에 어떤 경우에는 다른 기관을 따르도록 강요할 수도 있지 않겠는가?[24]

24) James Madison, "Memorial and Remonstrance Against Religious Assessments," in *James Madison: Writings*, ed. Jack N. Rakove (New York: Library of America, 1999), 29–36.

기독교 교리 가르치는 일을 세금으로 지원하면, 교회의 교사들이 세속 정부의 고용인으로 전락할 소지가 있다. 그런 법안이 버지니아주 의회에서 통과될 것처럼 보이자, 하노버 장로교(Hanover Presbytery)는 "영적 체제인 종교는 입법의 대상이 될 수 없다"라고 선언하면서도, 만일 법안이 통과된다면 교사들에게 자금을 지원해야 한다고 주장했다.[25] 교회의 이런 모순된 태도는 기독교의 증언을 오염시킨다.

매디슨이 이 문제를 다루었다는 사실은 오늘날 우리에게 많은 교훈을 준다. 언젠가 충실한 교회가 세금 면제의 지위를 잃게 될 때가 올 것이다. 교회에 적대적인 정부가 이 지위(권한이 아니라 오랫동안 유지되어 온 혜택)를 박탈할 수도 있다. 어쩌면 교회들이 재정적인 지원을 받기 위해 점점 해서는 안 될 양보를 일삼는 위험을 자초하느니, 차라리 세금 면제의 지위를 거부하는 편이 나을 수도 있다. 충실한 신자들은 세금 감면이 있든 없든 상관없이, 지금까지 항상 그랬듯이 앞으로도 항상 주님의 사역을 지원할 것이다.

매디슨은 여러 가지에 영향을 받았지만, 인간의 본성을 근거로 견제와 균형을 생각했다는 점에서 위더스푼의 사상을 따랐다고 볼 수 있다. 역사가 스콧 호튼(Scott Horton)은 『하퍼스 매거진』(Harper's Magazine)에서 칼빈주의와 민주주의의 중첩된 부분을 지적하면서, "많은 역사가들은 칼

---

25) 1755-1786년의 하노버 장로교 기록을 참고하라(typed copy by George S. Wallace, 1930, 326-327). 국립문서기록관리청의 Founders Online에서 이를 인용했다. https://founders.archives.gov/documents /Madison/01-08-02-0163.

빈주의 사상이 인간의 존엄성과 민주주의를 존중하게 했으며, 계몽주의의 다양한 가치를 촉진했다고 설득력 있게 주장한다"라고 말했다.[26] 결과적으로, 제임스 매디슨, 존 레이, 알렉산더 해밀턴, 패트릭 헨리는 종교가 국가의 간섭으로부터 자유롭다고 주장한 셈이다. 침례교, 퀘이커교, 루터교, 장로교 신자들도 그와 같이 역설했다.

토머스 제퍼슨, 존 애덤스, 벤 프랭클린은 정통 기독교로부터 자유롭기를 원했지만, 프랑스 혁명을 열렬히 지지했던 토머스 페인은 종교를 공격한 까닭에 모든 사람에게 외면당했다. 미국의 대다수 국부들은 종교를 적대시한 것이 아니라 국가나 연방 정부가 하나의 신조나 고백에 특권을 부여하는 역할을 하는 데 반대했을 뿐이다.

과거의 역사가 오늘날에 주는 교훈

지금까지 간단히 언급한 역사적 사실은 오늘날의 사회정치적 위기와 직접적으로 관련된 것처럼 보인다. 미국의 건국 과정에 서로 매우 다른 두 가지 요소가 하나로 합쳐졌다. 하나는 종교개혁의 영향을 받은 영국의 공화주의이고, 다른 하나는 프랑스 혁명의 영향을 받은 세속적인 공화주의이다. 그러나 오늘날 전자의 흔적은 거의 없어졌다. 급진적인 종말론과 독일의 초기 재세례파 혁명가들의 마니교적 견해가 융합된 것이 그것을 대

---

26) Scott Horton, "Calvin and Madison on Men, Angels and Government," Harper's Magazine, November 14, 2009, https://harpers.org/blog/2009/11/calvin-and-madison-on-men-angels-and-government/.

체했다. 그들은 하나님의 나라가 세상에 즉시 건설되기를 바랐다.

오늘날의 극단적인 좌파들은 흑인이든 백인이든 모두 혁명적인 신념을 지향하는 특징을 보인다. 오늘날 급진주의자들은 정치적 스펙트럼의 양극단 모두에서 발견된다. 그들은 연설자를 총으로 쏘기도 하고, 상점을 약탈하기도 하며, 의회에 난입하기도 한다. 이런 신념은 진보적이지도 않고, 보수적이지도 않다. 단지 선과 악을 모호하게 얼버무려 시민의 자유와 그리스도의 대의를 위태롭게 만들 뿐이다.

조지 워싱턴에서부터 버락 오바마에 이르기까지 정치인들의 정치적 연설을 살펴보면, 종종 하나님의 성민인 구약 시대의 이스라엘 대신 성경 본문의 문맥과는 상관없이 미국의 이야기를 짜 맞춰 넣은 성경적인 암시가 점철되어 나타나는 것을 알 수 있다. 그러나 미국의 정치가들 중에는 아직도 모든 통치자와 국민 위에 하나님이 계시고, 모든 국가의 법률 위에 하나의 절대적인 율법이 존재한다고 생각하는 이들이 적지 않다. 예를 들어, 드와이트 아이젠하워(Dwight Eisenhower) 대통령은 이렇게 말했다.

다시 말해, 우리의 정부 형태는 깊은 종교적 신념에 기반을 두지 않으면 아무런 의미가 없다. 나로서는 그것이 어떤 신념이든 상관없다. 물론 우리에게는 당연히 유대-기독교적 신념일 테고, 그것은 모든 인간이 동등하게 창조되었다고 믿는 종교임에 틀림없다.[27]

---

27) Patrick Henry, "'And I Don't Care What It Is': The Tradition-History of a Civil Religion Proof-Text," *Journal of the American Academy of Religion* 49, no. 1 (March 1981): 41.

개인이든 정부든 궁극적인 권위를 가지지 못한다는 인식은 긍정적인 측면에서 포퓰리즘과 독재를 완화하였다. 오늘날 태아의 생명을 보호하기 위해 노력하는 많은 사람들과 마찬가지로, 노예제 폐지론자와 인권 운동가들은 그런 인식을 토대로 국가의 법률 위에 존재하는 절대적인 법에 호소한다. 그러나 공화국에 그것이 얼마나 유용하든 상관없이, 이 모호한 시민 종교는 과거에 다른 많은 지역에서 종교가 시민 사회와 결합함으로써 나타났던 것과 비슷한 방식으로 미국의 기독교를 오염시키는 부정적인 측면을 보인다.

급기야 지금은 그런 공통된 합의조차도 사라진 상태가 되고 말았다. 자유주의 개신교 교회에서 활동하는 회원인 버락 오바마와 비교할 때, 도널드 트럼프의 연설에는 익숙한 성경 인용구가 거의 없다. 다만 트럼프는 '블랙 라이브스 매터(Black Lives Matter)'[28] 사회 운동이 일어났을 때, 자신을 지지하는 진영을 상징하는 도구로 성경을 즐겨 사용했다.

대중 매체와 관련해서는, 정보에 밝은 기자들에게서조차 특정한 종교의 신념에 관한 지식이나 그런 종교 자체가 사람들의 삶에서 어떤 중대한 역할을 하는지를 적절히 이해하는 듯한 흔적을 찾아보기가 어렵다. 가장 안타까운 일은 복음주의자를 비롯하여 대다수 그리스도인마저도 자기들이 무엇을 믿는지를 잘 모른다는 것이다. 어떤 종교든 상관없이 종교에 참여하는 사람들의 수가, 이 문제에 관한 여론 조사가 시작된 이래 처음으로

---

28) 역자주 - '흑인의 생명은 소중하다'는 의미를 담고 있는 '블랙 라이브스 매터' 운동은 아프리카계 미국인에 대한 경찰의 잔인한 과잉 진압에 따른 사고에 항의하는 사회 운동이다.

미국 인구의 절반 이하로 떨어졌다.

보수주의 그리스도인들은 정책과 직책 임명의 측면에서 여러 가지 이점을 지적할지도 모르겠지만, 트럼프 대통령이 자기를 지지하는 백인 복음주의 진영에 헌법에 위배되는 진술로 특권을 부여했다는 사실을 직시해야 한다. 이런 식으로 개인의 이익을 추구하는 것은 많은 지지자들의 입장에서는 구미가 당길지 몰라도, 그리스도를 증언하는 데는 심각한 해를 끼치는 독이 된다.

물론 백인 개신교 신자들의 두려움을 사용한 인물이 트럼프가 처음은 아니다. 1960년에 개신교 지도자들은 존 케네디(John F. Kennedy)의 대통령 출마에 반대하면서, 로마 가톨릭 신자는 대통령이 될 수 없다고 주장했다. 2012년의 미국 대통령 선거에서 공화당 후보로 지목된 밋 롬니(Mitt Romney)는 모르몬교 신자라는 이유로 복음주의 지도자들에게서 지지를 받지 못했다. 그러나 복음주의자들은 단지 자신들을 보호하겠노라고 맹세했다는 이유 하나만으로, 믿음을 고백하고 성찬에 참여하는 그리스도인이 아닌 사람을 대통령으로 선출했다.

나는 그리스도인이 트럼프에게 투표해야 하는지 아닌지를 논하려 하지 않는다. 많은 사람들은 유사 메시아적 주장에 공감하지 않고 오직 선한 양심에 따라 투표한다. 다만 다수의 복음주의자가 문화적·사회적·정치적 힘을 잃을까 봐 두려워서 '왕들을 의지하곤' 한다. '크리스천 아메리카(Christian America)'을 수호하고 기독교에 특권을 부여할 지도자를 찾으려는 행위는 신앙을 훼손하고, 교회의 선교 명령을 방해하는 결과를 초래한다.

서로를 섬길 것인가, 죽여 없앨 것인가?

갈라디아교회는 교회가 복음에 초점을 맞추지 않을 때 기독교의 증언이 어떻게 훼손되는지를 잘 보여 주는 대표적인 사례이다. 갈라디아교회는 복음을 율법으로 바꾸었고, 인종적 특성을 그리스도인이 되는 조건으로 삼았다. 그러나 그들은 더 순수해지거나 더 거룩해지지 않았다. 오히려 자기 의를 내세우는 험담과 중상만이 난무했다. 바울이 가르친 대로, 만일 율법이 사랑으로 요약된다면, 갈라디아교회는 율법을 완전히 무시한 것이나 다름없었다. 바울은 "만일 서로 물고 먹으면 피차 멸망할까 조심하라"(갈 5:15)라고 말했다. 오직 복음에 뿌리를 둔 믿음만이 성령의 열매를 맺을 수 있다.

"오직 성령의 열매는 사랑과 희락과 화평과 오래 참음과 자비와 양선과 충성과 온유와 절제니, 이 같은 것을 금지할 법이 없느니라"(갈 5:22,23).

아이러니하게도 율법주의와 방종은 둘 다 나름대로 독특한 죄를 조장한다. 두 진영의 신봉자들은 그런 죄를 용납할 뿐 아니라, 심지어 의로움으로 내세우기까지 한다.

험담과 비방은 음행, 우상 숭배, 살인과 함께 바울이 나열한 중대한 범죄 행위에 포함된다. 자유주의자들과 보수주의자들은 그런 범죄들 가운데 실질적인 범죄만 골라내기를 좋아하지만, 성경은 그것들을 모두 한 묶음으로 다룬다. 험담은 "원수 맺는 것과 분쟁과 시기와 분냄과 당 짓는 것과 분열함과······투기"(갈 5:20,21)와 함께 바울이 경고한 "육체의 일"(19절) 가운데 하나이다. 이 죄들은 "음행과 더러운 것과 호색과 우상 숭배와 주술"(19, 20절) 같은 죄와 "술 취함과 방탕함과 또 그와 같은 것들"(21절)로 묘사된 죄 사이에 놓여 있다.

험담과 비방은 디지털 사회를 살아가는 우리가 갈수록 더욱 익숙해져 가는 치명적인 죄이다. 지난 2년만 보더라도 수많은 사람의 평판이 더러워지고, 관계들이 깨지고, 서로를 향한 분노가 한데 뭉쳐 서로 비방하는 불길이 활활 타올랐다. 경솔한 소셜미디어 게시글로 인해 끔찍한 피해가 발생했다. 양들이 목자를 비방하고, 목자는 양들과 다른 목자들을 매도했다. 이것은 매우 심각한 문제가 아닐 수 없다.

두려움에 사로잡힌 우리가 사회정치적 민족주의로 나아가면서 상황은 더욱 나빠지고 있다. 소셜미디어에서는 공정한 판결은 고사하고, 공정한 청취조차도 이루어지지 않는다. 우리가 개인적으로 다른 사람들에게, 또는 그들에 관해 절대로 하지 않을 말들이 '보내기' 버튼 하나만으로 자유롭게 발설된다.

오늘날에는 다른 사람들에 대한 험담이라 하더라도 갈라디아서에 나열된 다른 죄들을 지적하는 내용이라면 얼마든지 용납된다. 우리는 '우리의 의'를 내세우기 위해 '그들'의 죄 지적하기를 좋아한다. 그것이 진실일 수도 있지만, 다른 사람들의 실패를 재밋거리로 삼는 행위는 교만한 마음을 여지없이 드러낸다.

소셜미디어는 종종 자기 의를 내세우며 자경단을 자처하는 사람들이 다른 사람들의 평판을 더럽히고 가정들을 파괴하고 사람들을 교회에서 멀어지게 만들고 비행을 즐기면서 뛰어다니는 '황량한 서부'와도 같다. 이런 행위가 진리를 옹호한다는 명목으로 용납되고 있다. 그러나 그것은 사실 "경건의 모양은 있으나 경건의 능력은 부인"(딤후 3:5)하는 것에 지나지 않는다.

베드로는 "무엇보다도 뜨겁게 서로 사랑할지니 사랑은 허다한 죄를 덮느니라"(벧전 4:8)라고 말했다. 그는 틀림없이 잠언에 기록된 여러 구절을 염두에 두고 그렇게 말했을 것이다.

"허물을 덮어 주는 자는 사랑을 구하는 자요 그것을 거듭 말하는 자는 친한 벗을 이간하는 자니라"(잠 17:9; 10:12 참고).

"두루 다니며 한담하는 자는 남의 비밀을 누설하나 마음이 신실한 자는 그런 것을 숨기느니라"(잠 11:13).

"노하기를 더디 하는 것이 사람의 슬기요 허물을 용서하는 것이 자기의 영광이니라"(잠 19:11).

특히 사랑이신 그리스도 안에서 새로운 창조가 시작되었다는 사실을 기억하면, 그런 구절들에 담긴 의미가 더욱 분명해진다.

"사랑은 오래 참고 사랑은 온유하며 시기하지 아니하며 사랑은 자랑하지 아니하며 교만하지 아니하며, 무례히 행하지 아니하며 자기의 유익을 구하지 아니하며 성내지 아니하며 악한 것을 생각하지 아니하며, 불의를 기뻐하지 아니하며 진리와 함께 기뻐하고, 모든 것을 참으며 모든 것을 믿으며 모든 것을 바라며 모든 것을 견디느니라"(고전 13:4-7).

이것은 폭력과 악덕과 거짓 교사를 묵과해도 좋다는 뜻이 아니다. 성경은 "너희는 열매 없는 어둠의 일에 참여하지 말고 도리어 책망하라"(엡

5:11)라고 가르친다. 즉, 사람이 아니라 '어둠의 일'을 책망해야 한다. 험담은 언제나 우리 자신이 더 강하고 의로운 것처럼 보이기 위해 다른 사람들의 약점을 들춰 내는 것을 목표로 한다.

그와는 대조적으로 교회의 적절한 권징은 죄의 종류와 상관없이 항상 회개와 회복에 초점을 맞춘다(갈 6:1 참고). '교훈을 거스르는' 공적인 행위가 자행되었을 때는 공적인 책망이 필요하다(딤전 1:10 참고). 또한 범죄를 저질렀을 때는 경찰의 개입이 필요하다.

누군가의 말이나 행위에 문제가 있거나 의심의 소지가 있을 때는, 예수님이 마태복음 18장에서 가르치신 절차를 따라야 한다. 누군가가 죄를 범했으면 처음에는 당사자들끼리 그것을 다루고, 그것이 아무런 효과가 없을 때는 제삼자를 개입시켜야 한다. 그래도 여전히 문제가 해결되지 않으면, 예수님이 가르치신 대로 '교회에 말해야' 한다. 즉, 장로들에게 알려야 한다. 예수님은 "두세 사람이 내 이름으로 모인 곳에는 나도 그들 중에 있느니라"(마 18:20)라고 말씀하셨다.

바울은 바깥세상을 판단하지 말고 우리의 일에 신경 써야 한다고 말하면서, 교회 내에서 적절한 권징이 행해져야 한다고 강조했다(고전 5:12,13 참고). 책망과 권고와 가르침을 충실하게 이행하면, 형제나 자매를 회복시키고 하나님의 명령을 준행할 수 있을 뿐 아니라, 우리를 냉소적으로 바라보면서 의구심을 느끼는 세상 사람들에게 '우리가 자신을 잘 살펴 단속할 수 있다'는 메시지를 전할 수 있다.

반면 험담은 교회의 권징이 필요한 죄이자 권징의 잘못된 대안일 뿐이다. 험담은 적법한 절차와 사생활, 평판, 피해자들의 회복을 도외시하는 처사이다. 만일 우리가 이런 식으로 서로에게 돌을 던진다면, 세상 사람들이 우리를 비웃어도 아무런 할 말이 없다. 그리스도의 몸이 아니라 기독교 민족주의를 따르면, 험담하는 죄를 저지르기 쉽다.

이번 장의 주제를 다시 간추려 정리해 보자. 그리스도인은 복음을 통해 그리스도와 연합할 뿐 아니라, 땅 위의 국가에서 시민으로서 의무를 다해야 할 책임을 진다. 그리스도인이 시민으로서 비종교적이거나 비폭력적인 항거에 참여하고 특정 후보와 정책을 지지하는 것은 아무런 문제가 없다. 그러나 교회나 그리스도의 이름으로 그런 일을 행해서는 안 된다.

교회와 사역자들은 모든 민족과 백성들과 통치자들에게 하나님의 율법과 복음을 선포해야 한다. 그들은 하나님의 말씀을 넘어서는 권위를 소유할 수 없다. 교회는 기관이지만, 대통령이나 입법부가 존재하지 않는다. 교회에는 "그러므로 너희는 가서 모든 민족을 제자로 삼아 아버지와 아들과 성령의 이름으로 세례를 베풀고, 내가 너희에게 분부한 모든 것을 가르쳐 지키게 하라"(마 28:19,20)라고 명령하신 왕이 계실 뿐이다.

12

종교의 자유: 캔슬 컬처와 박해

하나님과 메시아를 향한 세상의 증오심이 날이 갈수록 맹렬해지고 노골화되고 있다. 지금의 미국 사회, 특히 교육과 대중 매체, 정치, 문화의 영역에서 활동하는 많은 지도자들은 기독교를 비롯해 모든 종교를 없애 버리려고 마음먹은 듯 보인다. 성경을 궁극적인 권위로 삼는 그리스도인은 그러한 작금의 현실을 매우 우려하고 있다. 양측 모두가 완전한 경계 태세에 돌입한 상태이다.

날이 갈수록 종교의 자유가 험난한 바다를 향해 나아가고 있는 것처럼 보인다. 목표물을 향해 닥치는 대로 '나치'의 폭탄을 투하하는 것은 항상 위험하다. 당파의 노선을 따르지 않는다는 이유로 교수들이 대학에서 해고되었다는 소식이 심심치 않게 들려온다. 가장 급진적인 견해를 가진 조교수가 종신 교수가 되고, 대학교수로서의 재능을 타고난 온화한 보수주의자는 해고된다. 특히 그가 그리스도인이라는 사실을 숨김없이 드러내면 그 일이 더 쉽게 행해진다. 오늘날에는 주기적으로 그런 일이 발생한다. 어쩌면 대학은 미국에서 진정한 자유가 가장 부족한 공간일 수 있다. 다행히도 재판부는 대부분 그런 식으로 표현의 자유를 부인하는 행위를 단죄한다. 그러나 이런 상태가 얼마나 오래 지속될지 누가 알겠는가?

퓨 연구소의 조사에 따르면, 밀레니엄 세대의 40%가 표현의 자유를 제한해야 한다고 생각했다.[1] 또한 전체 대학생들 중 53%에 달하는 학생들이 '인종을 모욕하는 발언'을 한 학생들을 처벌해야 한다고 주장했다.[2] 간단히 말해, 대학들이 문화 전쟁의 '최전선'이 되었고, 선택받은 자가 유기된 자를 모조리 쓸어버리기로 작정한, 미래의 마니교적 종파들을 양산하는 온상으로 전락한 셈이다.

캔슬 컬처

아이러니하게도 오늘날의 대다수 학생들은 대학 환경이 자신의 참된 신념을 표현하는 데 도움이 되지 않는다고 말하면서도, 다른 사람들을 위해 표현의 자유를 제한하는 것을 지지한다. 이상하게도 미국의 공식적인 정책의 수혜자들인 성소수자 학생들은 표현의 자유를 제한하는 데 찬성

---

1) "40% of Millennials OK with Limiting Speech Offensive to Minorities," Pew Research Center, November 20, 2015, https://pewresearch.org/fact-tank/2015/11/20/40-of-millennials-ok-with-limiting-speech-offensive-to-minorities/.

2) Tyler Kingkade, "Americans Are Split Along Party Lines Over Whether Schools Should Punish Racist Speech," *Huffington Post,* January 4, 2016, https://huffpost.com/entry/poll-campus-racism_n_568342b9e4b0b958f65ac433.

하고, 다른 어느 대학들보다 더 세속적인 대학에서는 '자유주의 교육'을 과거의 일로 간주한다. 그런 대학들은 민주적 가치를 심어 주기는커녕, 신중한 성찰과 자기비판, 미묘한 논쟁을 조금이라도 시도하는 것조차 견디지 못하는 연약한 자아를 지닌 세대를 양산하고 있다.

"연설자의 말에 동의하지 않는 경우 야유를 퍼부어 연설을 계속할 수 없게 만들어도 괜찮은가?" 학생들은 이 질문에 거의 똑같이 답변했다.[3] 조사에 참여한 학생들 중 19%가 연설자에 대한 폭력을 용인할 수 있다고 생각했다.[4] 여러 대법원 판례는 '증오 연설,' 즉 위법한 행동과 외설을 부추기는 편파적인 연설을 보호할 수 없다고 판결했다. 아이러니하게도 오늘날 많은 대학에서는 특정한 집단을 보호하고자 만든 표현의 자유에 관한 지침들이 오히려 그 집단의 일부 사람들에 의해 위협을 받는 형국이 연출되고 있다.

이런 경향은 '권리 장전(Bill of Rights)'을 중시하는 사람에게 실망을 안겨 줄 수 있다. 이런 중요한 자유들은 '미국의 실험'의 요체이다. 그리스도인들과 계몽주의를 추구했던 이신론자들은 종교적 신념이 근본적으로 다

---

3) Evette Alexander, "First Amendment Vitals: Taking Gen Z's Pulse on Free Expression and Inclusion," Knight Foundation, May 13, 2019, https://knightfoundation.org/articles/first-amendment-vitals-gen-z-free-expression-inclusion/.

4) 브루킹스 연구소(Brookings Institution)의 선임 연구원인 존 빌라세너(John Villasenor)는 이런 경향과 자료를 심도 있게 분석한 내용을 제시한다. John Villasenor,"Views among College Students Regarding the First Amendment: Results from a New Survey," *FixGov* (blog), Brookings Institution, September 18, 2017, https://brookings.edu/blog/fixgov/2017/09/18/views-among-college-students-regarding-the-first-amendment-results-from-a-new-survey/.

른데도 함께 힘을 합쳐 그런 문서들을 만들고 옹호했다. 둘 다 그런 자유들이 정부가 아니라 하나님에게서 비롯되었다는 데 동의했다. 단지 미국인만이 아니라 인류 전체에 대해서도 그러하다.

토머스 제퍼슨은 이신론자였지만, '독립선언문'에서 이 권리들이 "자연법"과 "자연의 하나님"에게서 근거한다고 말했다.[5] 그런데 오늘날 하나님께서 부여하신 이 근본적인 자유가 위협을 받고 있다. 지금의 젊은 세대들은 그런 자유가 하나님께서 자신의 형상으로 창조한 인간에게 허락하신 보편적인 선물에 근거한다는 사실을 전혀 의식하지 못하고 있다.

진보주의자들은 1940년대와 1950년대는 물론이고, 1970년대에 '매카시즘(McCarthyism)'을 상대로 표현의 자유를 옹호하는 영웅적인 업적을 펼쳤다. 사실 어떤 사람들은 '캔슬 컬처'가 마녀사냥이 이루어질 당시에 생겨나 1990년대까지 이어지면서 동성애자의 권리를 옹호하는 제품과 지역들을 거부하는 운동을 일으켰다고 생각하기도 한다. 그렇다면 오늘날 표현의 자유를 냉혹하게 억압하는 것이 마치 대학 교정에 내려앉은 안개처럼 '진보주의'의 우산 아래에서 이루어지고 있는 것은 참으로 이상한 일이 아닐 수 없다.[6]

---

5) U.S. National Archives and Records Administration, "Declaration of Independence: A Transcription," America's Founding Documents, https://archives.gov/founding-docs/declaration-transcript.

6) 철두철미한 자유주의자인 진화생물학 교수 브렛 웨인스타인(Bret Weinstein)을 예로 들 수 있다. 그가 백인들이 학교에 나올 수 없을 때는 '하루 동안 휴강하기로 한 결정'에 동의하지 않자, 한 무리의 학생들이 포용과 다양성을 옹호하는 그의 입장을 거론하면서 그에게 거칠게 항의했다. 이 이야기는 다음의 자료에 기록되어 있다. "Campus Argument GOes Viral as Evergeen State

극좌파의 새로운 파시즘과 극우파의 극단주의가 맞붙는다. 대체로 소셜 미디어를 중심으로 하는 파당들이 신봉자들을 양산하면서 '미국의 실험'을 위협한다. 당시에는 양측이 내전으로 극심하게 분열되어 있으면서도 공통된 세계관을 가지고 있었다. 그들은 성경을 비롯한 공통된 견해를 근거로 서로의 행위를 판단했다. 그러나 지금은 그런 공통된 신념들이 모두 사라졌다.

'우리'와 '그들'의 분열이 그 어느 때보다 더 깊어졌다. 캔슬 컬처는 한쪽 편에만 있는 특별한 무기가 아니다. 양측 모두가 대화를 끝내기 위해 그것을 휘두른다. 최근의 여론 조사에 따르면, 공화당원 열 명 중 네 명이 '상대편'에게 폭력을 행사할 필요가 있다고 생각하는 것으로 밝혀졌다.[7] 최근에는 뛰어난 보수적 복음주의자들이 단지 도널드 트럼프를 공개적으로 비판했다는 이유로 버지니아주 리버티 대학교에서 해고되었고, 그들의 설교가 웹사이트에서 삭제되었다. 아내의 성 추문으로 물의를 일으켰던, 그 대학교의 총장이자 트럼프의 강력한 지지자인 제리 폴웰 2세(Jerry Falwell Jr.)가 내린 결정이었다.[8]

Is Caught in Racial Turmoil (HBO)," VICE News, YouTube video, June 16, 2017, http://youtube.com/watch?v=2cMYfxOFBBM. 같은 대학의 교수인 웨인스타인의 아내도 인종 차별을 했다는 근거 없는 주장에 떠밀려 해고되었다.

7) Tom Gjelten, "A 'Scary' Survey Finding: 4 in 10 Republicans Say Political Violence May Be Necessary," NPR, February 11, 2021, https://npr.org/2021/02/11/966498544/a-scary-survey-finding-4-in-10-republicans-say-political-violence-may-be-necessary.

8) Sarah Pulliam Bailey, Susan Svrlurga and Michelle Boorstein, "Jerry Falwell Jr. Resigns as Head of Liberty University, Will Get $10.5 Million in Compensation," *Washington Post*, August 25, 2020, https://washingtonpost.com/education/2020/08/25/fallwell-resigns-confirmed/.

기독교는 사상과 표현과 양심의 자유가 인정되는 환경에서 왕성하게 번성하는 종교이다. 이미 살펴본 대로, 기독교 신앙의 고유한 교리들은 그런 자유들을 지지한다. 그러나 교회가 자체적으로 대화를 차단하려고 시도하면, 권력이 진리를 오염시키고 묵살하는 결과를 낳게 된다. 교회가 반대 의견이나 대안을 무시한 채 자기 목소리만 옹호하려고 애쓰면, 상호 이해와 건설적인 의사소통을 장려하는 정중한 대화와 민주주의를 위험에 빠뜨릴 수 있다. 그리스도인이 동료 시민들과 힘을 모아 인간의 권리를 옹호할 때 비로소 모든 사람들이 유익을 누릴 수 있다.

교회나 기독교 단체가 자신이 가진 제도적 힘으로 기독교 특유의 것만을 보호하고자 힘쓴다면, '정체성 정치'9)라는 제로섬 게임을 벌이게 될 뿐이다. 사실상 모든 사람이 패자가 되어 아무런 이익도 얻지 못하는 것이다. 목회자인 나에게 가장 큰 손실은 그리스도의 명예가 실추되고, 그분의 이름이 널리 알려지지 않는 것이다.

박해는 정상적인 현상이 아닌가?

그리스도는 교회와 거기에 속한 개개의 신자들에게 종교적인 박해에 폭력으로 대응하지 말라고 가르치셨다. 그분은 산상 설교에서 새로운 질서 체계를 선언하셨다(마 5장 참고). 이제 세상에는 더 이상 신정국가가 없으며, 세속 국가들만 존재한다. 그러하기에 의회와 대통령, 법원 등 어디

---

9) 역자주 - 인종, 성별, 종교, 계급 등 집단적 정체성만을 근거로 추진되는 배타적 정치 방식이다.

를 보더라도 교회가 도움을 구할 수 있는 세상의 무기가 존재하지 않는다. 교회는 오직 복음을 충실히 증언하고 박해자들을 위해 기도하는 것만을 무기로 삼을 수 있다. 바울도 전에는 교회를 박해하는 사람이었다. 하나님의 은혜로 말미암아, 오늘의 적이 내일은 그리스도 안에서 형제자매가 될 수 있다.

그렇다면 우리는 가만히 뒷전에 물러앉아, 급진적인 진보주의 노선이 목표를 이루는 것을 지켜만 봐도 되는 것일까? 그렇지 않다. 그리스도인은 두 왕국의 시민이라는 사실을 기억해야 한다. 그리스도인은 특히 민주주의 국가에서 비그리스도인들과 더불어 정치 과정에 참여한다. 그것은 그리스도의 이름이나 그분의 은혜 왕국을 옹호하기 위해 행해지는 일이 아니다. 그들은 시민의 자격으로 그렇게 행한다.

모든 시민은 특정한 세계관에 영향을 받는다. 그리스도인이 사회적·정치적 견해를 형성하면서 자신의 세계관을 배제하리라 기대할 수는 없다. 그러나 공적 정책의 영역은 한쪽이 승리하고 다른 한쪽이 패배하는 권력투쟁의 장이 아니다. 그곳은 타협과 협의의 장이다. 거기에는 천사들도 없고, 귀신들도 없다. 비그리스도인들도 여전히 하나님의 형상을 지니고 있으며, 우리처럼 그분의 일반 은혜를 통해 복을 누린다.

때로는 특정한 사회적 문제에 관해서 비그리스도인들이 그리스도인들보다 더 뛰어난 지식과 도덕성을 가지고 있을 수도 있다. 세상에 거하는 그리스도인으로서 우리는 세상을 다스리는 것이 아니라 섬김을 통해 이 덧없는 세상에서 비그리스도인 이웃과 함께 공동선을 추구하라고 부르심을 받았다.

　이런 식으로 접근하면, 인간의 생명을 존중하는 비그리스도인들과 함께 일할 수 있다. 그리스도인이 태아나 신생아나 노인의 생명을 보호하는 것은, 특정한 기독교적 도덕성을 법제화하기 위한 것도 아니고, 독특한 기독교의 신념을 따르는 일도 아니다. 그들은 단지 정부를 향해 가장 중요한 역할(인간의 생명을 보호하는 것)을 수행하라고 촉구할 뿐이다. '독립선언문'을 인용해 말하자면, "자연법"과 "자연의 하나님"만으로도 충분히 정당성을 확보할 수 있다. 양심을 비롯한 일반 계시를 통해 만물 안에 분명한 증거가 드러나 있고, 철학적 논증을 통해서도 설득력 있는 증거가 제시된다.

　그리스도인이 굳센 신념으로 결혼을 '한 남자와 한 여자의 결합'으로 정의하는 것은, 성경에 나타난 하나님의 계시뿐 아니라 모든 사람이 양심을 통해 알고 있는 자연법을 따르는 것이다(롬 1:18-32 참고). 시대와 장소를 막론하고, 모든 사람들이 결혼에 관한 이 진리가 사실임을 증명한다. 동성애자의 결혼이 합법화된 지금, 교회는 2세기에 했던 일을 다시금 행해야 한다. 즉, 교회는 국가의 승인이나 사회적 규범과는 상관없이 성경적인 결혼관을 굳게 유지해야 한다. 그렇다고 교회가 사적인 복종의 영역으로 퇴각하는 것은 아니다. 오히려 이것은, 미국이라는 나라는 우리가 일시적으로 거주하는 곳일 뿐이며, 우리는 더 위대한 나라의 법을 따른다는 사실을 세상에 공적으로 증언하는 것이다.

　세상, 곧 이 덧없는 시대는 항상 그리스도와 교회를 대적한다. 만일 세상이 우리를 인종차별주의자, 동성애 혐오자, 자기 의를 내세우는 자로 일컬으면서 우리를 미워한다면, 그것은 단지 세상의 한 부분이 세상의 다른 부분을 미워하는 것에 지나지 않는다. 다시 말해, 그것은 그리스도의 교회를 미워하는 것이 아니라, 세상이 바벨론의 또 다른 영역을 미워하면서 자신의 영역이 줄어들지 않도록 싸우는 것이다. 주님은 제자들에게 세상의 적대적인 태도에 대비하라고 경고하셨다.

"세상이 너희를 미워하면 너희보다 먼저 나를 미워한 줄을 알라. 너희가 세상에 속하였으면 세상이 자기의 것을 사랑할 것이나 너희는 세상에 속한 자가 아니요 도리어 내가 너희를 세상에서 택하였기 때문에 세상이 너희를 미워하느니라. 내가 너희에게 종이 주인보다 더 크지 못하다 한 말을 기억하라 사람들이 나를 박해하였은즉 너희도 박해할 것이요 내 말을 지켰은즉 너희 말도 지킬 것이라"(요 15:18-20).

여기에서 예수님이 말씀하시는 '세상'은 로마 제국이 아니라 유대인들이다. 유대인을 세상으로 지칭하자, 이스라엘의 종교 지도자들이 격분했다. 그들의 체제는 이스라엘과 세상(부정한 이방인들)을 분리하는 데 초점이 맞추어져 있었다. 거짓 교회의 지도자들이 교회를 박해하는 '세상'이 될 수도 있고, 실제로 그러할 때가 적지 않았다. 오늘날의 기독교 교회나 단체도 그리스도의 복음에 반대하는 세력이 될 수 있다.

사람들은 선지자들을 무시하거나 조롱했고, 심지어 죽이기도 했다. 스데반은 돌에 맞아 죽으면서 군중에게 이스라엘 백성이 저지른 반역의 역사를 전했다.

"너희 조상들이 선지자들 중의 누구를 박해하지 아니하였느냐 의인이 오시리라 예고한 자들을 그들이 죽였고 이제 너희는 그 의인을 잡아 준 자요 살인한 자가 되나니, 너희는 천사가 전한 율법을 받고도 지키지 아니하였도다"(행 7:52,53).

유대인 그리스도인은 회당에서 쫓겨났고, 로마 제국이 유대인들에게 허락한 영지 밖으로 흩어졌다. 앞서 말한 대로, 바울도 주님의 현현을 체험하기 전까지는 그리스도인들을 무참히 짓밟는 열성적인 박해자였다. 아리우스파 권력자들은 삼위일체 교리를 믿는 사람들을 박해했고, 가톨릭 교회는 개신교 개혁자들을 출교하고 고문하고 화형에 처했으며, 개신교 신자들은 다른 개신교 신자들을 박해했다.

자유주의 신학과 진보 정치

1920년대에 주류 개신교 안에서 초자연적인 신앙을 거부하는 신학 사상이 발전하자, 정통 신학자들과 설교자들은 단호히 거기에 맞섰다. 그러나 그들은 직임을 박탈당하고, 생활비와 연금을 받지 못하게 되었다. 하나님에게서 등을 돌린 교파만큼 사나운 박해자는 없다. 그런 교파들이 약 100년에 걸쳐 성경의 권위와 복음 사역을 세속 학문의 권위와 정치적 해방으로 대체했다. 사실 진보 정치는 자유주의 개신교 신학자들과 설교자들과 활동가들을 양산하는 데 크게 기여했다.

1920년대에 그레샴 메이첸(J. Gresham Machen)은 자유주의 신학이 라디오 채널의 왼쪽 끝이 아니라 또 다른 형태의 종교라는 자극적인 주장을 제기했다.[10] 자유주의 신학은 초자연주의를 거부함으로써, 구원을 계몽된 인간의 손에 달린 문제로 만들었다. 예일 대학교의 신학자인 리처드 니버(H. Richard Niebuhr)는 자유주의 신학의 메시지를 잘 요약했다. "진노하지 않는 하나님이 십자가 없는 그리스도의 사역을 통해 죄 없는 인간을 심판 없는 왕국으로 인도하신다."[11]

이것은 인간 중심의 세계관이다. 죄가 하나님과의 수직적인 관계("내가 주께만 범죄하여"라는 시편 51편 4절과 같은 관점)와 상관없이 순전히 수평적인 관점(사회정치적이고도 경제적인 관점, "상대편이 압제자이다"라는 관점)으로 재정의되었다. 그들에게 예수님은 저항의 본보기이며, 구원은 인간의 집단적인 노력을 통해 얻는 것이다. 사람은 의로운 대의를 따름으로써 의롭게 되고, 교회는 사회 개혁의 터전이며, 종말은 사람이 건설한 사랑과 정의의 왕국을 통해 임한다.

19세기의 복음주의자들은 가난한 자, 여성, 아동, 노동자의 어려운 처지에 관심을 집중했다. 많은 사람들이 노예제 폐지의 전선에 나섰다. 복음주의자들, 특히 침례교와 감리교 신자들은 영국에서 노동당을 창당하느라 힘을 쏟았고, 미국에서도 그와 비슷한 정책을 지원했다. 그러나 복음의 결과가 복음 자체와 혼동되어 일종의 도덕적 사회 복음으로 변질되었고, 정통 개신교 신자들은 기존의 상황을 지키려는 경향을 보였다.

---

10) J. Gresham Machen, *Christianity and Liberalism* (1923; Grand Rapids: Eerdmans, 2009).

11) H. Richard Niebuhr, *The Kingdom of God in America* (1937; Middletown, CT: Wesleyan University Press, 1988), 193.

그러다가 20세기 초에 이르러, 현대 신학자들이 기독교의 핵심 교리들을 거부하고 펠라기우스주의(인간이 도덕적으로 개선될 수 있다고 믿는 신념)를 주장하면서, 개신교는 더욱 크게 균열되었다. 그들은 위대한 사회 개혁가가 되는 것을 자신들의 소명으로 여기고, 기독교 신앙의 진리보다 사회적 실천에 더욱 관심을 기울였다. 거기에 반발한 근본주의자들은 역사와 세상의 종말을 비관적으로 바라보았다. 근본주의 운동은 '근본적인 원리들'을 옹호했지만, 점차 그 말의 의미를 바꾸어 범위를 좁혀 갔으며, 젊은 사람들을 제재하는 규칙들을 만드는 데 집중했다.

양측 모두가 범교회적 신조와 개신교 신앙고백이 아니라 단편적인 미국 문화에 더 많이 의존했다. 그들은 서로 전혀 다른 방식으로 전통적인 개혁 기독교에 남은 요소들을 없애는 데 기여했다. 오늘날의 문화 전쟁은 미국 개신교 내에서 발생한 현대주의와 근본주의의 싸움에서 비롯된 결과물이라고 말할 수 있다.

그리스도인은 박해자를 비롯해 모든 사람들을 사랑하라는 명령을 받았다. 이것이 스스로 정의를 추구하는 것보다 더 우선적인 의무이다. 예수님은 산상 설교를 통해 새로운 질서 체계, 곧 새 언약을 확립하셨다. 그것은 복음 자체가 아니라 복음에 근거한 윤리이다.

"그(하나님)는 은혜를 모르는 자와 악한 자에게도 인자하시니라"(눅 6:35).

놀랍지 않은가? 복음을 처음 들은 제자들은 모두 한배를 타고 있었다. 그들에게는 "너희 아버지의 자비로우심같이 너희도 자비로운 자가 되라. 비판하지 말라 그리하면 너희가 비판을 받지 않을 것이요"(눅 6:36,37)라는 새 윤리가 주어졌다. 이것은 세네카나 키케로가 제안한 것과는 달리, 로마인들 사이에서 공적인 미덕과 정중함을 더 크게 기르라는 의미가 아니었다. 복음을 받아들여 실천하는 사람들, 곧 성령으로 거듭난 사람들에게만 이 특별한 윤리가 주어졌다. 이것은 모든 세속 국가가 따라야 할 헌법이 아니다. 루터는 급진적인 재세례파 신자들에게, 산상 설교가 국가 정치를 위한 청사진을 제시하지는 않는다고 설명했다.

그리스도는 오직 그리스도인들에게만……사도들이 여전히 버리지 못하고 있었던 육신적인 개념 및 생각들과는 크게 대조되는 말씀을 가르치셨다. 그들은 예수님이 새로운 정부와 제국을 건설하여 자신들에게 직책을 부여하고, 군주처럼 다스리며 적들과 악한 세상을 복종시키실 것이라 생각했다……교황도 그렇게 되기를 갈망했고……지금은 뮌처가 농민들과 함께 시작한 대로……온 세상이 복음 안에서 자신의 유익을 구하고 있다.[12]

토마스 뮌처(Thomas Müntzer)가 교회와 국가를 상대로 일으킨 "순수한 그리스도인들"의 무장봉기는 실제로 산상 설교의 가르침과는 거리가 멀다. 바울은 이렇게 말했다.

"너희를 박해하는 자를 축복하라 축복하고 저주하지 말라. 즐거워하는 자

---

12) Martin Luther, *Commentary on the Sermon on the Mount,* trans. Charles A. Hay (Philadelphia: Lutheran Pub. Society, 1892), 190-191.

들과 함께 즐거워하고 우는 자들과 함께 울라. 서로 마음을 같이하며 높은 데 마음을 두지 말고 도리어 낮은 데 처하며 스스로 지혜 있는 체하지 말라. 아무에게도 악을 악으로 갚지 말고 모든 사람 앞에서 선한 일을 도모하라. 할 수 있거든 너희로서는 모든 사람과 더불어 화목하라. 내 사랑하는 자들아 너희가 친히 원수를 갚지 말고 하나님의 진노하심에 맡기라 기록되었으되 원수 갚는 것이 내게 있으니 내가 갚으리라고 주께서 말씀하시니라. 네 원수가 주리거든 먹이고 목마르거든 마시게 하라 그리함으로 네가 숯불을 그 머리에 쌓아 놓으리라. 악에게 지지 말고 선으로 악을 이기라"(롬 12:14-21).

베드로도 교회가 고난을 받으리라는 점을 상기시켜 주었다.

"너희 중에 누구든지 살인이나 도둑질이나 악행이나 남의 일을 간섭하는 자로 고난을 받지 말려니와, 만일 그리스도인으로 고난을 받으면 부끄러워하지 말고 도리어 그 이름으로 하나님께 영광을 돌리라. 하나님의 집에서 심판을 시작할 때가 되었나니 만일 우리에게 먼저 하면 하나님의 복음을 순종하지 아니하는 자들의 그 마지막은 어떠하며"(벧전 4:15-17).

만일 비그리스도인들이 그리스도인에게 교회의 율법을 국가에 강요해서는 안 된다고 주장한다면, 오히려 그들이 많은 그리스도인들보다 신약성경의 가르침에 더 가까이 다가갔다고 말할 수 있다. 교회는 언약의 백성이 사랑으로 교제하는 것이 그리스도의 뜻이라는 사실을 겸손하게 보여 주어야 한다. 그래야만 이 덧없는 악한 시대에 다가올 세상을 보여 주는 본보기가 될 수 있다.

순교자 콤플렉스의 문제

내가 성장하는 동안, 우리에게는 순교자 콤플렉스가 있었다. 우리는 아마겟돈과 휴거되지 못한 채로 남겨질지도 모른다는 두려움에 시달려야 했다. 하나님께서 창조하신 세계는 '종말에 이른 위대한 행성 지구'였다. 다행히도 나는 마지막 날이 오기 전에 휴거될 사람들 중 하나가 될 것이다. 그러나 그때가 오기까지 갈수록 더 나빠지는 상황을 지켜봐야 한다. 박해가 임박했다. 아니, 이미 시작되었다.

나는 종교의 자유가 사라지고 있는 현실을 이야기하는 소식지를 큰 관심을 기울이면서 읽곤 했다. 나는 여전히 종교의 자유를 옹호하는 사람으로 남아 있지만, 순교자 콤플렉스를 둘러싸고 벌어지는 과장된 어법은 두려움과 분노의 문화를 조장하는 데 한몫을 톡톡히 하고 있다.

나는 중국의 지하 교회를 비롯해 충실한 그리스도인들이 매일 박해를 경험하는 다른 여러 지역에서 말씀을 전하고 가르치는 사역을 잠시 수행했다. 그러는 동안 그들이 사람을 두려워하지 않고, 오히려 복음의 기쁨으로 더욱 충만하다는 사실을 발견하고서 개인적으로 상당한 아이러니와 도전 의식을 느꼈다. 내가 잠자고 있는 동안, 그들은 이미 일어나 한 시간이나 아침 기도를 드리고 있었다. 그들은 함께 주님께 구하며, 성경을 읽고, 찬송가를 불렀다. 그들은 내게 박해받은 이야기를 많이 들려줄 수 있었지만, 그보다는 하나님과 그리스도를 통한 구원 은혜에 관해 말했다.

당시의 기억은 트럼프 대통령이 백악관에서 복음주의 지도자들을 만났던 모임과 매우 대조된다. 그는 자신이 재임에 성공하지 못하면 보수주의 그리스도인들에 대한 폭력이 자행될 것이라고 경고했다. 트럼프는 복음주의자들에게 "단 한 번의 선거로 지금까지 누려 온 것을 모조리 잃을 수도 있습니다"라고 말했다.[13] 그런 식으로 두려움을 자극하는 수사법이 복음주의 안에서도 활발하게 나타나고 있다. 모든 것을 잃는다고? 그렇다면 우리가 가진 것은 정확히 무엇일까? 교회는 '정체성 정치'라는 위험한 게임에 참여한 유권자가 아니다. 일부 복음주의 지도자들은 우리가 사자 밥이 될 때가 아니라 다른 복음을 전할 때 모든 것을 잃게 된다는 사실을 의식하지 못하고 있다. 마태복음 16장 26절에서는 이렇게 말한다.

"사람이 만일 온 천하를 얻고도 제 목숨을 잃으면 무엇이 유익하리요."

정치인이 우리의 두려움을 자극하려고 하는 것은 놀라운 일이 아니다. 우리는 그런 책략이 그리스도를 믿는다고 고백하는 사람들 사이에서 성공을 거둘 때 놀라야 한다. 선거를 치를 때마다, 교회는 그리스도에 대한 충실한 증언을 잃어버린다.

더그 패깃(Doug Pagitt)은 진보적 복음주의자이자, '보트 커먼 굿(Vote Common Good, '공동선에 투표하라')'이라는 단체의 설립자이다. 그는 기독교 우파에 뒤지지 않고, "민족의 영혼과 개인들을 위한 진정한 싸움이 벌어지고 있다"라고 주장했다.[14]

---

13) Aliza Nadi and Ken Dilanian, "In Closed-Door Meeting, Trump Told Christian Leaders He Got Rid of a Law. He Didn't," NBC News, August 28, 2018, https://nbcnews.com/politics/elections/trump-told-christian-leaders-he-got-rid-law-he-didn-n904471.

14) Rebecca R. Bibbs, "Vote Common Good Hopes to Prevent Reelection of Donald Trump," *The Herald Bulletin*, March 10, 2020, https://heraldbulletin.com/news/vote-common-good-hopes-to-prevent-reelection-of-donald-trump/article_514c1f5c-626b-11ea-90e7-

그 말은 사실이지만, 누가 백악관의 주인이 되느냐 하는 문제와는 아무런 상관이 없다. 그런 식의 사고방식을 전하거나 받아들이는 사람은 "귀인들을 의지하지 말며 도울 힘이 없는 인생도 의지하지 말지니"(시 146:3)라는 시편 기자의 경고를 망각하고 있다. 더욱이 국가는 영혼이 없다. 양측에서 들려오는 이런 식의 수사법은 성경이 아니라 낭만주의의 산물로서, 국가의 신성함과 신적 정체성을 부풀릴 뿐이다.

우리의 공적 선언은 역사 속에서 구원을 베푸시는 하나님을 전하지 못하고, 우리가 두려움과 분노와 불안에 사로잡혀 있다는 인상을 줄 때가 많다. '그들'은 순수한 악이다. 심지어 팬데믹 기간에는 마스크 착용 여부조차 정치적 논란거리가 되었다. 나는 장로들을 비롯한 신자들로부터 유행병이나 개인의 건강 상태가 두려워서가 아니라 교회가 보건 당국의 지침을 수용하거나 수용하지 않는 문제에 항의하는 표시로 교회에 출석하지 않았다는 이야기를 많이 전해 들었다. 마스크가 우리가 어느 편인지를 알려 주는 깃발이 된 셈이다. 우리는 서로에게 화를 낸다. 우리가 화를 내면 낼수록, 그것을 이용하는 사람들에 대한 시청률과 투표율이 높아진다. 이것은 박해가 아니라 어리석음이다.

그리스도인은 이웃을 사랑하기 때문에, 처음부터 자신을 위해서가 아니라 하나님의 형상으로 창조된 모든 사람을 위해서, 즉 그리스도에 관해 외부의 강요 없이 개인적으로 자유롭게 결정해야 할 사람들을 위해 종교의

---

b7a652d6c49d.html.

자유를 옹호했다. 그러나 나는 교회의 사역자로서, 설령 미국 헌법이 보장하는 권리들을 잃는다고 해도 아무것도 걱정할 필요가 없다고 말하지 않을 수 없다. 교회는 그런 상황에서도 여전히 그보다 더 위대한 법이 보장하는 권리들을 누린다. 그리스도는 "내 교회를 세우리니 음부의 권세가 이기지 못하리라"(마 16:18)라고 말씀하셨다.

나는 이따금 공중예배에서 "주님, 저희를 복음을 전할 자유가 있는 나라에서 살게 해 주셔서 감사합니다"라고 기도한다. 그러나 그 기도는 잘못되었다. 그리스도가 우리에게 복음을 전할 자유를 주셨으며, 우리는 어떤 상황에서든 복음을 전해야 한다. 나는 헌법적 자유를 허락하신 주님께 감사하는 동시에, 바울처럼 "내게 말씀을 주사 나로 입을 열어 복음의 비밀을 담대히 알리게 하옵소서"(엡 6:19)라고 기도해야 한다.

그리스도는 가이사의 도움 없이, 심지어 그의 사나운 반대에도 온 세상에 자신의 교회를 세우셨다. 중국 정부가 교회를 박해할 때마다, 중국 교회는 계속 성장한다. 외교전문지 『포린 폴리시』(Foreign Policy)의 아짐 이브라힘(Azeem Ibrahim)은, "중국에서 통계를 내는 것은 매우 어렵다. 그러나 그곳에 1억 명의 그리스도인이 존재하는 것으로 추정된다. 이는 중국 공산당원의 수인 9천만 명을 넘는 수치이다. 지나치게 낙관적으로 들리기는 하지만, 2030년이 되면 중국의 그리스도인들이 2억 5천만 명에 이를 것으로 내다보는 사람들도 있다"라고 말했다.[15] 이 낙관적인 수치는

---

15) Azeem Ibrahim, "The CCP Is Scared of Christianity," *Foreign Policy*, July 1, 2021, https://foreignpolicy.com/2021/07/01/chinese-communist-party-scared-of-christianity-religion/.

미국 인구의 약 75%에 해당한다.

그와는 반대로, 국가와의 관계가 안락하고 생활이 호화로울 때 종종 교회가 배교하기도 한다. 교회가 정부의 비위를 맞추기 위해 복음을 전하지 않거나, 정부의 압력 때문에 복음을 전하는 일이 쇠퇴할 수 있다. 우리는 복음을 전해 그리스도를 기쁘시게 해야 한다. 우리는 이 은혜 왕국의 정책을 세우는 것이 아니라 우리의 왕에게서 그것들을 받아 전할 뿐이다. 우리는 가이사가 아니라 하나님께 복종해야 한다.

가이사는 종교적 박해를 두려워하는 마음을 이용해 이익을 얻었다. 복음주의자들이 일시적인 특권 때문에 정치적 기지로 이용당하기를 좋아한다면, 장시간 자신들의 문화적·도덕적 권위를 상실할 수밖에 없다. 그러나 그리스도는 무력하시지 않으며, 그분의 복음은 연약하지 않다.

예수님은 이스라엘을 위대한 국가로 만들기 위해 오시지 않았다. 그분은 '레인보우 아메리카(Rainbow America)'나 '크리스천 아메리카'의 마스코트가 되기 위해 오시지 않았다. 그분은 죄 사함을 베풀고 영생을 주기 위해 오셨다. 즉, 죽었다가 다시 살아남으로써, 우리가 그분을 믿는 믿음을 통해 새로운 창조에 참여할 수 있도록 하고자 오셨다. 과거의 복음주의자들은 바로 이 메시지를 열성을 다해 온 세상에 전파했다.

복음은 유대인과 이방인, 종과 자유인, 남자와 여자, 흑인과 황인과 백인, 민주당과 공화당 등 온 세상을 위한 것이다. 예수님은 지상 명령을 통해 사람들을 시민이 아니라 제자로 만드는 권위를 교회에 부여하셨다. 교회는 모든 민족에게 정치적 견해가 아니라 복음을 전하고, 정치적 당파의 이름이 아니라 성부와 성자와 성령의 이름으로 세례를 베풀며, 자기가 생각하는 것이 아니라 주님이 전하신 모든 것을 가르쳐야 한다.

예수님은 본디오 빌라도에게 심문을 받으면서 자신이 왕이라고 말씀하셨다. 그러나 그분은 로마 총독인 그가 생각할 수 있는 것보다 훨씬 더 위대한 보좌의 계승자라는 점을 분명하게 밝히셨다.

"내 나라는 이 세상에 속한 것이 아니니라 만일 내 나라가 이 세상에 속한 것이었더라면 내 종들이 싸워 나로 유대인들에게 넘겨지지 않게 하였으리라 이제 내 나라는 여기에 속한 것이 아니니라"(요 18:36).

그리스도의 왕국은 분명히 세상 안에 있고, 심지어 세상을 위해 존재하지만, 세상에 속하지는 않는다. 예수님의 운명을 결정한 사람은 빌라도가 아니다. 예수님은 "이를 내게서 빼앗는 자가 있는 것이 아니라 내가 스스로 버리노라 나는 버릴 권세도 있고 다시 얻을 권세도 있으니"(요 10:18)라고 말씀하셨다.

그분은 예루살렘 성전이 파괴되고, 그로부터 오랫동안 박해가 이어질 테지만, 그 와중에도 자신의 나라가 계속 확장할 것이며, 자기를 믿는 신자들이 오직 복음으로만 무장할 것이라고 예고하셨다(마 24장 참고). 초기 그리스도인들은 심한 박해에 직면했지만, 신약성경은 그리스도가 여전히 자기 교회를 세우고 계신다는 사실을 믿고서 박해자들과 원수들을 사랑하고 그들을 위해 기도하라고 명령했다.

그렇다면 두려움을 이용하는 책략이 예수님의 제자들, 곧 그분이 "적은 무리여 무서워 말라 너희 아버지께서 그 나라를 너희에게 주시기를 기뻐하시느니라"(눅 12:32)라고 말씀하신 자들의 대열에 속했다고 주장하는 많은 사람들에게 그토록 한결같이 영향을 미치는 이유는 무엇일까? 그 이유는 "적은 무리"라는 표현이 암시하는 대로, 현재 상태에서는 그리스도의 나라가 전혀 강력해 보이지 않기 때문이다. 교회는 여러 지역에서 고난을 받으면서도 성장하고 있다. 유럽과 미국에서는 교회가 줄어들고 있지만, 여전히 교회는 존재한다. 왜일까? 왜냐하면 그 나라가 성부 하나님의 기뻐하시는 뜻에 따른 선물이기 때문이다.

우리는 휴가 중에 알렉산더 대왕의 제국과 로마의 황제들이 건설한 제국의 폐허를 둘러보곤 한다. 만일 그리스도께서 늦게 오시면, 미국도 무너진 왕국들의 대열에 합류하게 될 것이다. 그러나 무너지지 않는 나라가 하나 있다. 그것은 우리가 건설하지 않은 나라, 곧 우리에게 거저 주어진 나라이다(히 12:28 참고). 온 세상에 널리 퍼져 나간 나라는 오직 그 나라 하나뿐이다. 현대의 민족지학자들은 선교사들을 따라 새로운 종족을 찾아 나선다. 왜냐하면 세상에 있는 모든 사람이 복음을 들어야 하기 때문이다.

문화적으로 인정받으려고 애쓰지 말라

미국의 그리스도인인 우리는 아마도 박해보다는 인기를 누리지 못하는 것을 훨씬 더 두려워하는 것 같다. 자유주의 교회의 지도자들은 지성인들에게서 인정받으려고 애쓴다. 자유주의 신학은 "권력을 향해 진실을 말하고 선지자처럼 행동한다"는 말들만 잔뜩 늘어놓을 뿐, 실상 오랫동안 학계와 예술, 과학, 진보 정치와 같은 상위 문화의 대본을 앵무새처럼 뇌까

렸다. 자유주의 신학의 엄숙한 선언과 세속 문화가 다른 점이 있다면, 단지 시간적인 차이뿐일 것이다. 이 종교적 전통은 덧없는 시대의 혈류 속으로 거의 완전히 흡수되어 버렸다.

그러나 보수주의 개신교는 그들의 무덤 위에서 춤을 추어서는 안 된다. 자신들도 제 무덤을 파고 있는 중이라는 사실을 깨달아야 한다. 복음주의 개신교는 오랫동안 대중문화, 특히 연예인과 유명한 운동선수, 사업가, 마케팅 전문가, 대중 심리학자들의 관심을 끌려고 노력했다. 트럼프가 "미국의 그리스도인인 것을 자랑스럽게" 느끼도록 해 주었기 때문에 복음주의자들이 그를 좋아한다는 말이 우리의 귀에 종종 들려온다. "자랑하는 자는 주 안에서 자랑할지니라"(고후 10:17)라는 말씀을 기억했으면 좋겠다.

일부 대형 교회의 목회자들은 유명하고 부유한 사람들의 관심을 끌기 위해 5,000달러짜리 이지 운동화(Yeazy sneakers)와 3,000달러짜리 구찌 재킷, 그리고 1,250달러짜리 루부탱(Louboutin) 허리 가방과 2,541달러짜리 리찌(Ricci) 악어가죽 벨트 같은 액세서리를 과시한다. 그런 장신구 가운데 자기 집 한 달 월세보다 비싸지 않은 것이 단 하나도 없다는 사실을 의식한 교인들은, 부유한 사람들과 친해지려면 그것들이 필요하다고 생각하는 설교자들의 몸치장 비용을 밝혀내 인스타그램에서 뜨거운 화젯거리로 삼는다.[16]

---

16) Sarah Pulliam Bailey, "Preachers and Their $5,000 Sneakers: Why One Man Started an Instagram Account Showing Churches' Wealth," *Washington Post*, March 22, 2021, https://www.washingtonpost.com/religion/2021/03/22/preachers-sneakers-instagram-wealth/.

그런 식으로 유명인처럼 되고 싶어 하는 목회자들이 온갖 추문에 휩싸여, 자신들을 지켜보며 종종 비웃음을 터뜨리는 세상 사람들 앞에서 도미노처럼 잇달아 무너져 내리는 것은 조금도 이상한 일이 아니다.

좌파와 우파를 막론하고, 오늘날의 미국 교회들 가운데는 세상과 구별하기 어려운 교회들이 많다. 유일한 차이가 있다면, 세상의 어느 쪽 절반에 속하느냐 하는 것뿐이다. 세상은 때로 이런 사실을 우리보다 더 잘 알고 있는 것처럼 보인다. 교회가 교회가 아닌 다른 곳에서 더욱 확실하게 발견할 수 있는 것을 꼭 빼닮았는데, 굳이 교회에 관심을 기울여야 할 이유가 없지 않겠는가?

우리는 오늘날의 교회가 박해를 받는 것이 아니라, 상대적으로 똑똑한 백인 앵글로색슨계 개신교 신자이어야만 프린스턴 대학교에 진학할 수 있었던 시절이나, 국가 지도자들이 의무적으로 국가 조찬 기도회에 참석해야 했던 시절에 교회가 가지고 있던 강력한 문화적 영향력이 없다는 것이 부끄럽고 화가 날 뿐이다.

공인들은 공공 장소에서 단지 기독교의 상징물을 흔드는 것만으로도 환호하는 군중을 안심시킬 수 있다. 그리스도인들이 우쭐한 마음으로 세상 사람들이나 권력가들에게서 찬사를 받으려 할 때마다, 메시지가 달라진다. 하나님 나라의 관점에서 보면, 그것은 복음을 전하다가 박해를 받는 것보다 훨씬 더 나쁜 상황이다.

13

성소수자의 두려움과 목회적 돌봄

오늘날 많은 사람들에게 페미니즘이나 마르크스주의, 비판적 인종 이론
(Critical Race Theory), 교차성(Intersectionality)과 같은 용어들은 마치
예의를 갖춰 경례하거나 또는 불태워 없애야 할 깃발과도 같다. 나는 이런
주제들에 관한 전문가는 아니지만, 이런 용어들을 거론하는 권위자들과
설교자들이 대부분 찬성이든 반대든 양쪽 편으로 갈라져 있는 듯한 생각
을 지울 수 없다. 이 용어들은 양쪽 모두에게 암호와도 같다. 그들은 다른
쪽 편이 하는 말을 들을 가치조차 없다고 확신한다. 이성과 상식은 온데간
데없고 오직 이데올로기만을 종교처럼 숭배하는 그들에게는 복잡하게 생
각할 것이 아무것도 없다.

마르크스주의가 세계관인 것은 분명하다. 그런데 실상 그것은 자체적
인 거대 서사, 교리, 의식, 습성 등을 갖춘 종교이다. 마르크스주의의 교의

는 각각 기독교의 가르침과 대조된다(흥미롭게도 학식이 뛰어났던 마르크스의 동료 프리드리히 엥겔스도 이 점을 지적하며, 급진적인 재세례파를 공산주의 혁명의 선구자로 간주했다). 마르크스주의는, 신(자연)은 맹목적이며, 역사는 압제자와 피압제자의 투쟁이라고 가르친다. 선한 피조 세계의 타락, 곧 원죄는 존재하지 않는다. 세상의 본성은 폭력적이며, 우리의 임무는 노동자들을 '원초적 소외'로부터 구하는 것이다. 그들에게는 공산당이 곧 교회이고, 지상 낙원의 건설이 곧 종말이다.

그러나 '마르크스주의자'에 관한 이야기는 이것이 전부가 아니다. 노예제 폐지를 비롯한 다른 개혁 운동들과 마찬가지로, 페미니즘 운동의 첫 번째 물결도 주로 복음주의자들이 주도했다. 그러나 두 번째 물결은 마르크스주의 이데올로기와 70년대의 성 혁명을 통해 형성되었다. 이 두 사상은 모두 성소수자 운동에도 영향을 미쳤다. 그런데 칼 트루먼(Carl Trueman)이 입증한 대로, 성적 정체성에 집착하는 것은 미국 문화에 나타난 '표현적 개인주의'라는 더 큰 현상의 일부이다.[1]

잘 알다시피, 성소수자 운동은 비교적 짧은 기간에 막강한 영향력을 행사하게 되었다. 2008년에 대통령 후보로 나섰던 버락 오바마는 "나는 결혼이 한 남자와 한 여자의 결합이라고 믿는다. 또한 그리스도인인 나에게 그것은 신성한 결합이다. 하나님은 이성애자의 결혼만을 인정하신다"라

---

1) '성소수자'를 뜻하는 'LGBTQIA'는 레즈비언(Lesbian), 게이(Gay), 양성애자(BIxexual), 성전환자(Transgender), 동성애자(Queer), 간성(Intersexual), 무성애(Asexual)를 나타내는 두문자어이다. 칼 트루먼은 다음의 책에서 성 혁명의 문화적 역사를 자세히 소개했다. *The Rise and Triumph of the Modern Self* (Crossway, 2020).

고 말했다.[2] 그러나 2012년에 그는 입장을 바꾸었다. '오버거펠 대 하지스 사건(Obergefell v. Hodges)'에 대해 2015년 미국 연방 대법원이 내린 판결에서 동성애자의 결혼이 합법화되자, 백악관은 무지갯빛 등불로 뒤덮였다.

다른 해방 운동들과 마찬가지로, 동성애자의 권리 운동도 처음에는 잔혹하고도 불평등한 많은 사건들을 통해 촉발되었다. 그러나 나는 네 자녀를 둔 아버지로서, 더욱 광범위한 논쟁이 소셜미디어를 통해 어떻게 확산되는지를 지켜보았다. 오바마의 2008년의 입장에 동의하는 사람들이 '지구에서 가장 위험한 사람들'로 비방받는 순간, 반대편의 위협이 노골적으로 가시화된다. 나는 하나님의 선한 창조 계획을 이렇게 광범위하게 공격하는 것이 두렵기만 하다. 그것은 주님을 신뢰하지 못하게 만드는 가장 큰 요인 가운데 하나이다.

그러나 우리는 그리스도인을 포함하여 모든 사람들이 빠져들기 쉬운 유혹과, (제퍼슨의 문구를 다시 빌려 말하면) "자연법과 자연의 하나님"을 무시한 채 성별의 혼동을 지지하는 '정치 운동'을 구분해야 한다. 나는 오늘날의 목회자와 장로들에게 '성소수자 인권 운동(Queer movement)'이 아니라 자신이 돌보는 양들에게 관심을 기울이라고 당부하고 싶다.

여성들이 페미니즘에 반대하는 사람들에게서 상처 입는 것처럼, 성적

---

2) "Full Transcript: Saddleback Presidential Forum, Sen. Barack Obama, John McCain; Moderated by Rick Warren," Vote Smart, August 17, 2008, https://justfacts.votesmart.org/public-statement/658545/full-transcript-saddleback-presidential-forum-sen-barack-obama-john-mccain-moderated-by-rick-warren/#.VSbObJTF938.

으로 혼란스러워하는 교인들은 때때로 문화 전쟁으로 피해를 입는다. 현명하게도 칼빈은 "목회자는 두 개의 목소리를 지녀야 한다. 하나는 양들을 불러 모으는 목소리이고, 다른 하나는 늑대들을 쫓아내는 목소리이다" 라고 말했다.[3]

힘을 합쳐 사람들을 보살피자

오래전에 한 친구가 동성애의 욕구에 시달리는 한 젊은이를 보고는 내게 연락해 보라고 조언한 적이 있다. 그 젊은이의 부모는 유명한 복음주의 가정 사역 단체에서 위원으로 일하고 있었다. 그는 은혜의 복음을 발견하고 나서 '화이트 호스 인(White Horse Inn)'[4]이라는 우리의 단체에 자원봉사자로 참여했고, 복음을 전하는 견실한 교회의 일원이 되었다.

그런데 나중에 고향으로 돌아간 그는 부모와 교회의 냉소와 질책에 끊임없이 시달려야 했다. 그의 부모는 동성애의 욕구와 씨름하는 아들을 둔 것을 몹시 창피해했다. 그들은 아들이 그 일을 '자기들만의 비밀'로 지켜주기를 바랐지만, 그는 자신의 목회자에게 그 사실을 털어놓았다. 어느 날 저녁에 그는 나에게 전화를 걸어, 자신의 고민을 들은 목회자가 하나님이 자기를 '정욕에 넘겨 주셨고' 구원을 상실했다고 말하더라고 했다. 절망에 휩싸인 그는 일주일 후에 스스로 목숨을 끊고 말았다.

---

3) John Calvin, *1 and 2 Timothy and Titus*, Crossway Classic Commentaries, ed. Alister McGrath and J. I. Packer (Wheaton, IL:Crossway, 1998), 184.
4) 역자주 – 종교개혁의 쟁점들을 논의하는 단체로, 저자가 공동 대표로 있다.

성소수자 중 믿음의 공동체 안에서 성장한 사람이 전체의 86%에 달하고, 그중 4분의 3 이상이 "신학적으로 보수적이고도 복음적인 종교 공동체"에 속했던 사람이었다.[5] 이 놀라운 통계를 고려하면, 교회와 그 안에 속한 가정들의 문화를 형성하는 우리의 목회적 견해를 엄밀하게 점검해 보아야 한다.

은혜로운 변화를 보여 주는 놀라운 조짐들을 많이 생각해 볼 수 있다. 어떤 교회들은 사회적 문제들에 관해 열심히 공부하기도 하고, 더 중요하게는 고민하는 교인들의 말에 진지하게 귀를 기울이기도 한다. 그러나 항상 그러는 것은 아니다.

누군가가 다른 교인들에게 자신이 느끼는 성적 유혹을 솔직하게 털어 놓는 경우, 너무나 많은 목회자와 장로들은 그를 사려 깊게 보살피기보다 통제하려고 한다. 그들의 첫 번째 반응은 교회의 입장을 분명하게 밝히고, 그런 '그릇된 성향'이 확산되지 않도록 막는 것이다. 그런 반응은 좀 이상하다. 왜냐하면 그런 고민을 안고 있는 신자가 이미 교회의 입장을 분명히 알 뿐 아니라, 그 입장에 동의하지 않는 것도 아니기 때문이다. 사실 그것을 알기에 그 신자는 영적 어려움을 겪는다.

그러나 많은 사람들은 고민하는 사람을 보살피기보다는 교회의 입장을 옹호하는 것을 문화 전쟁에서 교회 직분자들이 담당해야 할 첫 번째 의무로 생각한다. 그들은 늑대들을 쫓아내야 할 목소리로 양들을 쫓아 버린다.

---

5) Andrew Marin, *Us Versus Us: The Untold Story of Religion and the LGBT Community* (Colorado Springs: NavPress, 2016), 1, 6–7.

자유주의자들이 디지털 공간에서 영향을 받는 것처럼, 보수주의자들은 날마다 접하는 뉴스와 문화에 종종 영향을 받는다. 그리스도께서 양을 보시는 곳에서, 그분의 사자들은 상대편의 첩자(미국의 가정을 파괴하려고 드는 정치 운동)를 본다. 때때로 이런 영적 학대의 희생자들이 교회와 원수가 되는 것은 너무나 당연한 일이 아닐 수 없다. 그러는 사이에 진정한 원수인 사탄은 교회에 몰래 침투해 복음을 믿는 믿음을 훼손하고 뒤엎는다.

우리의 가정과 교회에 속한 사람들도 동성애의 욕구로 인해 괴로워하고 있다. 과연 그런 사람들을 '그들'을 불사를 불꽃 가운데로 던져 넣어야만 할까? 그래서는 안 된다. 그들도 자기를 부인하는 그리스도인이다. 그들도 회개하고 그리스도를 따르는 신자가 되었으며, 우리 모두처럼 유혹을 경험한다.

또한 염색체와 난소는 여성인데 외부 성기는 남성인 사람들도 있다. 어떤 사람들은 실제로 '성별 불쾌감(gender dysphoria)'을 느끼고, 성전환을 통해 정체성을 회복하고자 고민하기도 한다. 우리 가운데 있는 형제와 자매들은 대부분 홀로 그런 문제들과 씨름한다.

최근에 한 어린 여성은 내게 "교회 사람들은 왜 제가 스스로 이것을 선택했다고 생각할까요?"라고 말했다. 물론 개인적인 '독특성'을 만들어 내고 거침없이 드러내라는 또래 압력은 틀림없이 오늘날의 한 추세이다. 그러나 이 십 대 소녀가 우연히 트랜스젠더 웹사이트를 발견하거나 CNN과 MSNBC를 너무 많이 보아서 그런 감정을 느끼기 시작한 것이 아니었다.

그녀는 보수적인 기독교 가정과 교회와 학교에서 성장했다. 그녀는 "지금 당장 약을 먹고 사라질 수 있다면 그렇게 하겠어요. 저는 성경을 믿어요. 남자와 여자의 결혼을요. 그러나 저는 제가 남자라고 확신해요. 하나님께서 모든 것을 선하게 창조하셨지만, 그러고 나서 인간은 타락했어요. 저의 몸과 영혼은 망가졌어요"라고 말했다. 그녀의 교회는 즉각 그것을 권징의 문제로 다루었다. 교회는 마치 그것이 전적으로 그녀 자신의 선택이고 물리적으로 있을 수 없는 현실인 양, 그런 감정을 단호히 물리쳐야 한다고 강조했다.

그러나 인간은 영혼뿐만 아니라 육체를 지니고 있으므로, 성별 불쾌감과 관련해 물리적이고도 의학적인 차원에서 문제가 있을 수도 있다. 따라서 우리가 단지 선언만 하지 않고 사람들을 잘 보살피려면, 성경은 물론이고 과학까지 이해해야 한다. 이런 탐구를 두려워할 필요가 없다. 이해한다고 해서 성경의 진리와 반대되는 결론에 동의하게 되는 것이 아니다. 오히려 그런 사람들을 동정할 수 있게 된다. 입장 천명은 변화를 일으키지 못하지만, 목회적 돌봄은 변화를 일으킨다.

만일 우리의 첫 반응이 두려움이라면, 우리의 신학이 틀렸거나 우리가 동료 죄인들을 대할 때 올바른 신학을 제대로 활용하지 못했거나 둘 중 하나일 것이다. 우리는 예수님이 복음서에서 사람들을 대하셨던 방식을 우리의 기준으로 삼아야 한다. 그분은 삭개오에게 "내가 오늘 네 집에 유하여야 하겠다"(눅 19:5)라고 말씀하셨다.

디트리히 본훼퍼는 『성도의 공동생활』(*Life Together*)이라는 책에서, 서로를 그리스도를 믿는 동료 죄인으로 대하고 서로 섬기며 그분의 제자가 되려고 노력하기보다, "경건한 자들의 공동체"를 건설하거나 생각하려고 애쓴다면 큰 위험을 초래하게 될 것이라고 역설했다.[6] 우리는 이 고된 순례의 길을 함께 감당해야 한다.

그리스도인인 우리는 그런 어려움 앞에서 놀라서는 안 된다. 우리는 '하나님의 형상대로' '남자와 여자로' '심히 좋게' 창조되었지만(창 1:26,27 참고), 육체와 영혼이 모두 타락한 상태로 전락했다. 우리는 죄의 상태에서 잉태되어 태어난다. 죄는 무엇이든 부자연스러운 것으로, 현실을 거스른다. 우리의 선한 본성 가운데 죄에 철저하게 오염되지 않은 곳은 단 한 군데도 없다. 또한 우리는 하나님의 뜻을 따르지 않고 악한 유혹에 넘어가 자범죄를 짓는다. 따라서 매일 죄를 뉘우치고, 믿음을 강화하려고 애써야 한다. 우리는 '얽매이기 쉬운 죄'에 둘러싸여 있지만, 그것을 받아들이지 말고 거부해야 한다.

"이러므로 우리에게 구름같이 둘러싼 허다한 증인들이 있으니 모든 무거운 것과 얽매이기 쉬운 죄를 벗어 버리고 인내로써 우리 앞에 당한 경주를 하며, 믿음의 주요 또 온전하게 하시는 이인 예수를 바라보자 그는 그 앞에 있는 기쁨을 위하여 십자가를 참으사 부끄러움을 개의치 아니하시더니 하나님의 보좌 우편에 앉으셨느니라"(히 12:1,2).

그런데 급진적인 진보주의 노선은 일찍부터 자유주의 신학에 영향을 받은 까닭에, 성적인 문제들을 타락한 우리 상태의 일부분으로 보지 않고,

---

6) Dietrich Bonhoeffer, *Life Together: The Classic Exploration of Christian Community* (San Francisco: HarperOne, 2009).

인류의 진화 과정을 통해 발전된 생물학적 다양성의 일부분으로 다루는 경향이 있다. 그래서 동성애, 성전환, 간성(間性), 무성(無性)과 같은 성적 특징을 지닌 사람들도 이성애자 및 시스젠더(cisgender)[7]와 마찬가지로 지극히 자연스럽게 여긴다. 그리고 사람들이 경험하는 혼란과 죄책감과 수치심을 객관적인 사실 때문에 발생하는 것이 아니라, 단지 계몽되지 않은 압제자로 인해 촉발된 주관적 감정에 지나지 않는 것으로 생각한다.

그러나 기독교의 관점에서 보면, 그런 식의 조언은 성경에 어긋날 뿐 아니라 끔찍하리만큼 가학적이다. 그런 조언은, 올바른 정체성을 찾으려면 선천적인 현실 인식은 물론, 심지어 생물학적인 사실까지 부인하라고 요구한다. 성경에 따르면, 모든 사람은 성경을 알지 못하더라도 스스로 동성애가 부자연스럽다는 것을 익히 알고 있다(롬 1:26-32 참고). 그런 행위를 저질렀을 때 죄책감과 수치심을 느낀다면, 아직 양심이 살아 있다는 증거이다. 그런 주관적인 감정은 객관적인 현실과 건전한 도덕성에 온전히 부합한다. 그런 욕구를 괴로워한다는 사실 자체가 그 점을 뒷받침하는 분명한 증거이다.

더욱 중요한 사실은, 오직 객관적인 죄만이 객관적으로 용서받을 수 있다는 것이다. 그런 죄들을 실제로 죄가 아니라고 말하는 것은 용서의 기쁨을 빼앗는 것과 같다. 가학적인 조언으로 고통에서 벗어날 수 있는 길을 차단당하는 것은 몹시 마음 아픈 일이다. 마치 누군가가 그런 사람들에게

---

7) 역자주 - 시스젠더란 트랜스젠더와 반대되는 개념으로, 생물학적인 성과 성 정체성이 일치하는 사람을 가리킨다.

그들의 괴로움이 실질적인 것이 아니며 그들 스스로 선택한 것이라고 말할 때 그들이 느끼는 마음과 같을 것이다. 오히려 그들에게는 객관적인 문제가 존재하며, 그들의 주관적인 감정을 해결해 줄 객관적인 방법이 존재한다고 말해 주어야 한다. 다시 말해, 실질적인 죄와 (그리스도 안에서 믿고 회개하며 자기에게로 나아오는 모든 사람을 용서하시는 하나님에게서 비롯되는) 실질적인 용서가 존재한다.

그리스도의 객관적인 사역은 죄의 압제를 결정적으로 깨부수는 토대를 마련했다. 우리는 하나님의 은혜로 죄와 맞서 싸울 수 있다. 우리 안에서 자기의 기쁘신 뜻대로 행하시는 성령이 우리에게 주어졌다(빌 2:13 참고). 우리가 죄를 짓고, 때로는 성령을 소멸하더라도, 그분은 자신의 사역을 멈추지 않으신다(빌 1:6 참고). 그리스도를 믿는 사람은 누구나 "우리는 미쁨이 없을지라도 주는 항상 미쁘시니 자기를 부인하실 수 없으시리라"(딤후 2:13)라는 말씀을 들을 수 있다.

그리스도의 사도인 바울은 로마서 1장에서 성적 부도덕을 우상 숭배의 징후 중 하나로 다루었다. 그것은 바울에게 익숙했던 그리스-로마 세계의 특징이었다. 그는 로마 제국의 주요 도시와 식민지에 교회를 개척하면서, 당시의 문화 속에 깊이 침투해 있는 우상 숭배 때문에 악을 미덕으로, 미덕을 악으로 여기는 관행이 생겨났다는 것을 알았다. 예를 들어, 그는 고린도교회에게 이렇게 말했다.

"불의한 자가 하나님의 나라를 유업으로 받지 못할 줄을 알지 못하느냐 미혹을 받지 말라 음행하는 자나 우상 숭배하는 자나 간음하는 자나 탐색하는 자나 남색하는 자나, 도적이나 탐욕을 부리는 자나 술 취하는 자나 모욕하는 자나 속여 빼앗은 자들은 하나님의 나라를 유업으로 받지 못하리라"(고전 6: 9,10).

바울은 동성애만을 용서받을 수 없는 죄로 꼽지 않았다. 남색하는 자와 마찬가지로 우상 숭배나 간음이나 탐욕의 죄를 저지르는 사람들도 하나님의 나라를 유업으로 받지 못한다. 신자들도 유혹을 받고 때때로 넘어질 뿐 아니라, 심지어 죄를 향해 돌진하기까지 한다. 그러나 법률가가 법을 시행하고 의사가 약을 처방하듯 '습관처럼'(동성애의) 죄를 저지르는 것은 일시적인 이탈 행위와는 전혀 다르다.

복음주의 교회 내에서는 "동성애자 그리스도인"이라는 용어를 사용할 수 있는지에 대해 조금씩 논쟁이 불거졌다. 이것은 일종의 모순어법이다. 바울은 신자들도 그런 유혹을 느끼며 때로 죄를 짓는다는 사실을 누구보다 잘 알고 있었다. 그러나 그는 "우상 숭배하는 그리스도인"이나 "간음하는 그리스도인", "탐욕스러운 그리스도인"이나 "도둑질하는 그리스도인"과 같은 용어들을 생각조차 하지 않았다. 바울은 오히려 바로 다음 구절에서 이렇게 덧붙였다.

"너희 중에 이와 같은 자들이 있더니 주 예수 그리스도의 이름과 우리 하나님의 성령 안에서 씻음과 거룩함과 의롭다하심을 받았느니라"(고전 6:11).

그리스도 안에 있는 사람은 누구나 '습관적으로 죄를 짓는 죄인'이 아니라 믿음으로 죄를 뉘우친 죄인이다. 신자는 "나는 법률가이다"라고 말하듯이 "나는 동성애자이다"라고 말할 수 없다. 그것은 신자의 정체성이 아니다. 신자에게 그것이 그의 정체성이라고 말하는 것은 잔인한 일이다. 신자로서 우리의 정체성을 규정하는 것은 우리가 '그리스도 안에' 있다는 사실이다. 우리는 죄 사함을 받아 의롭다함을 얻었고, 거룩하게 되었다.

우리는 그리스도 안에서 객관적으로 의롭고 거룩하지만, 여전히 우리가 짓는 죄를 고백하며 살아간다. 우리는 이성애자든 동성애자든 상관없이 여전히 유혹을 받는다. 우리는 유혹을 물리쳐야 한다. 조금 전에 말한 대로, 우리는 유혹에 굴복할 뿐 아니라 죄를 향해 돌진하기까지 한다. 그러나 그것은 우리의 정체성이 아니다. 우리는 하나님의 율법을 어기면서도 율법이 선한 것을 시인한다(롬 7:16 참고).

이 문제를 결론짓기 위해 로마서에 기록된 바울의 중요한 가르침을 좀 더 자세히 살펴보자. 그는 이방인들의 죄를 지적하면서, 우상 숭배와 동성애뿐 아니라 여러 가지 죄를 상세히 열거한다.

"모든 불의, 추악, 탐욕, 악의가 가득한 자요 시기, 살인, 분쟁, 사기, 악독이 가득한 자요 수군수군하는 자요, 비방하는 자요 하나님께서 미워하시는 자요 능욕하는 자요 교만한 자요 자랑하는 자요 악을 도모하는 자요 부모를 거역하는 자요, 우매한 자요 배약하는 자요 무정한 자요 무자비한 자라"(롬 1:29-31).

어쩌면 로마서를 읽는 유대인 독자들은 바울을 응원하면서, "맞소. 그것이 바로 이방인들이오. 바울, 힘내시오."라고 말했을지도 모른다. 그런데 바울은 자신의 말이 '우리 대 그들'을 논하는 장광설처럼 보이는 바로 그 순간에 '우리,' 곧 동료 유대인들에게로 방향을 바꾸었다. 이방인들이 우상 숭배와 부도덕한 행위에 얽혀 있는 것은 사실이다. 그러나 바울이 열거한

다른 죄들, 즉 증오심과 분노, 교만, 자기 의와 같은 죄들은 과연 어떠한가?

더욱이 바울이 말한 대로, "율법을 자랑하면서"(롬 2:23 참고) 다른 사람들과 똑같이 죄를 저지르는 위선보다 더 악한 행위는 없다. 로마서 1장이 진보적인 사람들에게 적용하기에 적절하다면, 로마서 2장은 우리 자신을 질책하기에 적절하다고 할 수 있다.

"그러므로 남을 판단하는 사람아, 누구를 막론하고 네가 핑계하지 못할 것은 남을 판단하는 것으로 네가 너를 정죄함이니 판단하는 네가 같은 일을 행함이니라"(롬 2:1).

판단을 일삼는 자들이 어떻게 하나님의 심판을 피할 수 있겠는가? 하나님의 율법(유대-기독교적 가치)을 아는 지식이 오히려 그들을 단죄하는 증거가 된다.

이방인들도 양심에 기록된 율법 덕분에 이따금 율법이 요구하는 바를 행한다. 그런데 기록된 율법을 소유한 자들은 그것을 너무나도 쉽게 어긴다. 바울은 자신과 혈통이 같은 유대인들, 곧 "율법을 의지하며"(롬 2:17) 의인을 자처하는 자들을 가리켜, "맹인의 길을 인도하는 자요 어둠에 있는 자의 빛이요, 율법에 있는 지식과 진리의 모본을 가진 자로서 어리석은 자의 교사요 어린아이의 선생이라고 스스로 믿으니"(롬 2:19,20)라고 말한다.

"그러면 다른 사람을 가르치는 네가 네 자신은 가르치지 아니하느냐 도둑질하지 말라 선포하는 네가 도둑질하느냐? 간음하지 말라 말하는 네가 간음하느냐 우상을 가증히 여기는 네가 신전 물건을 도둑질하느냐? 율법을 자랑하는 네가 율법을 범함으로 하나님을 욕되게 하느냐"(롬 2:21-23).

오늘의 '우리'가 내일의 '그들'이 되지 않도록 주의하라

교회나 회당이나 이슬람 사원에 다니는 사람들의 수가 처음으로 미국 인구의 절반 아래로 떨어졌다. 갤럽(Gallup)은 "아무런 단체나 기관에 소속되지 않은 사람들이 증가한 것"을 이런 현상이 나타난 주된 원인으로 꼽았다.[8] 그들 중에는 교회에 다녔던 사람들이 많다. 따라서 그들이 어떻게, 무슨 이유로 교회를 떠나 우리에게 분노하며 때때로 우리를 적대시하는지를 생각해 봐야 한다.

실제로 미국에서 보수적인 복음주의를 가장 적대시하는 사람들 중에는 교회에서 자란 사람들이 적지 않다. 언론계의 거물인 테드 터너(Ted Turner)는 한때 "기독교는 패자들을 위한 종교이다"라고 말한 적이 있는데, 근본주의자들의 본거지에 있는 교회와 학교에 다니면서 성장했다(그는 나중에 이 말에 대해 사과했다).[9]

오프라 윈프리(Oprah Winfrey)도 보수적인 침례교회(Missionary Baptist church)에서 성장했고, 과거에는 '여자 설교자'로까지 불렸지만, 지금은 '영적이지만 종교적이지 않은' 견해를 대변하는 선도자 역할을 하고 있다. 또한 영화배우 셜리 맥클레인(Shirley MacLaine)은 엄격한 남침례교 선교사였던 부모 밑에서 성장했고, 휴 헤프너(Hugh Hefner)도 똑같이

---

8) 8년간의 추세를 추적한 최근의 갤럽 조사에 따르면, 1999년에는 미국인의 70%가 종교 시설의 회원이었으나, 2020년에는 그 수가 47%로 감소하였다. Jeffrey M. Jones, "U.S. Church Membership Falls Below Majority for First Time," Gallup, March 29, 2021, https://news.gallup.com/poll/341963/church-membership-falls-below-majority-first-time.aspx.

9) Ann O'Neill, "The Reinvention of Ted Turner," CNN, November 17, 2013, https://www.cnn.com/2013/11/17/us/ted-turner-profile/index.html.

엄격한 감리교 신자의 가정에서 성장했다.

다시 말하지만, 성소수자 가운데 믿음의 공동체 안에서 성장한 사람이 전체의 86%이며, 그중 "신학적으로 보수적이고도 복음적인 종교 공동체"에 속했던 사람이 4분의 3이 넘는다.

'퀴어 아이(Queer Eye, 미국의 예능 프로그램)'에 출연했던 조너선 밴 네스(Jonathan Van Ness)는 마르크스주의 이데올로기에 속지 않았다. 그는 퀸시에 있던 자기 교회에서 자신보다 나이가 많은 한 소년에게 추행을 당하는 바람에 섹스와 약물 중독의 길로 빠져들었다고 말했다.[10] 밴 네스는 브레네 브라운(Brene Brown)의 글을 인용하면서 이렇게 말했다. "그녀에게 수치심이란 '네가 나에 관해 모든 것을 안다면 나를 더는 사랑하지 않을 거야'라고 느끼는 감정이다. 이 말은 항상 나의 심금을 울렸다."[11]

『자기애를 향한 순수한 여정』(A Raw Journey to Self-Love)이라는 그의 새로운 자서전의 제목을 읽는 순간, 나는 마음이 매우 아팠다. 결국 수치심 이면에는 우리가 해결할 수 없는 객관적인 죄책감이 있다. 우리에게 필요한 것은 자기애가 아니라 창조주요 재판관이요 구원자이신 하나님의 사랑이다. 그분은 우리가 느끼는 죄책감의 근원을 '우리 밖에서' 객관적으로 말해 주고, 자기 아들을 믿는 믿음을 통해 우리를 의롭다고 판결하신다.

그렇다면 조너선 밴 네스는 복음의 선포를 통해, 또는 성폭행을 당한 이

---

10) "Van Ness' Battle with Abuse and Addiction," *The Week*, October 11, 2019, https://press-reader.com/usa/the-week-us/20191011/281814285603770.

11) Jonathan Van Ness, *Over the Top: A Raw Journey to Self-Love* (New York: HarperOne, 2019), 6.

후에 그리스도인들의 지지를 통해, 자기 밖에서 어떤 사랑을 경험했을까?

나는 사람들에게서 '근본주의'와 '복음주의자'를 비난하는 말을 들을 때면, 그들이 직접 경험했던 일들을 마음에 두고 그렇게 말한다고 생각한다. 한때 복음주의자였다가 나중에 정통 기독교에 반대하는 지도자가 된 사람들(그들 중에는 심지어 처음에는 목회자가 될 생각으로 신학을 공부했던 사람들도 적지 않다)의 역사는 계몽주의 초기까지 거슬러 올라갈 만큼 오래되었다. 앞서 언급한 사람들은 그런 오랜 역사 속에 가장 최근에 등장한 이들이다.

물론 그들의 이탈이 모두 교회나 가정 환경의 탓은 아니다. 오늘날 많은 젊은이들은 교회나 가정 환경보다 소셜미디어와 또래 압력에 더 큰 영향을 받는다. 단순히 기독교의 신념과 윤리적 가르침을 받아들이지 못해서 교회를 떠나는 사람들도 있다(요일 2:19 참고). 자기 자신의 회개하지 않는 태도와 불신앙을 교회의 잘못으로 돌리고 교회의 실패를 탓하기 쉽다.

예를 들어, 나는 최근에 NPR(미국 공영 라디오 방송)에서 진행한 인터뷰 내용을 들었다. 인터뷰 진행자와 그 대상자인 한 배우는 어린 시절에 교회에서 진행된 프로그램 중 하나인 '노래하는 노래책 시편(Psalty the Singing Song)'을 회상했다. 그러면서 그들은 각자 다녔던 교회에 대해 격한 분노와 응어리진 마음을 표출했다. 그들이 어떤 일을 겪었는지는 자세히 알 수 없지만, 오늘날 그와 비슷한 일로 교회를 떠나는 사람들이 많다. 그들은 대개 그런 일들에 분노를 표출한다.

교회를 떠나는 것이 오늘날 왜 큰 문제가 되는지, 그 바탕에 깔린 이유를 크게 두 가지로 생각할 수 있다. 하나는, 기독교 신앙에 대한 무지가 갈수록 깊어지고 있다는 것이다. 그리고 다른 하나는, 세대 간의 제자 양육이 적절하게 이루어지지 않는 문화가 형성되고 있다는 것이다.

첫째, 오늘날 많은 복음주의자들은 기독교의 기본 교리마저 피상적으로 알고 있으며, 그러하기에 교회에서의 제자직과 세상에서의 소명에 관한 핵심 원리에 무지하다. 퓨 연구소의 조사에 따르면, 그리스도인들보다 무신론자들과 불가지론자들이 기독교를 비롯한 여러 종교에 대해 더 잘 알고 있는 것으로 드러났다(그들 다음으로 종교에 대해 잘 아는 사람들은 유대인과 모르몬교 신자들이었다).[12]

'리고니어 미니스트리스(Ligonier Ministries)'에서 실시한 2020년 '신학의 상태(State of Theology)' 연구에 따르면, 복음주의 그리스도인들 사이에서 핵심 교리들을 모르거나 혼란스러워하는 현상이 놀라우리만큼 심각할 뿐 아니라, 심지어 그것들을 노골적으로 거부하는 사람들도 적지 않은 것으로 나타났다.[13] 미국인 응답자의 대다수가 "종교적 신념은 개인적인 견해에 해당하는 문제이다. 그것은 객관적인 진리에 관한 것이 아니다"라는 말에 동의했다.[14] 복음적인 응답자들의 절반이 넘는 사람들도 "하

---

12) J. J. Sutherland, "Survey: Atheists, Agnostics Know More about Religion Than Religious," NPR, September 28, 2010, https://npr.org/sections/thetwo-way/2010/09/28/130191248/atheists-and-agnostics-know-more-about-bible-than-religious.

13) "The State of Theology," Ligonier Ministries, 2020, https://thestateoftheology.com.

14) "The State of Theology, Statement 31," Ligonier Ministries, 2020, https://thestateoftheology.com/data-explorer/2020/31.

나님은 모든 종교의 예배를 받으신다"라고 말했다.[15]

만일 믿음을 개인적인 감정이나 경험이나 신념으로 축소한다면, 진리를 진지하게 받아들일 필요가 전혀 없다. 예를 들면, 성경이 삼위일체에 관해 가르치는 것을 이해할 필요가 없어진다. 하나님에 대한 견해가 개인의 내면에서 생겨나며, 그리스도에 관한 역사적인 기독교의 견해(두 가지 본성을 지닌 하나의 인격체)가 실질적으로 유용하지 못하다면, 개인이 이미 느끼고 생각하는 바를 유지해 가면 그만일 것이다.

건강에 좋지 않은 음식만을 섭취하면, 건강하고도 성숙한 신자로 성장할 수 없다. 만일 개인의 종교적 배경이 '심신의 치료를 목적으로 하는 도덕적인 이신론'이라면, 신념을 옹호하든 말든 상관없이 오로지 개인의 삶의 방식을 긍정적으로 지지하는, 모호한 뉴에이지 영성으로 나아가기 쉽다. "그 개인에게는 그것이 곧 진리이다."

'복음주의(evangelical)'라는 용어는 '복음'을 뜻하는 헬라어 '유앙겔리온(euangelion)'에서 유래했다. 개신교 종교개혁의 지도자들은 그렇게 불리기를 바랐다. 종교개혁자들은 교회의 도덕적·영적 상태를 질타했지만, 루터는 교회의 심장을 정면으로 겨냥했다. 왜냐하면 교회의 교리, 특히 복음의 운명이 걸려 있었기 때문이다.

믿음은 그리스도의 말씀을 듣는 데서 온다(롬 10:17 참고). 그런데 그분의 말씀인 복음이 다른 말로 인해 왜곡된다면, 교회는 살아 있는 포도나무

---

15) "The State of Theology, Statement 3," Ligonier Ministries, 2020, https://thestateoftheology.com/data-explorer/2020/3.

의 가지가 아니라 죽어 가는 세상의 또 다른 가지가 될 수밖에 없다. 교회가 그리스도의 사역과 죽음과 부활을 중심으로 삼고 전면에 내세울 때, 비로소 세상에서 그리스도의 왕국을 대변하는 대사가 될 수 있다. 도덕주의, 자기 계발 치료, 정치 등 우리 자신에 관한 것을 전하면, 종교적이거나 영적인 단체는 존재할지 몰라도 그리스도의 교회는 존재할 수 없다.

종교개혁의 가장 중요한 두 가지 교리는, 그리스도 안에서 오직 믿음으로 의롭다함을 얻는다는 것(칭의, 하나님 앞에서 의롭다고 선언되는 것)과, 성경이 기독교의 교리와 실천의 절대 규범이라는 것이다. 그러나 '복음주의'라는 용어의 의미는 시간이 흐르면서, 특히 미국에서 다르게 변했다.

디트리히 본훼퍼는 1930년에 미국에 잠시 머물렀는데, 그 후에 복음주의를 "종교개혁 없는 개신교"로 묘사했다. 종교개혁이 일어난 지 500주년이 되는 2017년에는 미국 개신교 신자들 중 다수(52%)가, 하나님 앞에서 의롭다함을 받으려면 그리스도를 믿는 믿음과 선한 행위가 필요하다는 로마 가톨릭교회의 견해에 동조하는 것으로 드러났다. 오직 믿음으로만 구원을 받는다는 것이 개신교의 전통적인 가르침임을 아는 사람들은 고작 23%에 불과했고, 개신교와 가톨릭교회 모두가 똑같이 그렇게 가르친다고 잘못 알고 있는 사람들이 45%에 달했다.

또한 "오직 성경으로!"라는 교리(전통도 중요하지만, 성경만이 믿음과 실천의 유일한 규범이라는 종교개혁의 가르침)에 대해서도 사람들의 생각이 둘로 나뉘었다. 그 사실을 부인하는 개신교 신자들이 절반이 조금 넘는 것으로 나타났다. 최종적으로, 미국의 복음주의자들 중 고작 44%만이 오직 믿음으로 의롭다함을 받으며, 성경이 믿음과 실천의 유일한 규범이라고 믿는다고 답했다.[16] 연구 조사에 따르면, 교파를 초월하여 대다수 미국인에게 '실천적 신학'은 "심신을 치료할 목적의 도덕적 이신론"인 것으로 드러났다.[17]

오늘날 그리스도인들은 날마다 페이스북, 트위터, 케이블 방송 전문가들의 영향에 노출된 상태로 강력한 반대의 조류를 거슬러 올라가고 있다. 어린아이들은 수 세기 동안 요리문답(문답 형식으로 된 교리교육서)으로 가정에서 성경을 배웠다. 나도 자라면서 '검 수련 게임(sword drills game)'[18]과 같은 방식으로 성경을 암기했다. 그러나 지금은 이런 전통적인 방식들이 주변으로 밀려나고 있다. 심지어 교회에 다니면서 성장한 사람들도 자기가 믿는 바나 성경의 핵심 메시지와 기본 줄거리를 안다고 장담하기 어렵다. 그런 그리스도인들이 자기 믿음의 이유를 알고 있을 가능성은 더욱 희박하다.

십 대는 여러 가지 의구심을 느끼는 시기이다. 젊은이들은 이 시기를 시작으로 스스로 믿음을 구축해 나간다. 십 대 청소년들이 성경이나 교리에

---

16) "After 500 Years, Reformation-Era Divisions Have Lost Much of Their Potency," Pew Research Center, August 31, 2017, https://pewforum.org/2017/08/31/after-500-years-reformation-era-divisions-have-lost-much-of-their-potency/.

17) Christian Smith and Melinda Lundquist Denton, *Soul-Searching: The Religious and Spiritual Lives of American Teenagers* (New York: Oxford University Press, 2009); Christian Smith and Patricia Snell, *Souls in Transition: The Religious and Spiritual Life of Emerging Adults* (New York: Oxford University Press, 2009).

18) 역자주 – 어린아이에게 성경 구절을 말해 주고, 성경에서 그 구절을 가장 빨리 찾아 읽게 하는 놀이이다.

익숙하지 않은 상태를 극복하도록 도우려면, 단순히 성경을 암기하게 만드는 방법은 그다지 효과적이지 않다. 이 시기에는 충격적인 반응을 보이거나 성경을 읽고 더 많이 기도하라고 권고하는 대신, 그들의 의구심과 고민을 들어 주는 것이 가장 적절하다. 대학에 진학해 기독교와 반대되는 신념들을 접하기 이전인 십 대 시절은, 데이트 정보나 최신 유행 정보보다 신앙을 뒷받침하는 증거와 논증이 훨씬 더 필요한 시기이다.

둘째, 복음주의 교회를 떠난 사람들 중에는 심지어 배교가 무엇인지조차 정확히 모르는 사람들이 많다. 그들은 단지 특정한 문화만을 알았을 뿐이며, 다른 것들보다 그 문화를 더 많이 거부했을 뿐이다. 그들에게 신학은 그저 부차적인 문제에 지나지 않을 때가 많다. 그들은 신조에는 동의하지만, 문화에 대해서는 질식할 것 같은 느낌을 받는다. 그들은 단지 기독교의 문화를 거부하는 데 그치지 않고, 현대 사회에 만연한 상대주의적이고도 소비지상주의적인 개인주의에 영향을 받는다.[19] 교회 안에서 젊은이들이 반감을 느끼는 부분은 다름 아니라 정치와 위선이다.

【정치】

『세속적인 큰 파도』(The Secular Surge)의 저자들은 갤럽과 퓨 연구소의 조사와 마찬가지로, 30년 전만 해도 자신과 종교가 아무런 관련이 없다고 밝힌 미국인이 불과 5%에 지나지 않았다고 지적했다. 그러나 지금은 그 수치가 25%로 나타났고, 또 계속 증가하는 추세이다.

---

19) 다음을 보라. Christian Smith and Keri Christoffersen, *Lost in Transition: The Dark Side of Emerging Adulthood* (New York: Oxford University Press, 2011).

정치는 이런 현상에 큰 영향을 미친다. 그들은 한 인터뷰에서 "공화당에 동조하지 않는다는 것은 곧 종교와 관계를 맺고 싶어 하지 않는다는 방증이다"라고 말했다. 그러나 젊은 세대는 진보적인 정치에 관여하는 종교 지도자들도 마찬가지로 경계한다.[20] 젊은이들은 목회자들로부터 정치에 관한 말이 아니라 성경이 가르치는 바 좀 더 풍성하고도 충만한 믿음에 관한 말을 들을 수 있어야 한다. 바로 그런 말이 이 세상에서 순례자로 살아가는 그들을 도울 수 있다.

【위선】

하나님의 율법과 복음을 거부하고 교회를 떠나는 젊은이들도 있지만, 또 어떤 젊은이들은 교회에서는 자신들이 고민하는 죄를 강하게 질책하는 반면, 신문에서는 설교와 삶이 일치하지 않는 기독교 지도자들에 관한 추잡한 소식이 보도되는 현실에 환멸을 느껴 교회를 떠나기도 한다. 한 정직한 교인은 자기 교회의 목회자가 죄를 짓자 그를 보호하려는 자들이 증거를 은폐하는 것을 목격하기도 했다.

젊은이들은 나이 든 세대보다 양심이 더 부드럽고, 학대나 압제나 폭력의 피해자들에 대한 동정심이 더 크다. 그래서 나이 든 사람들이 믿음직스러워하는 이에게서도 종종 위선을 발견한다. 그들은 우리가 여성들을 어

---

20) David E. Campbell, Geoffrey C. Layman and John C. Green, *The Secular Surge: A New Fault Line in American Politics* (Cambridge: Cambridge University Press, 2020). The quotation is from an RNS interview: Jana Riess, "'Allergic to Religion': Conservative Politics Can Push People Out of the Pews, New Study Shows," RNS, March 12, 2021, https://religionnews.com/2021/03/12/allergic-to-religion-conservative-politics-can-push-people-out-of-the-pews-new-study-shows/.

떻게 배제하고, 모욕하며, 수치스럽게 만드는지를 지켜본다. 때때로 우리가 성경에 근거한 남성상이 아니라 세속적인 문화에 근거한 남성상을 추구하는 것을 목격할 뿐 아니라, 복음주의 지도자들이 도덕성을 강조하면서도 남성의 불륜과 학대를 못 본 체하는 모습을 발견한다. 어떤 젊은이들은 개인적으로 동성애의 욕구나 성별 불쾌감을 느끼지는 않지만, 그런 감정을 느끼는 사람들이 있다는 것을 알고 있다. 그들은 우리가 그런 사람들을 거론하는 방식에 분노한다.

앞으로 나아가야 할 방향

목회자인 나에게 가장 큰 두려움은 '그들'이 아닌 '우리'이다. 지금까지 '우리'에 속했던 사람들이 앞으로 '그들'을 지지하는 열렬한 응원자가 될까 봐 두렵다. 우리의 교회가 믿음의 공동체가 아니라 젊은이들이 기독교의 문화를 피상적으로 경험하는 분노의 온상이 될까 봐 우려된다.

사람들이 우리의 교회에서 매주 선포되는 복음을 듣고 은혜의 사자들로 거듭나 회개하고 죄 사함을 받은 죄인들의 공동체를 건설함으로써, '그들'을 '우리'처럼 환영하며 받아들일 수 있기를 간절한 마음으로 바란다. 이것은 단지 회피하는 데서 벗어나 '긍정'의 감정으로 옮겨 가는 문화를 조성하자는 말이 아니다. 우리는 진정한 회개와 용서가 있는 복음 중심적인 공동체를 만들어야 한다.

그리스도의 복음은 좋은 소식이다. 예수님은 우리가 협력할 때가 아니라 원수였을 때 우리를 위해 죽으셨다(롬 5:10 참고). 우리가 그분을 선택하기 오래전에, 곧 세상이 창조되기 전에 이미 그분은 우리를 선택하셨다 (요 15:16; 엡 1:4 참고). 내가 말하는 '우리'는, 죄 씻음과 용서를 받아 새로워졌지만 '그들에 대한 두려움'을 비롯해 온갖 얽매이기 쉬운 죄와 여전히 싸우고 있는 죄인들을 가리킨다. 그리스도께서 우리의 머리이시므로, 이 새로운 '우리'는 모든 나라와 문화와 인종과 정치·사회·경제적 상황에서 불려 나와 한자리에 모인 그리스도의 몸으로 존재한다.

올바른 정신을 되찾으려면, 교리에 관한 지식 이상의 것이 필요하다. 교회는 학교가 아니라 가정이다. 실제적인 교회 생활 속에서 교리와 삶이 함께 만나고, 설교를 통해 복음이 선포되며, 세례와 성찬을 시행함으로써 세대 간의 교제가 형성된다. 많은 복음주의자들이 유치부에서 초등부와 청소년부를 거쳐 대학부로 옮겨 가지만, 실제로 회중으로서의 삶 속에서 양육된 적은 거의 없다. 특히 젊은 세대들 대부분이 날마다 스마트폰에 영향을 받으면서 살아간다. 교회는 그들을 가르치는 일에서, 그리고 인격 대 인격을 바탕으로 함께 구현한 공동체의 삶 안으로 그들을 연합시키는 일에서 실망만 잔뜩 안겨 주고 있다.

젊은이들과 나이 든 사람들의 교류가 갈수록 줄어들고 있기 때문에, 그들의 인격 형성에 또래가 미치는 영향력이 갈수록 커지고 있다. 그러하기에 어른들에 관한 그들의 생각은 실제적인 관계보다는 사회적인 고정 관념에 더 크게 영향을 받는 경향이 있다. 만일 젊은이들이 처음부터 자신들의 신념과 교제가 교회와 더 깊이 관계되어 있다고 느낀다면, 추문이 발생하더라도 쉽게 방황하거나 크게 불만을 터뜨리면서 교회를 떠나가는 어려울 것이다. 또한 나이 든 세대는 날마다 듣게 되는 뉴스와 '요즘 젊은이들'에 대해 불평을 늘어놓기보다 현시대의 도전적인 문제들을 더 잘 이해할 수 있을 것이다.

이 새로운 '우리'가 오늘날의 미국 사회에서 어떤 의미를 지닐지 생각해 보라. 하나님의 인자하심이 우리 모두를 회개로 이끄시리라 확신하면서(롬 2:4 참고) 복음을 선포하고 실천하는 교회들이 분명히 존재할 것이다. 최근의 한 연구 조사는 놀라우리만큼 고무적이다. 일반인들이 저버렸던 믿음을 되찾은 경우는 9%에 불과했지만, "성소수자들의 경우 본래의 종교적 공동체와 그 삶으로 되돌아간 사람이 76%에 달했다." 그들 중 신학이나 성 윤리에 관한 신념이 바뀌어야 한다고 말한 사람들은 고작 8%에 불과했고, 나머지 92%는 자기들을 피하거나 무시하지 말고 관심과 사랑을 기울여 주기를 바라는 것으로 드러났다. 다시 말해, "92%는 신앙 공동체가 신학을 바꾸지 않더라도 다시 돌아올 마음이 있다"는 뜻이다.[21]

바로 이것이 예수님의 사명을 이해하지도 못하고, 심지어 그분을 부인하기까지 한 제자들을 대하셨던 예수님의 방식이 아니겠는가? 그분은 베드로를 단죄하지 않고 회복시켜 주셨다.

우리는 회개와 믿음으로 주님의 식탁에 참여하지만, 우리의 믿음과 순종은 결코 완전하지 않다. 아직 회개와 믿음으로 주님의 식탁에 참여하지 못하는 사람들이더라도 그들이 회개하기를 바라는 마음으로 주님의 백성

---

21) Marin, *Us Versus Us*, 65-74(강조점은 내가 추가하였다).

이 모이는 곳에 반갑게 맞아들이고, 가정에 초대하여 관대히 대접해야 한다.[22] "우리가 사랑함은 그가 먼저 우리를 사랑하셨음이라"(요일 4:19)라는 말씀에서 알 수 있는 대로, 사랑이 먼저이다. 예수님은 군중 너머에 있는 나무를 올려다보면서, "삭개오야 속히 내려오라 내가 오늘 네 집에 유하여야 하겠다"(눅 19:5)라고 말씀하셨다.

'그들'을 악마화하지 않고, 죄인 대 죄인으로서 '그들'을 '우리'로 여겨 함께 우리의 도움이신 주님을 바라보면 어떨까?(시 121편 참고) 그렇게 하면, '우리'에 대한 반감을 계속 증폭시키지 않고, 회개와 믿음의 보금자리를 마련해 줄 수 있을 것이다.

복음주의자들은 종종 영적 부흥을 위해 기도한다. 우리도 영적 부흥이 필요하다. 그러나 그것은 오늘날 많은 사람들이 생각하는 영적 부흥이 아닐 수 있다. 주일이 되면, 그리스도인은 한 주간의 힘겹고도 소란한 삶에서 벗어나 잠시 안식을 누리며, 하나님과 그분의 말씀을 구해야 한다. 그것이 영적 부흥일 수도 있다. 그것을 통해 우리는 우리의 왕이신 주님과 그분의 왕국에서 들려오는 소리를 들을 수 있다. 오직 그 소리만이 두려움과 분노에 휩싸인 세상에 회개와 믿음을 가져다줄 것이다.

---

22) 로자리아 버터필드(Rosaria Butterfield)는 다음 책에서 이 모습이 어떤 것인지를 생생하게 묘사한다. *The Gospel Comes with a House Key* (Wheaton, IL: Crossway, 2018).

14

인종적인 두려움: '우리'를 재정의하다

존 퍼킨스(John Perkins)가 『하나의 혈통』(One Blood)에서 잘 말한 대로, 그리스도인은 하나님이 "인류의 모든 족속을 한 혈통으로 만드사 온 땅에 살게"(행 17:26) 하신 것을 알고 있으므로, 사실상 인종적인 구분이 존재한다고 믿지 않는다.[1] 하나의 인종이 '많은 민족(ethnê[에트네]: 백성들, 민족들)'으로 나뉘어 존재할 뿐이다. 이 기본적인 진리가 복음의 기초이다.

성자 하나님은 온 세상의 구원자가 되기 위해 인간의 본성을 취하셨다. 그분은 복음을 전해 "모든 민족(panta ta ethnê[판타 타 에트네])"(마 28:19)을 제자로 삼음으로써, 아담이 아니라 자기를 중심으로 새로운 인류를 재건하신다. 우리의 문제는 우리 자신과 '우리의 사람들'을 중심으로 하는 사

---

1) John M. Perkins, *One Blood: Parting Words to the Church and Race and Love* (Chicago: Moody, 2018).

회와 교회를 건설하려고 애쓴다는 것이다. 그러나 성경의 가르침은 '우리의 사람들'이 의미하는 바를 재정의한다. 그것은 바로 그리스도 안에서 구원받아 새롭게 형성된 하나의 인종이다.

우리는 무엇이든 할 수 있는 주권자이신 하나님을 숭배한다. 그러나 전면적인 영적 혁명이 일어나지 않는 한, 자율성과 표현적 개인주의를 숭배하는 사회가 갑자기 모든 것을 포기하고 그리스도의 통치를 받아들일 가능성은 거의 없어 보인다. 예수님은 재림하실 때 택하신 자들의 원한을 속히 풀어 줄 것이라고 말씀하면서(눅 18:7,8 참고), "그러나 인자가 올 때에 세상에서 믿음을 보겠느냐"(8절)라고 덧붙이셨다.

특히 요즘 이 질문의 심각성이 더욱 절실하게 느껴진다. 그렇지 않은가? 물론 그리스도는 자기 교회를 세우겠다고 약속하셨다. 우리는 전에는 그분의 백성이 아니라 "다른 이들과 같이 본질상 진노의 자녀"(엡 2:3)였다. 우리는 '그들,' 곧 하나님의 원수들이었다. 그러하기에 우리는 아직 주님을 알지 못하는 사람들이 거룩한 도성으로 향하는 회개와 믿음의 대열에 동참하기를 바란다.

그렇다면 '우리'가 어떻게 해야 각 족속과 방언 가운데서 자기 백성을 부르시는 구원자의 뜻을 가장 잘 드러낼 수 있을까?(계 5:9 참고) 예수님은 "너희가 서로 사랑하면 이로써 모든 사람이 너희가 내 제자인 줄 알리라"(요 13:35)라고 말씀하셨다. 우리를 향한 그리스도의 사랑으로 말미암아 우리가 종족과 문화와 정치의 한계를 뛰어넘어 함께 뭉친다면, 그야말로 틀림없이 세상을 향한 놀라운 증언이 될 것이다.

아이러니하게도 우리의 이웃들이 다양해질수록, 우리의 인간관계는 더욱 빈약해지고 사회정치적 정체성은 더욱 두터워지는 현상이 나타났다. 우리의 사적 영역은 갈수록 좁아지고, 정치에 의해 규정되는 공적 영역이 갈수록 넓어지고 있다.

보수적인 복음주의자들은 과연 어디에서 진보적인 유대인이나 복음적인 한국인이나 중국인이나 인도인이나 에티오피아인 신자들을 만날 수 있을까? 아프리카계 미국인과 라틴계 그리스도인들이 백인 신자들과 한데 섞여 어울릴 수 있는 곳은 과연 어디일까? 그곳은 바로 교회이다. 물론 단지 이 점을 지적하는 것만으로는 상황을 변화시킬 수 없다. 우리 모두를 회개로 이끄는 것은 바로 하나님의 인자하심이다(롬 2:4 참고). 회개는 우리가 영화롭게 되기 전까지 결코 끝나지 않는다.

브라이언 로리츠(Bryan Loritts)는 『올바른 색, 잘못된 문화』(Right Color, Wrong Culture)라는 주목할 만한 책에서, '검정'은 단순한 색이 아니라 문화라고 지적했다. '더 프레시 프린스 오브 벨 에어(The Fresh Prince of Bel-Air)'라는 시트콤에 등장하는 윌 스미스(Will Smith)는, 극 중에서 웨스트 필라델피아에 살다가 숙모와 삼촌이 사는 벨 에어의 화려한 집으로 이주해 왔다. 그는 자신의 거만한 사촌 칼턴과 달라도 너무나 달랐다. 로리츠가 말한 대로, 이것은 문화의 충돌이 피부색을 훨씬 뛰어넘는 문제라는 것을 보여 주는 좋은 예이다.[2]

---

2) Bryan Loritts, *Right Color, Wrong Culture: The Type of Leader Your Organization Needs to Become Multiethnic* (Chicago: Moody Press, 2014).

내가 알고 있는 교회들 가운데 백인이 아니라는 이유로 방문객이나 교인들을 의도적으로 배척할 곳은 단 하나도 없을 것이다. 오히려 그들은 따뜻하게 환영하는 손을 내밀 것이다. 사실 백인이 다수를 차지하는 교회들 중에는 인종이 더 다양하기를 원하는 곳들이 많다.

그러나 개인들은 종종 자기 자녀를 까다로운 시어머니의 집에 데려가는 어머니와 같은 심정을 느끼곤 한다. 할머니는 손자들이 그곳이 자신의 집이라는 사실만 잊지 않고 행동한다면, 그들을 보고 기뻐할 것이다. 찻잔을 깨뜨려서도 안 되고, 물건들을 항상 제자리에 놔둬야 한다. 벨 에어에 있는 풋내기 왕자의 새로운 집처럼, 할머니 댁의 문화는 항상 변하지 않고 그대로 유지될 것이다. 자녀들에게 그곳을 다시 방문할 것이라고 말한다면, 그들은 한숨을 푹 내쉴 것이 틀림없다.

나는 이 책의 후반부에서 줄곧 우리의 다양한 두려움에 성경의 가르침을 적용하려고 노력했다. 앞의 몇 장에서는 '서로에 대한 두려움'을 살펴보았다. 그리고 이번 장에서는 우리에게 익숙한, 지배적이고도 특권화된 문화를 잃을지도 모른다는 두려움에 초점을 맞추려고 한다. 물론 백인들의 폭력만 있는 것은 아니다. 불행히도 모든 인종적 공동체, 특히 '외부인들'이 침입한 공동체 안에서는 인종 간의 적대감이 확산되고 있다.

많은 사람들은 교회에 갈 때 온전한 사회적 평등을 바라면서도 실제로는 그것을 두려워한다. 그런 두려움은 자각하지 못할 만큼 미묘하지만, 매우 강력하다. 두려움을 이렇게 묘사하는 것이 미덥지 않게 느껴지더라도 충분히 이해할 수 있다. 그러나 나는 그런 두려움이 존재한다는 것을 증명해 보이고, 성경을 토대로 하여 비록 부분적이지만 중요한 해결책을 제시하고자 한다. 여기에서 논의하는 내용은 대부분 흑인과 백인의 연합에 초점을 맞추지만, 그리스도의 몸에서 이루어지는, 좀 더 폭넓은 관계도 간과하지 않을 생각이다.

내가 어렸을 때, 대중문화에 등장하는 미국의 원주민은 서부를 개척하려는 교양 있는 사람들을 위협하는 인디언으로 묘사되었고, 백인들은 농장과 집을 보호하고 정착지를 넓혀 가는 카우보이로 묘사되었다. 우리가 '발견'과 '정착'이라고 일컫는 것 안에 다른 이들의 땅을 강제로 빼앗고 그곳에서 대대로 살아온 인종을 없애 버리는 폭력적인 행위가 포함되어 있다는 것은, 나로서는 전혀 상상조차 할 수 없는 일이었다. '명백한 운명'은 하나님께서 '이 바다에서부터 저 빛나는 바다에까지' 이르는 땅을 모두 우리에게 주셨다는 가공된 언약의 개념을 기반으로 하여 그런 잔혹한 행위들을 정당화했다.

다행히도 1880년대에 태어난 나의 조부모는 당시의 일을 생생하게 기억하고 있었다. 그들은 우리 가족과 함께 살면서, 끊임없이 이야기를 들려 달라고 조르는 나를 만족시켜 주었다. 할머니는 오클라호마가 주로 승격되기 전의 '인디언 지역'에서 태어났으며, 여러 명의 북미 원주민 아이들을 밀가루 통에 숨겨 미국 기병대로부터 구조했다.

또한 할머니는 자기 숙부가 어느 코만치족 전사의 도움을 받아 캔자스의 백인 게릴라들로부터 목숨을 지켰던 이야기도 들려주었다. 나의 숙모들 중 한 분은 나바호 인디언 보호구역에서 선교사로 일했다. 그들 중 어느 누구도 기병대를 크게 무서워하지 않았다.

아시아인들도 미국의 역사 속에서 의심의 눈총을 받았고, 종종 폭력 행위를 감내해야 했다. 1871년, 500명의 폭도가 로스앤젤레스의 '흑인 골목(Negro Alley)'에서 중국인 열아홉 명을 학살했다. 폭도들은 총에 맞아 이미 죽은 희생자들 중 열다섯 명을 다시 목매달았다. 유죄 판결이 나왔으나, 나중에 모두 다시 뒤집혔다.

프랭클린 루스벨트(Franklin D. Roosevelt) 대통령은 진주만 공습 직후에 일본계 사람들을 모두 캘리포니아 곳곳에 세워진 강제 수용소에 보내라고 명령했다. 그들의 대다수가 미국 시민권자였지만, 나머지 일본인들은 일본에서 태어났다는 이유로 법률에 의해 시민권을 거부당했다. 할리우드 영화도 아시아인들을 평판이 나쁜 사업을 운영하는 교활한 사람들로 묘사한다.

심지어 오늘날에도 아시아계 미국인들은 상투적이고도 의도적으로 '중국 바이러스'로 불리는 '코로나19'의 여파로 종종 물리적인 폭력을 경험하고, 심지어 죽임을 당하기까지 한다. 어느 객관적인 연구 기관의 조사에 따르면, 2020년을 기준으로 일반적인 증오 범죄가 전년도보다 7%P 감소했지만, 미국의 16개 주요 도시에서 아시아계 미국인들을 표적으로 한 증오 범죄는 같은 기간에 150%P 증가한 것으로 나타났다.[3]

---

3) Rich McKay and Gabrielle Borter, "For Asian-Americans, Atlanta Shooting Sows Fresh Fear After a Year of Mounting Discrimination," Reuters, March 17, 2021, https://reuters.com/article/us-crime-georgia-spas-fear/for-asian-americans-atlanta-shooting-sows-fresh-fear-after-a-year-of-mounting-discrimination-idUSKBN2B934A.

2021년 3월 18일에는 애틀랜타에서 여덟 명의 아시아 여성들이 살해되었다. 그로부터 열흘 후에는 맨해튼에서 한 나이 든 여인이 인종을 모욕하는 욕설을 들으면서 발로 차이고 주먹으로 두들겨 맞는 피해를 당했다. 주변 사람들은 그 광경을 그저 지켜보기만 했다. 당시 그녀는 교회에 가는 길이었다.

마찬가지로 라틴계 미국인들도 인종적 폭력과 고정 관념에 근거한 불이익의 표적이 된다. 특히 어느 미국 대통령은 (정치적 망명자들을 비롯해) 중앙아메리카와 남아메리카의 이민자들을 강간범과 폭력배로 낙인찍었다. 심지어 미국의 판사조차도 이 대통령의 인종적 풍자의 대상이 되었다.[4]

그러나 나는 그런 사회적 요인들이 일반 사회 말고 기독교의 제자직에 미치는 영향에 집중하고자 한다. 슈퍼마켓 주차장에서 아시아계 미국인 여성(한국 여성)에게 "중국으로 돌아가라!"라고 외치는 젊은 백인이, 주일이면 교회에 나와 '오직 예수'라는 찬송가를 부른다는 건 대체 어떤 의미일까? 만일 예수님이 옆집으로 이사 오신다면, 반갑게 환영할까, 아니면 유대인인 그분의 특이성에 화들짝 놀랄까?

우리 뇌의 사회적 반구(半球)와 영적 반구가 서로 별개로 작동하도록 노력할 수 있는지 모르겠지만, 그런 시도는 필연적으로 우리의 행동 유형과 교회의 문화에 영향을 미치는 신경학적 경로를 만들어 낼 수밖에 없다.

---

4) 트럼프는 '트럼프 대학교에 대한 재판'을 담당했던 인디애나주 출신의 미국 연방법원 판사 곤잘로 쿠리엘을 "멕시코인"으로 지칭했다. 다음의 자료를 참고하라. David A. Graham, "Gaffe Track: Trump's Attack on a 'Mexican' Judge," *The Atlantic*, May 31, 2016, https://theatlantic.com/notes/2016/05/gaffe-track-trumps-attack-on-a-mexican-judge/484877/.

그렇다면 그런 경로를 다른 방향으로 움직이게 하려면 어떻게 해야 할까?

나는 백인의 죄책감 때문에 나 자신을 혐오하며 괴로워하지는 않는다. 나는 나의 인종적 유산을 감사하게 생각한다. 다른 사람들의 조상들과 마찬가지로, 나의 조상들 중에도 선한 사람, 나쁜 사람, 추한 사람이 포함되어 있다. 우리는 모두 죄인들이다. 또한 우리는 하나님의 형상으로 창조된 피조물로서, 그분의 일반 은혜를 통해 예술가, 의사, 수위, 법률가, 시인, 정치가와 같은 신분으로 살아간다. 우리는 압제자일 때도 있고, 피압제자일 때도 있다. 그러나 미국에서 나의 조상들과 나는 한 번도 불리한 자리에 서 본 적이 없다. 심지어 나는 중하층 가정의 자녀였는데도 일부 이웃들이 누리지 못하는 갖가지 특권을 누렸다.

단순히 노예제도와 흑인들에게만 초점을 맞추면, 우리 시대의 복합적인 불의와 배척의 상황을 간과하기 쉽다. 예를 들어, "나는 노예를 데리고 있지 않아. 나는 누군가를 때리거나 이웃의 잔디밭에서 십자가를 불태운 적이 없어. 그것은 다른 사람들이 저지르는 잘못이야"라고 생각하기 쉽다.

그러나 나와 같은 백인들은 '레드라이닝(redlining, 소수 인종을 따로 분리된 지역에 머물게 하고 차별하는 부동산법)'이나 경찰의 폭력, 다수의 흑인 남성들을 감금하는 것, 공공 주택을 공급한다는 명목으로 짐짓 생색을 내면서 슬럼가를 조성하는 백인 자유주의자들의 정책과 같은 요인들에 영향을 받은 동네에서 성장했다.

죄는 단지 행위로만 국한되지 않는다. 내가 태어난 곳에서 내가 속한 인종의 악한 행동 유형을 반영하는 방식으로 살아가는 상태도 죄이다. 나도 이사야처럼, "나는 입술이 부정한 사람이요 나는 입술이 부정한 백성 중에 거주하면서 만군의 여호와이신 왕을 뵈었음이로다"(사 6:5)라고 부르짖을 수밖에 없다. 자기중심적인 관점이 아니라 하나님 중심적인 관점에서 보면, 내가 아무리 간접적이고 스스로 의식하지 못하는 상태라고 하더라도 문제의 일부인 것은 틀림없다.

시민적 정의는 항상 중요하다. 그러나 신자로서 우리는, 진정한 의미에서 참된 국가는 하나님의 집이며 그곳에서부터 심판이 시작된다는 점을 기억해야 한다. 이사야는 하나님의 백성을 "입술이 부정한 백성"이라 일컬었다.

나도 다른 사람들처럼 시민으로서, 우리와 입장이 다른 역사를 지닌 사람들에 관한 정책 문제와 인종적 정의에 대해 나름대로 생각을 가지고 있다.[5] 그러나 여기에서는 성경이 그리스도 안에서 분명하고도 권위 있게 우리에게 요구하는 것에만 집중하고자 한다.

아름다운 흑과 백

: 왜 주일은 한 주간 가운데서 가장 차별이 심한 날인가?

대중 매체에서 언급되는 '복음주의자'는 특정한 종교적 신념을 가지고 있으면서 대부분 공화당을 지지하는 백인 그리스도인을 주로 염두에 두

---

5) 다음의 예를 참고하라. Jemar Tisby, *The Color of Compromise: The Truth about the American Church's Complicity in Racism* (Grand Rapids: Zondervan, 2019); Michael Emerson and Christian Smith, *Evangelical Religion and the Problem of Racism in America* (New York: Oxford University Press, 2000).

고 있다. 이것은 매우 불공평하다. 복음주의자들은 대부분 남반구(특히 아프리카와 중앙아메리카와 남아메리카)와 아시아(특히 중국과 한국)에서 발견된다. 연이은 조사에 따르면, 미국에서는 흑인, 라틴계, 아시아계 개신교 신자들이 자유주의 교리보다는 복음주의 교리를 신봉하고, 개인의 도덕성에 관한 복음적 확신을 공유하고 있는 것으로 드러났다.

따라서 앞서 말한 '복음주의자'라는 표현에는 신학적인 의미보다는 문화적·인종적 의미가 더 많이 담긴 것이 분명해 보인다. 게다가 '블랙 라이브스 매터' 운동과 '마가(MAGA)'[6]는 '우리'와 '그들'이라는 마니교식 구분에 개인적인 적대감을 잔뜩 불어넣고 있다.

그렇다면 오늘날 실제로 아프리카계 미국인과 백인 복음주의자를 나누는 것은 무엇일까? 많은 백인 복음주의자들은 흑인들 스스로가 그들의 동네에 살거나 그곳에 있는 교회와 학교에 다니는 것을 원하지 않는다고 생각한다. 또한 그들은 아프리카계 미국인들이 항상 민주당에 표를 준다는 이유를 들어 신학적으로나 정치적으로 자유주의 노선을 지지한다고 생각한다. 그러나 현실은 놀라울 정도로 다르다. 사실을 간단히 확인해 보자.

첫째, 아프리카계 미국인의 거의 80%가 자신을 그리스도인으로 밝힌다(라틴계 미국인의 경우는 77%, 백인의 경우는 70%이다). 그중 83%가 절대적인 확신을 가지고 하나님을 믿는다고 대답했다. 그와는 대조적으로, 그런

---

6) 역자주 – '마가(MAGA)'는 트럼프 전 대통령이 2016년 대선에서 내걸었던 구호인 '다시 미국을 위대하게(Make America Great Again)'의 알파벳 앞글자를 딴 용어로, 트럼프를 지지하는 강경파 공화당 의원이나 극렬 지지층을 일컫는 말이다.

믿음을 가진 백인은 61%에 그쳤다.[7]

퓨 연구소의 조사에 따르면, 일주일에 적어도 한 번 이상 교회에 출석하고 매일 기도하며 '절대적인 확신을 가지고' 하나님을 믿는 아프리카계 미국인들도 절반이 넘었다. 심지어 종교와 아무런 관련이 없다고 밝힌 사람들도 종교와 관련된 주류 개신교 신자들과 가톨릭 신자들만큼이나 하나님을 믿고 매일 기도할 가능성이 높은 것으로 조사되었다.[8] 따라서 아프리카계 미국인들과 백인 복음주의자들을 나누는 것은 종교가 아니다. 앨라배마주에서 이루어진 한 선거의 출구 조사에 따르면, 흑인들 중 자기 자신을 거듭났거나 복음적인 신자로 생각하는 사람은 76%였고, 백인의 경우는 72%인 것으로 나타났다.[9]

보수주의 신학을 따르는 사람들은 대체로 인종 차별을 지지하고, 자유주의 신학을 따르는 사람들은 대개 인종적 정의를 촉구했다. 마틴 루터 킹(Martin Luther King Jr.) 목사는 젊은 시절에 복음주의 신앙을 가졌으나, 복음주의 백인 신학교들에서 입학을 거절당했다. 그래서 그는 크로저 신학교(Crozer Seminary)에 입학했다. 그는 처음에는 사회 복음에 흥미를

---

7) David Masci, "5 Facts about the Religious Lives of African Americans," Pew Research Center, February 7, 2018, https://pewresearch.org/fact-tank/2018/02/07/5-facts-about-the-religious-lives-of-african-americans/.

8) "A Religious Portrait of African Americans," Pew Research Center, January 30, 2009, https://pewforum.org/2009/01/30/a-religious-portrait-of-african-americans/.

9) Michelle Boorstein, "The Stunning Difference between White and Black Evangelical Voters in Alabama," *Washington Post*, December 13, 2017, https://washingtonpost.com/news/acts-of-faith/wp/2017/12/13/there-was-an-enormous-gap-between-black-evangelical-voters-and-white-evangelical-voters-in-alabama/.

느꼈지만, 다시 본래의 신앙으로 돌아갔다.[10]

그가 신학적으로 좀 더 정통적인 신학교에 진학했더라면, 그리고 백인 복음주의자들이 보복적인 폭력 행위에 비폭력으로 항거한 그를 지지했더라면 좋았을 것이다. 그러나 그런 일은 일어나지 않았다. 오히려 백인 복음주의자들은 주일에 교회에서 찬송가를 부르면서도 흑인 신자들에게 폭력을 행사했다.

복음주의 신앙을 소유한 아프리카계 미국인 설교자들은 자유주의 신학을 따르는 사람들에게서 정의라는 대의를 좇는 협력자들을 발견했다. 정말 놀라운 사실은, 일부 흑인 교회 안에 현대 신학이 존재한다는 것이 아니라, 대다수 아프리카계 미국인들이 동료 신자들 사이에서 참으로 힘든 역사를 경험했는데도 기독교 신앙에 끝까지 충실했다는 것이다.

둘째, 아프리카계 미국인들은 대체로 가족의 가치에 대해 복음적인 신념을 가지고 있다. 정치 연구가인 앨리슨 칼훈-브라운(Allison Calhoun-Brown)은 "아프리카계 미국인들은 복음주의 신앙을 가지고 있으며, 복음주의 교파에 속해 있고, 높은 수준의 종교성을 보여 준다. 그런데도 흑인 복음주의자들과 기독교 우파는 함께 움직이지 않는다"라고 말하고는, "그 주된 이유는 가족의 가치에 관한 보수적인 신념이 없기 때문이 아니라……상징적인 정치적 태도가 매우 다르기 때문이다"라고 덧붙였다.[11]

---

10) Marshal Frady, *Martin Luther King Jr.: A Life* (New York: Penguin, 2002), 20–22.
11) Allison Calhoun-Brown, "The Politics of Black Evangelicals: What Hinders Diversity in the Christian Right?", *American Politics Quarterly* 26, no. 1 (1998): 81–109 (here at p.81).

퓨 연구소에 따르면, 역사적으로 흑인 개신교 교파에 속한 사람들의 42%가 모든 경우는 아니더라도 대부분의 경우 낙태가 불법이라고 믿는 것으로 드러났다. 이것은 복음주의자들보다는 낮지만(63%), 주류 개신교 신자들(대부분 백인)보다는 높은 수치이다(35%).[12)]

특히 2007년 이후에는 일반 사회와 마찬가지로 미국의 모든 종교 집단에서도 동성애적 행위를 용인하는 비율이 크게 상승했다. 당시만 해도 동성애를 "강력히 저지해야 한다"거나 "금지해야 한다"고 생각하는 복음주의자들이 90%에 달했지만, 2020년에 이르러서는 그 수치가 65%로 떨어졌다. 그러나 역사적으로 흑인 개신교 교파에 속한 사람들은 여전히 전통적인 기독교의 견해를 가진 것으로 드러났다. 그에 비해 주류 개신교 신자들은 고작 35%의 수치를 기록하는 데 그쳤다.[13)]

11장에서 말한 대로, 가장 놀라운 것은 아프리카계 미국인들이 다른 어느 인종보다도 미국을 기독교 국가로 받아들일 가능성이 훨씬 크다는 사실일 것이다. 백인 기독교 민족주의자들은 미국이 기독교 국가라는 점을 이유로 내세워 흑인에게 권한을 부여하는 것을 반대하지만, 아프리카계

---

12) "Views about Abortion," Pew Research Center, https://pewforum.org/religious-land-scape-study/views-about-abortion/.

13) "Views about Same-Sex Marriage among Members of the Historically Black Protestant Tradition Who Believe in Hell by Religious Denomination," Pew Research Center, 2014, https://pewforum.org/religious-landscape-study/compare/views-about-same-sex-mar-riage/by/religious-denomination/among/belief-in-hell/believe/religious-tradition/histori-cally-black-protestant/. 또한 다음을 보라. Paul A Djupe, "American Religion Is Becoming More Gay-Accepting," *Religion in Public* (blog), June 23, 2020, https://religioninpublic. blog/2020/06/23/american-religion-is-becoming-more-gay-accepting/.

미국인들은 오히려 그것을 아메리칸 드림에 더 깊이 참여하리라는 목표를 이루기 위한 원동력으로 삼고 있다.[14]

혹인 개신교 신자들이 다소 온건한 민주당 지지자들이고, 백인 복음주의자들이 극단적 공화당 지지자들인 것은 조금도 놀랍지 않은 사실이다.[15] 데이비드 프렌치(David French)의 설명에 따르면, 백인 보수주의 개신교 신자들(복음주의자들)은 "공화당 지지 성향이 매우, 매우 강하다." 이것은 단지 낙태와 성과 성별에만 국한되지 않는다. 그들은 대부분 철저하게 극단적인 공화당 지지자들이다.[16] 다른 어떤 인구 집단보다 백인 복음주의자들이, 경찰관이 흑인들에게 총격을 가한 최근의 사건들에 관해 "공통된 유형에 속한 사건이 아니라 제각각 따로 동떨어진 사건"이라고 말할 가능성이 크다.[17]

미국에서 인종 간의 결혼이 합법화된 1967년 이후, 그것을 부정적으로 바라보는 태도는 크게 줄었다. 그러나 퓨 연구소에 따르면, 백인 복음주의자들은 인종 간의 결혼이 '사회에 해롭다'고 대답할 가능성이 다른 어떤

---

14) Andrew L. Whitehead and Samuel L. Perry, *Taking America Back for God: Christian Nationalism in the United States* (New York: Oxford University Press, 2020), 41.

15) Amina Dunn, "5 Facts about Black Democrats," Pew Research Center, February 27, 2020, https://pewresearch.org/fact-tank/2020/02/27/5-facts-about-black-democrats/.

16) David French, "The Cultural Consequences of Very, Very Republican Christianity," *The French Press* (blog), *The Dispatch*, Nov. 15, 2020, https://frenchpress.thedispatch.com/p/the-cultural-consequences-of-very.

17) "Summer Unrest over Racial Injustice Moves the Country, But Not Republicans or White Evangelicals," PRRI, August 21, 2020, https://prri.org/research/racial-justice-2020-george-floyd/.

집단보다도 크다(19%). 이는 일반인의 경우(7%)보다 두 배 이상 높은 수치이다. 그러면서도 그들 중 13%는 불신자와 결혼하는 것에 대해서는 '아무런 불편함도 없다'고 생각하는 것으로 나타났다.[18]

심지어 요즘에는 한때 대다수 미국인이 의견을 같이했던 영역들에서조차 양극화 현상이 나타나고 있다. 이런 차이들도 대부분 인종적으로 '다른 존재'에 대한 두려움에서 비롯된다. 과거에는 기독교의 사랑이 자유의 여신상을 지나오는 낯선 이방인들을 환영하는 이상적인 이념을 뒷받침했다. 여신상의 굳게 다문 입술에서 다음과 같은 말이 흘러나오는 듯했다.

자유롭게 숨쉬기를 갈망하며
옹송그려 모여 있는
그대들의 지치고 가여운 무리를 내게로 보내라.
내가 황금 대문 옆에서 등불을 들고 서 있으리니,
해변에 가득 밀려온 쓰레기와 같은 불쌍한 사람들,
폭풍우에 시달려 집 잃은 이들을 내게로 보내라.[19]

---

18) 첫 번째 통계에 관해서는 다음 자료를 함께 참고하라. Tobin Grant, "Opposition to Interracial Marriage Lingering among Evangelicals," *Christianity Today*, June 24, 2011, https://www.christianitytoday.com/news/2011/june/opposition-to-interracial-marriage-lingers-among.html. 두 번째 통계에 관해서는 다음 자료를 참고하라. "Religious Switching and Intermarriage," in *Asian Americans: A Mosaic of Faiths*, Pew Research Center, July 19, 2012, https://pew-forum.org/2012/07/19/asian-americans-a-mosaic-of-faiths-religious-switching-and-intermarriage/.

19) Emma Lazarus, "The New Colossus," November 2, 1883, https://www.nps.gov/stli/learn/historyculture/colossus.htm.

2020년에 대다수 미국인은 정치적·종교적 망명자들을 반갑게 맞이하는 것을 미국의 의무로 여겼다. 그런데 망명자들을 허용하는 데 반대하는 정책이 바람직하냐고 묻자, "유일하게 백인 복음주의 개신교가 그 정책에 찬성하는 사람들이 다수를 차지하는 종교 집단으로 드러났다(찬성 58%, 반대 40%)."[20] 통계적으로 볼 때, 백인 복음주의자들은 낙태 문제보다 이민 문제에 더 흥분하는 경향을 보인다.[21]

이처럼 아프리카계 미국인과 백인 복음주의자들을 나누는 것은 기독교적인 측면과도 특별한 연관성이 없다. 오히려 본질상 인종적·사회정치적인 운동이, '기독교의 이름으로' 복음적 신념을 공유하는 흑인 및 황인 그리스도인들을 비롯한 많은 사람들을 상대로 전선을 구축한다. 이런 점에서 볼 때, 그런 운동은 참된 그리스도인에 관한 정의(定義)를 좁게 축소하고, 오히려 정치적 가치를 공유하는 사람이라면 비그리스도인들까지도 기꺼이 포용하는 경향을 보인다.

그들 사이를 나누는 요인은 종교나 정치가 아니라 문화이다. 예를 들어, 인종 차별 폐지는 특히 남부에 기독교 사립 학교를 설립하는 데 주요한 영향을 미쳤다. 물론 지금까지 많은 변화가 있었지만, 교회가 남긴 인종

---

20) "Immigration after Trump: What Would Immigration Policy That Followed American Public Opinion Look Like?," PRRI, January 20, 2021, https://prri.org/research/immigration-after-trump-what-would-immigration-policy-that-followed-american-public-opinion-look-like/.

21) Ryan P. Burge, "For White Evangelical Republicans, Approval of Trump Is about Immigration More Than Abortion," *Religion in Public* (blog), August 27, 2020, https://religioninpublic.blog/2020/08/27/for-white-evangelical-republicans-approval-of-trump-is-about-immigration-more-than-abortion/.

차별의 유산은 더 넓은 문화적 영역에서 막대한 영향력을 계속 발휘하고 있다.

백인이 아닌 사람이 단순히 하나님의 말씀을 듣고, 성찬을 받고, 기도하고, 복음 중심적인 지역에서 신앙 공동체의 일원이 되기를 원한다고 상상해 보자. 그러나 회중의 거의 20%가 다른 인종 간의 결혼을 인정하지 않는 상황이다. 더욱이 "이곳은 다른 사람의 집이야" 하는 느낌이 들게 만드는 수많은 전제가 암묵적으로, 또는 이따금 명시적으로 작용한다. 이와 반대의 경우도 마찬가지이다. 만일 문화적 편견이 기독교적 연합을 가로막는 장애 요인으로 작용한다면, 가차없이 무너뜨리고 모든 생각을 사로잡아 그리스도께 복종하게 해야 한다(고후 10:5 참고).

'백인 복음주의자들'에 관한 보고 자료에는 부정확하고 불공정한 것이 많았다. 그러나 양측 모두에게 기독교의 교리와 실천보다는 문화적 주도권이 더 중요하기는 마찬가지인 듯 보인다. 앞서 말한 대로, 미국에서 그리스도인을 자처하는 사람들 가운데 기본 교리를 알지 못하거나 믿음에 역행하는 종교적 신념을 가진 사람들이 날이 갈수록 많아지고 있다. 반면 문화적 태도나 공공 정책과 관련해서는 놀라울 정도로 잘 단합된다. 이런 사실은 백인이나 흑인이나 라틴계나 아시아계를 막론하고, 교회들이 복음을 전하는 은혜의 대사가 아니라 이질적인 문화 집단을 더 많이 닮았음을 분명하게 보여 준다.

많은 백인 복음주의자들이 "그리스도인이 어떻게 민주당을 지지할 수 있단 말인가?"라고 묻는다. 그렇다면 "흑인이나 황인 신자들은 좀 더 선택적으로 민주당의 정책을 지지하는데, 왜 백인 복음주의자들은 대부분 공화당의 노선을 전폭적으로 지지하는 것일까?"라는 것도 함께 물어봐야 할 것이다. 간단히 말해, 신자들 사이에 나타나는 깊은 분열은 교리와 실천, 또는 낙태와 가족의 가치보다는 인종적, 문화적, 사회정치적 입장과 더 밀접하게 관련된다.

성경의 가르침으로 되돌아가기

회개하려면 성경의 가르침으로 되돌아가야 한다. 우리는 과연 누구를 염두에 두고서 '우리'를 신자로 정의하는 것일까? 우리가 '외부인'을 불쾌하게 만들고 싶지 않다고 말할 때, '외부인'은 대체 누구이고, 또 '내부인'은 대체 누구일까? 교회의 사역이 이런 중요한 문제와 관련해 우리의 마음을 움직인다면, 우리의 일상생활이 신약성경에서 증언하는 바 그리스도의 왕국을 바라봄으로써 형성되지 않겠는가?

교회는 삼위일체 하나님께서 말씀으로 창조하신 제도이다. 따라서 자기 자신의 문제를 해결하기 위해, 그리고 성경이 다루는 모든 문제에 관해 우리가 마땅히 생각해야 할 바를 알려 주기 위해 무오한 성경으로 돌아가야 한다. 성경에서 우리는 궁극적인 권위를 지닌 규범을 발견할 수 있다. 우리가 하나님의 백성으로 함께 모일 때뿐 아니라 집이나 일터나 시장이나 동네나 투표소에 있을 때도, 성경을 우리의 믿음과 실천의 규범으로 삼아야 한다. 성경에서 적어도 다음 네 가지 가르침은 마땅히 생각해 볼 가치가 있다.

첫째, 성경은 모든 사람이 하나님의 형상과 모양대로 창조되었다고 가르친다. 하나님은 세 위격, 곧 성부와 성자와 성령으로 존재하신다.

"하나님이 자기 형상 곧 하나님의 형상대로 남자와 여자를 창조하시고"(창 1:27).

다양성은 하나님의 생각이다. 그것은 타락의 결과가 아니라 창조의 일환이다. 모든 인간은 거주지나 문화와 상관없이 하나님의 형상을 지니고 있다.

"인류의 모든 족속을 한 혈통으로 만드사 온 땅에 살게 하시고 그들의 연대를 정하시며 거주의 경계를 한정하셨으니"(행 17:26).

둘째, 성경은 "모든 사람이 죄를 범하였으매 하나님의 영광에 이르지 못하더니"(롬 3:23)라고 가르친다. 죄는 개인이 개인에게 그릇 행하는 것이지만, 여기서는 더 근본적으로 모든 사람이 똑같이 짊어지고 태어나는 상태(원죄)를 가리킨다(시 51:5; 롬 5:12-21; 엡 2:1-5 참고). 우리는 이기심이라는 거미줄에 뒤얽혀 죄를 짓는 죄인이기도 하고, 죄에 희생되는 죄의 피해자이기도 하다. 이것이 오늘날 야기되는 모든 논쟁의 핵심이다. 좌파와 우파 모두가 펠라기우스주의(보편적인 상태로서의 죄의 심각성을 부인했던 고대의 이단)로 기우는 경향이 있다.

죄는 일차적으로는 대대로 이어져 온 보편적인 상태이고, 이차적으로는 우리가 직접 저지르는 그릇된 행위를 가리킨다. 죄를 개인의 행위로만 국한하면, 원죄에 관한 성경의 가르침이 훼손된다. 우리는 개인적으로든 집단적으로든 하나님과 이웃을 사랑하지 않는다. 우리는 죄인이며, 가장 홀륭한 사회적·경제적·정치적 체제조차도 죄에 오염되어 있다. 그래서 체계적인 불의가 영속화될 수밖에 없다. 권력 자체는 부패하지 않는다. 부패한 것은 우리의 마음이다. 우리는 본성적으로 이기적이므로, 타인에 대한 우리의 편견과 힘을 강화하기 위해 다른 사람들을 이용한다.

이런 집단 '나르시시즘'은 하나의 종족이나 민족성에서만 발견되는 독특한 특성이 아니다. 따라서 권력을 법적, 정치적으로 제재할 수 있는 적절한 장치가 없거나 종교 단체 및 시민 단체를 비롯하여 다양한 제도적 장치의 힘이 약해지면, 걷잡을 수 없는 상태가 될 수밖에 없다.

죄는 보편적인 상태이므로, 인간은 자아도취적 야욕을 반영하고 강화하는 사회를 정당화하고, 집단적인 차원에서 그런 사회를 형성하려고 애쓰는 경향이 있다. 그 대표적인 사례가 바로 바벨탑이다(창 11장 참고). 일단 다수가 집단 나르시시즘을 제도화하면, 미래 세대는 그것을 해로운 상태가 아니라 정상적인 상태로 간주해 영속화하려는 성향을 띠게 된다. 그러므로 오직 원죄에 관한 성경의 가르침만이 인종 차별의 죄를 일부 개인의 특별한 행위로 축소해 버리는 것을 막을 수 있다.

그와 동시에 죄를 제도와 체제의 문제로만 받아들여 행위에 대한 개인의 책임을 무시하는 것도 마찬가지로 비성경적이다. 불의한 법률과 제도가 우리를 불의하게 만들거나 의로운 법률이 우리를 의롭게 만드는 것이 결코 아니다(마 12:33, 15:11 참고). 물론 불의한 제도는 우리를 부추겨 죄를 짓게 하거나, 다른 사람들이 특별한 방식으로 우리에게 죄를 짓도록 여지를 만들어 준다. 그러나 요즘 많은 사람들은 죄를 단지 제도나 체제의 결함에서 비롯된 문제로만 받아들이고, 하나님의 계시된 뜻을 거역하는 행위에 대한 개인의 책임을 무시하는 경향을 보인다.

이런 양극단의 태도(죄를 단지 일부 개인의 행위로 여기거나 제도에서 비롯된 것으로 국한하는 태도)는 죄를 다른 사람들의 탓으로 돌리게 만든다. 예를 들어, 죄를 단지 일부 개인의 행위로만 여기는 경우에는, "나는 인종 차별주의자가 아니야. 나는 노예를 부리거나 비열한 비방을 일삼지 않아"라고 말할 수 있다. 그리고 죄를 제도에서 비롯된 것으로 국한하는 경우에는, "나는 이런 제도를 만들어 운영하는 죄인들에게 피해를 당하는 희생자야"라고 말할 수 있다.

그러나 성경적인 경건은, 비록 개인적 또는 집단적인 차원에서 여러 가지 방식으로 죄를 짓는다고 하더라도, 우리 모두가 잉태될 때부터 이미 죄인이라는 사실을 기꺼이 인정하도록 이끈다. 우리가 자신의 인종 집단이나 민족성이 아니라 하나님 앞에서의 실상을 잣대로 삼아 우리를 평가한다면, 자신을 정당화하려는 태도를 버리고 모든 사람에게 공통된 인간의 본성(즉, 선하게 창조되었지만 타락한 본성)을 중시함으로써 회개의 첫걸음을 내디딜 수 있을 것이다.

셋째, 성경은 하나님께서 다양한 언약을 통해 역사하시지만 그분의 도덕적 성품이 조금도 변하지 않는다고 가르친다. 좌파와 우파 모두가, 마치 율법과 선지자들의 약속 및 저주가 현대의 국가들과 관련된 것처럼, 그것들을 선택적으로 차용해 자신의 주장을 뒷받침하는 근거로 내세우려는 경향을 보인다.

이스라엘은 하나님과 언약을 맺은 유일한 국가였다. 그러나 그들은 아담처럼 언약을 어겼다(호 6:7 참고). 성경은 오늘날의 그 어느 국가에도 하나님과의 언약을 제안하지 않는다.

미국이 하나님과 언약을 맺은 특별한 하나님의 백성이요 '거룩한 민족'이라는 개념은 이단 사상이다. 그런 개념은 '하나의 거룩하고도 보편적이며 사도적 교회'라는 교리에 어긋난다. 베드로는 "그러나 너희는 택하신 족속이요 왕 같은 제사장들이요 거룩한 나라요 그의 소유가 된 백성이니 이는 너희를 어두운 데서 불러내어 그의 기이한 빛에 들어가게 하신 이의 아름다운 덕을 선포하게 하려 하심이라"(벧전 2:9)라고 말했다. 이것은 옛 언약 아래 있던 이스라엘 백성에게 부여된 칭호였으나, 이제 온 세상에 있는 그리스도의 몸에 적용된다.

앞서 말한 대로, 미국을 향한 언약이라는 비성경적인 이데올로기는 우리의 민족이 저지른 많은 악행들을 영적으로 정당화하는 근거로 작용했다. 그런데 아이러니하게도 시민의 권리를 주장하는 운동들에서도, 마치 미국이 하나님과 특별한 관계를 맺고 있을 뿐 아니라 좀 더 온전한 형태의 '산 위에 있는 빛나는 도시(존 윈스럽이 매사추세츠만 식민지를 건설하면서 사용했던 문구)'가 될 수 있기라도 한 것처럼, 이와 비슷한 개념이 종종 모습을 드러낸다. 그러나 마태복음 5장 14절에서 언급된 이 표현은 지정학적인 공동체가 아니라 세상 곳곳에서 모여든 그리스도의 양들에게만 적용된다.

하나님이 이스라엘과 맺으신 국가적 언약은 이제 완전히 폐기되었으므로, 시민 종교에는 그것을 적용할 수 없다. 따라서 교회들은 정치적 영역에서 그런 가능성을 염두에 두고서 고민할 필요가 전혀 없다. 그와는 대조적으로, 새 언약은 약속과 복과 중보자의 관점에서 옛 언약보다 훨씬 더 위대하다.

그러나 하나님의 마음은 구약 시대든 신약 시대든 조금도 변하지 않았다. 하나님은 자신의 영광을 위해 만물을 창조하셨다.

"여호와는 모든 것을 선대하시며 그 지으신 모든 것에 긍휼을 베푸시는도다"(시 145:9).

시편 82편은 이스라엘에 대한 하나님의 주재권을 잘 보여 준다. 다시 말해, 주어진 소명을 제대로 이행하지 못한 이스라엘의 재판관들을 심판하시는 하나님을 묘사한다. 그러고는 그런 의로운 심판이 온 세상에 임할 날을 고대하는 종말론적인 어조로 끝을 맺는다.

"하나님은 신들의 모임 가운데에 서시며 하나님은 그들 가운데에서 재판하시느니라. 너희가 불공평한 판단을 하며 악인의 낯 보기를 언제까지 하려느냐(셀라). 가난한 자와 고아를 위하여 판단하며 곤란한 자와 빈궁한 자에게 공의를 베풀지며, 가난한 자와 궁핍한 자를 구원하여 악인들의 손에서 건질지니라 하시는도다. 그들은 알지도 못하고 깨닫지도 못하여 흑암 중에 왕래하니 땅의 모든 터가 흔들리도다. 내가 말하기를 너희는 신들이며 다 지존자의 아들들이라 하였으나, 그러나 너희는 사람처럼 죽으며 고관의 하나같이 넘어지리로다. 하나님이여 일어나사 세상을 심판하소서 모든 나라가 주의 소유이기 때문이니이다."

예수님은 요한복음 10장에서 자신을 이스라엘의 거짓 목자들을 심판하는 선한 목자이자 왕으로 선언하면서 이 시편을 언급하셨다. 요한계시록에서도 모든 나라, 곧 '큰 성 바벨론'으로 표현된 세상 체제에 대한 심판이 예고되었다(계 18장 참고). 또한 상인들이 파는 상품에 "종들과 사람들의 영혼들"(계 18:13)이 포함되어 있다는 사실도 아울러 언급되었다.

"바벨론으로 말미암아 치부한 이 상품의 상인들이 그의 고통을 무서워하여 멀리 서서 울고 애통하여"(계 18:15).

하나님의 의와 거룩함과 정의는 창세기에서부터 요한계시록에 이르기까지 변하지 않고 그대로 유지된다.

"가난한 자를 보살피는 자에게 복이 있음이여"(시 41:1).

"그는 궁핍한 자가 부르짖을 때에 건지며 도움이 없는 가난한 자도 건지며, 그는 가난한 자와 궁핍한 자를 불쌍히 여기며 궁핍한 자의 생명을 구원하며, 그들의 생명을 압박과 강포에서 구원하리니 그들의 피가 그의 눈앞에서 존귀히 여김을 받으리로다"(시 72:12-14).

"가난한 자와 고아를 위하여 판단하며 곤란한 자와 빈궁한 자에게 공의를 베풀지며, 가난한 자와 궁핍한 자를 구원하여 악인들의 손에서 건질지니라 하시는도다"(시 82:3,4).

우리 자신이 신정 정치를 펼치거나 사회 정의를 통해 그리스도의 완벽한 통치를 이룰 수 있다고 생각하는 것은 교만의 극치가 아닐 수 없다. 이스라엘의 시민법도 의식법과 마찬가지로, 지금은 완전히 폐기되었다. 그러나 하나님의 변하지 않는 도덕법은 지금도 여전히 십계명에 계시되어 있다. 이 도덕법이 통치자와 권력자들은 물론 모든 백성에게 하나님의 기준으로 선포되어야 한다. 선지자들이 하나님의 도덕법을 근거로 엄중히 책망하는 말씀을 전한 일이 기록된 성경 본문 중 하나를 살펴보자.

"너희가 내 앞에 보이러 오니 이것을 누가 너희에게 요구하였느냐 내 마당만 밟을 뿐이니라. 헛된 재물을 다시 가져오지 말라 분향은 내가 가증히 여기는 바요 월삭과 안식일과 대회로 모이는 것도 그러하니 성회와 아울러 악을 행하는 것을 내가 견디지 못하겠노라. 내 마음이 너희의 월삭과 정한 절기를 싫어하나니 그것이 내게 무거운 짐이라 내가 지기에 곤비하였느니라. 너희가 손을 펼 때에 내가 내 눈을 너희에게서 가리고 너희가 많이 기도할지라도 내가 듣지 아니하리니 이는 너희의 손에 피가 가득함이라. 너희는 스스로 씻으며 스스로 깨끗하게 하여 내 목전에서 너희 악한 행실을 버리며 행악을 그치고, 선행을 배우며 정의를 구하며 학대받는 자를 도와주며 고아를 위하여 신원하며 과부를 위하여 변호하라 하셨느니라"(사 1:12-17).

'학대'와 '불의'는 '각성(WOKE)'을 외치는 사회 정의의 용사들이 아니라 하나님께서 사용하신 용어들이다. 이런 용어들은 죄가 단지 개인 간에 이루어지는 행위만이 아니라 체제(사회, 사법, 경제, 교육의 체제)와도 관련된다는 점을 암시한다. 하나님은 "힘 없는 자를 학대하며 가난한 자를 압제하며 가장에게 이르기를 술을 가져다가 우리로 마시게 하라"(암 4:1) 하는 "바산의 암소들"을 엄히 꾸짖으셨다. 또한 그분은 "겨울 궁과 여름 궁을 치리니 상아 궁들이 파괴되며 큰 궁들이 무너지리라"(암 3:15)라고 말씀하셨다.

하나님께서 선지자들을 통해 전하신 이 모든 말씀이, 한때는 그분의 거룩한 나라였으나 나중에는 속된 나라로 변해 버린 이스라엘에게 임했다. 그러나 예수님은 신약성경에서 거룩한 나라와 속된 나라의 구별이 없는 새 세상을 선포하셨다.

"또 네 이웃을 사랑하고 네 원수를 미워하라 하였다는 것을 너희가 들었으나, 나는 너희에게 이르노니 너희 원수를 사랑하며 너희를 박해하는 자를 위하여 기도하라. 이같이 한즉 하늘에 계신 너희 아버지의 아들이 되리니 이는 하나님이 그 해를 악인과 선인에게 비추시며 비를 의로운 자와 불의한 자에게 내려 주심이라"(마 5:43-45).

지금은 불의한 자들이 자유롭게 활보하는 것처럼 보인다. 그러나 심판의 날이 다가오고 있다. 물론 아직은 불의한 자가 의롭다함을 받고, 죽은 자가 새 생명을 얻을 수 있는 구원의 날이 계속되고 있다.

성경의 명령과 약속은 너무나도 분명하다. 그래서 노예들은 그것을 통해 용기를 얻고, 다른 사람을 노예로 만드는 사람들은 그것을 위험하게 여긴다. 코란에서 주인들에게 반기를 들도록 노예들을 부추길 만한 내용을 발견하고는 그것을 삭제하고자 하는 이슬람 과격분자가 과연 존재할까? 그럴 가능성은 절대로 없다. 왜냐하면 최소한 코란이나 마호메트의 사례를 통해 본 이슬람교는 노예제를 정당화하는 것을 어려워한 적이 단 한 번도 없기 때문이다.

1807년에 『영국령 서인도제도에서 흑인 노예들을 부리는 것을 지지하는 간추린 성경 본문들』(*Select Parts of the Holy Bible for the Use of the*

Negro Slaves in the British West-Indian Islands, 이하 '노예 성경'으로 칭함)이라는 흥미로운 자료가 출판된 적이 있다.[22]

앞서 말한 대로, 토머스 제퍼슨은 신약성경에서 기적과 그리스도의 신성을 언급하는 구절을 모두 삭제해 신약성경을 간략하게 축소했다. 그런 식으로 편집본을 만드는 사람들은 아마도 초자연적인 현상을 높이 평가했을 테지만, 자신들의 유익을 위해 하나님의 말씀을 멋대로 짓밟았다. 성경에는 그리스도인을 자처하는 많은 사람들이 보기에 위험한 사상들이 포함되어 있다. 다시 말해, 그들이 성경적으로 정당하다고 간주하는 제도를 영속화하기 위해 삭제하지 않으면 안 될 사상들이 담겨 있다. 예를 들어, 위에서 말한 '노예 성경'에서는 출애굽의 이야기(애굽으로부터의 해방을 다룬 이야기)와 그 예표적 사건이 아름답게 성취된 갈라디아서 3장 28절이 삭제되었다.

"너희는 유대인이나 헬라인이나 종이나 자유인이나 남자나 여자나 다 그리스도 예수 안에서 하나이니라"(갈 3:28).

어떤 사람은 바울이 (특히 빌레몬서에서) 노예들에게 반란을 일으킬 권한을 부여하지 않음으로써 그의 권위를 깎아내렸다고 생각했다. 그러나 프레더릭 더글러스(Frederick Douglass)가 지적한 대로, 로마 제국의 노예 제도는 지금과는 매우 달랐고, 로마 제국 시대의 그리스도인들은 틀림없

---

22) 나의 학생 프랜시스(C. J. Francis)에게 고마움을 전한다. 그가 2021년 봄에 제출한 '현대성과 변증학(Modernity and Apologetics; Westminster Seminary California, Spring 2021)'이라는 논문을 통해, 나는 프레더릭 더글러스와 르무엘 헤이네스(Lemuel Haynes)의 인용문을 비롯해 이 '노예 성경'의 존재를 상기하게 되었다.

이 납치와 고문을 자행하는 노예제도에 동조하지 않았을 것이다. 그는 이렇게 말했다.

미국의 노예 소유자들이 성경이 노예제도를 용인한다고 말하면 어떻게 하겠는가? 성경책을 불 속에 집어 던지겠는가? "성경과는 절대로 협력하지 않겠어!"라고 소리칠 텐가? 아니면 무언가가 나빠지는 것은 그것을 오용하고 남용하고 잘못 사용했기 때문이라고 말하겠는가? 그런 이유로 성경을 내버릴 셈인가? 그래서는 안 된다. 성경을 더욱 가슴에 바짝 품고, 더욱 부지런히 읽고, 성경 구절들을 근거로 하여 성경이 노예제도의 편이 아니라 자유의 편이라는 사실을 입증해야 한다.[23]

회중교회의 목사인 르무엘 헤이네스(Lemuel Haynes, 1753-1833)는 미국 독립전쟁의 참전 용사이자 최초의 미국 흑인 성직자로서, 독립선언문에 언급된 "양도할 수 없는 자유의 권리"를 강조했다. 헤이네스는 노예 소유자가 독립선언문을 작성했지만, 그것이 당시의 관행을 평가할 수 있는 원칙을 제시한다고 확신했다. 그는 그 문서를 근거로 자신의 독립선언문(노예제도는 부당하다는 내용)을 발표했다. 대의권 없이 세금만 부과하는 나라에 소속되는 것이 잘못이라면, 다른 나라에서 납치한 사람들에게서 인간의 "양도할 수 없는 권리"를 박탈하는 것도 마찬가지로 잘못이다.

---

23) John R. McKivigan, Julie Husband, and Heather L. Kaufman, eds., *The Speeches of Frederick Douglass: A Critical Edition* (New Haven: Yale University Press, 2018), 180.

헤이네스는, 이방인의 사도인 바울이 그리스도 안에서 모든 인종의 벽이 허물어졌음을 밝힌다고 설명했다. 설령 함에 대한 저주가 흑인들과 관련이 있다손 치더라도(물론 그런 연관성은 전혀 없다), 신약성경에는 인종에 대한 저주가 존재하지 않는다.[24] 노예제도를 옹호하는 자들은 성경을 왜곡하거나 제멋대로 편집했으며, 동료 신자들이 읽지 못하게 만들었다. 흑인 지도자들과 목회자들은 성경이 문제가 아니라 해결책이라는 사실을 잘 알고 있었지만, 문화적 이데올로기에 따라 성경의 가르침을 왜곡하는 관행은 지금도 여전히 남아 있다.

나는 흑인과 백인 모두가 '크리스천 아메리카'라는 이야기에서 신자들이 공유하는 '그리스도 안에'라는 이야기로 옮겨 가기를 바란다. 하나님의 도성과 인간의 도성이 어떻게 다른지를 분명하게 이해한 덕분에, 기독교 국가라는 신화가 아니라 (하늘에서의) 은혜와 (땅에서의) 정의를 통해 이루어지는 하나님의 통치를 추구했던 한 사람을 본보기로 제시하고 싶다.

조던 앤더슨과 정의 추구

아프리카계 미국인인 조던 앤더슨(Jourdon Anderson)은 남북전쟁이 끝난 직후에 오하이오주 데이턴에 있는 자신의 집에서 간절한 사연이 담긴 편지 한 통을 받았다. 그것은 테네시주의 빅 스프링에 사는 그의 전 주인 앤더슨 대령이 보낸 편지였다. 그는 조던에게 망해 가는 사업을 다시

---

24) Ruth Bogin, "'Liberty Further Extended': A 1776 Antislavery Manuscript by Lemuel Haynes," *The William and Mary Quarterly* 40, no. 1 (1983): 94–95.

일으킬 수 있게 도와달라고 요청했다.

조던은 1865년 8월 7일에 답장을 보냈고, 나중에 그의 편지는 『뉴욕 데일리 트리뷴』(New-York Daily Tribune)에 실렸다. 그는 그 편지에서 "당신에게 불편한 감정을 느낄 때가 많았습니다"라고 솔직하게 말하기도 했지만, 줄곧 친절하면서도 품격 있는 태도를 유지했다. 그는 앤더슨 대령에게 "내가 당신을 떠나기 전에, 당신은 내게 두 번이나 총을 쐈습니다"라고 말하면서, "나는 당신이 다쳤다는 소식을 듣기를 바라지 않았습니다. 당신이 지금도 여전히 살아 있는 것을 보니 기쁩니다"라고 덧붙였다.

그는 자신의 전 주인에게 자기를 대신해 가족들에게 안부를 전해 달라고 말하기도 했다. "그들 모두에게 나의 사랑을 전합니다. 우리가 이 세상에서가 아니라면 장차 더 나은 세상에서 다시 만나기를 바란다고 전해 주시면 좋겠습니다." 조던은 빅 스프링을 떠난 이후로 대령처럼 자유로운 삶을 영위했으며, 자신의 자녀들(특히 그의 아들 그런디)이 학교에 다니면서 잘 교육받고 있다고도 말했다. "학교 선생님은 그런디에게 설교자가 될 머리가 있다고 말합니다. 아이들은 주일학교에 다니고, 나와 만디도 정기적으로 교회에 나갑니다."

그러나 그는 대령의 간절한 요청에 대해서는, "내게 임금을 얼마나 줄 것인지 글로 써 말해 준다면 다시 그곳으로 이주하는 것이 내게 이로울지 아닐지를 더 잘 결정할 수 있을 것입니다"라고 대답했다. 조던은 분명히 이전에 노예였을 때와는 전혀 다른 자아의식을 가지게 된 것 같았다. 북군에 의해 자유를 찾게 된 지 고작 1년이 지났을 뿐인데, 그는 자신의 전 주인과 인간 대 인간으로서 새로운 계약 조건에 대해 협의했다.

대령은 그에게 자유를 주겠다고 약속했지만, 조던은 "나는 이미 1864년에 내슈빌 당국의 헌병 총사령관으로부터 해방 증서를 받았습니다. 그러니 그와 관련하여 내가 얻을 것은 아무것도 없습니다"라고 대답했다. 조던과 만디는 미지급된 임금까지 덧붙여 요구했다. 조던의 경우는 한 달에 25달러씩 32년이 넘는 기간의 임금을, 만디의 경우에는 일주일에 2달러씩 20년 간의 임금을 계산한 결과, (특정한 의류 및 의료비를 공제하고서도) 총 '11,680달러'가 산출되었다. 조던은 "(만일 대령이 이에 동의한다면) 우리는……당신의 정의와 우정에 미래를 맡기겠습니다"라고 말했다.

한마디로, 이전에 그들이 맺었던 것과는 전혀 다른 관계를 시사하는 내용이었다. 만일 조던과 만디가 앤더슨 대령에게로 돌아간다면, 이번에는 동업자의 신분으로 일하게 되는 것이다. "당신이 과거에 있었던 우리의 충실한 노동에 대가를 지불하지 않는다면, 미래에 대한 당신의 약속을 신뢰하기 어려울 것입니다."

조던은 한시적인 정의만이 아니라 하나님의 심판을 자신의 주장을 뒷받침하는 근거로 제시했다.

우리는 선하신 창조주께서 당신의 눈을 열어 당신과 당신의 조상들이 나와 나의 조상들에게 저지른 잘못, 곧 아무런 보상 없이 대대로 말이나 소가 하듯……당신들을 위해 일하게 만든 잘못을 보게 하실 것이라고 믿습니다. 자신이 고용한 노동자를 속인 사람들에게 죄를 물으실 날이 반드시 올 것입니다.

또한 조던은 자신의 나이 든 두 딸이 "젊은 주인들에게서" 받았던 성적 학대를 언급하면서, "지금 예쁜 소녀로 성장한" 자신의 어린 딸들은 안전할 수 있는지를 물었고, 마지막으로 앤더슨 대령에게 그 지역에 자유인 학교가 있는지도 물었다. 그는 "제 인생의 가장 큰 바람은 제 자녀들에게 교육의 기회를 제공해 덕스러운 습관을 형성하게 하는 것입니다"라고 말했다. 그리고 그는 편지 마지막에 "조지 카터 씨에게 안부를 전해 주십시오. 당신이 내게 총을 쏠 때 당신의 권총을 빼앗았던 그에게 감사를 표합니다"라는 추신까지 덧붙였다.[25]

조던의 편지는 그의 성품을 아름답게 증언할 뿐 아니라, 이전과는 사뭇 달라진 시대를 엿볼 수 있는 창을 제공하기도 한다. 당시는 노예제도가 폐지된 직후인데도, 가해자와 거친 폭력의 희생자 사이에 정의롭고도 인간적인 새로운 관계를 꿈꿀 수 있었다. 아마 앤더슨 대령도 다른 노예들의 주인처럼 자기 편견과 이기심을 정당화하기 위해 성경을 왜곡하는 그리스도인이었을 것이다.

그러나 조던은 분명히 하나님 중심적인 관점으로 자기 삶을 바라보았다. 오직 하나님만이 대령의 죄를 사하실 수 있지만, 조던도 나름대로 그

---

25) Jourdon Anderson, "Letter from a Freedman to His Old Master," *New-York Daily Tribune*, August 22, 1865, https://chronicling america.loc.gov/lccn/sn83030213/1865-08-22/ed-1/seq-7/.

가 자신에게 저지른 죄를 용서할 자격이 있었다. 그리스도인은 용서를 베풀어야 하지만, 학대적 관계를 바로잡는 의무까지 짊어져야 할 필요는 없다. 대령은 하나님께 용서를 받을 수 있지만, 앞으로 더 나은 삶을 살겠다는 약속도 해야 하고, 하나님 말고 조던과 만디에게 저지른 잘못도 책임지고 보상해야 마땅했다. 그는 그들의 노동에 대가를 지불해야 했다. 조던은 자신을 이전처럼 대령의 노예요 하인이 아니라 기만당한 동업자로 간주했다.

어쨌든 조던은 자신의 삶을 계속 영위해 나갔다. 그는 빅 스프링으로 돌아가지 않았다. 그는 자신이 자유인임을 입증하기 위해 전 주인의 승인이나 회개, 심지어 정의조차도 필요로 하지 않았다. 조던은 하나님의 손에 궁극적인 정의를 맡겼기 때문에, 그가 마땅히 품었더라도 조금도 이상할 것 없는 복수심마저 내려놓을 수 있었다. 다만 그는 정의가 실현되지 않는 한 대령을 도울 생각이 없었다.

나는 정의를 개인 간의 관계에 국한시킬 생각이 없다. 사회의 잘못은 사회적 차원에서 바로잡아야 한다. 그러나 정치적·법률적·법정적 변화는, 처음부터 잘못된 법률과 정책을 그럴듯하게 보이도록 만드는 문화적 태도의 밑바닥에서 시작된다. 저항과 항의는 정의를 실현하려는 강력한 힘과 건강한 민주주의를 나타내는 표징이다. 그러나 가장 깊은 변화는 전 주인에 대한 조던의 단호한 결의와 명확한 태도와 너그러운 사랑에서부터 시작된다.

남북전쟁은 노예제도를 종식시켰다. 그렇다면 그 해방은 어떤 결과를 가져왔을까? 재건과 복구는 종종 노예 출신들이 노예 상태와 조금도 다를 바 없는 상황에서 혼자 힘으로 삶을 꾸려 나가느라 겪는 어려움을 외면한 채, 남부를 정치적으로 재수용하는 데 초점이 맞춰졌다.

안타까운 사례 하나를 소개하겠다. 남북전쟁의 막바지 무렵, 윌리엄 셔먼(William T. Sherman) 장군과 미국 국무장관 에드윈 스탠턴(Edwin M. Stanton)은 조지아주 사바나에서 스무 명의 흑인 목회자들 및 지역 평신도 지도자들과 회동했다. 그들은 대표단에게 어떻게 하면 노예였던 사람들의 존엄성을 회복하고 그들에게 권한을 부여하도록 도울 수 있겠느냐고 물었다. 그들은 "(각 사람에게) 40에이커의 땅과 노새 한 마리를 주십시오"라고 대답했다.

셔먼은 링컨 대통령의 재가를 받아 '특별 야전 명령 15호(Special Field Orders, No. 15)'를 발령했다(1865년 1월 16일). 그것은 노예 소유주들의 땅 가운데 40만 에이커를 해방된 노예 가족들에게 나누어 주라는 내용이었다. 그러나 링컨이 암살된 후에 대통령직을 승계한 앤드루 존슨(Andrew Johnson)은 그 명령을 철회했다.[26]

넷째, 성경적 종말론은 인류가 점진적으로 완전한 상태가 된다거나 (또는 미국이 완벽한 화합을 이룬다거나) '종말에 이른 위대한 행성 지구'를 약속하지 않는다. 성경은 우리와 더불어 해방을 갈망하는 피조 세계 전체가 새로워질 것이라고 약속한다(롬 8:18-30 참고).

---

26) 다음을 보라. Eric Foner, *Reconstruction: America's Unfinished Revolution, 1863–1877* (New York: Harper Perennial Modern Classics, 2014), 70.

예수님이 재림하시면, 모든 것이 바로잡힐 것이다. 그렇다고 해서 적극적인 시민이 되어 동료 시민들과 이웃들을 위해 상황을 좀 더 올바르게 개선하려는 노력을 중단할 필요는 없지만, 우리가 세상에서 행하는 선한 일이 무엇이든 일시적이고도 한시적일 뿐이라는 점을 잊어서는 안 된다. 그런 것들은 그리스도의 왕국 가운데 이루어질 완전함과는 비교조차 할 수 없다. 그리스도인은 이 왕국을 전한다. 우리가 건설하는 것이 아니라 거저 '받게 될' 이 왕국만이 영원히 "흔들리지 않는"(히 12:28) 유일한 왕국이다. 따라서 이 왕국을 세상 나라나 당파나 인종 집단이나 정책 노선과 동일시하려는 모든 시도를 거부해야 한다.

교회는 '우리'를 위한 장소가 아니다

"이것이 '우리'의 방식입니다."

"이것이 '우리'의 관점입니다."

"'우리' 교회에 나오지 않겠습니까? 열렬히 환영합니다."

그렇다면 '우리'는 대체 누구일까? 우리는 교회 안에서 나타나는 인종적 패권 다툼이 죄를 노골적으로 구조화하고 법제화하며 도덕화하고 신학화해 온 오랜 역사의 일부라는 사실을 자주 간과하곤 한다. 우리가 행한 것과 행하지 않은 것 모두가 죄라는 사실을 명심해야 한다. 우리와 다른 사람들을 무시하는 나태함은 우리를 실패로 이끄는 주요 원인 중 하나이다. 과연 우리가 뿌리 깊은 배척의 관행에 관심을 기울이고, 그것을 철폐하기 위해 노력하고 있는지 궁금하다.

우리는 이런 패권 다툼이 암묵적인 편견에 지대한 영향을 미친다는 사실을 쉽게 눈치채지 못한다. 그런 암묵적인 편견을 기껏해야 어쩌다 뒤늦게 깨닫는 경우가 아니라면 의식조차 하지 못할 때가 많다. 인종 차별은 구조적이고 개인적이며, 노골적이고 암묵적이다. 마틴 루터 킹 목사가 강조한 대로, 그것은 희생자뿐 아니라 특권을 누리는 가해자에게까지 상처를 입힌다.

소셜미디어와 24시간 계속되는 케이블 뉴스가 미치는 영향은 광범위하다. 도시들은 인종과 경제적 지위, 정치적 성향을 중심으로 이전보다 더욱 심하게 분열되어 있다. 이런 간극은 일상적인 공동체를 형성할 기회를 없앤다. 사람들은 제각기 인구학적 벙커에 웅크리고 앉아, 페이스북의 '친구들'이나 각자 좋아하는 소셜미디어의 권위자들, FOX나 CNN과 같은 대상들과만 접촉한다.

그러나 가장 큰 비극은 사분오열된 교회들이 미치는 영향이다. 여전히 많은 정치적 문제들이 공정하게 다뤄지고 있지만, 교회 안의 상당한 그리스도인들은 불쾌감을 느끼는 당사자와 화합하라거나 회개하라는 이야기를 목표에서 벗어난 불필요한 간섭으로 느낀다.

미국 개신교에는 정치인들에게 강단을 내주는 이상한 전통이 있다. 이것은 하나님께서 자기 백성에게 말씀하시는 자리를 더럽히는 행위이다. 그렇게 되면, 교회는 더 이상 만왕의 왕이신 주님께서 모든 종족 가운데서 자기 백성을 불러모으시는 장소가 아니라, 분열을 재촉하는 또 하나의 요인이 되고 만다. 전에도 그랬지만, 지금은 더욱 심해졌다. 많은 교회들이 공화당이나 민주당을 위한 기도 장소로 전락하고 말았다.

하나님을 경외하는 마음과 그리스도 안에서 우리를 향한 성부의 긍휼하심이 다시금 모든 것의 중심으로 회복되어야 한다. 그래야만 문화적·정치적 차이들이 부차적인 것으로 제자리를 찾게 될 것이다. 그리고 교회가 주님의 말씀으로 감독되고 창조되며 흥왕하는 거룩한 모임이 될 수 있을 것이다.

우리의 문화적 편견을 자각하기란 그리 쉽지 않다. 내가 영국에서 공부할 때, 친구들은 나의 억양이 이상하다고 생각했다. 나는 캘리포니아 사람들의 억양을 독특하게 여기지 않았기 때문에 그 점을 전혀 의식하지 못했다. 우리는 동일한 언어를 말하는 다른 문화권의 사람들에게서 그런 차이를 느낀다.

우리는 백인이 아닌 사람들이 모이는 교회에서는 '독특한' 문화를 쉽게 발견하지만, 백인이 다수를 차지하는 교회에서는 독특한 문화(특히 북유럽의 문화)가 존재하지 않으리라 생각하곤 한다. 그런 독특성을 드러낼 의도가 전혀 없는데도, 암묵적인 문화적·정치적·사회경제적 전제들이 은연중에 동일한 믿음과 실천을 가진 동료 신자들에게 '이곳은 내가 있을 곳이 못 돼'라는 느낌을 주기도 한다.

우리의 '우리'가 그리스도가 세우시는 '보편적인 우리'를 더욱 분명히 반영하려면, 백인과 흑인, 라틴계와 아시아계, 캐나다와 태평양 섬의 원주민과 인도인, 아프리카계와 유럽계를 막론하고 모든 사람들을 기꺼이 포용해야 하지 않겠는가? 서로를 격려하고, 조언을 달갑게 받아들여야 하지 않겠는가? 두려움으로 야기된 캔슬 컬처의 무차별한 배척 행위를 본받아서는 안 된다. 그래야 새로운 시각으로 자신을 볼 수 있고, 특정한 문화를 반영하는 기도가 아니라 여러 민족들을 아우르는 세계적 교회로서 '산 위에 있는 빛나는 도시'를 더욱 분명히 보여 주는 기도를 드릴 수 있다.

심지어 성경에서 가르치는 본질적인 예배 요소와는 아무런 상관이 없고, 단지 사람의 지혜만을 의존해 "이것이 우리의 방식이오"라고 내세우면서 상황에 따라 달라지는 예배 방식도, 우리가 미처 의식조차 하지 못하는 장애 요인이 될 수 있다. 인종과 상관없이 모든 교회가 그러하다. 사랑을 위해서라면 어디까지 기꺼이 나아갈 용의가 있는지 묻고 싶다.

문화적인 배경은 피할 수 없는 것일 뿐 아니라, 하나님의 섭리가 만들어 내는 본질적인 차이에 포함된다. "하나 안에 다수, 다수 안에 하나"는 삼위일체를 나타내는 표현이다. 그 표현대로, 그리스도의 몸 안에 하나로 연합되었다고 하더라도 개개인의 특성까지 흡수되어 사라지지는 않는다. 각자가 유형화된 문화적·인종적 독특성을 내려놓으리라 기대해서는 안 된다. 다양한 문화적 배경을 지닌 신자들을 '하나의 몸'으로 연합시키는 것이 중요하다. 이것은 선택할 수 있는 사안이 아니다. 그렇게 하려면 노력이 필요하다. 모든 사람이 인종적 자부심보다 복음적 연합을 더 중요하게 여겨야 한다.

이제 요한계시록 5장 9절을 중심으로 하여 하늘에서의 예배가 어떤 모습일지를 상상해 본다면, 더는 중요한 물음을 생각하지 않아도 될 듯하다.

"그들이 새 노래를 불러 이르되 두루마리를 가지시고 그 인봉을 떼기에 합당하시도다 일찍이 죽임을 당하사 각 족속과 방언과 백성과 나라 가운데에서 사람들을 피로 사서 하나님께 드리시고, 그들로 우리 하나님 앞에서 나라와 제사장들을 삼으셨으니 그들이 땅에서 왕 노릇 하리로다 하더라"(계 5:9,10).

이것은 위대한 찬송가이다. 이것이 우리의 생각과 마음 안에 있어야 할 '우리'이다.

나는 이 놀라운 성경 본문을 토대로 간단하게 두 가지를 언급하고 싶다. 첫째, 성도들이 스스로 자신을 나라로 만든 것이 아니다. 어린양이 그들을 제사장들의 나라로 만드셨다. 그것은 사회정치적인 국가가 아니라 복음의 말씀과 성례에 근거한 왕국이다. 그것은 구약 시대의 신정국가로 복귀하는 것이 아니다. 따라서 보수주의자들은 이스라엘을 '크리스천 아메리카'를 이룩하기 위한 본보기로 사용해서는 안 되며, 진보주의자들은 그것을 사회 정의를 달성하기 위한 본보기로 사용해서는 안 된다. 양측 모두가 종말론적인 언어('하나님의 나라'나 '사랑받는 공동체')를 일시적인 사회에 적용하려는 유혹을 물리쳐야 한다.

그리스도의 왕국은 믿음으로 어린양을 왕으로 받아들이고 세례를 받은 모든 사람을 아우르는 우주적인 제국이다. 그것은 우리가 투표하는 나라가 아니다. 그것은 FOX나 CNN 시청을 중단하고 안식을 누리는 장소이다. 다시 말해, 바벨론의 포로 상태에서 벗어나 안식일의 안식을 누리며, 세상의 도시를 위해 기도하되 거기에서 우리의 궁극적인 행복을 찾으려고 하지 않는 나라를 가리킨다. 시온을 향한 행진은 재판관들을 더 많이 세우거나 경찰을 지지하지 않는 것과는 아무런 상관이 없다. 그것은 쇠하여 가는 현시대에 다가올 세상의 빛이 뚫고 들어옴으로써 이루어지는 새 창조의 일부이다.

둘째, 위의 본문은 그리스도께서 자신의 피로 "각 족속과 방언과 백성과 나라 가운데에서" 온 사람들을 속량하셨다고 말한다. 이 말씀은 그리스도의 죽음을 통해 구원받은 사람들이 막연한 '인류'가 아니라, 케냐와 한국과 프랑스와 피지에서 온 사람들이라는 점을 강조한다. 거기에는 스칸디나비아인, 아메리카 인디언, 인도의 불가촉천민, 네덜란드인도 포함된다.

그들은 하나님의 선한 섭리를 통해 각자에게 주어진 문화와 인종적 정체성을 그대로 유지하고서, 그 모든 특성, 곧 장점과 약점을 모두 가진 채로 그리스도의 왕국에 들어온다. 그것이 바로 참된 세상이자 새로운 창조이며 제사장의 나라이다. 그것이 진정으로 '다수로 이루어진 하나(e pluribus unum)'이다.

이런 연합은 어디에서부터 시작되는가?

바울 사도가 에베소서에서 가르친 대로, 그리스도의 몸의 연합은 그리스도 안에서 이루어진 하나님의 은혜로운 선택과 구원을 근거로 하는 객관적인 현실이다. '한 사람의 새로운 인간,' 곧 몸의 머리이신 그리스도께서 역사의 무대에 등장함으로써 유대인과 이방인을 나누는 장벽이 무너져 내렸다. 우리에게는 그리스도 안에서 이미 이루어진 연합을 가시적으로 유지하라는 부르심이 주어졌다.

"모든 겸손과 온유로 하고 오래 참음으로 사랑 가운데서 서로 용납하고, 평안의 매는 줄로 성령이 하나 되게 하신 것을 힘써 지키라. 몸이 하나요 성령도 한 분이시니 이와 같이 너희가 부르심의 한 소망 안에서 부르심을 받았느니라. 주도 한 분이시요 믿음도 하나요 세례도 하나요, 하나님도 한 분이시니 곧 만유의 아버지시라 만유 위에 계시고 만유를 통일하시고 만유 가운데 계시도다"(엡 4:2-6).

교회도 비록 우리 각 사람처럼 의롭다함을 받은 죄인과 같은 상태이지만, 믿음과 사랑으로 가시적인 연합을 지켜 가야 할 의무를 위협하는 인종적 분열을 체념하듯 방관해서는 안 된다. 우리는 계속 전진해야 하고, 함께 성화를 이루며 평안의 매는 줄로 성령이 하나 되게 하신 것을 힘써 지켜야 한다.

1980년대와 1990년대의 전략은 '동질적 교회 성장'이었다. 이것은 사람들이 자기와 같은 부류의 사람들과 함께 예배하는 것을 좋아하므로 교회들을 동질 집단으로 나누면 더욱 빠르게 성장할 수 있다는 이론이다. 여기에는 내가 나를 선택하고, 또 내가 형제자매로 부를 사람을 선택한다는 전제가 깔려 있다.

그러나 하나님께서 그리스도 안에서 나를 선택하셨고, 또 나를 위해 나의 궁극적인 가족을 선택하셨다. 교회는 그리스도가 모든 종족과 인종 가운데서 자기 피로 사서 하나로 연합시키신 것이다. 우리는 바벨론의 일시적인 시민이다. 물론 우리는 포로로 잡혀간 유대인들에게 주어졌던 명령대로(렘 29:6-8 참고), 그곳을 위해 기도해야 한다. 그러나 우리는 제사장의 나라가 되었고, 기업과 나라를 받았다. 우리는 우리의 일시적인 시민권을 진지하게 받아들여야 하지만, 지나치게 진지해서는 안 된다.

"그러므로 우리가 흔들리지 않는 나라를 받았은즉 은혜를 받자 이로 말미암아 경건함과 두려움으로 하나님을 기쁘시게 섬길지니, 우리 하나님은 소멸하는 불이심이라"(히 12:28,29).

인종 차별은 복음을 거스른다. 그것은 복음이 하나님과의 관계와 신자들 상호 간의 관계를 재정립하는 그분의 포괄적인 행위를 담고 있다는 사실을 인정하지 않고, 그리스도의 구원 사역을 개인의 영역으로 축소시킨다. 우리는 그리스도를 믿음으로 말미암아 은혜로 하나님과 화해했다. 그러므로 다른 것을 우리의 정체성을 나타내는 표지로 삼으려는 것은 암묵적으로 다른 복음을 받아들이는 것과 같다. 바꾸어 말하면, 그리스도 외에 다른 것이 우리를 하나로 묶는 끈이 된다.

사도행전을 살펴보면, 이방인들을 받아들일 것이냐 받아들이지 않을 것이냐 하는 논쟁은 초대 교회를 분열시키는 요인이 되었다. 이방인들도 할례를 받고, 음식법을 지켜야 하는가? 인종적인 정체성이 하나로 묶는 끈인가? 다행히도 사도들의 교회는 하나님의 은혜 덕분에 그리스도께서 이 악한 세상에서 창조하신 '새로운 것'에 주의를 기울였다.

이처럼 교회론(교회에 관한 교리)은 구원론(구원에 관한 교리)과 밀접하게 관련된다. '가톨릭(Catholic)'은 '보편적'이라는 뜻으로, 모든 민족과 백성 가운데서 선택된 사람들을 가리킨다. 따라서 그리스도 안에서 이루어진 교회의 보편성을 부인하면서 개인적인 구원을 얻기 위해 오직 그분께만 매달리는 것은 모순이다.

하나님께서 만드신 제도로서의 교회는 분명 오늘날의 수많은 복잡한 정치적·문화적 문제들을 해결할 권위나 능력을 가지고 있지 않다. 그러나 교회는 곳곳에 흩어져 다양한 소명을 수행함으로써 세상의 빛과 소금이 되어야 한다. 교회는 성경이 가르치지 않는 일로는 개인의 양심을 속박할 수 없다. 구체적으로 말하면, 교회는 건축 기사에게 주상복합 건물을 이렇게 지으라거나, 투표자에게 어느 당 후보를 선택하라고 말할 수 없다. 교회는 단지 삶의 모든 영역에서 더 깊고, 더 넓은 지평을 열어 줄 수 있기를 바랄 뿐이다.

만일 보수주의 교단들이 인종 차별 및 다양한 죄에 대해 공적으로 사과한다면, 우리에게 큰 격려가 될 것이다. 그러나 가장 중요한 고백과 사면은 교회 안에서 이루어진다.

칼 트루먼은 영향력 있는 한 논문에서, 우리가 하나님이 아니라 세상에서 사면받기를 더 갈망한다는 사실을 상기시켜 주었다.[27] 그러나 세상은 우리의 죄를 사면할 수 없다. 오직 하나님만이 그렇게 하실 수 있다. 그분은 죄를 사면함으로써 우리의 죄로 인해 피해를 입은 형제 및 자매들과 화해하게 하신다. 교단들이나 저명한 설교자들이 선언이나 공적 고백을 통해 "내가 주께만 범죄하여"(시 51:4)라고 마지막으로 부르짖었던 때가

---

27) Carl R. Trueman, "Woke Repentance," *First Things*, August 25, 2020, https://firstthings.com/web-exclusives/2020/08/woke-repentance?fbclid=IwAR1miZxhJ-dd7jPev0ve5Q-uE7NpUzYfsESBCXSbtboahRJdQ5_2MRw8hSE.

언제인가?

우리는 문화적 우파든 좌파든, 고급 문화를 좇는 사람이든 통속적인 대중문화를 좇는 사람이든 상관없이, 세상 사람 모두에게서 사랑받기를 간절히 원한다. 그러나 성경에 과연 그런 내용이 있을까? 예수님께서 "세상 사람들은 너희를 미워하는데, 왜 그들이 너희를 사랑하리라 생각하느냐? 종이 주인보다 더 크냐?"(요 15:20 참고)라고 말씀하시지 않았는가?

우리는 교회 안에서 하나님을 향한 두려움을 회복해야 한다. 교회에서 부터 심판이 시작된다. 만일 교회가 뉴잉글랜드와 다른 식민지들에서 노예제도를 즉각 반대했더라면 미국에서 어떤 일이 벌어졌을까? 교회들이 그리스도의 왕국의 열쇠를 사용했더라면 어떻게 되었을까? 노예 소유주들이 권징을 받았더라면 어떻게 되었을까? 만일 그랬더라면, 권고하고 가르치고 교정하며 진지하게 노력하는데도 여전히 회개하지 않은 노예 소유주들은 분명 모두 출교당했을 것이다.

잘 알다시피, 미국의 노예들은 아프리카에서 납치되어 사슬에 묶인 채로, 질병이 창궐한 배에 실려 왔다. 하나님은 이스라엘에게 "사람을 납치한 자가 그 사람을 팔았든지 자기 수하에 두었든지 그를 반드시 죽일지니라"(출 21:16)라고 명령하셨다. 만일 미국이 하나님과 언약을 맺고 자신에게 계속 옛 언약을 적용한다면, 국가는 노예 상인들과 노예 소유주들을 처형해야 할 것이다.

그런데 왜 교회에서는 그들에 대해 권징조차 실시하지 않았던 것일까? 지금도 보수주의자들 가운데 아쉽다는 듯이 향수에 젖어, 남북전쟁 이전의 남부 지역을 떠올리는 사람들이 존재하는 것은 왜인가? 나는 태아를 살해하거나 그들의 장기를 매매하는 사람들, 그리고 폭발적으로 늘어나 세계적인 산업으로 확대된 성 노예 매매에 직접 가담한 사람들도 그렇게 처벌되어야 마땅하다고 생각한다.

일단 하나님과 그리스도(죄인들의 친구이자 만민의 재판관)를 향한 두려움을 회복하고, 하나님 앞에서 우리의 실상을 있는 그대로 직시한 채 빈손을 내밀어 하나님의 아들을 받아들여야 한다. 그리하면 세상에 대한 두려움이 사라지기 시작할 것이다. 그리고 꾀죄죄해 보이는 과부가 가슴속 확신에서 우러나는 기쁨을 터뜨리며 음정과 상관없이 흘러나오는 대로 노래를 부르더라도, 우리가 사는 집이 볼품없거나 자신에게서 위대한 것이라곤 아무것도 찾아볼 수 없더라도, 우리가 다니는 교회의 목회자가 다른 사람과 함께 뉴스에 나온 적이 한 번도 없더라도, 당황하거나 실망하지 않을 것이다.

그렇게 되면, 말씀이 충실히 전파되는 것, 세례와 성찬, 은혜로운 보살핌, 서로를 향한 격려, 장로들과 교회의 적절한 경고, 그리스도의 사랑을 베풀어 일시적인 필요를 채워 주는 집사들의 사역, 공동 기도와 찬양, 믿음과 죄의 고백, 그리스도를 통한 용서의 선언, 예배의 부름과 마지막 축도 같은 것들이 놀라우리만큼 익숙하면서도 새롭게 느껴질 것이다. 뿐만 아니라 그리하여 세상의 사랑이 더는 필요하지 않게 될 것이다.

15

결론: 하나님의 도성을 향해 함께 걷다

오늘날의 사회는 케이블 텔레비전 뉴스가 하루 24시간 동안, 일주일 내내 방송되고, 소셜미디어의 소음이 끊임없이 울려 댄다. 지금만큼 역사적으로 자연재해, 건강의 위기, 부패, 분열, 전쟁, 폭력에 노출된 사회는 일찍이 없었다. 어딘가에서는 지진이 발생하고, 또 어딘가에서는 쓰나미나 홍수가 몰아닥친다. 빙산이 녹고, 쇼핑몰에서 폭발이 일어나며, 굶주리는 아이들의 모습이 사진과 영상으로 전해져 우리의 감각을 마구 강타한다.

무방비한 상태에서 생생한 영상으로 전해지는 사건들을 마구 접하다 보면, 감정이 혹사당해 동정심마저 느끼지 못하는 상태가 되고 만다. 그런 상황을 보고도 아무런 감정을 느끼지 못하거나, 단순한 '밈'을 넘어서 현실적으로 필요한 요인들을 생각해 보려는 마음이 전혀 일지 않기 때문에 모든 것이 모호해진다. 한마디로, 모든 것에 무감각해지고 만다. 우리의 두려움을 이용하면, 결국 그런 대가를 치를 수밖에 없다. 인간이 하루에 분노나 두려움을 얼마나 느낄 수 있을 것 같은가?

어떤가? 주일만큼은 그 모든 감정에서 벗어날 수 있겠는가? 그야말로 완전히 차단할 수 있겠는가? 주님의 가족과 함께 모여 말씀의 성찬을 즐기고, 하나님이 교회 안에서 행하시는 기적을 마음껏 누릴 수 있겠는가? 그러면 아마도 월요일이 조금은 달라질 것이다.

그리스도인이라면, 인종과 정치 당파, 문화적 배경과 사회경제적 지위가 다양하더라도, 모두 함께 손을 잡고 하나님의 도성을 향해 나아갈 수 있지 않겠는가? 나는 때때로 그 길에서 내가 의식하지 못하는 방식으로 방황하곤 한다. 나에게는 나를 이끌어 줄 사람들, 곧 나와는 배경과 경험이 다른 형제자매들이 필요하다. 그들 가운데는 젊은 사람들도 있고 나이 든 사람들도 있으며, 부자도 있고 가난한 자들도 있다. 그들은 독특한 문화적 유산으로 나의 맹점을 볼 수 있도록 도와준다. 물론 나와 똑같은 이유로 그들에게도 나의 도움이 필요하다.

어거스틴이 인식한 대로, 세상에서 가장 훌륭한 국가도 단지 하나님의 순례자들이 나아갈 마지막 피난처를 어설프게 모방한 것에 지나지 않는다. 그리스도께 눈을 고정하면 이 세상도 다르게 보일 것이다. 우리는 하나님을 두려워하면서, 우리의 삶과 소명과 시민권과 가족과 이웃을 소중히 여겨야 한다. 그것들은 궁극적인 목표나 우리를 좌절시키는 우상이 아니라 하나님을 사랑하기 위한 수단이다. 함께 눈을 들어 하늘을 바라보면, 우리의 정신이 올바로 회복될 것이다.

"여호와여 나의 죄악이 크오니 주의 이름으로 말미암아 사하소서. 여호와를 경외하는 자 누구냐 그가 택할 길을 그에게 가르치시리로다. 그의 영혼은 평안히 살고 그의 자손은 땅을 상속하리로다. 여호와의 친밀하심이 그를 경외하는 자들에게 있음이여 그의 언약을 그들에게 보이시리로다. 내 눈이 항상 여호와를 바라봄은 내 발을 그물에서 벗어나게 하실 것임이로다. 주여 나는 외롭고 괴로우니 내게 돌이키사 나에게 은혜를 베푸소서. 내 마음의 근심이 많사오니 나를 고난에서 끌어내소서. 나의 곤고와 환난을 보시고 내 모든 죄를 사하소서"(시 25:11-18).

*

At the end of the days I, Nebuchadnezzar, lifted my

eyes to heaven, and my reason returned to me, and I

blessed the Most High, and praised and honored him

who lives forever,

for his dominion is an everlasting dominion,

and his kingdom endures from generation to generation;

all the inhabitants of the earth are accounted as nothing,

and he does according to his will among the host of heaven

and among the inhabitants of the earth; and none can stay

his hand or say to him, "What have you done?"

_Daniel 4:34,35

감사의 글

다른 사람들과 함께 하늘을 우러러보며, 이 길을 함께 걸어 준 아내 리사 (Lisa)와 성인이 된 자녀들, 그리고 나를 도와준 친구들에게 감사합니다. 여러 해 동안 함께해 준 친한 친구들, 특히 댄 브라이언트(Dan Bryant), 데릭 루이스(Derek Lewis), 마크 그린(Mark Green), 에릭 랜드리(Eric Landry), 줄리어스 킴, 제프(Jeff)와 칼라 메버그(Carla Meberg), 라이언 글롬스루드 (Ryan Glomsrud), 벤 새스에게 감사합니다. 특히 벤은 이 책의 다양한 주제에 대해 통찰력 있는 글을 써 주었습니다. 친구들의 결함을 직접적으로 추적할 수 없는 한, 모든 부족함은 당연히 저의 책임입니다. 또한 '존더반 (Zondervan)'의 놀라운 팀, 특히 전문적인 편집 기술로 이 책을 더욱 훌륭하게 만들어 준 라이언 파즈두르(Ryan Pazdur)와, 능숙한 실력으로 멋진 디자인을 덧입혀 준 제시 힐만(Jesse Hillman)에게 감사합니다. 그리고 전학생이자 현재 존더반의 보조 편집자인 다니엘 색스턴(Daniel Saxton)이 보여 준 날카로운 눈과 백과사전 같은 지식, 본능적인 명료함 덕분에 상당한 수치를 면할 수 있었습니다.

옮긴이 **조계광** 목사는 총신대와 신대원을 졸업하고 영국 서리대학 석사를 거쳐 런던대학 박사 과정을 수료했다. 현재 전문번역가로 활동 중이며, 대표적인 지평서원 역서로는 『그리스도인의 경제 윤리』, 『오직 은혜로』, 『오직 성경으로』, 『하나님의 약속을 따르는 자녀 양육』, 『청년에게 전하는 글』, 『그리스도인이 누리는 보배로운 선물』, 『영혼 인도자를 위한 글』, 『하나님의 거룩하심』, 『남자의 소명』 등이 있다.

21세기 리폼드 시리즈 20

올바른 정신 회복하기

지은이 | 마이클 호튼
옮긴이 | 조계광

펴낸곳 | 지평서원
펴낸이 | 박명규

편 집 | 정 은

펴낸날 | 2024년 8월 10일 초판

서울 강남구 선릉로107길 14, 101호(역삼동) 06143
☎ 538-9640 Fax. 538-9642
등 록 | 1978. 3. 22. 제 1-129

값 23,000원
ISBN 978-89-6497-082-9-94230
ISBN 978-89-6497-013-3(세트)

메일주소 jipyung@jpbook.kr